Supply Chain Management

Günter Fandel • Anke Giese • Heike Raubenheimer

Supply Chain Management

Strategien – Planungsansätze – Controlling

Prof. Dr. Dr. h.c. Günter Fandel
FernUniversität in Hagen
Fakultät für Wirtschaftswissenschaft
Universitätsstraße 41
58084 Hagen
guenter.fandel@fernuni-hagen.de

Dipl.-Kffr. Heike Raubenheimer
FernUniversität in Hagen
Fakultät für Wirtschaftswissenschaft
Universitätsstraße 41
58084 Hagen
heike.raubenheimer@fernuni-hagen.de

Dipl.-Ök. Anke Giese
FernUniversität in Hagen
Fakultät für Wirtschaftswissenschaft
Universitätsstraße 41
58084 Hagen
anke.giese@fernuni-hagen.de

ISBN 978-3-642-00857-3
Springer Dordrecht Heidelberg London New York

Die Deutsche Nationalbibliothek verzeichnet diese Publikation in der Deutschen Nationalbibliografie; detaillierte bibliografische Daten sind im Internet über http://dnb.d-nb.de abrufbar.

© Springer-Verlag Berlin Heidelberg 2009
Dieses Werk ist urheberrechtlich geschützt. Die dadurch begründeten Rechte, insbesondere die der Übersetzung, des Nachdrucks, des Vortrags, der Entnahme von Abbildungen und Tabellen, der Funksendung, der Mikroverfilmung oder der Vervielfältigung auf anderen Wegen und der Speicherung in Datenverarbeitungsanlagen, bleiben, auch bei nur auszugsweiser Verwertung, vorbehalten. Eine Vervielfältigung dieses Werkes oder von Teilen dieses Werkes ist auch im Einzelfall nur in den Grenzen der gesetzlichen Bestimmungen des Urheberrechtsgesetzes der Bundesrepublik Deutschland vom 9. September 1965 in der jeweils geltenden Fassung zulässig. Sie ist grundsätzlich vergütungspflichtig. Zuwiderhandlungen unterliegen den Strafbestimmungen des Urheberrechtsgesetzes.
Die Wiedergabe von Gebrauchsnamen, Handelsnamen, Warenbezeichnungen usw. in diesem Werk berechtigt auch ohne besondere Kennzeichnung nicht zu der Annahme, dass solche Namen im Sinne der Warenzeichen- und Markenschutz-Gesetzgebung als frei zu betrachten wären und daher von jedermann benutzt werden dürften.

Einbandentwurf: WMXDesign GmbH, Heidelberg

Gedruckt auf säurefreiem Papier

Springer ist Teil der Fachverlagsgruppe Springer Science+Business Media (www.springer.com)

Vorwort

Das vorliegende Buch beschäftigt sich mit Fragestellungen der wirtschaftlichen Gestaltung der Struktur von Lieferketten und der in ihnen stattfindenden Güterströme. Die damit verbundenen Aufgaben sind Gegenstand des Supply Chain Managements, das weit über die Sichtweise der traditionellen Logistik hinausreicht. Die Ausführungen zu den strukturellen Aspekten des Supply Chain Managements gehen auf Ziele, Prozesse, Planungssysteme und Strategien des Supply Chain Managements ein. Strategische Überlegungen für Zulieferer-Abnehmer-Beziehungen und das Sonderproblem des Outsourcing bilden die letzte Stufe dieser strukturellen Aspekte. Der Planungsansatz des Advanced Planning System verbindet die Aufgaben des Supply Chain Managements mit den Methoden der Bedarfs-, Transport- und Distributionsplanung. Das Supply Chain Controlling dient der Informationsversorgung sowie der Kontrolle und Steuerung des Supply Chain Managements. Dabei kommen Konzepte des Kostenmanagements sowie Kennzahlensysteme zum Einsatz. Im Gegensatz zu einzelnen funktionsorientierten betriebswirtschaftlichen Betrachtungen stehen beim Supply Chain Management und beim Supply Chain Controlling die prozessualen Abläufe zwischen den Elementen der Lieferkette im Vordergrund der Analyse. In diese lassen sich Aspekte der Produktions- und Kostentheorie, der Produktionsplanung und der Kostenrechnung integrieren. Bücher, die diesen Aspekten gewidmet sind, stellen insoweit Ergänzungen der hier angestellten Betrachtungen dar.

Das Buch ist aus der Weiterentwicklung von Studienbriefen der FernUniversität zum Supply Chain Management und Supply Chain Controlling entstanden. Insofern sind die Inhalte in didaktischer Weise aufbereitet und von Übungsaufgaben mit den entsprechenden Lösungen begleitet. So wendet sich das Buch an Studierende in Bachelor- und Master-Studiengängen, die sich mit der Thematik des Supply Chain Managements beschäftigen. Die Inhalte sind jedoch gleichzeitig auch so zusammengestellt, dass sich Praktiker schnell einen detaillierten Einblick in Problemstellungen des Supply Chain Managements und des Supply Chain Controlling verschaffen können.

Herrn Dipl.-Kfm. Sebastian Stütz sind wir für seine Hilfe bei der Erstellung des Buchmanuskripts zu besonderem Dank verpflichtet. Er hat maßgeblich zu den Ausführungen des Unterkapitels 6.3 über quantitative Prognoseverfahren beigetragen.

Wir wünschen unseren Lesern, dass sie dieses Buch mit Freude und Gewinn durcharbeiten. Für kritische Anregungen zur inhaltlichen und formalen Verbesserung des Manuskripts sind wir sehr dankbar.

Hagen, im Januar 2009

Günter Fandel
Anke Giese
Heike Raubenheimer

Inhalt

1 Allgemeine Grundlagen des Supply Chain Managements (SCM) 1
   1.1 Definitionen und Begrifflichkeiten des SCM 1
      1.1.1 Begriffliche Abgrenzung des SCM 1
      1.1.2 Abgrenzung des SCM von der Logistik 4
   1.2 Ziele und Aufgaben des SCM 6
      1.2.1 Ziele des SCM 6
      1.2.2 Aufgaben des SCM 9
   1.3 Prozesse und Elemente des SCM 24
      1.3.1 Überblick über bestehende Prozesse 24
      1.3.2 Verschiedene Prozesse und ihre Elemente 24
   1.4 Übungsaufgaben zu Kapitel 1 29
      Literaturempfehlungen 30

2 Strukturgerüst des SCM 33
   2.1 Einleitung 33
   2.2 Planungssystem des SCM 33
      2.2.1 Normative SC-Planung 33
      2.2.2 Strategieplanung 36
      2.2.3 Strukturplanung 47
      2.2.4 Systemplanung 52
   2.3 Übungsaufgaben zu Kapitel 2 54
      Literaturempfehlungen 54

3 Strategische Überlegungen in Zulieferer-Abnehmer-Beziehungen 55
   3.1 Bedeutung der Beschaffung in der Supply Chain 55
   3.2 Einsatz verschiedener Sourcing-Strategien im Rahmen eines SCM .. 56
      3.2.1 Überblick über die verschiedenen Sourcing-Strategien 56
      3.2.2 Verschiedene Sourcing-Strategien im SCM 57
      3.2.3 Zusammenwirken der einzelnen Sourcing-Strategien 62
   3.3 Kooperationen in Zulieferer-Abnehmer-Beziehungen 63
      3.3.1 Entwicklung der strategischen Ausrichtung der Beschaffung . 63
      3.3.2 Markt versus Hierarchie 64
      3.3.3 Kooperationsformen 68

		3.3.4	Bedeutung des Faktors Vertrauen in Zulieferer-Abnehmer-Beziehungen	72
	3.4	\multicolumn{2}{l}{Anreize und ihre Wirkung in Zulieferer-Abnehmer-Beziehungen}	74
		3.4.1	Wirkungsweise von Anreizen	74
		3.4.2	Verträge mit Anreizsystemen contra Festpreisverträge	75
		3.4.3	Verschiedene Arten von Anreizen	76
	3.5	\multicolumn{2}{l}{Übungsaufgaben zu Kapitel 3}	81
		\multicolumn{2}{l}{Literaturempfehlungen}	82

4 Outsourcing 85
    4.1 Grundlagen des Outsourcing 85
        4.1.1 Definitionen und Formen des Outsourcing 85
        4.1.2 Begriffsabgrenzungen zum Outsourcing 87
        4.1.3 Motive und Risiken des Outsourcing 88
        4.1.4 Prozess des Outsourcing 94
    4.2 Entscheidung zum Outsourcing 96
        4.2.1 Operative Sichtweise 96
        4.2.2 Strategische Sichtweise 105
    4.3 Übungsaufgaben zu Kapitel 4 117
        Literaturempfehlungen 117

5 Advanced Planning Systems (APS) 119
    5.1 Einsatz von Informationssystemen im SC-Planning ... 119
    5.2 Entwicklung der Produktionsplanungs- und -steuerungs (PPS)-Systeme 121
        5.2.1 Material Requirement Planning (MRP-I)- und Manufacturing Resource Planning (MRP-II)-Systeme .. 121
        5.2.2 Enterprise Resource Planning (ERP)-Systeme 122
        5.2.3 APS 123
    5.3 Aufbau von APS 126
        5.3.1 Überblick über den Aufbau von APS 126
        5.3.2 Module von APS 127
    5.4 APS in der Praxis 142
        5.4.1 Strukturierung des Anbietermarktes 142
        5.4.2 Funktionsmodule und Architektur eines mySAP Advanced Planner and Optimizer (APO) und SAP SCM 144
        5.4.3 Ausgewählte Problemfelder von APS 146
    5.5 Übungsaufgaben zu Kapitel 5 147
        Literaturempfehlungen 147

6 Verfahren der Bedarfsplanung 149
    6.1 Bedeutung der Bedarfs- bzw. Nachfrageplanung im SCM ... 149
    6.2 Qualitative Prognoseverfahren 150
        6.2.1 Überblick 150
        6.2.2 Verschiedene qualitative Verfahren der Prognose ... 151

6.3	Quantitative Prognoseverfahren		153
	6.3.1	Prognose und Prognosequalität	153
	6.3.2	Prognosemethoden für konstante Bedarfsverläufe	158
	6.3.3	Prognosemethoden für trendförmige Bedarfsverläufe	167
6.4	Collaborative Planning, Forecasting and Replenishment (CPFR)		176
	6.4.1	Das CPFR-Konzept	176
	6.4.2	Ablauf des CPFR	177
	6.4.3	Abwicklung der Prognoseprozesse	180
	6.4.4	Beurteilung des CPFR-Geschäftsmodells	182
6.5	Übungsaufgaben zu Kapitel 6		184
	Literaturempfehlungen		185

7 Transport und Distribution 187

7.1	Bedeutung der Transport- und Distributionsplanung im SCM		187
7.2	Traveling Salesman Problem (TSP)		188
	7.2.1	Grundlegende Definitionen und Erläuterungen	188
	7.2.2	Mathematische Modellierung	189
7.3	Vehicle Routing Problem (VRP)		192
	7.3.1	Varianten des VRP	192
	7.3.2	Standardmodell des VRP	193
7.4	Übungsaufgaben zu Kapitel 7		204
	Literaturempfehlungen		206

8 Allgemeine Grundlagen des Supply Chain Controlling (SCC) 207

8.1	Definitionen und Grundlagen des SCC		207
	8.1.1	Begriffliche Abgrenzung des Controlling	207
	8.1.2	Einordnung des SCC in die bestehenden Controlling-Konzepte	210
	8.1.3	Abgrenzung des SCC vom Logistik-Controlling	212
8.2	Ziele und Aufgaben des SCC		216
	8.2.1	Ziele des SCC	216
	8.2.2	Aufgaben des SCC	217
8.3	Aufgabenträger des SCC		223
	8.3.1	Lokale Sicht	223
	8.3.2	Globale Sicht	223
	8.3.3	Überblick über ausgewählte Instrumente des SCC	225
8.4	Übungsaufgaben zu Kapitel 8		227
	Literaturempfehlungen		228

9 Instrumente des Kostenmanagements 229

9.1	Notwendigkeit eines strategischen Kostenmanagements in der Supply Chain		229
9.2	Target Costing		231
	9.2.1	Entwicklung des Target Costing	231
	9.2.2	Systematik des Target Costing	232

		9.2.3	Integration von SCM und Target Costing.............	234
		9.2.4	Kritische Würdigung.............................	241
	9.3	Prozesskostenrechnung...................................		242
		9.3.1	Entwicklung der Prozesskostenrechnung.............	242
		9.3.2	Systematik der Prozesskostenrechnung...............	243
		9.3.3	Integration von SCM und Prozesskostenrechnung......	244
		9.3.4	Kritische Würdigung.............................	250
	9.4	Lebenszykluskostenanalyse...............................		252
		9.4.1	Entwicklung der Lebenszykluskostenanalyse..........	252
		9.4.2	Systematik der Lebenszykluskostenanalyse...........	253
		9.4.3	Praktische Anwendung der Lebenszykluskostenanalyse...	256
		9.4.4	Integration von SCM und Lebenszykluskostenanalyse...	259
		9.4.5	Kritische Würdigung.............................	262
	9.5	Übungsaufgaben zu Kapitel 9.............................		263
		Literaturempfehlungen..................................		263
10	Kennzahlen und Kennzahlensysteme............................			265
	10.1	Grundlagen zum Einsatz von Kennzahlen in der Supply Chain....		265
		10.1.1	Grundlegende Begrifflichkeiten und Definitionen........	265
		10.1.2	Voraussetzungen zum Einsatz von Kennzahlen in der Supply Chain.....................	266
	10.2	Konzept der selektiven Kennzahlen........................		269
	10.3	Kennzahlen im SCOR-Modell.............................		272
	10.4	Balanced Scorecard.....................................		274
		10.4.1	Grundidee der Balanced Scorecard...................	274
		10.4.2	Ansätze zur Konzeption einer Balanced Scorecard für den Einsatz im SCC.................................	276
	10.5	Benchmarking...		283
		10.5.1	Grundidee und Formen des Benchmarking.............	283
		10.5.2	Ablauf des Benchmarking.........................	284
		10.5.3	Anwendung des Benchmarking im SCC...............	285
	10.6	Übungsaufgaben zu Kapitel 10............................		289
		Literaturempfehlungen..................................		290

Lösungen zu den Übungsaufgaben................................. 293
Lösungen zu Kapitel 1... 293
Lösungen zu Kapitel 2... 296
Lösungen zu Kapitel 3... 298
Lösungen zu Kapitel 4... 302
Lösungen zu Kapitel 5... 304
Lösungen zu Kapitel 6... 307
Lösungen zu Kapitel 7... 310
Lösungen zu Kapitel 8... 311
Lösungen zu Kapitel 9... 314
Lösungen zu Kapitel 10.. 318

Sachverzeichnis... 321

Abbildungsverzeichnis

1.1	Die drei Flüsse des SCM.	2
1.2	Entwicklungsstufen der Logistik nach WEBER/DEHLER (2000)	5
1.3	Struktur einer Supply Chain	12
1.4	Koordinationsinstrumente in SC-Strukturen.	21
1.5	Koordinationsformen der Supply Chain	22
1.6	Geschäftsprozesse und Elemente des SCM	25
2.1	Planungssystem des SCM.	34
2.2	Konzept der kritischen Masse des Ressourceneinsatzes nach BLEICHER (2004)	38
2.3	Definition der Gesamtstrategie in der Supply Chain	46
2.4	Segmentierung und horizontale Strukturierung	48
2.5	Ebenen des SCOR-Modells	49
3.1	Systematisierung der Sourcing-Konzepte.	56
3.2	Wandel in der Beschaffung.	64
3.3	Beschaffungskontinuum	65
3.4	Transaktionskosten, Spezifität und institutionelles Design	68
3.5	Wesentliche Treiber von Vertrauen und ihre Komponenten	73
3.6	Entscheidungsbaum für ein fiktives Beispiel	76
3.7	Bimatrix für den Fall A	77
3.8	Bimatrix für den Fall B	78
4.1	Darstellung der Outsourcing-Formen	86
4.2	Outsourcing-Prozess unter Berücksichtigung strategischer und operativer Aufgaben	95
4.3	Zusammenfassung der Entscheidungssituationen, Kostendaten und Entscheidungstendenz.	102
4.4	Verfahrensvergleich zwischen Eigenerstellung und Fremdbezug	105
4.5	Wertkettenanalyse zum Treffen einer Outsourcing-Entscheidung	107
4.6	Kompetenzportfolio nach HINTERHUBER / STUHEC (1997)	113
4.7	Outsourcing-Entscheidungen auf Basis der transaktionskostentheoretischen Einflussfaktoren	117
5.1	Simultane versus sequenzielle Planung	124
5.2	Hierarchische Planungsaktivitäten (FLEISCHMANN/MEYR/ WAGNER 2005).	125

5.3	APS und MRP-II im Vergleich	125
5.4	SC-Planning-Matrix	126
5.5	Prozess der Nachfrageplanung	133
5.6	Aufbau von mySAP APO	144
5.7	Solution Map SAP SCM (SAP 2008: http://www.sap.com/solutions/business-suite/scm/pdf/BWP_SO_mySAP_SCM.pdf).	145
6.1	Klassifikation regelmäßiger Bedarfsverläufe	154
6.2	Beispielhafter Verlauf des Abweichungssignals für eine fiktive Bedarfsprognose.	158
6.3	Nutzung der Bedarfswerte beim gleitenden Durchschnitt	160
6.4	Gleitender Mittelwert	161
6.5	Gewichtung der Bedarfswerte beim gewogenen gleitenden Durchschnitt	163
6.6	Gleitender gewichteter Durchschnitt	164
6.7	Exponentielle Glättung erster Ordnung	166
6.8	Gewichtung der Bedarfswerte bei der exponentiellen Glättung erster Ordnung	167
6.9	Lineare Regression	170
6.10	Prognose mit exponentieller Glättung zweiter Ordnung	173
6.11	Verlauf der Prognosewerte für alternative Werte des Glättungsfaktors	175
6.12	Verlauf des Abweichungssignals	176
6.13	Ablauf des CPFR	181
6.14	Unterschiede zwischen traditionellen Methoden und CPFR	183
7.1	Mögliche Teilstrecken	189
7.2	Unzulässige Lösung	190
7.3	Optimale Lösung	192
7.4	Grundvarianten des VRP	192
7.5	Kundenkoordinaten nach aufsteigenden Polarwinkeln	196
7.6	Verknüpfung zweier Pendeltouren zu einer Tour	198
7.7	Tausch zweier Touren mit 2-opt-Verfahren	199
7.8	Schema des Streckennetzes	200
7.9	Optimale Tourenpläne nach Sweep- und Savings-Verfahren	204
8.1	Entwicklung vom Logistik-Controlling zum SCC	215
8.2	Unterschiede zwischen Logistik-Controlling und SCC	216
8.3	Theoriegeleitete Entwicklungspfade des SCC	220
8.4	Vor- und Nachteile der Controlling-Arten	224
8.5	Instrumente des SCC	226
9.1	Schema des Target Costing in der Supply Chain	234
9.2	Zuordnung der Aktivitäten zu den Prozess- und Transaktionskosten (SEURING 2001)	246
9.3	Analyse der Auswirkungen einer Bestandsverlagerung (nach DEKKER/VAN GOOR 2000)	249
9.4	Unterschiedliche Sicht der Kostenrechnung und der Lebenszykluskostenanalyse in Anlehnung an JOOS-SACHSE (2006)	252

9.5	Festlegung, Beeinflussbarkeit und Entstehung der Kosten.	253
9.6	Phasen eines Lebenszyklus in Anlehnung an Joos-Sachse (2006).	254
9.7	Vertikale und horizontale Anpassung der Erfolgsrechnung	257
9.8	Aufstellung der Lebenszykluskosten und -erlöse und Ermittlung des Break-even-Zeitpunktes	258
9.9	Kostenschwerpunkte in den vier Integrationsfeldern	261
10.1	Selektive Kennzahlen des Logistik-Controlling.	270
10.2	Beispiele für strategische und operative Kennzahlen auf den drei Ebenen des SCC	271
10.3	Kennzahlen in der SC-SCORcard.	273
10.4	Perspektiven der Balanced Scorecard.	275
10.5	Ziele und Kennzahlen der unternehmensübergreifenden Balanced Scorecard nach Brewer und Speh (2000)	278
10.6	Die unternehmensübergreifende Balanced Scorecard nach Stlözle/Heusler/Karrer (2001)	279
10.7	Die unternehmensübergreifende Balanced Scorecard nach Weber/Bacher/Groll (2002).	280
10.8	Ursache-Wirkungs-Zusammenhänge einer unternehmensübergreifenden Balanced Scorecard.	282
10.9	Beispiel für ein SC-Benchmarking.	286

Tabellenverzeichnis

5.1	Saisonbedingte Nachfragespitze	136
5.2	Undurchführbare Lösung	136
5.3	Durchführbare Lösung	136
6.1	Bedarfszeitreihe für die Perioden 1 bis 3	155
6.2	Vergleich von mittlerem absoluten und mittlerem quadratischen Fehler	156
6.3	Berechnung des Abweichungssignals für eine Prognosezeitreihe	158
6.4	Beispielzeitreihe	160
6.5	Rechenschritte zur Prognose mit Hilfe der exponentiellen Glättung erster Ordnung	165
6.6	Bedarfszeitreihe für die lineare Regression	168
6.7	Hilfstabelle zur linearen Regressionsrechnung	169
6.8	Hilfstabelle zur exponentiellen Glättung zweiter Ordnung	173
6.9	Bedarfsmengen vergangener Perioden der Kalorienreich GmbH & Co. KG	174
6.10	Prognose mit unterschiedlichen Glättungsfaktoren	174
6.11	Ergebnisse für die Fehlerwerte in der 20. Periode	175
6.12	Tatsächliche Bedarfswerte der Perioden 21 bis 24	176
7.1	Fahrtkosten zwischen den verschiedenen Städten	189
7.2	Entfernungsmatrix	201
7.3	Tourenpläne nach Sweep-Verfahren	202
7.4	Savings-Werte	203

Kapitel 1
Allgemeine Grundlagen des Supply Chain Managements (SCM)

1.1 Definitionen und Begrifflichkeiten des SCM

1.1.1 Begriffliche Abgrenzung des SCM

Unter dem Begriff SCM finden sich in der Literatur zum einen verschiedene Definitionen, zum anderen werden im Zusammenhang mit dem SCM identische Sachverhalte mit unterschiedlichen Begriffen belegt. So werden beispielsweise die Bezeichnungen „Supply Pipeline Management", „Value Chain Management" oder „Demand Chain Management" synonym zu dem Begriff SCM verwendet. Die betriebswirtschaftliche Forschung auf diesem Gebiet weist insgesamt noch einen recht vorläufigen Entwicklungsstand ohne ausgeprägte konzeptionelle Durchdringung und tiefe theoretische Fundierung auf. Dies lässt sich vor allem damit erklären, dass SCM kein in der betriebswirtschaftlichen Theorie entwickeltes Konzept, sondern ein in der Unternehmenspraxis entstandener Ansatz ist, den die Theorie zu erfassen und beschreiben versucht. Aufgrund der Vielzahl von Interpretationen des SCM wird im Folgenden zunächst auf einige Definitionen eingegangen, bevor dann eine Abgrenzung von der Logistik erfolgt.

Grundsätzlich existieren verschiedene betriebswirtschaftliche Fachrichtungen, wie Logistik und Transport, Marketing oder Strategisches Management, die sich mit dem Konzept des SCM auseinandersetzen. Aus den spezifischen Sichtweisen der einzelnen Disziplinen heraus haben sich entsprechende Denkschulen entwickelt, die zu den in der Literatur anzutreffenden Auffassungen über die Inhalte des SCM geführt haben. Bisher hat sich aus den zahlreichen, unterschiedlichen Definitionen aber noch keine einheitlich anerkannte Festlegung herausgebildet. Literaturanalysen führen zu zwei großen Definitionsgruppen, unter denen sich die Ansichten zum SCM zusammenfassen lassen.

Aus den Ausführungen der ersten Gruppe geht hervor, dass es sich bei den Inhalten des SCM um betriebswirtschaftliche Logistik handelt. So konstatieren SIMCHI-LEVI/KAMINSKY/SIMCHI-LEVI (2004): „...we will not distinguish between logistics and supply chain management...". GÖPFERT (2005) bezeichnet SCM als eine „...qualitativ neue Entwicklungsstufe im Lebenszyklus der Logistik." Als charakteristisch für die Auffassung der ersten Gruppe wird die Definition von SIMCHI-LEVI (2000) angeführt: „SCM is a discipline that focuses on the integration of suppliers, factories, warehouses, distribution centers, and retail outlets so that the items are produced and distributed to the right customers, at the right time, at the right place, and at the right price. Importantly, this is done in a way that minimizes costs while satisfying a certain level of service." Im Mittelpunkt dieser Definition steht also die effiziente Integration der an dem Wertschöpfungsprozess beteiligten Unternehmen durch das SCM unter der Zielsetzung, die Kundenbedürfnisse zu befriedigen.

Die zweite Gruppe von Autoren stellt dagegen keinen direkten Logistikbezug her. Das SCM wird hier allgemein als unternehmensübergreifendes Management von Geschäftsprozessen bzw. als Kooperationsmanagement oder Beziehungsmanagement aufgefasst. Stellvertretend für diese zweite Gruppe kann die Definition von COOPER/LAMBERT/PAGH (1997) gesehen werden: „The integration of business processes across the supply chain is what we are calling supply chain management."

Zur Beurteilung der verschiedenen Ansichten der beiden Definitionsgruppen sollen die inhaltlichen Abläufe in der Supply Chain näher betrachtet werden. Ausgangspunkt ist hierbei der Endverbraucher, der die Prozesse in Gang setzt, indem er seine Nachfrage gegenüber dem Handel deutlich macht. Die Informationen zum Kundenbedarf werden dann von den Handelsunternehmen an die Kooperationspartner im Wertschöpfungsprozess weitergegeben. Dadurch werden die notwendigen Materialflüsse und letztendlich auch die Finanzflüsse zwischen den verschiedenen Wertschöpfungsstufen veranlasst.

Die Verknüpfung der unternehmensübergreifenden Stufen erfolgt also über die Material-, Informations- und Finanzflüsse. Die Leistungsbeziehungen zwischen den Unternehmen in Form von Material- und Finanzflüssen werden dabei erst über einen wirksamen Informationsaustausch ermöglicht. Damit stellt der Informationsfluss die Grundlage für die Bildung und den Betrieb des Wertschöpfungssystems dar (FANDEL/STAMMEN 2004).

Abbildung 1.1 zeigt die Zusammensetzung einer typischen Wertschöpfungskette in Anlehnung an KUGELER (2005):

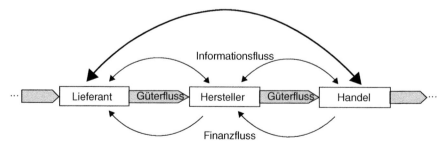

Abb. 1.1 Die drei Flüsse des SCM

1.1 Definitionen und Begrifflichkeiten des SCM

Beginnend mit der Gewinnung der Rohstoffe bis zu den Serviceleistungen an die Endkunden müssen diese logistischen Prozesse der Netzwerkpartner koordiniert werden. Aus den beobachteten Ineffizienzen bei der Koordination dieser Material-, Informations- und Finanzflüsse haben sich die Konzepte des SCM entwickelt. Im Rahmen des SCM soll die Zusammenarbeit zwischen den Unternehmen durch eine unternehmensübergreifende Abstimmung der Wertschöpfungsprozesse optimiert werden, womit auch eine Ausrichtung auf den Endkunden einhergeht.

Da die Material- und Warenflüsse dem Bereich der klassischen Logistik zugeordnet werden, wird der Ausgangspunkt des SCM hier in einer zentralen logistischen Problemstellung gesehen. Auch durch den funktionsübergreifenden Bezug der Konzepte auf die verschiedenen Bereiche im Wertschöpfungsprozess, wie Versorgung, innerbetriebliche Logistik, Auftragsabwicklung, Distribution und Entsorgung, wird die Verankerung des SCM in einer übergreifenden, prozessorientierten Institution, wie der Logistik, als zwingende Voraussetzung betrachtet. So sieht auch GÖPFERT (2004) das SCM mit dem Entwicklungsprozess der Logistik verbunden und damit die Ansichten der zweiten Definitionsgruppe als zu distanziert „vom Kerninhalt der mit Supply Chain Management herausgebildeten neuen Managementqualität". Als Ergebnis des Vergleichs schlägt GÖPFERT (2004) daher folgende Definition vor: „Das Supply Chain Management bildet eine moderne Konzeption für Unternehmensnetzwerke zur Erschließung unternehmensübergreifender Erfolgspotenziale mittels der Entwicklung, Gestaltung und Lenkung effektiver und effizienter Güter-, Informations- und Geldflüsse."

Gegenüber dieser Definition hebt ARNDT (2008) die Umfänge der Unternehmensnetzwerke mit ihren unterschiedlichen Wertschöpfungsstufen stärker hervor: „Supply Chain Management ist die unternehmensübergreifende Koordination und Optimierung der Material-, Informations- und Finanzflüsse über den gesamten Wertschöpfungsprozess von der Rohstoffgewinnung über die einzelnen Veredelungsstufen bis hin zum Endkunden mit dem Ziel, den Gesamtprozess sowohl zeit- als auch kostenoptimal zu gestalten."

Allgemein wird die Betrachtung hinsichtlich der Integrationsobjekte beim geringstmöglichen Umfang auf den Material-, Waren- und Informationsfluss beschränkt. Jedoch bestehen Auffassungen, wonach potenziell alle Wertschöpfungsprozesse für eine Integration in Frage kommen. In diesem Zusammenhang werden beispielsweise Dienstleistungsflüsse einbezogen oder Funktionsbereiche, wie Produktentwicklung und Entsorgung, in den Aufgabenbereich des SCM integriert. Die in vielen Definitionen beschriebene flussorientierte Gestaltung und Koordination der Geschäftsprozesse über alle Unternehmen der Wertschöpfungskette hinweg, also von der Rohstoffquelle über die Lieferung des Fertigprodukts an den Endkunden bis zum Produktrecycling, stellt allerdings ein Extrem dar. In der Praxis lässt sich diese ausgeprägte Kooperationsform meist nicht sinnvoll umsetzen. Die Unternehmen beschränken sich dann, abhängig vom spezifischen Kontext, auf die Einbeziehung der jeweils relevanten Wertschöpfungsstufen.

Zusammenfassend lassen sich die wesentlichen Aspekte des SCM festhalten als
- die Erschließung unternehmensübergreifender Erfolgspotenziale,
- die effiziente Integration der relevanten Teile des interorganisationalen Wertschöpfungssystems,
- die kostenoptimale Gestaltung, Planung, Steuerung und Kontrolle der unternehmensübergreifenden logistischen Prozesse, die zur Entwicklung, Erstellung und Verwertung von Sachgütern und/oder Dienstleistungen führen,
- die Koordination und Optimierung der Güter-, Informations-, Dienstleistungs- und Finanzflüsse und
- die Befriedigung der Bedürfnisse aller Endkunden.

Da hier der Ansatz des Logistikbezuges des SCM verfolgt wird, sollen diese beiden Begriffe abgegrenzt werden, bzw. es soll erläutert werden, wie das SCM sich aus der Logistik entwickelt hat.

1.1.2 Abgrenzung des SCM von der Logistik

Die Logistik kann sowohl als Unternehmensfunktion als auch als Unternehmensprinzip (Führungskonzeption) interpretiert werden. Die logistische Sichtweise des gesamten Unternehmens oder Wertschöpfungssystems bildet dabei die Grundlage der Logistik als Führungskonzeption. In der Literatur wird oft vom Wandel der Logistik von einer Unternehmensfunktion hin zu einer Führungskonzeption gesprochen. In diesem Zusammenhang wird häufig der Begriff SCM angeführt. Die Begriffe SCM und Logistik werden dabei teilweise gleichbedeutend verwendet, oder die Logistik wird, in ihrem klassischen Verständnis einer Unternehmensfunktion, nur als Bestandteil des SCM gesehen. Die beiden Begriffe lassen sich aus der Betrachtung der Logistikentwicklung heraus voneinander abgrenzen.

Ein möglicher Ansatzpunkt liegt darin, SCM als vierte und vorerst letzte Stufe der Logistik anzusehen. Die Entwicklung der Logistik hat sich nach WEBER/DEHLER (2000) in vier Phasen vollzogen, von der Logistik als material- und warenflussbezogene Dienstleistungsfunktion über die Logistik als Koordinationsfunktion bis zur Logistik als Durchsetzung der unternehmensinternen und -übergreifenden Flussorientierung.

Aufbauend auf dem Wissensstand der jeweils vorangehenden Stufe haben sich diese Phasen der Logistikentwicklung mit gewissen zeitlichen Überschneidungen und Parallelentwicklungen herausgebildet (siehe Abb. 1.2).

Ursprünglich wurden mit Hilfe der Logistik Vorgänge betrachtet, welche zu einer bedarfsgerechten Verfügbarkeit von Material und Waren führten, wobei im Mittelpunkt der Überlegungen Fragen des Transports, der Umschlagshäufigkeit und der Lagerhaltung standen (TUL-Logistik). Auch heute wird die Logistik in vielen Unternehmen noch ausschließlich zu einer solchen Optimierung der material- und warenflussbezogenen Leistungen der Wertschöpfungskette eingesetzt. In dieser klassischen Bedeutung wird die Logistik als Unternehmensfunktion verstanden, die als funktionaler Bestandteil im SCM enthalten ist.

1.1 Definitionen und Begrifflichkeiten des SCM

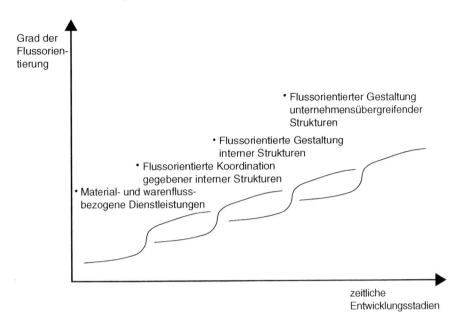

Abb. 1.2 Entwicklungsstufen der Logistik nach WEBER/DEHLER (2000)

Um eine weitere Optimierung der Logistik zu erreichen, wurde auf der zweiten Entwicklungsstufe der gesamte Material- und Warenfluss des Unternehmens von der Beschaffung über die Produktion bis hin zum Absatz auf Abstimmungsprobleme untersucht. Der Fokus wendete sich also von der Effizienz einer isolierten Funktion zur Effizienz der Koordination verschiedener Funktionsbereiche. Damit einher ging eine Ausweitung der dispositiven Tätigkeiten in der Logistik, wobei auch die Produktionsplanung und -steuerung an die Logistik übergingen.

In der dritten Phase der Logistikentwicklung hat sich aus der Unternehmensfunktion Logistik eine Führungskonzeption herausgebildet, wobei die gesamte Struktur der Wertschöpfungskette in Frage gestellt wurde. In diesem Zusammenhang steht die konsequente Orientierung an Prozessen, also die flussorientierte Gestaltung der Unternehmen in ihrer Gesamtheit, im Vordergrund. Durch die Orientierung an Prozessen und Prozessketten sollten Rationalisierungseffekte eintreten, die die Wettbewerbsfähigkeit steigern. Dies kann einerseits durch die Ausschöpfung des leistungsbezogenen Potenzials der Logistik (wie z. B. Lieferschnelligkeit, Liefersicherheit und Lieferflexibilität) oder andererseits durch zusätzliche Kostensenkungen (z. B. mittels Reduzierung von Lagerbeständen) erreicht werden.

Den größten Wandel in ihrer Entwicklung hat die Logistik in der vierten Phase durchlaufen. Die Rahmenbedingungen der Unternehmen und ihrer Geschäftsprozesse haben sich durch erweiterte Beschaffungs- und Absatzmärkte infolge der zunehmenden Globalisierung, steigender Kundenanforderungen und verbesserter Informations- und Kommunikationstechnologien in letzter Zeit stark verändert. Der in diesem Zusammenhang auf die Unternehmen einwirkende Kostendruck bewirkt eine zunehmende Konzentration auf ihre Kernkompetenzen. Dies wiederum führt zu einer Zunahme an Zukäufen von Produkten und Dienstleistungen, wobei Lieferanten verstärkt auf internationalen Beschaffungsmärkten ausgewählt werden. Auch auf Seite der Absatzmärkte besteht der Anspruch, globale Märkte zu erschließen. Die Anforderungen an eine leistungsfähige Logistik steigen durch die weltweite Ausweitung der Beschaffungs- und Distributionswege und die damit zunehmende Komplexität der Informationsflüsse beständig an.

Mit der Konzentration der Unternehmen auf ihre internen logistischen Potenziale sind deren Verbesserungsmöglichkeiten in den letzten Jahren aber schon weitgehend ausgeschöpft worden. Dagegen blieben Potenziale der Waren-, Informations- und Finanzflüsse an den Schnittstellen der Unternehmen noch weitgehend unbeachtet. Zur Erschließung dieser Potenziale müssen die bisher funktionsorientierten und hierarchisch organisierten Unternehmen in fluss- bzw. prozessorientierte Netzwerke eingebunden und unternehmensübergreifend koordiniert werden. Mit der steigenden Bedeutung solcher Ansätze zur interorganisationalen Kooperation wird die Gestaltungsaufgabe der Logistik als Führungskonzeption auf die gesamte Wertschöpfungskette ausgeweitet. Aus der flussorientierten Gestaltung der Abläufe und Strukturen innerhalb der Unternehmen, die mit der dritten Stufe der Logistik einhergeht, wird nun eine durchgehende Entwicklung unternehmensübergreifender Geschäftsprozesse abgeleitet. Damit werden alle am Wertschöpfungsprozess beteiligten Unternehmen in den Aufbau der gemeinsamen Geschäftsprozesse einbezogen.

Gerade die flussorientierte Gestaltung und Koordination der Wertschöpfungsnetzwerke und -prozesse zur Erschließung unternehmensübergreifender Erfolgspotenziale gehört zu den grundlegenden Aspekten des SCM. In dieser Betrachtungsweise ist das SCM also als aktuelle Entwicklungsstufe der Logistik und damit als Führungskonzeption zu sehen. Das SCM widmet sich dabei vermehrt den Aufgaben der strategischen und taktischen Ebene, beinhaltet aber auch die Steuerung der operativen Prozessdurchführung.

Nach der definitorischen Einordnung einschließlich der Abgrenzung zur Logistik soll nun im nächsten Abschnitt darauf eingegangen werden, welche Ziele ein SCM verfolgt und durch die Erfüllung welcher Aufgaben diese Ziele erreicht werden können.

1.2 Ziele und Aufgaben des SCM

1.2.1 Ziele des SCM

Als zentraler Beweggrund für den Einsatz des SCM wird in der Literatur zumeist die Vermeidung oder Reduzierung von Nachfrageschwankungen in Lieferketten aufgrund des Bullwhip-Effekts angeführt.

Der Begriff des Bullwhip-Effekts beschreibt das Problem einer Nachfrageverzerrung und -aufschaukelung, das z. B. infolge dezentraler Absatzplanungen, ungenauer Prognosen, Überbestellungen bei Lieferengpässen oder Kapazitätsrestriktionen in unternehmensübergreifenden Supply Chains auftreten kann. Aufgrund von Unsicherheiten der eigenen Lieferfähigkeit erhöhen Unternehmen ihre

1.2 Ziele und Aufgaben des SCM

Produktionsmengen und Lagerbestände, wenn ihnen relevante Informationen über die Nachfrage der Endkunden fehlen. In den überschüssigen Lagermengen wird für eine unbestimmte Zeit Kapital gebunden, und darüber hinaus entstehen unnötige Lagerhaltungskosten. Die Lagerbestände können erst dann wieder reduziert werden, wenn den Unternehmen neue Aufträge vorliegen. So sind deren Produktionsmengen von der Endkundennachfrage entkoppelt. Obwohl die Variabilität der Nachfrage der Endkunden beim Händler nur gering ausfällt, zeigt die Nachfrage, der sich der Hersteller gegenübersieht, bereits größere Schwankungen. Die Nachfrage, die bei den Lieferanten und Vorlieferanten eintrifft, weist eine noch höhere Variabilität auf. Ausgehend von den Bestellmengen der Endkunden beim Handel wird die Entkopplung der Produktionsmengen über die Hersteller bis zu den Lieferanten und Vorlieferanten also immer stärker. Saisonale Effekte, kumulierte Sammelbestellungen, die kostengünstige Bildung von großen Losgrößen und Schwächen in der Prognose von Nachfrageverläufen verstärken die Nachfrageverzerrungen zusätzlich. Je länger die Supply Chain ist und je unzureichender die Zusammenarbeit der SC-Partner koordiniert wird, desto höher fällt der Bullwhip-Effekt aus.

Mit der Vermeidung bzw. der Reduzierung des Bullwhip-Effekts sollen sowohl unnötige Investitionskosten aufgrund von überdimensionierten Produktions- und Lagerkapazitäten als auch überflüssige Kapitalbindungskosten, die durch hohe Bestandsschwankungen und Sicherheitsbestände entstehen, vermieden werden. Gleichzeitig soll die Liefertreue an die Kunden sichergestellt werden. Das SCM strebt damit laut HAHN (2000) die Steigerung der Effektivität und Effizienz der Unternehmensaktivitäten an.

Die Effektivität beschreibt in diesem Zusammenhang den Nutzen, der sich für die Kunden aus den Unternehmensaktivitäten ergibt, z. B. eine hohe Produktqualität, die Einhaltung von Lieferterminen, den Zugang zu marktnahen Lieferstandorten, eine kundenindividuelle Produktauswahl oder eine konkurrenzfähige Preisgestaltung.

Zur Sicherstellung der Effizienz werden die Maßnahmen zur Gestaltung der Supply Chain und zur Koordination der SC-Partner in Betracht gezogen, die unter Berücksichtigung der Kundenanforderungen zu durchgängigen Kosteneinsparungen innerhalb der Wertschöpfungsprozesse führen.

Darüber hinaus fügt GÖPFERT (2005) noch eine dritte wesentliche Zielkategorie, die Erhöhung der Anpassungs- und Entwicklungsfähigkeit der Supply Chain, hinzu. Unter dem Einfluss der zunehmenden Dynamik der Umwelt besitzt diese Eigenschaft eine existenzielle Bedeutung für Unternehmensnetzwerke. Damit kann die Erschließung unternehmensübergreifender Erfolgspotenziale zur Sicherung langfristiger Wettbewerbsvorteile der gesamten Wertschöpfungskette als umfassende Zielsetzung des SCM aufgefasst werden.

Aus den übergeordneten Zielen leiten BUSCH/DANGELMAIER (2004b) im Hinblick auf die Definitionen des SCM die folgenden Zielkategorien ab:

- die Schaffung von Transparenz innerhalb der Wertschöpfungsprozesse,
- der Abbau von Informationsasymmetrien zwischen den SC-Partnern,
- die ganzheitliche Wertschöpfungskettenoptimierung und
- die Verbesserung der Kontinuität im Material-, Informations- und Geldfluss.

Aus der Sicht eines operativ ausgerichteten Controlling der Supply Chain bedarf es allerdings über derart allgemeine, nicht kennzahlenbasierte Ziele hinaus einer Differenzierung in SCM-Ziele, die direkt über Kennzahlen mess- und vergleichbar sind. Dies wird nach WEBER/DEHLER/WERTZ (2000) durch eine Ausrichtung der Unternehmen auf die Erzielung von Kosten-, Zeit- und Qualitätsvorteilen erreicht. Die Struktur der Zielsetzungen und die Gewichtung der Ziele kann für die Supply Chain generell oder aber spezifisch für einzelne Mitglieder erarbeitet werden. Das Zielsystem der Supply Chain und die Unternehmensziele müssen dann voneinander abgeleitet werden.

Kostenvorteile

Kosteneinsparungen lassen sich mit Hilfe des SCM primär durch eine Reduzierung der Bestandskosten realisieren. Eine auf der transparenten Endkundennachfrage basierende durchgängige Koordination von Angebot und Nachfrage in Verbindung mit dem Zugang zu Informationen über die Lagerbestände der gesamten Supply Chain hilft den Unternehmen, die Sicherheitsbestände zu reduzieren ohne dabei ihre Lieferfähigkeit einzuschränken. Damit können die Lagerhaltungskosten reduziert und das in den Lagern gebundene Kapital verringert werden.

Weitere Kosteneinsparungen lassen sich durch die strategische Optimierung des gesamten Netzwerks und durch verbesserte netzwerkweite Planungsprozesse zur Vermeidung von Prozesskosten erzielen. Dazu gehören die Transportkosten, die durch eine Volumen- und Routenoptimierung der Transportmittel verringert werden können. Darüber hinaus lassen sich im Bereich der Produktion Kapazitäten exakter planen und unnötige Investitionskosten einsparen. Zudem können durch eine bessere Auslastung der angepassten Ressourcen die Fixkostenanteile der Produkte gesenkt werden. Verkürzte Durchlaufzeiten führen zu einer Reduzierung der Kapitalbindung im Umlaufvermögen. Eine globale Übersicht über die Bestände hilft in der Beschaffung, optimierte Bestellmengen und -häufigkeiten zu ermitteln und durch die Bündelung von Beschaffungsmaßnahmen in der Supply Chain günstigere Einkaufsbedingungen zu erzielen. Der Entwicklungsprozess kann zu Kosteneinsparungen beitragen, indem bei der Produktspezifizierung die Anforderungen an die Produktions- und Transportprozesse Berücksichtigung finden. Durch die Entwicklung standardisierter und vereinfachter Produkte lassen sich Produktionsprozesse erheblich rationalisieren und somit in der Produktion Kosten reduzieren. Auch die Auswirkungen auf das Recycling sollten schon in der Produktentwicklung berücksichtigt werden. Der Einsatz von wiederverwendbaren oder recyclingfähigen Materialien führt ebenso zu Kosteneinsparungen wie eine einfache Demontierbarkeit der Produkte.

Darüber hinaus können auch durch die Fortschritte in den Informations- und Kommunikationstechnologien und durch die interorganisationale Koordination der Unternehmen in der Gewinnung, Aufbereitung und Verteilung von Informationen Kosten gesenkt werden. Durch die heutigen Möglichkeiten der Erfassung, Speicherung und Auswertung von Daten, z. B. mit Hilfe von Scannerkassen, lassen sich Erkenntnisse gewinnen und verarbeiten, die früher nur sehr ungenau und mit großem finanziellen Aufwand prognostiziert oder sogar überhaupt nicht bestimmt werden konnten.

1.2 Ziele und Aufgaben des SCM

Zeitvorteile

In nahezu allen Funktionsbereichen der Unternehmen lassen sich durch ein unternehmensübergreifendes SCM Zeitvorteile erschließen. In der Produktentwicklung können Entwicklungszeiten reduziert werden, indem SC-Partner einbezogen und damit Entwicklungsumfänge aufgeteilt und parallel bearbeitet werden.

Die Durchlaufzeiten im Wertschöpfungsprozess und damit die Lieferzeiten an die jeweils nachgelagerten Unternehmen und Endkunden lassen sich durch die netzwerkweite, simultane Planung der Produktions- und Distributionsprozesse und durch ein effizientes Bestandsmanagement verringern.

Durch die präzise Einhaltung von Fertigstellungsterminen können gleichzeitig Endlagerbestände reduziert werden. Unternehmensübergreifende Kapazitätsplanungen führen zu einer besseren Auslastung der Ressourcen innerhalb der Supply Chain und helfen dabei, Engpasssituationen zu vermeiden.

Die frühzeitige gegenseitige Übermittlung von Informationen ermöglicht eine flexible, schnelle und durchgängige Umsetzung kurzfristiger Planungsänderungen in der Produktion und steigert damit die Lieferflexibilität der gesamten Supply Chain.

Qualitätsvorteile

Durch ein SCM lassen sich ebenso Qualitätsvorteile realisieren. Durchgängige Prozesse der Qualitätsplanung, -lenkung und -prüfung innerhalb der Werkschöpfungsnetzwerke basieren auf einem offenen Informationsaustausch sowie gemeinschaftlichen Anstrengungen der Unternehmen in Forschung und Entwicklung.

Eine Verbesserung der Produktqualität wird durch das Einbringen des Knowhow und der Kernkompetenzen aller SC-Partner in den Entwicklungsprozess ermöglicht.

Die Servicequalität lässt sich durch die Flexibilität der Unternehmen auf Planungsänderungen und die damit verbundenen Zeitvorteile steigern. Auch die frühzeitige unternehmensübergreifende Abstimmung möglicher Serviceumfänge und die gemeinsame Nutzung von Vertriebskanälen tragen zur Steigerung der Servicequalität bei.

1.2.2 Aufgaben des SCM

Die Erreichung der zuvor beschriebenen Ziele kann über die Aufgaben des SCM realisiert werden.

Diese Aufgaben beinhalten die Auswahl der zur Leistungserstellung erforderlichen Unternehmen, die Einbindung der Unternehmen in das Beziehungsgeflecht der Wertschöpfungskette und die Gestaltung, Planung und Steuerung der ganzheitlichen, nahtlosen Prozesse innerhalb des Unternehmensnetzwerks. Um die Aufgaben des SCM näher analysieren zu können, gliedert HEYMANS (2004) die Supply Chain in zwei Betrachtungsebenen, die institutionelle Ebene und die Prozessebene.

Auf der institutionellen Ebene wird die Gestaltung des Wertschöpfungsnetzwerkes mit den zwischen den Unternehmen bestehenden oder zu gestaltenden vertragsrechtlichen Beziehungen betrachtet. Die Festlegung der rechtlichen

Gestaltung des logistischen Gesamtsystems gehört zu den strategischen Aufgaben. Durch das Vertragssystem werden Anreize und Maßnahmen definiert, durch die die Zusammenarbeit der SC-Partner gesteuert wird. Darüber hinaus geben die Verträge den Rahmen für eine zielorientierte Ausrichtung der Unternehmen auf die unternehmensübergreifende Gesamtaufgabe vor. Die Aufgaben der institutionellen Ebene werden im Weiteren als Kooperationsaufgaben beschrieben. Die Kooperation der Unternehmen ist die Grundlage für ein effizientes Logistiknetzwerk.

Auf der Prozessebene werden die Abläufe zur Leistungserstellung innerhalb der Supply Chain betrachtet (FANDEL/STAMMEN 2004). Die in das arbeitsteilige Netzwerk eingebundenen Partner übernehmen eine Vielzahl ortsgebundener Wertschöpfungsprozesse, die über Güter-, Informations- und Finanzflüsse miteinander verbunden sind. Aus diesen Prozessen und aus der vertraglichen Abstimmung von Leistungen und Gegenleistungen zwischen den Unternehmen ergibt sich ein Koordinationsbedarf. Als Koordinationsaufgaben werden also diejenigen Aufgaben des SCM beschrieben, die dem reibungslosen Objektfluss an den unternehmensübergreifenden Schnittstellen innerhalb der Supply Chain dienen. Dazu gehören Gestaltungs- und Planungsaufgaben auf der strategischen und taktischen Ebene, die sich insbesondere auf die Wertschöpfungsprozesse und deren Verflechtungen erstrecken, sowie Steuerungsaufgaben, die sich auf die operative Prozessdurchführung und -überwachung beziehen.

Die Aufgaben des SCM bestehen also in der zielgerichteten Gestaltung sowohl des Wertschöpfungs- als auch des Vertragssystems sowie der Koordination der Beziehungen innerhalb beider Betrachtungsebenen. Das institutionelle System ist dem Wertschöpfungssystem vorgelagert und gibt diesem damit den Rahmen vor.

Als Grundvoraussetzung für die Gestaltung und Koordination der Supply Chain gilt ein gemeinsames Grundverständnis der Partner über die Beziehungen und Prozesse im Netzwerk und die Formulierung anzustrebender Zustände und Ziele. Auf Basis der Zielstruktur und der Rahmenbedingungen der Märkte wird eine gemeinschaftliche Netzwerkstrategie entwickelt, in der die langfristige Zusammenarbeit der Unternehmen bezüglich der einzubringenden Ressourcen und Informationen festgelegt wird. Die SC-Strategie ist eine bedeutende Grundlage für die Ausbildung und die beständige Weiterentwicklung der Geschäftsprozesse, der Leistungsziele, der Organisationsstrukturen und der Informationssysteme (vgl. zu SC-Strategien auch Abschn. 2.2.2.2).

1.2.2.1 Kooperationsaufgaben

Eine Supply Chain setzt sich in der Regel aus mehrstufigen, vernetzten Zulieferer-Abnehmer-Beziehungen zusammen. Die Kooperationsaufgaben des SCM bestehen dabei in der Auswahl geeigneter SC-Teilnehmer, der Gestaltung der Supply Chain, d. h. dem prozessorientierten Aufbau des Wertschöpfungssystems und der Gestaltung der Beziehungen zwischen den Kooperationspartnern. Die Kooperationsaufgaben beziehen sich damit auf die Struktur logistischer Netzwerke.

1.2 Ziele und Aufgaben des SCM

1.2.2.1.1 Auswahl der SC-Partner

Die Kriterien, nach denen eine Auswahl der Partner erfolgen kann, sind sehr vielfältig. Um die Zusammenarbeit in ökonomischer und technischer Hinsicht planen zu können und die juristischen Grundlagen für eine längerfristige Beziehung zu legen, können die Beurteilungskriterien zur Identifizierung geeigneter Partner qualitativer, quantitativer, zeitlicher und örtlicher Natur sein. Aber auch strategische, strukturelle und kulturelle Merkmale werden in der Literatur angeführt. So werden etwa der Anschluss an neue Technologien, die Realisierung von Synergieeffekten, die Gewinnung weiterer Produktionskapazitäten, die Erschließung zusätzlicher Ressourcen und der Zugang zu neuen Beschaffungs- und Absatzmärkten als Beurteilungskriterien genannt.

Um die Beziehungen in Wertschöpfungspartnerschaften langfristig zu erhalten, ist gegenseitiges Vertrauen und die Ausrichtung an gemeinsamen Visionen der SC-Partner hinsichtlich unternehmenspolitischer Werte und Interessen von besonderer Bedeutung. An bestehende Kooperationsverhältnisse anzuknüpfen, kann dabei von Vorteil sein. Die Unternehmen in solchen Kooperationen haben sich oftmals eine stabile Vertrauensbasis erarbeitet und verfügen aufgrund von formalisierten Verhältnissen über eine ausgereifte Fähigkeit zur Zusammenarbeit. Dadurch sind sie in der Lage, ihre individuellen Kernkompetenzen zeitnah in die Supply Chain zu integrieren. Auf Basis einer derartigen Zusammenarbeit können langfristige Kooperationen entstehen, die Ausgangspunkt eines SCM sind.

Zur langfristigen Sicherung der Wettbewerbsfähigkeit gehört neben der Auswahl der SC-Partner aber auch die fortlaufende Beurteilung der bestehenden Partnerschaften hinsichtlich der für die Auswahl maßgebenden Kriterien sowie der Grundverständnisse der Partner über die Rahmenbedingungen der Kooperationen zu den Aufgaben des SCM.

1.2.2.1.2 Aufbau einer Netzwerkstruktur

In der betrieblichen Praxis kooperieren Unternehmen meist mit einer Vielzahl von Kunden und Lieferanten und stellen oft mehrere unterschiedliche Produkte her. Die Unternehmen sind aufgrund dessen häufig Bestandteil diverser, unter Umständen auch konkurrierender Supply Chains. Die Struktur einer Supply Chain setzt sich daher in der Regel aus stark verzweigten oder vernetzten Strukturen mit horizontalen und vertikalen Kooperationen zusammen. Vertikale Kooperationen kennzeichnen die Beziehungen zwischen Unternehmen in aufeinander folgenden Wertschöpfungsstufen, horizontale Kooperationen beziehen sich auf die Integration von Unternehmen der gleichen Wertschöpfungsebene, also von miteinander im Wettbewerb stehenden Unternehmen. Abbildung 1.3 stellt eine solche SC-Struktur dar.

Im Vordergrund beim Aufbau der SC-Struktur stehen Entscheidungen zur Standortwahl, zur Distributionsstruktur und zu den langfristigen Produktions- und Absatzprogrammen. Die SC-Struktur kann dabei branchentypisch oder aber angepasst an die individuellen Anforderungen und Bedürfnisse der Unternehmen sein.

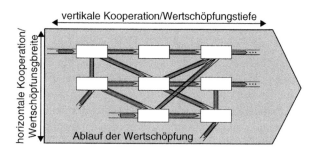

Abb. 1.3 Struktur einer Supply Chain

Dabei sind im Rahmen des SCM Entscheidungen über die Wertschöpfungstiefe (vertikale Kooperationen) und -breite (horizontale Kooperationen) zu treffen. Besonders die Entscheidung über die Wertschöpfungstiefe und damit die Arbeitsteilung der Unternehmen ist für eine effiziente Leistungserstellung von großer strategischer Bedeutung. In vertikalen Kooperationen, also Kooperationen zwischen Hersteller und Zulieferer, kann die Zusammenarbeit nach WERNER (2008) hinsichtlich der Bindungsintensität und des Leistungspotenzials unterschieden werden.

Die Bandbreite des Leistungspotenzials reicht von Lieferanten, die in Entwicklungspartnerschaften eine hohe Eigenverantwortung übernehmen, bis hin zu Lieferanten, die ihre Dienstleistungen nach strikten Anweisungen erbringen oder sich auf die Erfüllung von Standardaufgaben beschränken.

Bei der Bindungsintensität lassen sich Lieferanten differenzieren, die in enger Zusammenarbeit mit dem Hersteller stehen und in einer auf Dauer ausgerichteten Partnerschaft kooperieren, bis hin zu Lieferanten in kurzfristigen Beziehungen, die einer nur geringen Einflussnahme durch den Hersteller unterliegen.

Der Bildung horizontaler Kooperationen kommt vor allem im Zusammenhang mit strategischen Allianzen, also langfristiger Verbindungen zwischen selbstständigen Unternehmen beispielsweise zur Entwicklung neuer Produkte, eine besondere Bedeutung zu. Dabei streben konkurrierende Unternehmen der gleichen Wertschöpfungsstufe durch ihre Zusammenarbeit die Schaffung von Wettbewerbsvorteilen an. Eine solche Zusammenarbeit kann durch eine gemeinsame Nutzung von Ressourcen, Informationen oder Technologien beispielsweise in der Beschaffung, Produktion oder Entwicklung zu Kosteneinsparungen führen oder durch die gemeinsame Nutzung von Vertriebskanälen zur Erschließung neuer Märkte beitragen. Beispiele für die Bildung strategischer Allianzen finden sich in der Automobilindustrie. So entwickeln etwa konkurrierende Hersteller gemeinsame Fahrzeugplattformen für Fahrzeugmodelle, mit denen sie im Wettbewerb stehen, oder sie beliefern sich gegenseitig mit Aggregaten, um Lücken im jeweiligen Modellprogramm abzudecken. In beiden Fällen lassen sich Entwicklungs- und Produktionskosten, aber auch Kosten in der Beschaffung einsparen.

1.2.2.1.3 Regelung der Beziehungen zwischen den SC-Partnern

Die Kooperationspartner in einem Wertschöpfungsnetzwerk stehen in unterschiedlichen Beziehungen zueinander. Im Rahmen der Kooperationsaufgaben des SCM

1.2 Ziele und Aufgaben des SCM

lassen sich finanzielle, rechtliche, organisatorische, zeitliche und räumliche Aspekte unterscheiden.

Die zeitlichen und räumlichen Aspekte der Beziehungen spielen eine Rolle im Zusammenhang mit der Auswahl der SC-Partner, so z. B. bei der Erschließung globaler Märkte oder der zeitlichen Ausdehnung der Partnerschaften in Abhängigkeit von der Art der zu erfüllenden Kundenwünsche. Rechtliche Vereinbarungen und finanzielle Verflechtungen bestimmen im Anschluss an die Auswahl der Unternehmen die Transaktionen, die zwischen den kooperierenden Partnern auszuführen sind. Die Steuerung und Kontrolle der Material- und Informationsflüsse hängen dabei vom Rechtsfluss durch das Unternehmensnetzwerk ab, der durch Verträge bzw. Verfügungsrechte gestaltet wird. Der Rechtsfluss umfasst die Kontrollrechte, Weisungsbefugnisse sowie die Informationspflichten und -rechte zwischen den Unternehmen. Außer den vertraglichen Regelungen zwischen den SC-Mitgliedern sind durch das SCM ebenso deren Beziehungen zu Unternehmen außerhalb der Supply Chain zu definieren. So müssen die Freiheitsgrade der SC-Partner abgestimmt werden, die man diesen gegenüber Unternehmen konkurrierender Lieferketten einräumt. Konkurrenzklauseln können die Beziehungen zu Unternehmen außerhalb der Supply Chain im Extremfall untersagen.

Über die vertraglichen Vereinbarungen hinaus ist gegenseitiges Vertrauen eine wesentliche Voraussetzung für eine funktionierende Zusammenarbeit zwischen den kooperierenden Unternehmen. Das Handeln eines Netzwerkpartners im eigenen Interesse kann sich trotz der vertraglichen Beziehungen zu Ungunsten einer optimalen Lösung der gesamten Kette erweisen. Insbesondere bei der Planung und Steuerung der Geschäftsprozesse ist ein neutrales Verhalten hinsichtlich der individuellen Unternehmensinteressen unabdingbar für ein erfolgreiches SCM. Nimmt beispielsweise ein Unternehmen höhere Kosten in Kauf, um die Kosten der übrigen Partner und damit der gesamten Wertschöpfungskette zu reduzieren, ist es an den Kosteneinsparungen überdurchschnittlich zu beteiligen. Dies lässt sich nur über entsprechende Vertrauensverhältnisse konfliktfrei lösen (zum Aspekt des Vertrauens in Kooperationen vgl. auch Abschn. 3.3.4 dieses Buches).

1.2.2.1.4 Regelung der Machtverhältnisse innerhalb der Supply Chain

Die Übernahme der Aufgaben des SCM zum Aufbau der SC-Struktur und zur Ausgestaltung der Vertragsbeziehungen, aber auch der Betrieb einer Supply Chain, werden wesentlich durch die Machtverhältnisse zwischen den SC-Unternehmen beeinflusst. Im Rahmen von Unternehmenskooperationen lassen sich grundsätzlich zwei Extremformen unterscheiden, wobei auch jede beliebige Mischform dieser Ausprägungen existieren kann.

Das erste Extrem besteht in einer Gleichverteilung der Machtverhältnisse der beteiligten Unternehmen. Bezeichnend für diesen föderativen Ansatz ist die vorherrschende Autonomie der Partner. Diese Supply Chains werden durch ein eher gleichberechtigtes, partnerschaftliches Verhältnis der Unternehmen geprägt. Den Gegensatz zur Föderation bilden monopolistische Organisationsstrukturen, in denen die Beziehungen zwischen den Unternehmen von einem Partner maßgeblich dominiert werden. Im Rahmen der Aufgaben des SCM ist zu klären, welche Vertragsbeziehungen (Föderation oder Hierarchie) die Effizenz der Supply Chain garantieren und ob das Festhalten an bestehenden Machtverhältnissen zum Erreichen der gemeinsamen SC-Ziele als Erfolg versprechend angesehen wird.

Der Vorteil hierarchischer Strukturen besteht darin, dass die Aufgabenumfänge klar abgegrenzt sind, da sich die Partner in einem Abhängigkeitsverhältnis befinden. Das dominierende Unternehmen stellt dabei die Weisungs- und Kontrollinstanz dar. Es gibt die Beziehungen in der Supply Chain vor und hat, da es meist das letzte Glied in der Wertschöpfungskette ist, direkten Zugang zu den Absatzmärkten. Die anderen SC-Partner stehen in der Regel in direkter oder indirekter Abhängigkeit zu ihm und sind durch langfristige Verträge gebunden. Das Zielsystem des dominierenden Unternehmens gibt die Ziele der unmittelbar abhängigen Unternehmen vor. Nur mittelbar vom dominierenden Unternehmen fremdkoordinierte SC-Mitglieder richten ihre Ziele über die Beziehungen zu einem unmittelbar abhängigen Kooperationspartner indirekt am Zielsystem des dominierenden Unternehmens aus. Solche hierarchischen Formen finden sich heute insbesondere in vertikal ausgerichteten Zulieferernetzwerken der Automobilindustrie, in denen die Netzwerkpartner von den Fahrzeugherstellern angeführt werden.

In rein föderativen, gleichberechtigten Kooperationen existiert kein führendes Unternehmen, das die Aufgaben des SCM zentral für alle Partner direkt oder indirekt übernimmt. Ein einzelnes SC-Unternehmen kann aber, in Abhängigkeit von den bestehenden Aufgaben, zeitweilig die Führungsrolle einnehmen. In der Regel versuchen die voneinander abhängigen SC-Partner durch eine intensive partnerschaftliche Kooperation Einigkeit über die verfolgten Ziele zu erreichen. Föderative Supply Chains finden sich z. B. bei der Zusammenarbeit von Unternehmen in horizontalen Kooperationen.

Alternativ sind auch hybride Machtverhältnisse, also Kombinationen hierarchischer und föderativer Elemente, möglich. So können beispielsweise einige Unternehmen der Supply Chain in hierarchisch geprägten Beziehungen zueinander stehen, während sie sich gleichzeitig gegenüber anderen Unternehmen des Netzwerks in unabhängigen Partnerschaften wiederfinden. Über die Übernahme der Aufgaben des SCM muss in solchen hybriden Machtverhältnissen im Einzelfall entschieden werden.

1.2.2.2 Koordinationsaufgaben

Eine Zusammenarbeit im Unternehmensnetzwerk setzt die Verteilung der verschiedenen Elemente des Wertschöpfungsprozesses auf die Kooperationspartner voraus. Durch die Arbeitsteilung treten Koordinationsprobleme zwischen den Unternehmen auf, die durch eine oftmals globale Streuung der Unternehmensstandorte noch verstärkt werden.

Diese Probleme entstehen als Folge einer mangelhaften Verfügbarkeit von Informationen sowie dezentraler, eigennütziger Entscheidungen der individuellen Unternehmen und führen zu schlecht abgestimmten Material- und Güterflüssen an

1.2 Ziele und Aufgaben des SCM

den vielfältigen Schnittstellen in der Supply Chain. Die damit verbundenen lokalen Optimierungen auf den Unternehmensebenen erzeugen Ineffizienzen im unternehmensübergreifenden Netzwerk. Zur Steigerung der Wettbewerbsfähigkeit müssen die Potenziale der Supply Chain daher durch eine ganzheitliche Koordination der SC-Partner auf der Prozessebene erschlossen werden. Damit können die Anforderungen vorgelagerter und nachfolgender Partner bei Planungen und Entscheidungen aufeinander abgestimmt werden.

Obwohl Koordinationsaufgaben – wie in Abschn. 8.1.1 dieses Buches ausführlich beschrieben – häufig dem Controlling zugeordnet werden, soll aufgrund der besonderen Bedeutung der Koordination in Supply Chains auch hier auf Aufgaben eingegangen werden, die den Aspekt der Koordination betreffen. Dies geschieht vor dem Hintergrund, dass in der Literatur nicht genau dargelegt wird, welcher Teil der Koordinationsaufgaben dem SCM und welcher dem Supply Chain Controlling (SCC) zuzuordnen ist. Bei der Informationsversorgung wird aber z. B. häufig davon ausgegangen, dass die eigentliche Gewinnung der Informationen in der Verantwortung des Controlling liegt, während der Aufbau der Informationsinfrastrukturen zu den Aufgaben des SCM zählt.

Als Koordinationsaufgaben des SCM werden im Folgenden die Gestaltung, Planung und Steuerung der unternehmensübergreifenden Geschäftsprozesse sowie die Versorgung der SC-Mitglieder mit relevanten Informationen aufgefasst. Die Koordinationsaufgaben beziehen sich damit auf den Betrieb logistischer Netzwerke und umfassen sowohl strategische als auch taktische und operative Aufgaben.

1.2.2.2.1 Gestaltung und Planung unternehmensübergreifender Prozesse

Die Koordinationsaufgaben des SCM umfassen vornehmlich die spezifischen Gestaltungs-, Planungs- und Abstimmungsprobleme in den Wertschöpfungsprozessen der Beschaffungs-, Produktions- und Distributionssysteme. Die Gestaltung und Verankerung der Prozesse innerhalb des Wertschöpfungsnetzwerks zielt dabei auf die Erschließung von unternehmensübergreifenden Kosten-, Qualitäts- und Zeitvorteilen (vgl. Abschn. 1.2.1).

Die grundlegenden fertigungswirtschaftlichen Transformationsprozesse, die arbeitsteilig von den verschiedenen SC-Mitgliedern durchgeführt werden, werden über Transferprozesse miteinander gekoppelt. So werden die Beschaffungs-, Produktions- und Distributionsvorgänge, die von den Materialien und Produkten durchlaufen werden, über Güter-, Informations- und Finanzflüsse miteinander verbunden. Diese Transformations- und Transferprozesse bilden die Wertschöpfungsprozesse der Supply Chain.

In früheren Auffassungen zum SCM wurden die zu koordinierenden Prozesse nur im Bereich der Material-, Güter- und Informationsflüsse gesehen. Mittlerweile werden die Aufgaben des SCM als umfassender wahrgenommen. Aus der Entwicklung der verschiedenen Definitionen heraus gibt es jedoch unterschiedliche Ansichten über die Umfänge der Koordinationsaufgaben. Außer den logistischen Transferprozessen werden beispielsweise die fertigungswirtschaftlichen Transformationsprozesse in die

Betrachtungen des SCM einbezogen, soweit sie zur Verbesserung des logistischen Systems beitragen. Auch die Abstimmung des im Netzwerk vorhandenen technologischen und personellen Produktionspotenzials und die Planung der Produktionsprogramme und -prozesse werden als elementare Bestandteile des SCM gesehen.

Einige Autoren, wie beispielsweise HAHN (2000) und THALER (2007), zählen zudem die Produktentwicklung zu den Aufgaben des SCM, während andere Autoren, wie z. B. STADTLER (2005), die Gestaltung der vorgelagerten produktbezogenen Innovations- und Entwicklungsprozesse ausklammern. Solch eine unternehmensübergreifende Zusammenarbeit in der Produktentwicklung kann dazu beitragen, die logistischen Systeme zu optimieren. Sowohl eine fertigungs-, montage- und recyclinggerechte Konstruktion, die Standardisierung der Produkte, eine Reduzierung der Produktkomplexität durch die Entwicklung von Systemen und Modulen als auch die Integration der Lieferanten zur parallelen Durchführung von Entwicklungs-, Planungs- und Produktionsaufgaben dienen der Schaffung langfristiger Wettbewerbsvorteile der gesamten Supply Chain. Dadurch lassen sich beispielsweise Produktionsprozesse rationalisieren, Transportprozesse vereinfachen oder Recycling- und Entsorgungsprozesse standardisieren.

Weitere Potenziale zur Verbesserung des logistischen Systems lassen sich unternehmensübergreifend beispielsweise im Beschaffungsprozess erschließen, indem z. B. Beschaffungsmengen abgestimmt, Bedarfsschwankungen schneller kompensiert, Materialverfügbarkeiten verbessert, Beschaffungszeiten verringert und die Qualität der beschafften Materialien und Rohstoffe erhöht werden. In der Produktionsplanung kann eine bessere Einbeziehung aktueller Auftragsbestände und eingegangener Aufträge erfolgen. Fertigungslosgrößen können netzwerkweit optimiert werden, Engpasssituationen oder mangelnde Kapazitätsauslastungen lassen sich besser vorhersehen und vermeiden und auf Störungen im Produktionsprozess kann flexibler reagiert werden.

Durch verbesserte Produktionsabläufe lassen sich die Kosten für das Anlage- und Umlaufvermögen reduzieren und Durchlaufzeiten verkürzen. Darüber hinaus können Vorteile bei der Produktqualität und hinsichtlich der Ausschussquote erzielt werden. Durch die enge Verzahnung der SC-Partner kann eine auftretende Störung im Produktionsprozess erhebliche Auswirkungen auf die nachgelagerten Unternehmen und damit auf die Endkunden haben und muss durch eine unternehmensübergreifende Planung und Steuerung vermieden werden. Distributionsprozesse lassen sich beispielsweise durch den Einsatz von Methoden zur Ladungsträgeroptimierung und Tourenplanung optimieren, und dies führt zu einer verkehrs- und umweltgerechten Bündelung von Warenströmen und einer besseren Reaktionsfähigkeit auf Bestellungen und Bestelländerungen der Kunden (vgl. Kap. 7).

Eine durchgängige Verfügbarkeit von Vertriebsinformationen trägt zu einer marktgerechten Gestaltung des Vertriebsprogramms, der Schaffung geeigneter Vertriebsformen, der Verbesserung von Prognosedaten und einer besseren Reaktionsfähigkeit auf Mengen- und Terminschwankungen bei.

Im Rahmen der Koordinationsaufgaben des SCM ist es notwendig, die Planungen der verschiedenen Prozesse auf der taktischen Ebene möglichst simultan und unter Einbeziehung der verschiedenen SC-Partner durchzuführen. Durch die Gestaltung der Material- und Warenflüsse, basierend auf den prognostizierten Bedarfen der einzelnen Produktgruppen, lassen sich die zum Einsatz gelangenden Ressourcen wirtschaftlich nutzen. Die inhaltliche und zeitliche Abstimmung der Beschaffungs-, Produktions- und Distributionsmengen, die auf den vorliegenden Auftragsdaten und den jeweils verfügbaren Ressourcen in der Supply Chain beruhen, erfolgt anschließend auf der operativen Ebene des SCM.

1.2.2.2.2 Informationsversorgung

Die Verfügbarkeit von Informationen auf allen Stufen der Supply Chain stellt die Basis zur Planung und Steuerung der Wertschöpfungsprozesse dar. Der Koordination der Informationsflüsse auf der taktisch-operativen Ebene des SCM kommt daher eine wesentliche Bedeutung zu.

Das Problem ist, dass vielen Unternehmen ausschließlich die Daten bekannt sind, die sie selbst erfassen können, wie z. B. die Nachfrage der eigenen Kunden, interne Lagerbestände oder die Liefertreue, die sie gegenüber ihren Kunden erzielen. Informationen, die bei den vor- und nachgelagerten Wertschöpfungsstufen erfasst werden, sind den Unternehmen dagegen häufig unzugänglich. So liegen ihnen beispielsweise keine Angaben zur Endkundennachfrage, zu den Lagerbeständen vorheriger oder nachfolgender Stufen der Lieferkette oder über die Liefertreue der gesamten Supply Chain gegenüber den Endkunden vor. Das bedeutet aber, dass viele relevante Informationen nicht genutzt werden, die innerhalb der Supply Chain grundsätzlich verfügbar sind. Viele Unternehmen versuchen daher, Vorgänge mit viel Aufwand zu prognostizieren, die Partnern auf anderen Stufen der logistischen Kette bereits bekannt sind.

Die Gestaltung, Planung und Ausführung der Prozesse können nur durch eine integrierte Sichtweise und Fokussierung auf alle Geschäftsprozesse in der Wertschöpfungskette hinsichtlich der Anforderungen des gesamten Netzwerks abgestimmt werden. Dazu darf der Informations- und Datenfluss aber nicht an den Unternehmensschnittstellen unterbrochen werden. Neben dem Austausch individuell erfasster Daten gehört daher auch die Integration der Infrastrukturen, über die die SC-Partner miteinander vernetzt werden, zu einer effektiven Informationsversorgung der gesamten Wertschöpfungskette. SCM wird deshalb von BAUMGARTEN/DARKOW (2004) als ein „auf ganzheitliche Informationssysteme fokussiertes Konzept" bezeichnet.

Bereitstellung der Informations- und Kommunikationstechnologie

Mittels der Informations- und Kommunikationstechnologien sind virtuelle Marktplätze geschaffen worden, die zu wachsender Markttransparenz geführt haben. Sie unterstützen die Identifizierung von Bedarf und Angebot und helfen bei der Durchsetzung der gebündelten Einkaufsmacht der Unternehmensnetzwerke zur Erzielung von günstigen Einkaufspreisen. Darüber hinaus ermöglichen sie eine vom Standort unabhängige Marktteilnahme bei gleichzeitig offenem Marktzugang und die Schaffung neuer Produkte und Märkte. Durch frei zugängliche Online-Kataloge, www-basierte Preisvergleiche und Internet-Portale wird aber auch die Macht der Kunden gestärkt und die Unternehmen geraten zunehmend unter Druck.

Eine bedeutende Koordinationsaufgabe des SCM besteht im netzwerkweiten Aufbau der Informations- und Kommunikationsinfrastrukturen zur Erfassung und zum Austausch von Informationen sowie zur Sicherstellung eines durchgängigen, reibungslosen Informationsflusses zwischen allen SC-Partnern. Um sowohl den Informationsaustausch und die Kommunikation innerhalb des Wertschöpfungsnetzwerkes zu optimieren als auch an den virtuellen Marktplätzen teilnehmen zu können, sind zwischen allen Beteiligten geeignete Standards hinsichtlich der Datenformate, der Datenbanken, des Datenaustauschs und der Schnittstellen der unternehmensindividuellen Systemplattformen festzulegen. Die Grundlagen des elektronischen Datenaustauschs bieten weltweit etablierte Standards wie Extensible Markup Language (XML) oder Electronic Data Interchange (EDI). Die Integration der heterogenen Planungs- und Steuerungssysteme der Unternehmen in unternehmensübergreifende SCM-Systeme und deren Anbindung an die elektronischen Marktplätze werden durch den Einsatz geeigneter Enterprise Application Integration (EAI)-Plattformen ermöglicht. Die unternehmensübergreifende Vernetzung der IT-Systeme stellt dann die Grundlage für eine simultane Planung aller Wertschöpfungsprozesse dar.

In diesem Zusammenhang kommt den Advanced Planning Systems (APS) eine wesentliche Bedeutung zu (vgl. hierzu auch Kap. 5). APS sind auf Softwaremodulen basierende Systeme zur Planungs- und Entscheidungsunterstützung der gesamten Supply Chain. APS bedienen sich über zertifizierte Schnittstellen der Datenbasis der klassischen Enterprise Resource Planning (ERP)-Systeme und bauen darauf ihre unternehmensübergreifende Planung und Optimierung unter Einbeziehung aller SC-Partner auf. Die Ergebnisse der Planungen, die mit Methoden der linearen Optimierung, heuristischen Verfahren und neuartigen Algorithmen, wie z. B. genetischen Algorithmen, ermittelt werden, geben die APS zur Ausführung wieder an die ERP-Systeme zurück. APS erweitern damit die in den Unternehmen vorhandenen klassischen ERP-Systeme und unterstützen die Planungen des SCM auf verschiedenen Planungsebenen und für unterschiedliche Planungsaufgaben und Zeithorizonte.

Auf der Ebene der langfristigen Planung kommt im Rahmen von APS das Modul „Strategic Network Planning" (SNP) zum Einsatz. Dieses Modul beinhaltet die Gestaltung der Struktur des Wertschöpfungsnetzwerks (SC-Design) mit der strategischen Auswahl der SC-Partner hinsichtlich der vorhandenen Kernkompetenzen, der Standortplanung und der Planung der Distributionsstruktur.

Die mittelfristige Planung im Rahmen des SCM (SC-Planning) wird durch die Module „Master Planning" (MP) und „Demand Planning" (DP) unterstützt. Das Modul „Master Planning" umfasst die Aufgaben zur Synchronisation der Informationsflüsse aller Module und koordiniert Beschaffung, Produktion, Distribution und Vertrieb anhand der prognostizierten Absatzzahlen. Die Erstellung lang-, mittel- und kurzfristiger Nachfrageprognosen und die Festlegung der Absatzplanung übernimmt das Modul „Demand Planning".

Auf der kurzfristigen Planungsebene kommen verschiedene Module zur operativen Abwicklung der Wertschöpfungsprozesse (SC-Execution) zum Einsatz. Sie unterstützen die Planung der Beschaffungsnachfrage (Materialbedarfsplanung), die Losgrößen-, Reihenfolge- und Maschinenbelegungsplanung (Produktionsplanung und -terminierung), die Planung der Transportmittel und der Transportrouten (Transport- und Distributionsplanung) und ermöglichen mittels des Moduls „Available-to-Promise" (ATP) eine realistische Vorhersage von Terminen für die Fertigstellung und Auslieferung der Produkte.

Gestaltung der Informationsprozesse

Zur Versorgung der SC-Partner mit den für die Durchführung der Wertschöpfungsprozesse relevanten Informationen müssen Informationsprozesse gestaltet werden. Durch eine konsequente netzwerkweite Informationspolitik kann gewährleistet werden, dass die relevanten Informationen allen an der Wertschöpfungskette Beteiligten an der richtigen Stelle und zur richtigen Zeit zur Verfügung stehen. Sofern in der operativen Prozessdurchführung Abweichungen von den unternehmensübergreifend abgeleiteten Planungs- und Steuerungsdaten auftreten, kann das SCM aufgrund der mit der durchgängigen Informationsversorgung einhergehenden schnellen Reaktionsfähigkeit der Unternehmen entsprechende Anpassungen in den Planungen und Abläufen vornehmen.

Die Gestaltung der Informationsprozesse durch das SCM beinhaltet die Definition der Informationen, die in den jeweiligen Wertschöpfungsstufen ermittelt werden sollen, die Bestimmung der Zeitpunkte, zu denen die Daten erfasst und bereitgestellt werden müssen und die Festlegung, wie die Steuerung der Informationsversorgung zu erfolgen hat. Da nicht alle Unternehmen die für die Abläufe im Unternehmensnetzwerk erforderlichen Daten erfassen, muss zunächst festgelegt werden, welche Daten von den jeweiligen SC-Partnern in welchen Zeitabschnitten zu bestimmen sind. Die Steuerung der Informationsversorgung kann dann über die Vergabe von Zugriffsrechten für die einzelnen Unternehmen erfolgen. Dabei sind Einschränkungen in der Verfügbarkeit der Informationen unerlässlich, da es sich bei den Mitgliedern des Wertschöpfungsnetzwerks in der Regel um autonome Unternehmen handelt, die außerhalb der Supply Chain oder nach Beendigung der Kooperation im Wettbewerb bestehen müssen. Um die Wettbewerbsfähigkeit der Unternehmen nicht zu gefährden und auch die Bereitschaft der Unternehmen zu einer konsequenten und offenen Zusammenarbeit zu stärken, sind für die SC-Partner folglich nur die Informationen zugänglich zu machen, die auf der jeweiligen Stufe des Wertschöpfungsprozesses erforderlich sind.

Steuerung der Informationsflüsse

Wesentliche Informationen, auf die die Unternehmen eines logistischen Netzwerks direkten Zugriff haben müssen, sind Angaben zur Endkundennachfrage und zu den Produktionsplänen und Beständen innerhalb der Supply Chain. Stehen diese Informationen nicht, verzögert oder nur unvollständig zur Verfügung, drohen die Unternehmen den Einflüssen des Bullwhip-Effekts zu unterliegen (vgl. Abschn. 1.2.1).

Eine unternehmensübergreifende Steuerung der Informationsflüsse trägt dementsprechend zur Verminderung des Bullwhip-Effekts bei. Neben dem Bedarf der unmittelbaren Kunden sollten den Unternehmen der Supply Chain daher auch der Bedarf der Endkunden, die verfügbaren Material- und Warenbestände sowie die Produktions- und Transportkapazitäten und deren Auslastung auf allen Wertschöpfungsstufen bekannt sein. Dadurch lassen sich Engpässe aufgrund von Kapazitätsrestriktionen oder geänderten Kundenanforderungen rechtzeitig erkennen und in die Planungen integrieren. Auf drohende Terminüberschreitungen kann flexibel reagiert werden, indem z. B. Fertigungslose verlagert oder zusätzliche Transportkapazitäten einbezogen werden. Damit lassen sich teure Produktionsstillstände umgehen und die Kundenzufriedenheit erhöhen.

Über die Informationen zur Reduzierung des Bullwhip-Effekts hinaus müssen auch Kosteninformationen und Informationen über die Zielerreichung der einzelnen SC-Partner im Rahmen des SCM zur Verfügung stehen. Die Verfügbarkeit von Kosteninformationen innerhalb der Supply Chain kann dazu beitragen, die Kosten mit Hilfe von Koordinationsmaßnahmen unternehmensübergreifend zu minimieren. Dabei können einzelne Unternehmen der Supply Chain gezielt höhere Kosten in Kauf nehmen, wenn sich damit die Gesamtkosten des Wertschöpfungsnetzwerks reduzieren lassen. Die dadurch hervorgerufenen einseitigen Kostenerhöhungen müssen aber über eine Verteilung der Gewinne der gesamten Supply Chain kompensiert werden. Dies erfordert allerdings eine umfassende Transparenz der anfallenden Kosten aller SC-Mitglieder und ein sehr großes Vertrauen in die koordinierende Instanz des SCM. Zu den erforderlichen Informationen über die Zielerreichung der einzelnen SC-Partner gehören beispielsweise Angaben zu den Durchlauf- und Lieferzeiten sowie zur Liefer- und Termintreue. Unter der Voraussetzung der Verfügbarkeit dieser Informationen lassen sich die unternehmensübergreifenden Prozesse effizient steuern und überwachen.

1.2.2.2.3 Steuerung der Supply Chain

Die große Komplexität und die wechselseitigen Abhängigkeiten der SCM-Aufgaben erfordern Instrumente zur Leistungsmessung der Supply Chain und zur kontinuierlichen Ausrichtung der Prozesse auf die anzustrebenden SC-Ziele. Zur Steuerung und Überwachung der operativen Prozessdurchführung werden daher ein unternehmensübergreifendes SCC sowie (weitere) spezielle Koordinationsinstrumente eingesetzt.

Das SCC dient der Sicherstellung der ergebnisorientierten Planung, Steuerung und Kontrolle der Supply Chain. Mit Hilfe einer Kosten- und Leistungsrechnung und durch Kennzahlenvergleiche lassen sich damit Zielvorgaben überwachen sowie Kosten- und Nutzeneffekte erfassen, die zur Entscheidungsvorbereitung herangezogen werden können. Die klassischen Controlling-Instrumente müssen im Rahmen eines SCC auf die spezifischen Anforderungen des SCM zugeschnitten werden. Dazu müssen z. B. relevante Kennzahlen definiert und in Kennzahlensystemen eingebunden werden, die eine hohe Aussagekraft im Hinblick auf die Qualität der betrachteten SC-Abläufe besitzen. Die Anpassung der Controlling-Instrumente und die Beschaffung und Aufbereitung führungsrelevanter Informationen sind als Führungsunterstützungsfunktion dabei jedoch nicht originär dem SCM, sondern der eigenständigen Disziplin des SCC zuzuordnen (vgl. hierzu Kap. 8–10).

Mit Hilfe von weiteren, ausgewählten Koordinationsinstrumenten lässt sich der Koordinationsbedarf innerhalb der Wertschöpfungsnetzwerke reduzieren.

1.2 Ziele und Aufgaben des SCM

Koordinationsinstrumente unterstützen eine synchronisierte Planung und Steuerung der Prozesse und tragen zu einer Ausrichtung der Unternehmensentscheidungen auf das Gesamtziel der Supply Chain bei. Die Eignung und der Einsatz der verschiedenen Instrumente werden wesentlich durch die spezifische Ausprägung der Machtverhältnisse zwischen den SC-Unternehmen bestimmt. Aber auch der zeitliche Horizont der Entscheidungen spielt eine Rolle bei der Auswahl geeigneter Koordinationsformen und -instrumente. Dementsprechend kann eine Systematisierung der Koordinationsinstrumente in SC-Strukturen gemäß Abb. 1.4 vorgenommen werden.

Bei der Entscheidung über die einzusetzenden Koordinationsinstrumente muss eine Abwägung zwischen den individuellen Aktionsspielräumen der Unternehmen und der Zielorientierung der SC-Partner an den unternehmensübergreifenden SC-Zielen erfolgen. Längerfristige Entscheidungen auf der strategischen und taktischen Ebene werden eher durch zentrale Koordinationsinstrumente, wie Vorgaben, unterstützt. Bei kurzfristigen Entscheidungen stehen hingegen die geringe Komplexität der Planungen und eine flexible, schnelle Erarbeitung von Lösungen zur Erfüllung der Kundenbedürfnisse im Vordergrund, so dass eher dezentrale Koordinationsmechanismen in Form von Preisen und Instrumenten der Selbstabstimmung zum Tragen kommen.

Als praktikabel werden sowohl in hierarchisch als auch in heterarchisch geprägten Beziehungen kombinierte dezentral-zentrale Lösungen gesehen. So werden beispielsweise die Gestaltung der Supply Chain oder die langfristige Grobplanung der

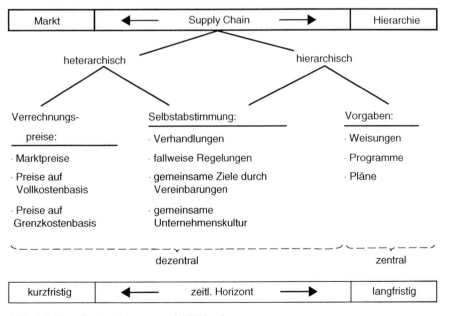

Abb. 1.4 Koordinationsinstrumente in SC-Strukturen

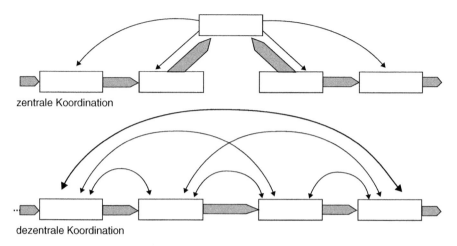

Abb. 1.5 Koordinationsformen der Supply Chain

Material-, bzw. Waren- und Dienstleistungsflüsse im Rahmen strategischer Aufgaben eher von einer zentralen Instanz durchgeführt. Die auftrags- und projektbezogene Feinplanung innerhalb der Unternehmen sowie deren Steuerungs- und Kontrollprozesse werden zweckmäßiger dezentral organisiert.

Eine graphische Darstellung der Koordinationsformen, also der zentralen und der dezentralen Koordination, gibt Abb. 1.5.

Instrumente der hierarchischen Koordination

Im Rahmen der hierarchischen Koordination übt eine zentrale Institution Einfluss auf die Beziehungen zu den anderen Unternehmen der Supply Chain aus. Die Koordination der Unternehmen kann direkt, also über eine gezielte Vorgabe von individuellen Verhaltensnormen und Unternehmenszielen durch das dominierende Unternehmen, oder indirekt erfolgen, indem sich die SC-Partner eigenständig in ihrem Handeln an den Zielen des übergeordneten Unternehmens ausrichten. Als direkte bzw. zentrale Koordinationsinstrumente können Vorgaben in Form von Weisungen, Programmen oder Plänen eingesetzt werden.

Über Weisungen werden für konkrete Aufgabenstellungen detaillierte Verfahrensanleitungen vorgegeben, die aber durch einen hohen Koordinationsbedarf zu Engpässen bei der übergeordneten Instanz führen können und daher seltener Einsatz finden.

Programme sind permanente, bindende Vorschriften über zu ergreifende Maßnahmen beim Auftreten bestimmter Ereignisse. Der Vorgabe von Programmen steht als Nachteil die eingeschränkte Reaktionsfähigkeit der Kooperationspartner in einer dynamischen Umgebung entgegen.

Durch Pläne werden lediglich verbindliche Zielvorgaben gemacht und deren Einhaltung überwacht. Der Geltungszeitraum der Pläne ist gegenüber dem der Programme beschränkt. Pläne bieten den zu koordinierenden Unternehmen außerdem einen größeren Aktionsraum, da sie keine expliziten Prozessvorgaben zum Errei-

1.2 Ziele und Aufgaben des SCM

chen der Ziele machen. Programme und Pläne zeichnen sich grundsätzlich durch einen relativ geringen Koordinationsaufwand aus.

In hierarchisch geprägten Wertschöpfungsnetzwerken werden in der Praxis des SCM meist Programme zur Koordination der SC-Prozesse eingesetzt. APS führen zu einer informationstechnischen Umsetzung der Programme und ermöglichen eine simultane Planung der unternehmensübergreifenden Wertschöpfungsprozesse.

Eine optimale Planung und Steuerung der gesamten Wertschöpfungskette lassen sich aber nur durch ein neutral gesteuertes SCM umsetzen. Vorbehalte der SC-Partner gegenüber einem zentralen koordinierenden Unternehmen in hierarchischen Kooperationen können dazu führen, dass eine externe Institution, wie beispielsweise Fourth Party Logistics Provider (4PL-Provider), mit den Koordinationsaufgaben betraut werden muss.

Instrumente der heterarchischen Koordination

Sofern in gleichberechtigten Kooperationen nicht zentrale Instanzen, wie z. B. 4PL-Provider, für die Koordination der Unternehmen eingeschaltet werden, finden flexible, dezentrale Koordinationsinstrumente Anwendung. Als geeignete Instrumente kommen dabei Preise und Mechanismen der Selbstabstimmung zum Einsatz. Diese ermöglichen den Unternehmen, miteinander zu kooperieren, aber auch untereinander in Wettbewerb zu treten.

Der Einsatz von Verrechnungspreisen für Lieferungen und Leistungen schränkt den Koordinationsaufwand ein, da jeweils nur unmittelbar miteinander in Beziehung stehende Unternehmen von der Preisbestimmung und der Verteilung der Ressourcen betroffen sind. Der Verrechnungspreis ist in diesem Kontext jener Preis, den ein Unternehmen der Supply Chain einem anderen SC-Unternehmen für erbrachte Lieferungen oder Leistungen in Rechnung stellt und der ohne weitere Verhandlungen akzeptiert wird. Verrechnungspreise werden bei Standardprodukten mit einer für die Supply Chain geringen Relevanz eingesetzt, bei der die Lieferantenauswahl kurzfristig und preisbasiert erfolgen kann.

Als Instrumente der Selbstabstimmung werden z. B. Einzelfallregelungen, Zielvereinbarungen, gemeinsame Verfahrensrichtlinien oder Verhandlungen eingesetzt. Sie lassen sich flexibel anwenden und beziehen die unternehmensindividuellen Situationen in die Entscheidungsprozesse ein. Dem gegenüber stehen ein erhöhter Abstimmungsaufwand und die Anforderung an die beteiligten Unternehmen, erforderliche Koordinationsbedarfe erkennen und lösen zu können. Durch individuelle Interessen und das Fehlen von klaren Verantwortungsbereichen können die Koordinationsprozesse behindert werden. Als weiteres, eher indirektes Instrument der Selbstabstimmung kommt eine gemeinsame Unternehmenskultur zum Tragen. Dabei entsprechen sich die Unternehmen in ihren wesentlichen Werten und Normen und haben durch identische Grundsätze und Leitlinien einen geringeren Koordinationsbedarf. Es besteht aber die Gefahr, dass das bestehende Vertrauen zwischen den Unternehmen missbraucht wird. Instrumente der Selbstabstimmung kommen aufgrund des erhöhten Aufwands vorwiegend bei Produkten zum Einsatz, die sich durch eine strategische Relevanz für die Supply Chain auszeichnen.

1.3 Prozesse und Elemente des SCM

1.3.1 Überblick über bestehende Prozesse

Nachdem zuvor bereits die wesentlichen Bestandteile der Supply Chain erörtert wurden, sollen nun deren Elemente und Prozesse detaillierter dargelegt werden. Dabei wird eine umfassende Prozesssicht wie beispielsweise bei HAHN (2000), FANDEL/STAMMEN (2004) und THALER (2007) zugrunde gelegt, die auch die Gestaltung der Innovations- und Entwicklungsprozesse zu den Aufgaben des SCM zählt. In diesem Zusammenhang soll zudem erläutert werden, welche Kosten den einzelnen Prozessen zugerechnet werden können.

Als wichtigste prozessübergreifende Elemente sind im SCM die Güter aufzuführen. Aus logistischer Betrachtung können im Material- und Warenfluss den Gütern die physikalischen Eigenschaften des Gewichts, der Größe und des Volumens zugeordnet werden. Den Finanzfluss beschreiben dagegen die Bewertungen der Güter mit Preisen.

Die weiteren Elemente werden in den folgenden Abschnitten zusammen mit den Geschäftsprozessen des Produktlebenszyklus, also der Produktentstehung und -entwicklung, der Beschaffung, der Produktion, der Distribution, des Vertriebs, des Verkaufs und der Entsorgung definiert. Als Elemente sollen die Entwicklungszentren, Lieferanten, Produktionszentren, Distributionszentren, Vertriebszentren, Kunden und Absatzgebiete sowie Entsorgungszentren den Geschäftsprozessen zugeordnet werden. Die Elemente der Geschäftsprozesse repräsentieren jeweils die Standorte, an denen die Flüsse der Supply Chain entstehen oder aufgenommen werden können. Beschrieben werden die Elemente über verschiedene logistische Merkmale. Den Elementen können aber auch Kosten, Preise und finanzwirtschaftliche Merkmale zugeordnet werden.

Einen Überblick über die aufgeführten Geschäftsprozesse mit ihren Elementen gibt Abb. 1.6.

Zu beachten ist, dass die Geschäftsprozesse nicht nur auf eine Unternehmung begrenzt werden, sondern auch in mehreren Unternehmungen durchgeführt werden können.

1.3.2 Verschiedene Prozesse und ihre Elemente

In den folgenden Abschnitten sollen die in Abb. 1.6 dargestellten Prozesse des SCM mit ihren Elementen detailliert beschrieben werden.

1.3.2.1 Produktentstehungs- und -entwicklungsprozess

Den Ausgangspunkt eines Produktlebenszyklus bildet der Produktentstehungs- und -entwicklungsprozess. Aufbauend auf den Anforderungen der Kunden müssen in

1.3 Prozesse und Elemente des SCM

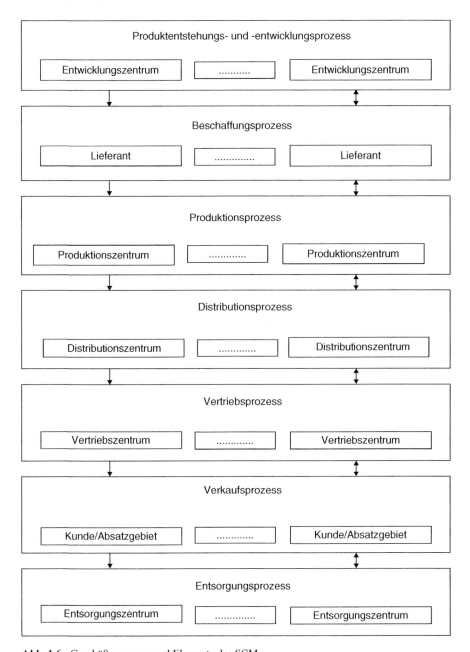

Abb. 1.6 Geschäftsprozesse und Elemente des SCM

Zusammenarbeit mit den Lieferanten die Planung und Entwicklung der Neuprodukte durchgeführt, die technische und wirtschaftliche Machbarkeit geprüft sowie die neuen potenziellen Produkte kalkuliert werden. Teilweise sind vorab auch erste

Produkte bzw. Prototypen der Produkte zu erstellen und die internen Geschäftsprozesse mit den Kunden und den Lieferanten abzustimmen.

Wesentliche Elemente dieses Geschäftsprozesses sind einerseits die Entwicklungsprojekte, aus denen die neuen marktfähigen Produkte entstehen, andererseits die Entwicklungszentren, an denen die Entwicklungsprojekte durchgeführt werden. Beiden Elementen können personelle oder technische Ressourcen sowie Entwicklungskosten zugerechnet werden.

1.3.2.2 Beschaffungsprozess

Im Beschaffungsprozess werden die Materialien bezogen, die zur Durchführung des nachfolgenden Produktionsprozesses benötigt werden. Als zentrale Elemente des Beschaffungsprozesses werden im SCM die Lieferanten betrachtet, welche die Materialien in der geforderten Zeit und Qualität liefern können. Die Grundlage der Lieferbeziehungen bilden langfristige Rahmenvereinbarungen mit dem Lieferanten, in denen die Materialpreise und die Lieferbedingungen mit minimalen und maximalen Bestellmengen festgelegt sind.

Aus Sicht des Produktionsprozesses stehen verschiedene Beschaffungsstrategien zur Einbindung der Lieferanten zur Verfügung, wobei aus strategischer Perspektive insbesondere Strategien zur Bestimmung der Anzahl der Bezugsquellen und der Herkunft der Lieferanten eine hohe Bedeutung besitzen. Die Beschaffungsstrategien zur Festlegung der Anzahl der Bezugsquellen können nach der Single Sourcing- und der Multiple Sourcing-Strategie unterschieden werden. Beim Single Sourcing erfolgt der Bezug eines Gutes oder mehrerer Güter von nur einer Lieferquelle, während beim Multiple Sourcing das Beschaffungsvolumen auf mehrere Lieferanten verteilt wird.

Eine andere Entscheidung muss bezüglich der Herkunft der Lieferanten getroffen werden. Beim Local Sourcing liegen die Lieferanten im räumlichen Umfeld oder im Land der Produktion. Beim Global Sourcing besteht dagegen keine Einschränkung bezüglich der Lieferantenauswahl, und es existiert die Möglichkeit, die Güter weltweit von Lieferanten zu beziehen (vgl. zu den verschiedenen Beschaffungsstrategien auch Abschn. 3.2 dieses Buches).

1.3.2.3 Produktionsprozess

Im Produktionsprozess wird die Umwandlung oder Kombination von Inputgütern zu den Produkten durchgeführt. Dazu werden die im Beschaffungsprozess bezogenen Materialien verwendet, welche den in den Produktionsprozess eingehenden Materialfluss bilden. Die Produkte repräsentieren den ausgehenden Materialfluss, der in den Distributionsprozess eingeht. Als zentrale Elemente des Produktionsprozesses gelten die Produktionszentren, die je nach gewählter Ausprägung sowohl komplette Produktionsfabriken als auch kleinere Produktionssegmente wie Fertigungslinien oder Fertigungsanlagen darstellen können.

Auch bei diesem Geschäftsprozess müssen verschiedene Ausrichtungen voneinander abgegrenzt werden. Ein Produktionsprozess kann mehrere Produktionsstufen umfassen, in denen die Fertigung der Endprodukte über verschiedene Zwischenprodukte in einem oder mehreren Produktionszentren erfolgt. Weiterhin können infolge der technischen Prozessausrichtung die Produktionszentren auf ein bestimmtes Zwischen- und Endproduktspektrum beschränkt sein, so dass nicht jedes Produkt an jedem Produktionszentrum produziert werden kann. Für jedes Produktionszentrum sind daher minimale und maximale Kapazitäten sowohl zur Herstellung eines Produktes als auch für die Gesamtheit der Produkte anzugeben. Aus der finanzwirtschaftlichen Sichtweise sind im Produktionsprozess Kosten für die Herstellung der Produkte und für den Betrieb der Produktionszentren zu erfassen.

1.3.2.4 Distributionsprozess

Die wichtigsten Aufgaben im Distributionsprozess bestehen in der Aufnahme der Produkte vom Produktionsprozess und der Verteilung der Produkte an die Kunden entsprechend ihrer Nachfrage. Zentrale Elemente dieses Geschäftsprozesses sind die Distributionszentren, von denen diese Aufgaben übernommen werden. Restriktionen können bezüglich der Stückzahl, des Gewichts und des Volumens der Produkte sowohl für einzelne Produkte als auch für den gesamten Materialfluss durch ein Distributionszentrum aufgestellt werden. Eine große Bedeutung bei der Zuteilung der Distributionszentren zu den nachfolgenden Verkaufszentren sowie den Kunden und Absatzgebieten besitzen die aus dem Beschaffungsprozess bekannten Strategien zum Single Sourcing und Multiple Sourcing. Im Distributionsprozess bezeichnet das Single Sourcing die Belieferung eines Vertriebszentrums bzw. eines Absatzgebietes von einem Distributionszentrum. Dagegen können beim Multiple Sourcing mehrere Distributionszentren ein Vertriebszentrum bzw. ein Absatzgebiet mit Produkten versorgen. Die Erfassung der Kosten im Distributionsprozess kann analog zu derjenigen im Produktionsprozess erfolgen, d. h. es können sowohl der Distribution der Produkte als auch dem Betrieb der Distributionszentren Kosten zugerechnet werden.

1.3.2.5 Vertriebs- und Verkaufsprozess

Im Vertriebsprozess sind die Voraussetzungen für einen optimalen Absatz der Produkte zu schaffen. Unter den Produkten werden dabei sowohl Sachgüter als auch Dienstleistungen verstanden. Die Aufgaben des Vertriebsprozesses umfassen die Einteilung der Absatzgebiete, die Planung der Vertriebszentren in den Absatzgebieten und die Erstellung von Absatzprognosen für die einzelnen Produkte. In diesem Zusammenhang sind auch für jedes Absatzgebiet die Verkaufspreise der Produkte im Verkaufsprozess zu definieren.

Die zentralen Elemente des Vertriebsprozesses sind die Vertriebszentren, entweder in Form selbstständiger Verkaufs- und Serviceniederlassungen oder in Form von Kooperationen mit anderen Unternehmungen. In enger Verbindung mit dem Distributionsprozess muss im Vertriebsprozess die Definition der Vertriebs- und Serviceziele erfolgen. Eine verbreitete Zielvorgabe betrifft den Kundenservicegrad, der auch als Lieferbereitschaft bezeichnet wird. Dieser gibt bezogen auf ein Absatzgebiet an, in welchem angestrebten Verhältnis die nachgefragten bzw. bestellten Produktmengen zu den gelieferten Mengen stehen sollen. Auf der Kostenseite können im Vertriebsprozess sowohl Kosten für den Vertrieb der Produkte als auch für den Betrieb der Vertriebszentren betrachtet werden.

An den Vertriebsprozess schließt sich der Verkaufsprozess an, der den Verkauf des Produktes an die Endkunden beschreibt. Der Verkaufsprozess ist das Verbindungsglied zwischen den vorgelagerten Geschäftsprozessen und dem Entsorgungsprozess. Die zentralen Elemente sind die Kunden und die Absatzgebiete. Aus finanzwirtschaftlicher Perspektive sind diesem Geschäftsprozess die Verkaufspreise der Produkte zugeordnet.

1.3.2.6 Entsorgungsprozess

Bestehen beim Kunden keine Möglichkeiten zur weiteren Verwendung der Sachgüter, so müssen die Kunden die Produkte dem Entsorgungsprozess zuführen. Im Gegensatz zu den bisher betrachteten Geschäftsprozessen ist der Entsorgungsprozess nicht zwingend mit dem vorgelagerten Materialfluss verbunden, da die Entsorgungsmenge und der Entsorgungszeitpunkt maßgeblich von der erwarteten Lebensdauer der Produkte abhängen. Die wesentlichen Elemente im Entsorgungsprozess sind die Entsorgungszentren, an denen die Sammlung, Verwertung und umweltgerechte Entsorgung der Produkte stattfinden kann. Hier könnte auch ein Recycling erfolgen, bei dem Bestandteile der Produkte wieder verwendet oder verkauft werden können.

Dieser Geschäftsprozess ist aus logistischer Perspektive mit dem Produktionsprozess vergleichbar, da den Entsorgungszentren kapazitätsmäßige Restriktionen zugeordnet werden können. Aus investitionstheoretischer Betrachtung kann die Entsorgung als Dienstleistung an die Kunden verkauft werden, wobei dafür entsprechende Kosten für den Betrieb der Anlagen und für die Bearbeitung und Entsorgung der Produkte entstehen.

1.3.2.7 Prozessübergreifende Elemente

Als prozessübergreifende Elemente können diejenigen Elemente bezeichnet werden, die in mehr als einem Geschäftsprozess des Produktlebenszyklus auftreten. Diese Elemente können sowohl aus dem logistischen Bereich als auch aus dem finanzwirtschaftlichen Bereich sein. Zu den prozessübergreifenden Elementen des Materialflusses gehören neben den Gütern die Transportwege und -lager. Güter können in einem logistischen Netzwerk auf verschiedenen Transport- und Verkehrswegen bewegt werden. Die Transportmittel wie Lastwagen und Schiffe sowie die ihnen zugeordneten Transportwege sind die einzubeziehenden Elemente, die für die Bewegung der Güter zur Verfügung stehen. Die Transportmittel können den Materialfluss limitieren, da von ihnen nur begrenzt Gütergewichte und Gütervolumina aufgenommen werden können. Die Kosten des Transports eines Gutes variieren mit den Transportmitteln und werden von der Art des Transportmittels, den minimalen und maximalen Transportmengen pro Transportmittel und von den Transportwegen beeinflusst. Weiterhin müssen unterschiedliche Transportzeiten der Transportmittel und -wege beachtet werden.

Infolge der strengen Kundenorientierung im SCM sollten die Materialflüsse auf die Kundennachfrage ausgerichtet werden. Dennoch kann in einem SC-Network die Notwendigkeit bestehen, den Verbrauch und die Herstellung der Güter über eine Bevorratung in einem oder mehreren Lagern zu synchronisieren. Diese Lagerung kann in verschiedenen Geschäftsprozessen stattfinden. Die Kapazität eines Lagers begrenzt die Lagermenge in Abhängigkeit vom Platzbedarf des zu lagernden Produktes. Durch die Lagerhaltung entstehen Kapitalbindungs- und Lagerkosten, die bei der Aufstellung eines SC-Network berücksichtigt werden sollten.

Zur Bestimmung des Finanzflusses im SCM müssen die Preise und Kosten der Güter in den einzelnen Geschäftsprozessen um Zölle und Wechselkurse ergänzt werden. Während beim Güterverkehr innerhalb eines Landes oder einer Währungsunion keine Zölle anfallen, müssen beim Im- und Export von Gütern außerhalb einer Währungsunion entsprechende Zollabgaben entrichtet werden. Weiterhin ist zu erwähnen, dass im internationalen Handel durch die Aus- und Einfuhr von Gütern Zollabgaben rückerstattet werden können.

Bei allen Geschäftsprozessen besteht die Möglichkeit, diese vollständig innerhalb einer Währungsunion und einer Steuerunion durchzuführen. Finden die Geschäftsprozesse dagegen in mehreren Ländern statt, in denen unterschiedliche Formen von Unternehmenssteuern oder verschiedene Steuersätze anfallen, so sind für jedes Element steuerliche Abgaben zu berücksichtigen. Falls die Geschäftsprozesse nicht auf eine Währungsunion begrenzt werden sollen, müssen die gesamten finanzwirtschaftlichen Größen vereinheitlicht werden. Aus diesem Grund sind für jeden Finanzfluss aus einer Währungsunion die Wechselkurse zu einer Bezugswährung zu erheben, mit denen die finanzwirtschaftlichen Größen auf eine Bewertungsbasis gebracht werden.

1.4 Übungsaufgaben zu Kapitel 1

Übungsaufgaben zu Abschnitt 1.1

1. Beschreiben Sie kurz verschiedene Definitionsansätze des SCM, wobei Sie insbesondere darauf eingehen, wie man diese gruppieren könnte.
2. Erläutern Sie die Entwicklungsstufen von der klassischen Logistik zum SCM.

Übungsaufgaben zu Abschnitt 1.2

1. In welchen Bereichen können durch ein SCM Kosteneinsparungen realisiert werden?
2. Diskutieren Sie die verschiedenen hierarchischen Koordinationsinstrumente im SCM.

Übungsaufgabe zu Abschnitt 1.3

Nennen Sie die Prozesse des SCM und zeigen Sie kurz auf, welche Kosten diesen Prozessen zugerechnet werden können.

Literaturempfehlungen

ARNDT, H.: Supply Chain Management: Optimierung logistischer Prozesse, 4. Aufl., Wiesbaden 2008.

BAUMGARTEN, H.; DARKOW, I.-L.: Konzepte im Supply Chain Management, in: BUSCH, A.; DANGELMAIER, W. (Hrsg.): Integriertes Supply Chain Management: Theorie und Praxis unternehmensübergreifender Geschäftsprozesse, 2. Aufl., Wiesbaden 2004, S. 91–110.

BECKER , J.; KUGELER, M; ROSEMANN, M.: Prozessmanagement: Ein Leitfaden zur prozessorientierten Organisationsgestaltung, 5. Aufl., Berlin et al. 2005.

BUSCH, A.; DANGELMAIER, W.: Integriertes Supply Chain Management: Theorie und Praxis unternehmensübergreifender Geschäftsprozesse, 2. Aufl., Wiesbaden 2004a.

BUSCH, A.; DANGELMAIER, W.: Integriertes Supply Chain Management – ein koordinationsorientierter Überblick, in: BUSCH, A.; DANGELMAIER, W. (Hrsg.): Integriertes Supply Chain Management: Theorie und Praxis unternehmensübergreifender Geschäftsprozesse, 2. Aufl., Wiesbaden 2004b, S. 1–21.

COOPER, M. C.; LAMBERT, D. M.; PAGH, J. D.: Supply Chain Management. More Than a New Name for Logistics, in: The International Journal of Logistics Management, 1997, 1, S. 1–14.

FANDEL, G.; STAMMEN, M.: A General Model for Extended Strategic Supply Chain Management with Emphasis on Product Life Cycles Including Development and Recycling, in: International Journal of Production Economics, 2004, 3, S. 293–308.

GÖPFERT, I.: Einführung, Abgrenzung und Weiterentwicklung des Supply Chain Managements, in: BUSCH, A.; DANGELMAIER, W. (Hrsg.): Integriertes Supply Chain Management: Theorie und Praxis unternehmensübergreifender Geschäftsprozesse, 2. Aufl., Wiesbaden 2004, S. 25–45.

GÖPFERT, I.: Logistik: Führungskonzeption, Gegenstand, Aufgaben und Instrumente des Logistikmanagements und -controllings, 2. Aufl., München 2005.

HAHN, D.: Problemfelder des Supply Chain Management, in: WILDEMANN, H. (Hrsg.): Supply Chain Management, München 2000, S. 9–19.

HEYMANS, J.-D.-O.: Management der textilen Supply Chain durch den Bekleidungseinzelhandel, Lohmar 2004.

KUGELER, M.: Supply Chain Management und Customer Relationship Management – Prozessmodellierung für Extended Enterprises, in: BECKER, J.; KUGELER, M.; ROSEMANN, M. (Hrsg.): Prozessmanagement: Ein Leitfaden zur prozessorientierten Organisationsgestaltung, 5. Aufl., Berlin et al. 2005, S. 455–488.

PFOHL, H.-C.: Supply Chain Management: Logistik plus? Logistikkette – Marketingkette – Finanzkette, Berlin 2000.

SIMCHI-LEVI, D.: The Master of Design. An Interview with David Simchi-Levi, in: Supply Chain Management Review, 2000, 5, S. 74–80.

SIMCHI-LEVI, D.; KAMINSKY, P.; SIMCHI-LEVI, E.: Managing the supply chain: The definitive guide for the business professional, New York et al. 2004.

STADTLER, H.: Supply Chain Management – An Overview, in: STADTLER, H.; KILGER, C. (Hrsg.): Supply Chain Management and Advanced Planning: Concepts, Models, Software and Case Studies, 3. Aufl., Berlin et al. 2005, S. 9–35.

STADTLER, H.; KILGER, C.: Supply Chain Management and Advanced Planning: Concepts, Models, Software and Case Studies, 3. Aufl., Berlin et al. 2005.

THALER, K.: Supply Chain Management: Prozessoptimierung in der logistischen Kette, 5. Aufl., Köln 2007.

WEBER, J.; DEHLER, M.: Entwicklungsstand der Logistik, in: PFOHL, H.-C. (Hrsg.): Supply Chain Management: Logistik plus? Logistikkette – Marketingkette – Finanzkette, Berlin 2000, S. 45–68.
WEBER, J.; DEHLER, M.; WERTZ, B.: Supply Chain Management und Logistik, in: Wirtschaftswissenschaftliches Studium, 2000, 5, S. 264–269.
WERNER, H.: Supply Chain Management – Grundlagen, Strategien, Instrumente und Controlling, 3. Aufl., Wiesbaden 2008.
WILDEMANN, H.: Supply Chain Management, München 2000.

Kapitel 2
Strukturgerüst des SCM

2.1 Einleitung

Das Strukturgerüst des SCM stellt einen Orientierungsrahmen für die Planungsaktivitäten des SCM bereit, wobei diese verschiedenen Planungsebenen zugeordnet werden. Die einzelnen Planungsebenen sind sowohl auf der Ebene der Supply Chain als auch auf der Ebene der individuellen Unternehmen anzuwenden. Dabei wird im Strukturgerüst des SCM nach BECKMANN (2004) unterschieden zwischen normativer SC-Planung, Strategie-, Struktur- und Systemplanung (vgl. Abb. 2.1). Da die Umsetzung des im Rahmen dieses Kapitels aufgestellten Konzeptes nicht unter die Planungsaufgaben fällt, soll auf die Realisierung (Supply Chain Execution) hier nicht näher eingegangen werden.

2.2 Planungssystem des SCM

2.2.1 Normative SC-Planung

Die normative SC-Planung beschäftigt sich mit den generellen Zielen der Supply Chain bzw. der Unternehmen, also mit Prinzipien, Normen und Spielregeln, die darauf ausgerichtet sind, die Lebens- und Entwicklungsfähigkeit der Supply Chain bzw. der Unternehmen zu sichern. Sie legt die langfristig zu entwickelnden Erfolgsvoraussetzungen soziokultureller und normativer Art fest. Entscheidend ist, dass die normative Planung auf Ebene der Supply Chain zur Festlegung kollektiver Rahmenbedingungen, aber auch auf der Ebene der Einzelunternehmen durchzuführen ist.

Nach BECKMANN (2004) zählen in Anlehnung an BLEICHER (2004) zur normativen Dimension vier verschiedene Elemente:

- SC- bzw. Unternehmensvision,
- SC- bzw. Unternehmenspolitik,
- SC- bzw. Unternehmensverfassung und
- SC- bzw. Unternehmenskultur.

Abb. 2.1 Planungssystem des SCM

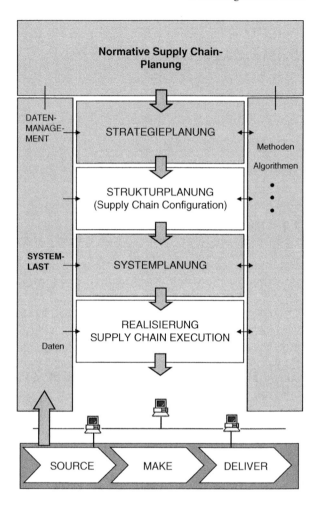

SC- bzw. Unternehmensvision

Die SC- bzw. Unternehmensvision ist eine generelle Leitidee, die in der strategischen und operativen Planung konkretisiert wird. Sie ist der Strategie vorgeschaltet und – wenn auch allgemeiner gehalten – eng mit dieser verbunden. In der Praxis spiegeln sich Visionen in einer weit in die Zukunft reichenden unternehmerischen Idee wider, die sich in Vorstellungen über die Positionierung einer Unternehmung in Wirtschaft und Gesellschaft ausdrückt. Vorgaben, welcher Nutzen am Markt bereitgestellt werden soll, bieten einen konkreten Bezug zur Branche, wovon auch der entsprechende Einsatz und die Entwicklung von Potenzialen abhängen. So wurde beispielsweise für die RWE AG als Vision formuliert, Europas führendes Multi-Utility-Unternehmen zu werden, also den Schwerpunkt der Geschäftstätigkeit vollständig auf Energie sowie energienahe Dienstleistungen zu setzen und sich stärker als in der Vergangenheit von anderen Geschäftsfeldern zu trennen.

Bei der Ausarbeitung einer Vision im Rahmen eines SCM geht es entsprechend darum, Ideen zur Erzielung eines Nutzens als „Leitstern" für die Supply Chain zu entwickeln, die das gemeinsame Handeln prägen.

SC- bzw. Unternehmenspolitik

Die SC- bzw. Unternehmenspolitik bezeichnet die Gesamtheit von Grundsätzen, die in einem Leitbild festgehalten, aber oft auch mündlich kommuniziert werden. Der SC- bzw. Unternehmenspolitik kommt die Aufgabe zu, eine Harmonisierung externer Interessen am Unternehmen und der intern verfolgten Ziele vorzunehmen. Hierdurch soll ein „fit" zwischen der komplexen und dynamischen Unternehmensumwelt und dem Unternehmensinneren erreicht werden. Eine solche Verarbeitung der Komplexität und einer durch den beschleunigten Wandel bedingten Dynamik ist notwendig, um die Anerkennung des Unternehmens durch die Umwelt und somit dessen Autonomie zu gewährleisten.

Entsprechend hat die SC-Politik zum Ziel, die Autonomie der Supply Chain sicherzustellen. Die SC- bzw. Unternehmenspolitik wird getragen von der SC- bzw. Unternehmensverfassung und der SC- bzw. Unternehmenskultur.

SC- bzw. Unternehmensverfassung

Die SC- bzw. Unternehmensverfassung gibt eine formale Rahmenordnung für die Zielfindung und den Ausgleich zwischen der Umwelt und den internen Interessen des Unternehmens bzw. der Supply Chain vor. Zudem macht sie Gestaltungsvorgaben für interne Auseinandersetzungen bei der ökonomischen und sozialen Zieldefinition und -realisation. Sie wird damit auch als der „harte Gestaltungsaspekt" der Unternehmenspolitik bezeichnet. Konkret beinhaltet sie Regelungen zur Gründung und Beendigung der Supply Chain bzw. der Unternehmung, ihr Außenverhältnis, die Verteilung des ökonomischen Erfolgs, die Grundrechte der SC- bzw. Unternehmensmitglieder allgemein sowie speziell ihrer Organe.

SC- bzw. Unternehmenskultur

Während die SC- bzw. Unternehmensverfassung – wie bereits oben erwähnt – den „harten Gestaltungsaspekt" der Unternehmenspolitik darstellt, wird durch die SC- bzw. Unternehmenskultur dessen „weicher Entwicklungsaspekt" widergespiegelt. Werte und Normen kommen daher in der SC- bzw. Unternehmenskultur im Gegensatz zur SC- bzw. Unternehmensverfassung nicht explizit zum Ausdruck, so dass der unternehmenspolitische Kurs lediglich implizit zu Erfolg oder Misserfolg führt. Die SC- bzw. Unternehmenskultur hat dabei keine separate physische Existenz, die sich direkt beobachten lässt, sondern liegt als Muster dem Handeln zugrunde. SC- bzw. Unternehmenskulturen sind also gemeinsam geteilte und symbolisch repräsentierte Überzeugungen, die das Selbstverständnis der Handelnden und damit die Identität der Organisation indirekt prägen.

2.2.2 Strategieplanung

Im Rahmen der Strategieplanung ist es von Bedeutung, die Supply Chain in einem Wettbewerbskontext zu betrachten, da die Kunden zwischen den Produkten und Dienstleistungen verschiedener Supply Chains wählen können. Im Mittelpunkt steht daher nicht nur die Ausrichtung der Supply Chain am Endkunden, sondern vielmehr geht es darum, den Kunden als Partner in das Netzwerk einzubeziehen. Die Kunden werden damit zum Taktgeber der Supply Chain. Als entscheidender Grund hierfür wird die zunehmende Menge an Informationen genannt, die den Kunden, z. B. über das Internet, zur Verfügung steht und es ihnen damit ermöglicht, die Leistungen verschiedener Supply Chains bzw. Unternehmen zu vergleichen. Der Kundennutzen soll erhöht werden, indem die an der Supply Chain beteiligten Unternehmen durch ihre Kooperation wesentliche Nutzenkategorien wie Preis, Qualität und Service bedarfsorientiert verbessern.

Um die Koordination der unternehmensübergreifenden Prozesse zu gewährleisten, ist kooperatives Verhalten der SC-Partner notwendig. Kooperationen stellen daher eine grundlegende Strategie des SCM dar. Kooperationen sind durch eine gemeinschaftliche Aufgabenerfüllung und ein Gleichordnungsverhältnis der beteiligten Kooperationspartner gekennzeichnet, d. h. diese handeln autonom ohne an eine übergeordnete Instanz weisungsgebunden zu sein. Allerdings bleiben Kooperationen in der Praxis häufig auf Teilsegmente der Supply Chain beschränkt.

Im Rahmen des SCM kann die Suche nach Strategien, die geeignet sind, die normativen Vorgaben zu konkretisieren, auf mehrere Ebenen bezogen werden:

- gesamte Supply Chain, d. h. Entwicklung einer gemeinschaftlichen Strategie für das gesamte Netzwerk,
- Teilsysteme (Segmente der Supply Chain),
- Einzelunternehmen und
- Geschäftseinheiten des Einzelunternehmens.

2.2.2.1 Prinzipien der Strategieplanung

Im Mittelpunkt der strategischen Planung stehen dabei in Anlehnung an BLEICHER (2004) vier Prinzipien, die zur Konkretisierung der normativen Vorgaben dienen:

- die Ausarbeitung zweckgerechter Strategien,
- die relative Positionierung der eigenen Aktivitäten gegenüber den Wettbewerbern,
- die Konzentration auf Kernkompetenzen und die Bündelung der Kräfte und
- die Entwicklung zukunftsweisender Erfolgspotenziale.

Die Ausarbeitung zweckgerechter Strategien

Die Strategie ist auf die Beantwortung der Frage ausgerichtet, was die Supply Chain aus welchen Gründen in Zukunft erreichen will. Sie stellt den Rahmen bereit, innerhalb dessen die Entscheidungen getroffen werden, die Art und Richtung der Supply Chain bestimmen. Die Umsetzung der Strategie bezieht sich auf die Klärung der Frage, wie die Supply Chain ihr zukünftiges Erscheinungsbild verwirklichen möchte.

HINTERHUBER (2004) sieht Strategien als eine Zusammenstellung aus vier Komponenten, die sich auf das SCM wie folgt übertragen lassen:

1. Analyse der strategischen Ausgangsposition der Supply Chain,
2. Bestimmung der zukünftigen Stellung der strategischen Geschäftseinheiten und der Supply Chain als Ganzes in der Umwelt,
3. Auswahl der Technologien und Entwicklung der Fähigkeiten und Ressourcen zur Erzielung von Synergieeffekten in den verschiedenen Tätigkeitsbereichen der Supply Chain und
4. Festlegung von Kriterien und Standards, anhand derer der Erfolg der SC-Strategien und die erwarteten Zielerfüllungsgrade gemessen werden.

Die relative Positionierung der eigenen Aktivitäten gegenüber den Wettbewerbern

Die Einbettung der Supply Chain in ihre Umwelt macht eine integrative Betrachtung der jeweils mit bestimmten Umweltsegmenten verkoppelten Ausschnitte der Supply Chain unabdingbar. Der früheren arbeitsteiligen Trennung von unternehmensexternen und -internen Analysen werden daher heute Konzepte entgegengestellt, die diese beiden Aspekte in einer Analyse integrieren (z. B. SWOT-Analyse, vgl. Abschn. 2.2.2.2.7).

In diesem Zusammenhang nehmen die Wettbewerber, mit denen sich die Supply Chain am Markt auseinander setzen muss, eine besondere Rolle ein. Die eigenen Stärken und Schwächen sind im Hinblick auf die Grenzen, die die übrigen Wettbewerber – und vor allem der Marktführer – diesen entgegensetzen, zu beurteilen. Die Potenziale der Wettbewerber sollten daher stets in die Strategieüberlegungen mit einbezogen werden. Letztendlich geht es nach BLEICHER (2004) darum, die eigenen Stärken auf die Schwächen der Wettbewerber zu richten, so dass eine maximale relative Differenz zu den Wettbewerbern erreicht werden kann.

Die Konzentration auf Kernkompetenzen und die Bündelung der Kräfte

Mit der Konzentration auf Kernkompetenzen geht die zuvor dargelegte Bündelung eigener Stärken gegenüber den Schwächen der Wettbewerber einher. Allerdings muss dabei berücksichtigt werden, dass die vielfältigen Zielvorstellungen in einer Supply Chain immer einem beschränkten Satz an Ressourcen gegenüberstehen. Eine Verteilung dieser Ressourcen auf verschiedene Vorhaben nach dem „Gießkannenprinzip" verhindert, dass die Ressourcen dort fokussiert eingesetzt werden, wo sie relativ zu den Wettbewerbern die größten Wirkungen erzielen können.

Bei der Beantwortung der Frage, worauf sich eben diese Bündelung der Kräfte einer Supply Chain richten sollte, ist das oben erwähnte Prinzip des Erzielens einer maximalen Stärken-Schwächen-Differenz gegenüber den Wettbewerbern hilfreich. Darüber hinaus sollte das Konzept der kritischen Masse nach BLEICHER (2004) in

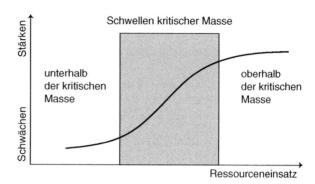

Abb. 2.2 Konzept der kritischen Masse des Ressourceneinsatzes nach BLEICHER (2004)

die Betrachtung mit einbezogen werden, das die so genannte kritische Masse, also die zur Erzielung eines strategischen Durchbruchs erforderliche Masse an Ressourcen, ermittelt. Grundlage hierbei ist die Frage, ob relativ zu den Wettbewerbern bestehende Stärken weiter ausgebaut oder existierende Schwächen reduziert werden sollen.

Abbildung 2.2 zeigt, dass dies von der Position auf der Kurve, die das Verhältnis von Ressourceneinsatz zu Ressourcenstärke anzeigt, abhängig ist.

Unterhalb der kritischen Masse werden nur wenige Ressourcen eingesetzt, so dass die Supply Chain eine verhältnismäßig schwache Position im Wettbewerb besetzt. Es müssen viele Kräfte gebunden werden, bis es zu einer Verringerung der eigenen Schwächen gegenüber den Mitbewerbern kommt. Oberhalb der kritischen Masse, also bei einem bereits recht hohen Ressourceneinsatz und einer starken Wettbewerbsposition der Supply Chain, bleibt ein zusätzlicher Ressourceneinsatz ohne beachtliche Wirkung in Bezug auf eine weitere Erhöhung der Wettbewerbsstärke. Innerhalb der Schwellen kritischer Masse (bei mittlerem Ressourceneinsatz) ist die Grenzproduktivität der Ressourcen höher als an den Rändern der Kurve, d. h. durch eine weitere Einheit der Ressource ist die Steigerung der Wettbewerbsstärke höher als an den Rändern der Kurve. Daher ist innerhalb der Schwellen kritischer Masse ein zusätzlicher Ressourceneinsatz zur Erzielung eines strategischen Durchbruchs empfehlenswert, während ober- und unterhalb dieser Schwellen auf einen erhöhten Einsatz von Ressourcen verzichtet werden sollte.

Die Entwicklung zukunftsweisender Erfolgspotenziale

Die Entwicklung zukunftsweisender Erfolgspotenziale wird über strategische Programme realisiert, die im Folgenden näher erläutert werden. Die Normstrategien sollten dabei zur Sicherung von Erfolgspotenzialen in fünf Bereichen konkretisiert werden:

- Produkte,
- Wettbewerbsverhalten,
- Aktivitäts- bzw. Wertschöpfungsketten,
- Ressourcen und
- Struktur.

2.2.2.2 Strategien im Rahmen der SC-Planung

Für alle Ebenen der Supply Chain sollten sowohl Normstrategien als auch konkrete Strategien in den zuvor erwähnten fünf Bereichen entwickelt werden. Dabei wird unterstellt, dass die in der Literatur zum strategischen Management aufgezeigten prinzipiellen Überlegungen zur Strategieentwicklung in Einzelunternehmen auf die Supply Chain übertragbar sind. Dies gilt vor allem vor dem Hintergrund, dass eine kollektive Strategieentwicklung in der Praxis – wenn sie überhaupt durchgeführt wird – in der Regel auf wenige Partner beschränkt bleibt.

Zumeist dominiert daher die Strategie von Einzelunternehmen die strategische Ausrichtung der Supply Chain. Die Entwicklung der Gesamtstrategie hängt allerdings auch von der Ausgestaltung des Netzwerkes ab: Bei einer Supply Chain, die durch ein fokales Unternehmen geprägt ist, wird in der Regel die Unternehmensstrategie des fokalen Unternehmens führend sein. Im Falle einer heterarchischen Koordination in der Supply Chain wird die Strategieformulierung eher partnerschaftlich abgestimmt.

In den nächsten Abschnitten werden die verschiedenen Strategien im Rahmen einer SC-Planung dargelegt. Dabei unterscheidet BECKMANN (2004) zwischen:

Normstrategien

- Wachstumsstrategie,
- Konsolidierungsstrategie und
- Abschöpfungs- oder Desinvestitionsstrategie.

Produkt- bzw. Dienstleistungsprogrammstrategien

- Strategien enger versus breiter Leistungsangebote und
- Standardisierte versus individuelle Problemlösungen.

Strategien zum Wettbewerbsverhalten

- Defensives versus offensives Strategieverhalten und
- Imitatives versus innovatives Strategieverhalten.

Aktivitätsstrategien

- Kostenorientierte Rationalisierung versus kundennutzenorientierte Optimierung und
- Wertschöpfungsautarkie versus Wertschöpfungsverbund.

Ressourcenstrategien

- Starres versus flexibles Einsatzpotenzial und
- Spezialisiertes versus universelles Leistungsspektrum.

Strukturierungsstrategien

- Geringe versus weite geographische Streuung und
- Niedrige versus ausgeprägte Koordination der Aktivitäten.

2.2.2.2.1 Normstrategien

Die Normstrategien zielen darauf ab, die normativen Vorgaben der verfassungs- und kulturgestützten SC- bzw. Unternehmenspolitik zu konkretisieren. Je nach der Phase, in der sich die Produkte bzw. Dienstleistungen der Supply Chain befinden, kommen verschiedene Normstrategien zur Anwendung.

In der Einführungsphase eines Produktes wird die Wachstumsstrategie eingesetzt. Der Markterfolg stellt sich in dieser Phase erst allmählich ein, da zunächst nur geringe, anfänglich nur langsam wachsende Umsätze erzielt werden. Im Laufe der Zeit werden aber immer mehr Verbraucher auf das Produkt aufmerksam, so dass rasch der Break-even-Punkt erreicht wird. In dieser Phase werden dementsprechend erhebliche Investitionen in den Auf- und Ausbau der Produktions- und Vertriebsorganisation getätigt. Zudem wird die Erschließung neuer Wachstumsmärkte und Abnehmergruppen angegangen. Teil einer Wachstumsstrategie ist aber auch die Entwicklung neuer Produkte und Dienstleistungen für die bestehenden Märkte. Wachstumsstrategien sind grundsätzlich dann zu empfehlen, wenn hohe relative Wettbewerbsvorteile gegenüber starken Konkurrenten bestehen und der Markt aufgrund großer Potenziale besonders attraktiv ist.

Die Konsolidierungsstrategie kommt in der Reife- und Sättigungsphase im Lebenszyklus eines Produktes zum Einsatz. In dieser Phase nimmt das Umsatzvolumen zwar zunächst noch zu, doch verringern sich dessen Zuwachsraten, denn die Wiederholungskäufe gewinnen gegenüber den Erstkäufen zunehmend an Bedeutung. Gegen Ende der Sättigungsphase wird die Umsatzentwicklung schließlich sogar rückläufig. Das Ausmaß der Investitionen im Produktions- und Vertriebsbereich nimmt in dieser Phase stark ab. Die Erlangung einer stärkeren Marktposition wird in solchen stagnierenden Marktsegmenten vor allem über die Nutzung von Kostenvorteilen erreicht. Dabei werden durch den Preiswettbewerb schwächere Konkurrenten aus dem Markt gedrängt.

Bei Produkten in der Degenerationsphase empfiehlt sich die Abschöpfungs- oder Desinvestitionsstrategie. In dieser letzten Phase des Produktlebenszyklus sind ein massiver Umsatzrückgang sowie ein Verfall des Gesamtdeckungsbeitrages zu konstatieren. Da sich entsprechende Investitionen nicht mehr amortisieren lassen, wird nicht mehr in Maßnahmen zur Positionsverbesserung auf dem Markt investiert. Es werden lediglich die noch zu erzielenden Umsätze abgeschöpft. Langfristig wird angestrebt, die entsprechenden Geschäftsfelder zu verlassen.

2.2.2.2.2 Produkt- bzw. Dienstleistungsprogrammstrategien

Im Rahmen der Produkt- bzw. Dienstleistungsprogrammstrategie wird festgelegt, welche Produkte bzw. Dienstleistungen die Supply Chain auf dem Markt anbietet.

Bei der Wahl zwischen Strategien enger und breiter Leistungsangebote wird die grundlegende strategische Entscheidung darüber getroffen, welches Gewicht den Geschäftsfeldern im Laufe ihrer Entwicklung einzuräumen ist. Ein enges Leistungsangebot zielt auf die Erreichung von Economies of Scale, also die Senkung der Stückkosten aufgrund großer Produktionsmengen, und damit auf die Effizienz in der Supply

Chain ab. Der Kundenorientierung und der Individualisierung der Kundenbedürfnisse kann dagegen eher durch ein breites Leistungsspektrum entsprochen werden.

Durch den Netzwerkgedanken wird in einer Supply Chain eine Konzentration auf ein enges Leistungsangebot in den Einzelunternehmen bei gleichzeitiger Bereitstellung eines breiten Leistungsangebotes durch die Supply Chain möglich. Die Partnerwahl und die Konfiguration des Netzwerkes spielen demnach eine entscheidende Rolle bei der erfolgreichen Umsetzung dieser Strategie.

In direktem Zusammenhang mit der Breite des Leistungsspektrums steht die Wahl zwischen standardisierten und individuellen Problemlösungen. Damit verbunden ist die strategische Entscheidung, inwieweit bei der Leistungserstellung auf individuelle Kundenwünsche eingegangen wird. Dies kann sich in den Extremen einer einzelfallspezifischen Problemlösung oder einer standardisierten Leistung, bei der das Produkt- bzw. Dienstleistungsprogramm über längere Zeit konstant bleibt, ausdrücken. Für die Individualisierung können – wie bereits oben erwähnt wurde – Synergien im Netzwerk genutzt werden, da sich Einzelunternehmen in der Supply Chain auf individuelle Problemlösungen spezialisieren können.

Durch die Verbindung der beiden Dimensionen von Produkt- bzw. Dienstleistungsprogrammstrategien lassen sich nach BLEICHER (2004) zwei extreme strategische Ausrichtungen gegenüberstellen:

- Standardisiertes Massenprogramm (zur Erzielung von Economies of Scale) und
- Individuelles Nischenprogramm (zur Erzielung von Economies of Scope).

Dabei lassen sich Economies of Scale durch eine Kostensenkung bei der Mengensteigerung standardisierter Leistungen erreichen, während Economies of Scope bei einer größeren Produktvielfalt durch den Rückgriff auf gemeinsame Ressourcen realisiert werden können. Hinzu tritt der Aspekt der Zeitbeschleunigung, der Economies of Speed, wobei im ersten Fall die Zeitbeschleunigung des Wertschöpfungsprozesses und im zweiten Fall die Zeitbeschleunigung der Leistungsbereitstellung (Lieferzeit) erreicht werden soll. Im Rahmen eines SCM sind die Überlegungen zur Zeitbeschleunigung vor dem Hintergrund der Supply Chain Configuration (vgl. Abschn. 2.2.3) durchzuführen.

2.2.2.2.3 Strategien zum Wettbewerbsverhalten

Strategien zum Wettbewerbsverhalten konkretisieren das Verhalten der Supply Chain im Wettbewerb, das eine gefestigte Branchenposition zum Ziel hat.

Bei der Unterscheidung zwischen defensiven und offensiven Wettbewerbsstrategien wird ein reaktives, retrospektives Verhalten im Wettbewerb einem aktiven, prospektiven Wettbewerbsverhalten gegenübergestellt. Eine reaktive, retrospektive, also defensive Wettbewerbsstrategie orientiert sich an den Wettbewerbsvorteilen der Konkurrenz und versucht diese zu kopieren, wobei die Veränderungen des Marktes weitgehend unbeachtet bleiben. Eine aktive, prospektive, also offensive Wettbewerbsstrategie stellt hingegen festgefahrene Wettbewerbsstrukturen in Frage, zielt auf die Erschließung neuer Märkte ab und sucht nach Möglichkeiten, sich im Wettbewerb zu differenzieren.

Bei den innovativen und den imitativen Wettbewerbsstrategien wird zwischen den „leadern" und den „followern" differenziert. Laut SCHUMPETER (1939) prägen die „leader" durch ihre Innovationen, die so genannten Pionierleistungen, die Wettbewerbsstruktur. Der „leader" wird basierend auf seiner Innovation zunächst zum temporären Monopolisten. Dessen Stellung wird erst geschwächt, wenn „follower" auf den Plan treten, die die Innovation des „leader" imitieren und damit dessen Monopolstellung zunichte machen. Dieses Wechselspiel aus Innovation und Imitation bezeichnet SCHUMPETER (1939) als Triebfeder des Wettbewerbs.

Werden beide Dimensionen miteinander verknüpft, so ergeben sich laut BLEICHER (2004) zwei Muster von Wettbewerbsstrategien:

- des defensiven, auf Sicherheit durch Imitation der Leistungen des „leader" bauenden Konformisten und
- des offensiven, auf Wettbewerbsvorteile durch Innovationen zielenden Pioniers.

Zwischen diesen beiden Strategien lässt sich der wesentliche Unterschied bezüglich des Markteintritts- und Marktaustrittsverhaltens feststellen: So wird der Pionier den Markteintritt zu einem frühen Zeitpunkt vollziehen, während der Konformist ein verzögertes Markteintritts- und Marktaustrittsverhalten an den Tag legt.

Im Rahmen des SCM spielt das in Abschn. 3.3.3.2 beschriebene Konzept des virtuellen Unternehmens eine entscheidende Rolle zur Umsetzung des Pionieransatzes, da diese Kooperationsform häufig bei der gemeinschaftlichen Entwicklung von innovativen Produkten oder Dienstleistungen eingesetzt wird. Zudem ist festzustellen, dass das offensive Strategiemuster in Richtung des Kunden an Bedeutung gewinnt, also dass das Unternehmen tendenziell offensiver im Wettbewerb agiert, je marktnäher es in der Supply Chain positioniert ist.

2.2.2.2.4 Aktivitätsstrategien

Im Zusammenhang mit der strategischen Gestaltung der Supply Chain stellt sich die Frage nach deren relativen Stärken und Schwächen, woraus sich Überlegungen zur Leistungstiefe ableiten. In Bezug auf die so genannten Aktivitätsstrategien lassen sich dabei in Anlehnung an PORTER (2000) zwei wesentliche Ausrichtungen unterscheiden:

Kostenorientierte Rationalisierung versus kundennutzenorientierte Optimierung: Der Unterschied zwischen diesen beiden Strategieausprägungen kann am besten durch die jeweilige Leitfrage erklärt werden, die der Planung einer Supply Chain zugrunde liegt:

- Wie gestalten wir die Supply Chain, um eine bestimmte Leistung mit minimalen Kosten zu erzeugen?
- Wie gestalten wir die Supply Chain, um mit einer bestimmten Leistung die maximale Befriedigung der Bedürfnisse unserer Marktpartner zu erreichen?

Während die erste Frage Grundlage der Strategie der kostenorientierten Rationalisierung ist, stellt sich die zweite Frage bei der Strategie der kundennutzenorientierten Optimierung.

Die kostenorientierte Rationalisierung zielt also darauf ab, Rationalisierungspotenziale in der Supply Chain aufzudecken, um eine Kostensenkung bei der Erbringung der Marktleistung zu erreichen.

Bei der kundennutzenorientierten Optimierung werden hingegen die Wertschöpfungsaktivitäten im Hinblick auf eine zusätzliche Befriedigung der Bedürfnisse bei den Marktpartnern untersucht. Hierdurch soll die Supply Chain so gestaltet werden, dass die Kundenbedürfnisse maximal befriedigt werden können. Wichtige Differenzierungsvorteile im SCM sind beispielsweise ein auf den Kunden ausgerichteter Lieferservice einschließlich der Optimierung der Lieferzeit, -zuverlässigkeit, -beschaffenheit und -flexibilität.

BLEICHER (2004) differenziert zudem zwischen Wertschöpfungsautarkie und Wertschöpfungsverbund. Dabei sind seine Überlegungen auf der Ebene der einzelnen Unternehmen anzusiedeln, so dass das SCM bei dieser Sichtweise grundsätzlich auf einen Wertschöpfungsverbund abzielt. Die Strategie der Wertschöpfungsautarkie hat in diesem Kontext zum Ziel, eine möglichst große Zahl verschiedener Aktivitäten innerhalb der unternehmenseigenen Wertschöpfungskette durchzuführen, um durch die Ausnutzung interner Synergiepotenziale Wettbewerbsvorteile zu erlangen. Im Wertschöpfungsverbund konzentriert sich die Unternehmung auf ihre Kernkompetenzen und vergibt verschiedene Aktivitäten im Rahmen eines Outsourcing an externe Unternehmen.

BECKMANN (2004) überträgt diese Überlegungen auf die Supply Chain, wobei er die Strategie der Wertschöpfungsautarkie auf die gesamte bzw. auf Teilbereiche der Supply Chain bezieht. Wertschöpfungsautarkie kann dabei dazu führen, dass sich Unternehmen darauf einigen, nicht an konkurrierenden Supply Chains teilzunehmen. Allerdings kann die gleichzeitige Teilnahme an mehreren konkurrierenden Supply Chains auch zu Synergieeffekten führen, da Zulieferer, die an mehreren Supply Chains mitwirken, aufgrund von Economies of Scale kostengünstiger produzieren können. Ein Beispiel für eine solche „Überschneidung" von konkurrierenden Supply Chains sind KIA und Daimler: Da die Ketten beider Unternehmen auf den gleichen Zulieferer zugreifen, finden sich bestimmte elektronische Komponenten sowohl im Geländewagen von Daimler als auch von KIA.

Zusammenfassend ergeben sich zwei verschiedene Grundmuster von Aktivitätsstrategien mit der Nutzung eines

- internen Synergiepotenzials innerhalb der eigenen Aktivitäten und
- externen Synergiepotenzials mit Kunden und Lieferanten.

2.2.2.2.5 Ressourcenstrategien

Im Mittelpunkt der Ressourcenstrategien stehen die Einsatzplanung der Ressourcen und die Flexibilität der Einsatzmöglichkeiten der unternehmensinternen Leistungspotenziale. Bei der Wahl zwischen starrem und flexiblem Einsatzspektrum wird über die Einsatzplanung der Ressourcen entschieden.

Ein starres Einsatzspektrum impliziert, dass der Einsatz aller Potenziale mittels exakter Pläne genau vorhergeplant wird. Dabei ist es das Ziel, die Ressourcen möglichst gleichmäßig und nahe ihrer Kapazitätsgrenze zu nutzen.

Bei der Strategie des flexiblen Einsatzspektrums erfolgt die Einsatzplanung der Ressourcen hingegen zunächst in groben Rahmenplänen, während der konkrete Einsatz kurzfristig festgelegt wird. Diese Form der Planung soll zu einem möglichst flexiblen Einsatz der Potenziale führen, wobei Überkapazitäten teilweise akzeptiert werden.

Darüber hinaus wird im Rahmen der Ressourcenstrategien zwischen spezialisiertem und universellem Leistungsspektrum unterschieden.

Bei einem spezialisierten Leistungsspektrum kommen Ressourcen zum Einsatz, die zwar innerhalb eines bestimmten Anwendungsgebietes effizient sind, aber in Bezug auf ihre Anpassungsfähigkeit in neuen Anwendungsgebieten Nachteile aufweisen. Solch eine geringe Adaptionsfähigkeit zeigt sich beispielsweise bei Maschinen mit langen Rüstzeiten.

Eine Strategie des universellen Leistungsspektrums zeichnet sich dagegen durch eine hohe Anpassungsfähigkeit der eingesetzten Ressourcen gegenüber veränderten Leistungsanforderungen aus. So wird bei der Anschaffung von Fertigungsanlagen hier auf deren generelle, breite Einsatzmöglichkeiten geachtet.

Im Rahmen eines SCM kann die Strategiewahl zwischen spezialisiertem und universellem Leistungsspektrum auch auf die Partner im Netzwerk bezogen werden. Bei hohen Flexibilitätsanforderungen qualitativer und quantitativer Art greift etwa das Konzept des virtuellen Unternehmens.

Beide Strategien sind im SCM vor allem vor dem Hintergrund des Kundenentkopplungspunktes, also des Punktes, an dem von der auftragsneutralen zur kundenbezogenen Auftragsfertigung übergangen wird, zu analysieren. Während bei der auftragsneutralen Fertigung eher auf ein spezialisiertes Leistungsspektrum zurückgegriffen wird, wird bei der auftragsbezogenen Fertigung tendenziell ein universelles Leistungsspektrum eingesetzt, um hohe Rüstkosten und -zeiten zu vermeiden.

Insgesamt lassen sich nach BLEICHER (2004) zwei Extrema gegenüberstellen, eine Strategie

- der deterministischen Ressourcenzuordnung und
- der nutzungsoffenen Ressourcenvorhaltung.

2.2.2.2.6 Strukturierungsstrategien

Strukturierungsstrategien stellen im Kontext eines SCM die Grundlage für die Konfiguration des Netzwerkes dar. Die Konfiguration (Supply Chain Configuration) umfasst die räumliche Verteilung der Aktivitäten auf die Standorte sowie die Beziehungen zwischen diesen Standorten (vgl. Abschn. 2.2.3). Die Strukturierungsstrategien im SCM basieren auf den Globalisierungsstrategien von PORTER (1989a), der unter Rückgriff auf die Kriterien der Konfiguration und der Koordination länderspezifische und globale Strategien voneinander abgrenzt. Die Konfiguration bezieht sich dabei auf die geographische Lage der Unternehmensaktivitäten. Sie kann zwischen den Extremen der Konzentration, also der schwerpunktmäßigen Ansiedelung einer Aktivität an einem Ort, und der Streuung der Aktivitäten, d. h. einer Unternehmenstätigkeit an mehreren Orten, liegen. Die Koordination betrifft hingegen die Entscheidung zwischen der Gewährung einer vollständigen lokalen Autonomie und einer engen Abstimmung der einzelnen Unternehmensteile.

Damit lässt sich für das SCM die Dimension der Konfiguration bzw. der Streuung über die beiden Extrema geographische Streuung und geographische Konzentration der Aktivitäten abbilden. Als zweite Dimension wird die Koordination der Aktivitäten mit den Extrempolen hoch und niedrig abgeleitet.

Geographische Konzentration und geographische Streuung: Unter Unternehmen mit einer geographischen Konzentration werden solche Unternehmen verstanden, die ihre Aktivitäten auf einen oder wenige Standorte verteilen. Oberstes Ziel ist die Ausnutzung von Economies of Scale.

Eine länderspezifische Strategie ist durch eine geographische Streuung der Aktivitäten gekennzeichnet. Hauptziel ist hier die lokale Marktnähe, was dazu führt, dass das jeweilige Unternehmen mit allen Wertschöpfungsaktivitäten in den Ländern, in denen es seine Produkte absetzt, auch präsent ist.

Im Zusammenhang mit dem SCM zeigt sich die Tendenz zu einer geographischen Streuung, wobei sowohl globale Effizienz als auch lokale Marktnähe angestrebt werden. So zielt die Konfiguration der Supply Chain darauf ab, die Unternehmensaktivitäten auf die vorteilhaftesten Standorte der Welt zu verteilen. Das Ergebnis sind Netzwerkkonfigurationen, bei denen an Produktionsstandorten in verschiedenen Ländern und/oder Regionen unterschiedliche Bauteile oder Produkttypen hergestellt werden.

Niedrige und ausgeprägte Koordination: Der Koordinationsbedarf ist von der Leistungsverflechtung der einzelnen Standorte abhängig. Je stärker die Leistungsverflechtungen zwischen den einzelnen Standorten sind, desto ausgeprägter ist der Koordinationsbedarf. So können die Standorte bei nur geringen Leistungsverflechtungen weitgehend autonom handeln, während weitergehende Leistungsverflechtungen einer engen Abstimmung der einzelnen Unternehmensteile bedürfen.

In einer Supply Chain kommt es tendenziell zu intensiven Leistungsverflechtungen, da ständig Informationen, Komponenten, Know-How usw. ausgetauscht werden müssen. Somit entsteht ein ausgeprägter Koordinationsbedarf zwischen den einzelnen Unternehmen oder Unternehmensteilen.

In Bezug auf die Strukturierungsstrategien lassen sich zusammenfassend erneut zwei Extremformen unterscheiden, eine Strategie der

- losen Kopplung weitgehend autonomer Leistungseinheiten und
- engen Kopplung in flächendeckenden Netzwerken mit ausgeprägter Leistungsverflechtung.

2.2.2.2.7 Definition der Gesamtstrategie

Die Definition der Gesamtstrategie der Supply Chain erfolgt durch die Positionierung innerhalb der aufgezeigten Spannungsfelder. Um solch eine Positionierung durchführen zu können, gilt es jedoch zunächst, die strategische Ausgangsposition der Supply Chain zu analysieren und deren zukünftige Stellung in der Umwelt zu prognostizieren.

Ein entsprechendes Instrument zur Untersuchung der Ausgangsposition und zur Bestimmung der zukünftigen Stellung in der Umwelt stellt die SWOT (Strengths, Weaknesses, Opportunities, Threats)-Analyse dar. Diese verkoppelt externe Chancen und Risiken mit internen Stärken und Schwächen und setzt sich folglich aus zwei gleich bedeutenden Teilen zusammen, der Umwelt- und der Unternehmens- bzw. SC-Analyse. Dahinter steht die Forderung, dass Stärken und Schwächen eines Unternehmens bzw. in diesem Fall einer Supply Chain nie absolut, sondern immer nur im Vergleich mit den im Umfeld vorhandenen Wettbewerbern zu beurteilen sind.

Aufgabe der Umweltanalyse ist es, das externe Umfeld der Supply Chain daraufhin zu untersuchen, ob sich Anzeichen für eine Bedrohung des gegenwärtigen Geschäfts und/ oder für neue Chancen und Möglichkeiten erkennen lassen. Die Umweltanalyse sollte sich dabei nicht nur auf das nähere Umfeld beschränken, sondern auch allgemeine Entwicklungen und Trends berücksichtigen, die für Diskontinuitäten sorgen könnten. Die weitere Umwelt umfasst allgemeine technologische Entwicklungen, gesellschaftliche Veränderungen (z. B. Wertewandel), politische Strukturen und ähnliche Faktoren, während im näheren Umfeld die jeweiligen Wettbewerbskräfte maßgeblich sind.

Das Gegenstück zur Umweltanalyse ist die Unternehmens- bzw. SC-Analyse. Sie ist auf die Untersuchung der internen Ressourcensituation gerichtet. Ziel ist es zu prüfen, welchen strategischen Spielraum die Supply Chain hat und ob sie im Vergleich zu den wichtigsten Konkurrenten spezifische Stärken und Schwächen aufweist, auf denen ein Wettbewerbsvorteil oder -nachteil begründet werden kann. Die Ressourcenanalyse umfasst aber auch die in einer Supply Chain entwickelten Kompetenzen und ihre Bewertung daraufhin, ob sie eine adäquate Basis für das zukünftige Geschäft darstellen.

Letztlich geht es – wie bereits erwähnt – darum, die eigenen Stärken auf die Schwächen des oder der Wettbewerber zu richten, so dass eine maximale Differenz zwischen den konkurrierenden Supply Chains aufgebaut werden kann. Dazu müssen die Ergebnisse der Umweltanalyse (Chancen und Risiken) und die in der Supply Chain vorhandenen Ressourcen (Stärken und Schwächen) über die Strategiedefinition miteinander abgestimmt werden. Hierzu ist nach BECKMANN (2004) eine Positionierung innerhalb der zuvor erläuterten und in Abb. 2.3 zusammengefassten Spannungsfelder notwendig.

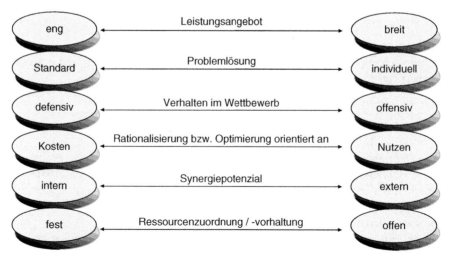

Abb. 2.3 Definition der Gesamtstrategie in der Supply Chain

Es bleibt anzumerken, dass Unternehmen, die in unterschiedlichen Netzwerken tätig sind, die Möglichkeit haben, verschiedene strategische Optionen zu realisieren. Zudem kann die eigene Leistung als individuelles Unternehmen unabhängig von der Supply Chain angeboten werden, wobei auch hier eine entsprechende Strategie zu entwickeln ist.

2.2.3 Strukturplanung

Die Strukturplanung (Supply Chain Configuration) umfasst die Konfiguration der Supply Chain und des ihr zugrunde liegenden Netzwerkes entsprechend der normativen und strategischen Vorgaben. Sie unterstützt Überlegungen hinsichtlich der Standortstruktur und der Ausgestaltung der Wertschöpfungskette. Hierunter fallen beispielsweise die Standortwahl, die Produktions- und Lagerkapazitätsaufteilung und die Entwicklung von Distributionsstrategien. Ziel der Strukturplanung ist es, mittelfristig einen optimierten Abgleich zwischen einerseits Prognosen und Aufträgen und andererseits Kapazitäten und Beständen zu erreichen. Dabei spielen die in Kap. 6 dargelegten Verfahren der Bedarfsprognose eine entscheidende Rolle. Zudem werden die Harmonisierung der SC-Abläufe, die Schaffung steuerbarer Organisationseinheiten sowie die Erhöhung der Flexibilität und Anpassungsfähigkeit angestrebt.

Zur Leistungssteigerung und Kostenreduzierung werden die Strukturen in verschiedene Segmente differenziert. Hierzu schlägt BECKMANN (2004) eine Segmentierung anhand unterschiedlicher Kriterien vor, die auch in Kombination zur Anwendung kommen können:

- Produkte,
- Regionen,
- Kunden bzw. -anforderungen und
- Wettbewerber.

Diese Segmente stellen die Grundlage zur Abbildung der Prozessstrukturen dar, die im Rahmen der Strukturplanung durchzuführen ist.

2.2.3.1 Prozessanalyse

Die Prozessanalyse hat zum Ziel, die zeitliche Abfolge der Prozesse im Material- und Informationsfluss darzustellen. Damit soll eine Reduzierung der Schnittstellen erreicht werden. Die Abwicklung eines gesamten Prozesses sollte daher möglichst durch einen Prozessverantwortlichen erfolgen. In der Supply Chain ist dies vor dem Hintergrund personeller (Aufgabenvielfalt), räumlicher (geographische Entfernung zwischen den zur Prozessdurchführung benötigten Ressourcen), zeitlicher (notwendige zeitliche Entkopplung von Prozessen) und wirtschaftlicher Aspekte (Redundanz von Ressourcen) allerdings nicht realisierbar. Aufgrund dessen ist eine zusätzliche horizontale Strukturierung erforderlich, d. h. die Abgrenzung der Aufgaben und

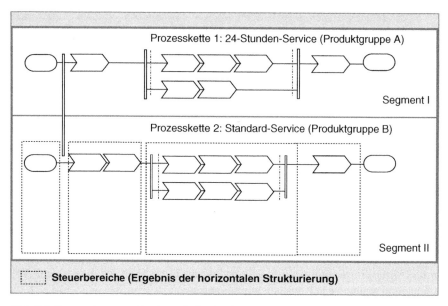

Abb. 2.4 Segmentierung und horizontale Strukturierung

Kompetenzen der einzelnen organisatorischen Einheiten. Dazu werden die Abläufe in der Supply Chain – wie in Abb. 2.4 nach BECKMANN (2004) skizziert – zunächst in aufeinander folgenden Kunde-Lieferant-Beziehungen miteinander vernetzt.

Nach der Aufstellung eines solchen Prozesskettenplanes wird eine detaillierte Prozessanalyse durchgeführt, bei der kostenintensive, durchlaufzeittreibende und engpassverursachende Prozesse im Vordergrund stehen. Um logistische Ketten einheitlich zu repräsentieren, analysieren und konfigurieren, können so genannte Strukturmodelle eingesetzt werden. Sie ermöglichen eine unternehmensübergreifende Standardisierung bestehender SC-Prozesse.

Ein Strukturmodell für die Darstellung, Analyse und Gestaltung von Supply Chains ist das Supply Chain Operations Reference-Modell (SCOR-Modell). Mittels dieses Referenzmodells lassen sich nach einer Beschreibung des Ist-Zustands die Prozesse neu gestalten und optimieren. Durch die Ermittlung aussagekräftiger Kennzahlen werden die Leistungen innerhalb der Supply Chain zudem transparent und überprüfbar gemacht. Das SCOR-Modell wurde vom Supply-Chain Council entwickelt und kann von allen Unternehmen als Standardreferenzmodell angewendet werden (SUPPLY-CHAIN COUNCIL 2008). Im Kern bildet das SCOR-Modell einen idealtypischen und branchenübergreifenden Ansatz zur einheitlichen Beschreibung der Abläufe innerhalb einer Supply Chain. Das Referenzmodell beinhaltet vier verschiedene Hierarchieebenen, die unterschiedliche Zielsetzungen verfolgen.

Abbildung 2.5 illustriert diese Ebenen in Anlehnung an die Darstellung des SUPPLY-CHAIN COUNCIL (2008).

Als Grundüberlegung auf Ebene 1 ordnet das Prozessreferenzmodell alle SC-Aufgabenstellungen zunächst den grundlegenden SC-Prozessen Planen, Beschaffen,

2.2 Planungssystem des SCM

Ebene	Beschreibung	Schema	Ausmaß	Anwendung	Klasse
1	Prozess	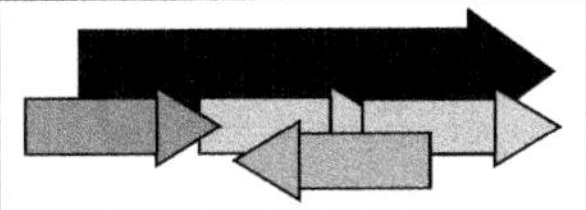	gesamte Supply Chain	Festlegung des Umfangs	Planung Ausführung
2	Prozesskategorie	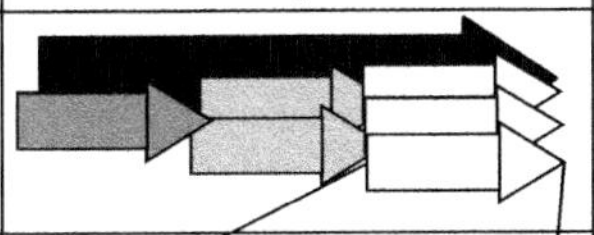	gesamte Supply Chain	Konfiguration	Planung Ausführung Infrastruktur
3	Prozesselemente	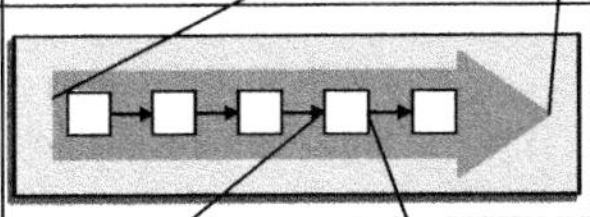	ein Diagramm pro Prozesskategorie	Prozessdesign	Planung Ausführung Infrastruktur
4	Implementierung	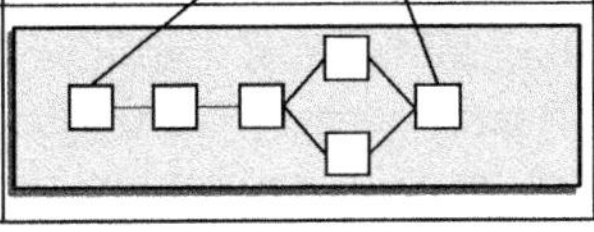	ein Diagramm pro Prozesskategorie	detailliertes Prozessdesign	Planung Ausführung Infrastruktur

Abb. 2.5 Ebenen des SCOR-Modells

Produzieren und Liefern zu. Dabei ist jedoch zu bemerken, dass das SCOR-Modell die beiden Prozesse der Produktentwicklung und Entsorgung nicht berücksichtigt:

- „Planen": Vorplanen der Beschaffung, der Herstellung, der Lieferung, z. B. durch Produktplanung, Ressourcenplanung, Make or Buy-Entscheidungen usw.,
- „Beschaffen": Materialerwerb, -prüfung, Lieferantenbewertung, Qualitätssicherung usw.,
- „Produzieren": Produktion, Montage, Verpackung usw. und
- „Liefern": Nachfrageerfassung, Auftragsverfolgung, Distribution, Lagerverwaltung usw.

Auf Ebene 2 werden die Prozesskategorien festgelegt und die gesamte Supply Chain in unterschiedliche Teilprozesse zerlegt. So kann z. B. der Kernprozess „Liefern" auf der zweiten Ebene die Kategorien „Lagerhaltige Produkte liefern" und „Auftragsspezifische Produkte liefern" enthalten. Dabei werden potenzielle Probleme, wie z. B. offene Schnittstellen, unterschiedliche Steuerungsmechanismen oder Doppelaktivitäten aufgedeckt. Durch die so entstandene transparente Darstellung lassen sich dann die unterschiedlichen Aspekte der Supply Chain in einem Gesamtbild betrachten und analysieren.

Die Kategorien werden in einer dritten Betrachtungsebene durch branchenspezifische Teil- bzw. Elementarprozesse weiter verfeinert und mit den vor- und nachgelagerten Prozessen durch die Definition von In- und Outputgrößen verzahnt. Verfahren zur Leistungsmessung des Teilprozesses werden festgelegt und – wo möglich – Best-Practice-Methoden implementiert.

Auf der vierten Ebene werden schließlich mittels Flussdiagrammen alle weiteren Verfeinerungen zusammengefasst.

2.2.3.2 Räumliche Zuordnung der Ressourcen

Bei der Strukturierung der Supply Chain sollte neben der Modellierung der SC-Prozesse auch die räumliche Zuordnung der Ressourcen, also die Standortplanung, mit berücksichtigt werden, um die SC-Strategien wirkungsvoll umzusetzen.

Die Entscheidung, einen Standort zu eröffnen oder zu erweitern, zu verkleinern oder ganz zu schließen, verändert nachhaltig die Struktur innerhalb eines einzelnen Unternehmens und vor allem auch die Netzwerkstruktur innerhalb einer Wertschöpfungskette. Einmal getroffene Entscheidungen sind nur schwer und unter hohen Kosten rückgängig zu machen und können sich mitunter auf die marktpolitische Situation eines Unternehmens auswirken. Dies gilt umso mehr, wenn ein Unternehmen nicht nur isoliert für sich agiert, sondern wenn es z. B. als Zulieferer Teil einer Wertschöpfungskette ist, in der unternehmensübergreifende Abhängigkeiten der Netzwerkpartner existieren. Es liegen daher Motive vor, die Standorte eines solchen Netzwerks im SCM zentral für das gesamte Netzwerk zu koordinieren.

Gerade bei Standortentscheidungen stellt sich aufgrund ihrer Nachhaltigkeit und ihrer Wirkung auf die einzelnen Unternehmen der Supply Chain die Frage, an welchen Interessen sich die Planung ausrichten sollte, und vor allem, von wem sie durchzuführen ist. Zwar steht bei den Planungsschritten stets der Erfolg der Wertschöpfungskette im Mittelpunkt; allerdings ist es nicht ausgeschlossen, dass einige Unternehmen zeitgleich auch an anderen Supply Chains beteiligt oder Auftragnehmer anderer großer Kunden sind und für die dort erbrachten Leistungen (teilweise) dieselben Produktionsstätten in Anspruch nehmen. Eine Verlagerung der Standorte zugunsten der einen Supply Chain kann dann unter Umständen zu einem Interessenskonflikt führen und zu Ungunsten der parallelen Unternehmenstätigkeit gehen. Die Standortplanungen des SCM werden sich also nicht immer mit den Planungen der Einzelunternehmen decken.

Wird die Wertschöpfungskette von einem Teilnehmer dominiert, an dessen Interessen sich die anderen Teilnehmer infolge einer gewissen Abhängigkeit ausrichten müssen (wie dies z. B. bei Zulieferern der Automobilindustrie der Fall sein kann), so wird sich das dominierende Unternehmen mit seinen Vorstellungen durchsetzen können. Dies ist insbesondere dann der Fall, wenn die Partner der Supply Chain leicht substituierbar sind. Falls hingegen ausgeglichene Verhältnisse vorherrschen, werden die Partner untereinander ein Optimum bezüglich der Standortplanung treffen, das sowohl die Interessen der Supply Chain als auch die unter Umständen konträren Interessen der Einzelunternehmen berücksichtigt. Die Durchführung von Standortplanungen kann auch als Dienstleistung von einem externen Unternehmen übernommen werden, das möglichst unabhängig von den teilnehmenden Unternehmen agiert. Solche Unternehmen werden als 4PL-Provider bezeichnet.

Die Wahl eines Standortes hängt von vielen Faktoren ab, die sich auf die Effizienz der Supply Chain auswirken. Die Standortplanung muss sich hierbei an gewissen Rahmenbedingungen orientieren, die für die jeweilige Wertschöpfungskette maßgeblich und gegebenenfalls auch spezifisch sind. Solche Rahmenbedingungen umfassen in Anlehnung an MEYR/STADTLER (2005) u. a.:

2.2 Planungssystem des SCM

- unternehmensindividuelle Interessen und die oben bereits angesprochene Stellung der einzelnen Unternehmen bezüglich ihrer Marktmacht und ihres Beitrags innerhalb der Supply Chain sowie daraus abgeleitete Dominanzbeziehungen,
- die Größe des Beschaffungs- und Absatzmarktes und die Anzahl der von der Supply Chain erfassten Länder (Grad der Globalisierung),
- das Ausmaß, in dem Standorte des Netzwerkes in Abhängigkeit von den angebotenen Leistungen oder Produkten der Supply Chain modifiziert werden können (Veränderbarkeit der Standorte im Hinblick auf vorhandene Rohstoffe, Zulieferer, Produktionsstätten und Endkunden z. B. bei nicht lagerbaren Produkten teilweise eingeschränkt),
- ein gegebenenfalls fest vorgegebener topologischer Aufbau des Netzwerkes, der ebenfalls aufgrund des Produktes, der Rohstoffe und der Endkunden erforderlich ist (z. B. bei Direktvertrieb ab Lager oder Warenhausketten) und
- der Einfluss von Entsorgungsverpflichtungen.

Die beispielhaft gelisteten Rahmenbedingungen müssen für jeden konkreten Fall einer Supply Chain überprüft und gegebenenfalls ergänzt werden. Generell sind als Rahmenbedingungen all jene Bedingungen anzusehen, die sich den Gestaltungsmöglichkeiten der Standortplanung entziehen und die als fest vorgegebene Daten in die Planung eingehen. Stehen die Rahmenbedingungen als Daten fest, müssen für die Standortwahl Faktoren bestimmt werden, anhand derer die in Betracht kommenden Standorte bewertet werden können.

Solche Standortfaktoren können in ihrer Wichtigkeit fallspezifisch variieren. Exemplarisch zu nennen sind hier:

- Infrastruktur (Gebäudeverfügbarkeit, Straßen- und Schienennetz, Flughäfen, Wohnraum, Bildungseinrichtungen, medizinische Versorgung usw.),
- wirtschaftliches und politisches Umfeld (Wechselkurse, Größe des Inlandsmarktes, Netzwerk von F&E-Aktivitäten, Subventionen usw.),
- Beschaffung und Entsorgung (Verfügbarkeit von Roh-, Hilfs- und Betriebsstoffen, Entwässerung und Abfallbeseitigung usw.),
- Arbeitsmarkt (Verfügbarkeit qualifizierter Arbeitskräfte, Lohnniveau usw.),
- klimatische Bedingungen,
- Kosten (Betriebs- und Transportkosten) und
- Nähe zu Partnern der Supply Chain und zu den Kunden sowie Standorte der Hauptkonkurrenten.

Eine Bewertung von Standorten kann anhand dieser Faktoren nur geschehen, wenn sie quantifiziert sind. Während dies bei einigen Faktoren, wie z. B. Kosten, direkt gegeben ist, müssen andere Faktoren zunächst noch einer Quantifizierung unterzogen werden. Erst dann können die Faktoren in mathematische Modelle Eingang finden und berücksichtigt werden. Eine weit verbreitete Technik hierzu ist es, jedem Faktor zunächst Zahlenwerte (Maßzahlen) zuzuweisen, die abhängig von der Ausprägung des Faktors am jeweiligen Standort sind. Im nächsten Schritt erfolgt eine Gewichtung der Faktoren nach ihrer Bedeutung. Abschließend werden die beiden Maßzahlen zu einem Score kombiniert.

Die Aufgabe, eine gesamte Wertschöpfungskette von Grund auf neu zu errichten, ist die anspruchsvollste Herausforderung bei der Standortplanung. Einerseits sind in diesem Fall zwar die meisten Freiheitsgrade gegeben, da keine Anpassung an bestehende Strukturen erfolgen muss, andererseits bringt die Menge an Auswahlentscheidungen aber auch eine enorme Datenmenge mit sich, die zur Entscheidungsfindung simultan erfasst und bewertet werden muss.

Allerdings wird sich diese Aufgabe verhältnismäßig selten stellen. Viel häufiger wird das Netzwerk einer bestehenden Wertschöpfungskette modifiziert werden müssen. Anlässe zu solchen Veränderungen können außerordentlich auftreten oder auch regelmäßig nötig sein, wenn die Planungen für eine neue Periode beginnen.

Als außerordentliche Anlässe sind z. B. zu nennen:

- Kapazitätserweiterungen (-reduzierungen) z. B. aufgrund einer erwarteten langfristig erhöhten (reduzierten) Nachfrage und anderer Änderungen in der Konsumentenstruktur,
- die Erschließung neuer Beschaffungs- oder Absatzmärkte aufgrund einer regionalen bis globalen Expansion der Wertschöpfungskette,
- eine Aufsplittung von großen Unternehmen innerhalb des Netzwerkes z. B. durch Verkauf von Sparten oder Outsourcing,
- der (unternehmensrechtliche) Zusammenschluss von Unternehmen innerhalb oder auch außerhalb der Wertschöpfungskette,
- der Wechsel von Partnern innerhalb der Supply Chain, der z. B. aufgrund günstigerer Anbieter von Leistungen oder auch der Insolvenz eines Unternehmens notwendig wird, und
- die Verlagerung von Produktionsstätten einzelner Unternehmen der Supply Chain, die ohne Rücksicht auf die betroffene Wertschöpfungskette realisiert werden (müssen).

Diese Liste ist in der vorliegenden Form selbstverständlich nicht vollständig und muss für jede Supply Chain spezifisch konkretisiert werden.

Generell ist ein Redesign der Standorte einer Wertschöpfungskette immer dann notwendig, wenn sich bei der regelmäßigen Standortplanung herausstellt, dass sich ein oder mehrere die Standortplanung beeinflussende Faktoren geändert haben, wenn sich also

- die Rahmenbedingungen geändert haben, die ursprünglich der Standortwahl zu Grunde lagen (z. B. Wechsel des Distributionstyps von Hol- zu Bringsystem),
- die Auswahlkriterien geändert haben, die zur Standortwahl herangezogen wurden, und
- die Auswahlentscheidung anhand dieser Kriterien zu anderen Ergebnissen führt (z. B. durch die infrastrukturelle Änderung bei Einführung einer LKW-Maut).

2.2.4 Systemplanung

In der Systemplanung wird auf Basis der normativen und strategischen Vorgaben die technische, informatorische und organisatorische Ausgestaltung der in der

2.2 Planungssystem des SCM

Strukturplanung vorstrukturierten Segmente vorgenommen. Es werden also die technischen, informatorischen und organisatorischen Voraussetzungen zur Verbindung der Kooperationspartner geplant. Damit einher geht einerseits der Abbau von Informationsbarrieren zwischen den Kooperationspartnern, was über die zielgerichtete Auswahl von durchgängigen Informationssystemen erreicht werden soll. Andererseits werden aber auch organisatorische Maßnahmen im Rahmen der Systemplanung durchgeführt.

Die Effektivität und Effizienz des SCM werden von der Leistungsfähigkeit der Informationssysteme bestimmt, da diese unterstützend bei der Entscheidungsfindung wirken. Die Supply Chain lässt sich dabei mit Hilfe von mathematisch gestützten Verfahren zielgerichtet steuern und planen. Die Realisierung von Prozessen und Transaktionen wird durch Informationssysteme weitgehend vereinfacht, indem sie einen schnellen Zugriff auf Daten und Informationen gewähren und deren Übermittlung beschleunigen.

Das SCM weist enorme Ansprüche an solche Informations- und Kommunikationssysteme auf. Die Vielfältigkeit der Aufgabenstellung und der Wirkungsbereich der unternehmensübergreifenden Integration werden somit nicht durch die traditionellen Produktionsplanungs- und –steuerungs (PPS)-Systeme befriedigt. Die Schwächen dieser Systeme haben im Zuge der zunehmenden informationstechnischen Vernetzung über Standort- und Unternehmensgrenzen hinweg zur Entwicklung einer neuen Generation von Planungssystemen, den APS, geführt. Diese bieten dem Anwender die Möglichkeit, notwendige Komponenten der Supply Chain ganzheitlich zu planen und letztendlich zu optimieren (vgl. hierzu auch Kap. 5 dieses Buches).

Um eine wirtschaftliche Ausgestaltung der technischen Systeme der Logistik zu erzielen, werden geeignete Varianten vor dem Hintergrund der festgelegten Ziele und Rahmenbedingungen einer Bewertung unterzogen. Dabei müssen sowohl quantitative Kriterien (Kosten- und Leistungsdaten, Verfügbarkeit, Zuverlässigkeit usw.) und qualitative Kriterien (Transparenz der Materialbewegung, Sicherheit, Akzeptanz bei der Belegschaft, Flexibilität, Erweiterbarkeit usw.) berücksichtigt werden.

Allerdings kann die Vernetzung der Kooperationspartner nicht unabhängig von der Ausgestaltung der Segmente durchgeführt werden, sondern muss in ein Gesamtkonzept integriert werden. Dementsprechend beinhaltet die Systemplanung neben der Auswahl, Ausgestaltung und Dimensionierung der Techniken zur Material- und Informationsverteilung auch die Verbesserung der Aufbau- und Ablauforganisation.

Die Definition von autonom funktionsfähigen Segmenten sowie die Optimierung von Informations- und Materialflussschnittstellen zwischen den Segmenten dienen der Entwicklung einer zukunftssicher strukturierten Supply Chain. Die an den Servicebedarf angepasste Leistung führt letztendlich zu wirtschaftlichen logistischen Systemen. Je nach Planungstiefe stellt die Systemplanung dazu Systemkonzepte in Form von technischen Konzepten mit bewerteten Systemvarianten und Investitionsplänen (Grobplanung) oder Anforderungsspezifikationen und Ausschreibungsunterlagen (Feinplanung) bereit.

2.3 Übungsaufgaben zu Kapitel 2

1. Nennen Sie die verschiedenen Planungsebenen des SCM und deren grundlegende Zielsetzungen.
2. Erläutern Sie unterschiedliche Normstrategien im SCM.
3. Wie lässt sich aus den einzelnen Strategien des SCM eine Gesamtstrategie entwickeln?

Literaturempfehlungen

BECKMANN, H.: Supply Chain Management: Strategien und Entwicklungstendenzen in Spitzenunternehmen, Berlin et al. 2004.
BLEICHER, K.: Das Konzept Integriertes Management: Visionen – Missionen – Programme, 7. Aufl., Frankfurt-New York 2004.
HINTERHUBER, H. H.: Strategische Unternehmensführung, Band I: Strategisches Denken, 7. Aufl., Berlin-New York 2004.
MEYR, H; STADTLER, H.: Types of Supply Chains, in: Stadtler, H.; Kilger, C. (Hrsg.): Supply Chain Management and Advanced Planning: Concepts, Models, Software and Case Studies, 3. Aufl., Berlin et al. 2005, S. 65–80.
PORTER, M. E.: Globaler Wettbewerb: Strategien der neuen Internationalisierung, Wiesbaden 1989.
PORTER, M. E.: Der Wettbewerb auf globalen Märkten: Ein Rahmenkonzept, in: Porter, M. E. (Hrsg.): Globaler Wettbewerb: Strategien der neuen Internationalisierung, Wiesbaden 1989a, S. 17–68.
PORTER, M. E.: Wettbewerbsvorteile: Spitzenleistungen erreichen und behaupten, 6. Aufl., Frankfurt-New York 2000.
SCHUMPETER, J. A.: Business Cycles: A Theoretical, Historical and Statistical Analysis of the Capitalist Process, Vol. 1, New York 1939.
STADTLER, H.; KILGER, C.: Supply Chain Management and Advanced Planning: Concepts, Models, Software and Case Studies, 3. Aufl., Berlin et al. 2005.
SUPPLY-CHAIN COUNCIL: Homepage des Supply-Chain Council: http://www.supply-chain.org/galleries/public-gallery/SCOR%209.0% 20Overview%20Booklet.pdf (heruntergeladen am 10.07.2008).

Kapitel 3
Strategische Überlegungen in Zulieferer-Abnehmer-Beziehungen

3.1 Bedeutung der Beschaffung in der Supply Chain

Die Beschaffung stellt eine der leistungsfähigsten und wichtigsten Grundfunktionen von Wirtschaftsbetrieben dar. Das Ziel dieser betriebswirtschaftlichen Funktion ist die Bereitstellung benötigter Inputs, welche dem Betrieb nicht selbst zur Verfügung stehen und über die Beschaffungsmärkte bezogen werden müssen.

Irrtümlicherweise wird die Beschaffung häufig mit dem Einkauf gleichgesetzt. Die Beschaffung umfasst allerdings auch vorgelagerte Stufen wie die Analyse der Bedarfsentstehung und die Bedarfsplanung, was ein wesentlich breiteres Aufgabengebiet als den reinen Einkauf darstellt. Die Funktionsbereiche Einkauf und Beschaffung galten lange Zeit als rein operative Aufgabenbereiche und dienten der nachgelagerten Produktion als Erfüllungsgehilfen. In den letzten Jahren zeigten sich jedoch Entwicklungen, die zu einer veränderten Betrachtung dieser Funktionsbereiche zwangen.

Ausschlaggebend sind stagnierende Absatzmärkte, weltweite Konkurrenzbeziehungen und die technologische Dynamik. Der Beschaffung kommt gerade als Grenzsystem zu den Märkten der Vorleistungen und in Zeiten der industriellen Vernetzung verschiedener Wirtschaftsstufen eine Schlüsselrolle bei der Neugestaltung der Wertschöpfungsprozesse eines Unternehmens zu. Durch die geringe Wertschöpfungstiefe und den hohen Fremdbezugsanteil hat die Beschaffung einen erheblichen direkten Einfluss auf den Gewinn, die Produktqualität und die Wettbewerbsposition.

Aufgrund der veränderten Rahmenbedingungen war in den vergangenen Jahren vor allem eine Optimierung der innerbetrieblichen Wertschöpfungskette zu beobachten. Die größten Schnittstellen finden sich aber zwischen den Wertschöpfungsketten der Unternehmen. Um diese Potenziale nutzen zu können, müssen die Wertschöpfungsaktivitäten der Unternehmen aufeinander abgestimmt werden.

Von besonderer Bedeutung für die Zusammenarbeit zwischen Zulieferer und Abnehmer ist dabei die Ausprägung der zugrunde liegenden Geschäftsbeziehung. PAMPEL (1993) verweist hier auf den fundamental vorhandenen Zielkonflikt zwischen Zulieferer und Abnehmer, der insbesondere bezüglich des Preises auftritt. Verschiedene Beschaffungsstrategien sollen die Zielsetzung einer effizienten Wertschöpfungsbeziehung zwischen Lieferant und Abnehmer unterstützen. Einerseits kann der Abnehmer seine Marktmacht gegenüber dem Zulieferer ausspielen und versuchen, ihm seine Preisvorstellungen aufzuzwingen. Andererseits besteht aber auch die Möglichkeit einer kooperativen Zusammenarbeit auf der Basis von (mit finanziellen Anreizen) gesteuerten Verträgen.

Auf dem Weg zu einem SCM sehen sich Unternehmen laut ARNOLD (2000) in Bezug auf die Beschaffung vier zentralen Fragestellungen gegenübergestellt: der Richtungsentscheidung zwischen lokaler und globaler Beschaffung, zwischen Kooperation und Konkurrenz, zwischen dezentraler und zentraler Beschaffung sowie zwischen persönlicher und elektronischer Beschaffung.

Im folgenden Kapitel wird vor allem auf die ersten beiden Fragestellungen eingegangen, wobei zunächst verschiedene Sourcing-Strategien im Rahmen des SCM vorgestellt werden sollen.

3.2 Einsatz verschiedener Sourcing-Strategien im Rahmen eines SCM

3.2.1 Überblick über die verschiedenen Sourcing-Strategien

Die folgende Abbildung nach SCHULTE (2004) zeigt die verschiedenen Sourcing-Strategien, die im Rahmen eines SCM zum Einsatz kommen können. Dabei werden die Konzepte anhand der vier Merkmale Lieferant, Beschaffungsobjekt, Beschaffungssubjekt und Beschaffungsareal unterschieden.

Unter Single Sourcing, Sole Sourcing, Dual Sourcing und Multiple Sourcing versteht man an der Lieferantenanzahl orientierte Beschaffungsstrategien. Beim Multiple Sourcing wird das betreffende Beschaffungsobjekt von mehreren direkten Lieferanten bezogen, wogegen beim Single Sourcing lediglich ein direkter Lieferant existiert. Beim Sole Sourcing handelt es sich um eine monopolistisch erzwungene Ausprägung des Single Sourcing. Der Abnehmer gerät in hohe Abhängigkeit vom Lieferanten und kann somit die Vorteile des Single Sourcing nicht nutzen. Das Dual Sourcing bietet einen Mittelweg zwischen Multiple und Single Sourcing. Mit

Lieferant	Sole	Single	Dual	Multiple
Beschaffungsobjekt	Unit	Modular		System
Beschaffungssubjekt	Individual	Collective		
Beschaffungsareal	Local	Global		

Abb. 3.1 Systematisierung der Sourcing-Konzepte

dem Aufbau eines zweiten Lieferanten wird versucht, die Risiken durch opportunistisches Verhalten zu verringern und die hohen Austrittsbarrieren zu vermindern.

Hinsichtlich der Komplexität von Beschaffungsobjekten unterscheidet man zwischen Unit Sourcing, Modular Sourcing und System Sourcing. Beim Unit Sourcing werden alle Teile einzeln von den Lieferanten bezogen und später dann in der Produktion zusammengesetzt, wodurch ein hoher Informations- und Steuerungsaufwand beim Endhersteller entsteht.

Die vermehrt eingesetzten Strategien des Modular und System Sourcing sehen hingegen den Bezug fertiger, komplexer Module vor, wobei der Zulieferer seinerseits die notwendigen Teile bei Sub-Lieferanten bezieht. Während beim Modular Sourcing die Leistung des Lieferanten allerdings nur auf Produktion, Logistik, Teilekomplettierung und Steuerung der Unterlieferanten beschränkt wird, wird beim System Sourcing auch die gesamte am Produkt entstehende Forschungs- und Entwicklungsarbeit auf den Lieferanten übertragen.

Bei den Beschaffungssubjektkonzepten differenziert man zwischen Individual Sourcing und Collective Sourcing. Das Individual Sourcing, die unternehmensindividuelle Beschaffung, stellt die traditionelle Form der Subjektkonzepte dar. Unternehmen, die im Bereich der Beschaffung horizontale strategische Netzwerke bilden, betreiben unternehmensübergreifende Beschaffungskooperationen, die auch als Collective Sourcing bezeichnet werden.

Unter Beschaffungsareal wird der geographische Raum verstanden, in dem die Beschaffungsaktivitäten durchgeführt werden. In diesem Zusammenhang wird zwischen dem Local Sourcing, bei dem sich Zulieferer und Abnehmer in räumlicher Nähe zueinander befinden, und dem Global Sourcing, der weltweiten Beschaffung, unterschieden.

3.2.2 Verschiedene Sourcing-Strategien im SCM

In den nächsten Abschnitten sollen die in Theorie und Praxis gängigsten Sourcing-Strategien detailliert erläutert werden.

3.2.2.1 Lieferantenkonzepte

Das so genannte Single Sourcing bzw. der Einquellenbezug bedeutet laut den obigen Ausführungen, sich als Abnehmer nur noch auf einen Lieferanten pro Zulieferteil (-komponente, -modul) und Montagewerk zu beziehen. Der Einquellenbezug lässt somit eine bessere Konzentration auf jeden einzelnen Zulieferer zu und hat daher eine höhere Qualität bei Vor- und Endprodukten zur Folge. Durch die enge Zusammenarbeit kann zudem die Kostenstruktur des Zulieferers optimiert werden, wodurch Kostenvorteile auf beiden Seiten entstehen können. Dies ist auch darauf zurückzuführen, dass geringere Transaktionskosten verursacht werden (vgl. hierzu Abschn. 3.3.2) und dass durch die stark vereinfachte Koordination der Verwaltungsaufwand reduziert wird. Kostenvorteile auf Seiten des Abnehmers rühren vor allem von größeren Beschaffungsmengen her, welche sich durch den Bezug aus nur einer Quelle ergeben.

Wie sich in der Praxis gezeigt hat, führt die Just in Time-Beschaffung durch eine verstärkte Zusammenarbeit beider Unternehmen sowie die Suche nach qualitativ hochwertigen und zuverlässigen Partnern notgedrungen zum Single Sourcing. Der Aufwand der Betreuung für mehrere Lieferanten wäre zu groß, und es stehen somit keine anderen Alternativen zur Verfügung. Damit eine längere zeitliche Bindung zwischen den Geschäftspartnern zustande kommt, ist es wichtig, eine intakte Vertrauensebene zwischen Abnehmer und Lieferant aufzubauen. Vertrauen ist ein Potenzial, welches Informationsdefizite bei den Austauschpartnern kompensieren soll und es dem Lieferanten erst ermöglicht, in eine spezifische Beziehung zu investieren (vgl. Abschn. 3.3.4). Der Hersteller räumt dem Lieferanten in diesem Zusammenhang eine exklusive Stellung ein.

Die angesprochene Beschaffung aus nur einer Bezugsquelle hat jedoch diverse Nachteile, die gleichzeitig Anreize für ein Multiple Sourcing darstellen. Handelt es sich bei den Kaufteilen um standardisierte oder austauschbare Güter (z. B. Schrauben, Gussteile, Kabel), welche nicht auf die besonderen Bedürfnisse eines Abnehmers zugeschnitten werden müssen, so bietet sich eine Multiple Sourcing-Strategie an. Auf diese Weise kann der Abnehmer die monetär günstigste Quelle suchen. Mit der Mehrquellenbeschaffung verringert er gleichzeitig das Lieferrisiko, denn produktionstechnische Schwierigkeiten, Streiks oder Transportprobleme auf Seiten des Lieferanten führen im Falle des Single Sourcing aufgrund der JIT-Lieferung zur sofortigen Produktionsunterbrechung.

Durch die Inanspruchnahme mehrerer Lieferanten umgeht der Abnehmer auch das Risiko, dass der Wettbewerb unter den Zuliefererunternehmen entfällt. Es entsteht im Gegensatz zur Einquellenbelieferung keine Abhängigkeit des Abnehmers. In Folge dessen besteht nicht die Gefahr, dass der Lieferant versucht, den Preis über das Marktniveau zu heben oder dass neue technologische Entwicklungen nicht beachtet werden.

Ein weiterer Vorteil ist die erhöhte Flexibilität bei Bedarfsschwankungen. Der Abnehmer schränkt seine Bezugsfreiheit bei nur einer Bezugsquelle stark ein, während der entsprechende Lieferant seine Teile weiterhin an mehrere Kunden verkaufen wird. Hierdurch entsteht ein Machtverlust auf Seiten des Abnehmers. Sollte es im Falle des Multiple Sourcing zu Bedarfsschwankungen beim Abnehmer oder Lieferschwierigkeiten beim Zuliefererunternehmen kommen, so können höhere Mengen bei einem anderen Lieferanten geordert werden. In Folge dessen kann der Abnehmer auch seine Lagerhaltung verringern, ohne das Risiko eines Produktionsstillstandes einzugehen.

3.2.2.2 Beschaffungsobjektkonzepte

Infolge der Tendenz zu einer Reduzierung der Fertigungstiefe werden in der Praxis zunehmend die Konzepte des Modular und des System Sourcing eingesetzt. Im

3.2 Einsatz verschiedener Sourcing-Strategien im Rahmen eines SCM

Rahmen des Modular bzw. des System Sourcing werden komplette, einbaufertige Komponenten von den Lieferanten bezogen und direkt an die Endmontagelinie des Herstellers geliefert. Die Zahl der direkten Zulieferer soll stark vermindert werden und neben der Reduktion der Anzahl der Teile zu einer Verringerung der Produktions- und Montagekosten führen. Die Verlagerung von Fertigungsprozessen auf externe Lieferanten hat eine erhöhte Komplexität der zu beziehenden Güter zur Folge. Dementsprechend wird auch die Palette der Anforderungen an die Lieferanten ausgeweitet. Der Endhersteller konzentriert sich im Rahmen des Modular bzw. des System Sourcing auf seine Kernkompetenzen und übergibt dem Lieferanten die komplette Verantwortung bezüglich Produktion, Funktionalität und Qualität der Module. Randkompetenzen werden vom Abnehmer outgesourct, und seine Kapitalintensität sowie sein Fixkostenniveau werden reduziert.

Die Aufgabe der Koordination der Lieferanten und Sublieferanten wird ein globaler Systemintegrator übernehmen. Dieser arbeitet eng mit dem Endhersteller zusammen und steht ihm als Entwicklungsberater zur Seite, da er über ein breites Spektrum an Technologie- und Material-Know-how verfügt.

Für die sehr umfangreiche Logistik sollte die produktionssynchrone Bereitstellung der Module bzw. Systeme genutzt werden. Die vormontierten Baugruppen lassen sich nur schwer transportieren, was zu einer geographischen Umstrukturierung der Zulieferer führt. Diese werden sich nicht wie früher in Werksnähe ansiedeln, sondern gleich vor Ort, also auf dem Werksgelände, montieren. Fertige Module werden dann durch JIT direkt zum Endmontageband geliefert und reduzieren somit die Lagerhaltung beim Abnehmer, was für diesen geringere Kapitalbindungskosten zur Folge hat.

Der Endhersteller kann zudem bereits sehr früh auf das vorhandene Know-how seines direkten sowie dessen untergeordneter Lieferanten zurückgreifen. Parallelentwicklungen und Doppelarbeiten werden auf diese Weise vermieden. So entwickelt und konstruiert der Systemlieferant bereits in der Zeit der Konzepterstellung des Endherstellers entsprechende Teilegruppen.

Als weiterer erheblicher Vorteil bei der Auslagerung von Montagevorgängen sind die positiven Synergieeffekte zu nennen (vgl. hierzu auch Abschn. 4.1.3.1). Diese können in Form von Größen- und Verbundeffekten (Economies of Scale, Economies of Scope) genutzt werden, da durch entsprechende Verträge häufig gleich mehrere Abnehmer mit vergleichbaren Modulen bzw. Systemen beliefert werden. Hiermit gehen eine verbesserte Produkt- und Prozessqualität beim Zulieferer einher, die letztendlich natürlich die Qualität des Endproduktes positiv beeinflussen. Dies erhöht die Sicherheit des Endherstellers bei der Garantiegewährung. Wenn dennoch Qualitätsmängel auftreten sollten, können einzelne Module einfach ausgetauscht werden, und man umgeht die manchmal lange Suche nach defekten Einzelteilen.

Unternehmen, die sich mittels der modularen Beschaffung auf ihre Kernaktivitäten konzentrieren wollen, müssen sich aber auch mit den Nachteilen dieser Ansätze auseinandersetzen. Der Endhersteller verliert durch die Vergabe von kompletten Baugruppen den direkten Kontakt zu den Teile- und Komponentenlieferanten. Er hat somit keinen Einfluss mehr auf Preise und Qualität dieser Teile und ist in der Hinsicht vom Modullieferanten abhängig. Des Weiteren fließt sein eigenes

Know-how in die Zuliefererindustrie ab. Eine solche Abhängigkeit kann durch eine vorherige erfolgreiche Zusammenarbeit eingegrenzt werden.

Zudem stellt sich die Implementierung einer Modular Sourcing-Strategie häufig als schwierig dar. Aus Sicht des Endherstellers ändern sich die bisherige Aufbau- und Prozessorganisation grundlegend. Neben den Investitionen im Fertigungsbereich entstehen zusätzliche Investitionsbedarfe in den Bereichen Technologie, Logistik, Systemsoftware und Qualitätsmanagement. Darüber hinaus muss der Endhersteller die Lieferanten in der Implementierungsphase oft in technischer und finanzieller Hinsicht unterstützen. In der Praxis bedeutet eine Verlagerung von Wertschöpfungsaktivitäten auf vorgelagerte Wirtschaftsstufen auch eine Reduzierung von Arbeitsplätzen beim Endhersteller. Die daraus resultierenden innerbetrieblichen Widerstände stellen ein weiteres Realisierungsproblem dar.

Im Rahmen einer System Sourcing-Strategie treten sowohl die genannten Vor- als auch die erwähnten Nachteile gegenüber einer Modular Sourcing-Strategie in verstärktem Maße auf.

3.2.2.3 Beschaffungssubjektkonzepte

Im Kontext der steigenden Bedeutung von Kooperationen kommt es in zunehmenden Maße dazu, dass rechtlich und wirtschaftlich selbstständige Unternehmen im Rahmen eines Collective Sourcing auch zur Beschaffung bestimmter Güter kooperieren. Kostenvorteile ergeben sich bei einer Beschaffungskooperation aufgrund der unternehmensübergreifenden Bündelung der Bedarfe, die die Möglichkeit eröffnet, bei Verhandlungen mit den Lieferanten niedrigere Preise als ein Einzelunternehmen durchzusetzen. Damit Kosteneinsparungen möglich sind, müssen die kooperierenden Unternehmen jedoch ein homogenes Bedarfs- bzw. Lieferantenspektrum und damit Bedarfsüberschneidungen mit hohem Einkaufsvolumen besitzen.

Weiterhin entstehen Kostenvorteile dadurch, dass Mehrfachverhandlungen mit den Lieferanten entfallen, da ein einziges Unternehmen stellvertretend für die Beschaffungskooperation die Verhandlungen übernimmt. Im globalen Umfeld eröffnen sich durch Beschaffungskooperationen abgesehen von den wirtschaftlichen Motiven aber auch Zugänge zu neuen Märkten und Ressourcen, die ein Unternehmen alleine eventuell gar nicht erschließen könnte. Allerdings muss immer berücksichtigt werden, dass eine Beschaffungskooperation nur dann ökonomisch sinnvoll ist, wenn die durch sie erzielten Kostenvorteile größer als der verursachte Koordinationsaufwand sind.

3.2.2.4 Beschaffungsarealkonzepte

Beim Local Sourcing befinden sich Zulieferer und Abnehmer – wie bereits oben erwähnt – in unmittelbarer Nähe zueinander. Eine genaue Abgrenzung des Ausdrucks „in unmittelbarer Nähe" erscheint jedoch schwierig und ist von Unternehmen, Region und Infrastruktur abhängig. SMITH (1999) definiert Local Sourcing

3.2 Einsatz verschiedener Sourcing-Strategien im Rahmen eines SCM

im eigentlichen Sinne als Sourcing innerhalb eines Radius von max. 50 km oder bis 60 Minuten Transportzeit. Vor dem Hintergrund des zusammenwachsenden Europas wird jedoch auch das sogenannte Euro Sourcing, also die Beschaffung von Lieferanten aus dem EU-Raum, häufig als Local Sourcing im weiteren Sinne bezeichnet.

Der Lieferant kann im Rahmen eines Local Sourcing einfacher in die Entwicklungsprozesse eingebunden werden. Beim Local Sourcing, das vielfach mit einem Modular oder System Sourcing kombiniert wird, werden daher häufig umfangreiche Leistungen in Entwicklung und Produktion auf den Zulieferer übertragen. Somit trägt der Zulieferer auch für Themen Sorge, die den Charakter und die Qualität des Produktes beeinflussen, wie z. B. das Design, die Materialeigenschaften oder verfahrenstechnische Prozesse.

Aktuelle Informationen zur Verbesserung der Produkte und Prozesse werden zwischen Abnehmer und Zulieferer ständig ausgetauscht, um den wichtigen Standortfaktor Technologie weiterzuentwickeln. Zur effizienten Herstellung des Produktes und kontinuierlichen Verbesserung des Preis-Leistungs-Verhältnisses unterstützt der Abnehmer die Arbeitskräfte des Zulieferers teilweise durch Training und Beratung. Da durch das Local Sourcing häufig komplexe Güter beschafft werden, stellen das Humankapital und seine Weiterentwicklung einen nachhaltigen Wettbewerbsfaktor dar.

Im Wesentlichen betreffen die Vorteile der lokalen Beschaffung die beiden Punkte „Kommunikation" und „Transport". Im Rahmen des Local Sourcing konzentrieren sich die Beziehungen in der Regel auf wenige Lieferanten und basieren u. a. auf persönlichen Beziehungen zwischen langfristigen Partnern, die sich in einer gewissen Verantwortung für die lokale Industrie sehen. Die Qualität von Arbeitskräften, Produkten, Produktionstechnik und Logistik ist über Jahre bekannt, und mögliche Probleme können schnell und ohne sprachliche und kulturelle Schwierigkeiten gelöst werden. Dies wird auch dadurch begünstigt, dass ein lokaler Lieferant über die notwendigen Marktkenntnisse auf dem Heimatmarkt verfügt. Es entstehen keine zusätzlichen Abhängigkeiten von internationalen Zulieferern, die eine Versorgung über nennenswerte Entfernungen sicherstellen müssen. Durch genaue Planung, Abstimmung und kürzere logistische Wege kann eine häufigere, meist pünktliche Lieferung kleinerer Mengen sichergestellt werden. Just in Time- bzw. produktionssynchrone Lieferung ist problemlos zu praktizieren und führt durch die kurzen Wege zu einer Reduzierung der Transportkosten.

Den zuvor erwähnten Vorteilen des Local Sourcing stehen aber auch Argumente gegenüber, die für ein Global Sourcing sprechen. Das Global Sourcing, die weltweite Beschaffung, wird von den Untenehmen aus verschiedenen Motiven verfolgt, die eine unterschiedliche Relevanz für einzelne Wettbewerbsstrategien haben. Demgemäß weist eine Diversifikations- und Nischenstrategie andere Motive auf als die Strategie der Kostenführerschaft. Aus dem Blickwinkel des beschaffenden Unternehmens lassen sich in diesem Zusammenhang drei klassische Motive unterscheiden.

Die Kosteneinsparung im Rahmen der Strategie der Kostenführerschaft ist sicher als Hauptmotiv für das Global Sourcing anzusehen. Dieses Motiv basiert auf Faktorkostenvorteilen beim Lieferanten, z. B. durch günstigere Arbeitskräfte. Durch die Erschließung neuer Beschaffungsquellen ist gleichzeitig jedoch mit einer Erhöhung des Wettbewerbsdrucks auf die einheimische Zuliefererindustrie zu rechnen, wodurch deren Lieferkonditionen langfristig verbessert werden.

Beim Spezialisierungs- bzw. Know-how-Motiv setzt das Unternehmen auf das spezifische Patent des ausländischen Zulieferers, was oftmals auch eine Unternehmenskooperation zur Folge hat. Mittels einer solchen Vereinbarung sind Zulieferer und Abnehmer bedacht, eine technische und qualitative Weiterentwicklung des Beschaffungsobjektes zu betreiben, was letztendlich dazu beitragen kann, sich im Wettbewerb zu differenzieren.

Ein weiterer Grund für das Global Sourcing kann das Kapazitätsmotiv sein. Aufgrund einer auftretenden Engpasssituation bezieht der Abnehmer das Produkt nun international. Wichtiger als der Preis ist in diesem Fall der Liefertermin, was für den Lieferanten die Möglichkeit auf überdurchschnittliche Gewinne bedeuten kann. Der Abnehmer gibt diese erhöhten Beschaffungskosten an seine Kunden weiter und bietet diesen dafür im Rahmen einer Diversifikationsstrategie eine Lieferung innerhalb kürzerer Fristen.

3.2.3 *Zusammenwirken der einzelnen Sourcing-Strategien*

Abschließend soll zu dieser Thematik dargelegt werden, wie die zur Verfügung stehenden Beschaffungsstrategien zu einem wirkungsvollen Gesamtkonzept kombiniert werden können. ARNOLD (1997) hat mögliche Kombinationen der verschiedenen Sourcing-Konzepte zu je einer gesamtheitlichen und in sich harmonisierenden Beschaffungsstrategie zusammengestellt.

Hochkomplexe Güter werden in der Praxis mit Hilfe des Modular bzw. System Sourcing bezogen. Der Lieferant wird bei diesen Beschaffungskonzepten – wie bereits oben erwähnt wurde – schon sehr früh in gemeinsame Forschungs- und Entwicklungsaktivitäten eingebunden. Es entsteht eine sehr individuelle Beziehung, von der sowohl der Abnehmer als auch der Zulieferer profitieren können. Da von beiden Seiten ein hoher Koordinationsaufwand erbracht werden muss, kommt es in den meisten Fällen zu einer automatischen Konzentration auf nur noch eine Bezugsquelle (Single Sourcing). Um in solchen Fällen eine ausreichende Versorgungssicherheit gewährleisten zu können, bietet sich häufig auch eine Zweiquellenversorgung (Dual Sourcing) an. Nur der Hauptlieferant, welcher etwa 70% des Gesamtbedarfs abdeckt, liefert in diesem Fall synchron zur Produktion des Herstellers. Der zweite Lieferant wird dann nur noch für die Bedarfsspitzen in den Prozess mit eingebunden.

Der Transport solch hoch spezifizierter Güter erweist sich häufig als sehr kostspielig und aufwändig. Daher führt die räumliche Anbindung des Lieferanten an den Abnehmer gegebenenfalls zum so genannten Internal Sourcing und hat in dieser extremen Form zur Folge, dass der Lieferant die gesamte Wertschöpfung bezüglich eines Montageteilprozesses in der Produktion des Abnehmers übernimmt. Im Idealfall werden die Teile dabei fertigungssynchron (Just in Time) in die Endprodukte des Abnehmers eingebaut. Zusammenfassend wird für die Beschaffung sehr komplexer Güter folgende Strategie empfohlen:

BS_{opt} (hohe Komplexität)
= {single / dual, modular / system, local, JIT, individual, internal}.

Gegensätzlich dazu konzentriert sich die Betrachtung für weniger komplexe Güter primär auf die Nutzung traditioneller Sourcing-Konzepte. Güter mit einer relativ geringen Wertigkeit werden bezüglich des Beschaffungsobjektes mittels Unit Sourcing bezogen. Beim Unit Sourcing werden die Güter erst am Ende der Wertschöpfungskette zu einer funktionstüchtigen Gesamteinheit zusammengesetzt. Da wegen des hohen Standardisierungsgrades von einem großen Beschaffungsmarkt ohne Mengenrestriktionen ausgegangen werden kann, wird von den Herstellern meist in großen Mengen bestellt. Dies hat einen niedrigen Beschaffungspreis zur Folge. Aufgrund des entsprechend geringen Kapitalbindungsrisikos wird der Abnehmer zu einer Lagerhaltung (Stock Sourcing) tendieren, um Versorgungsrisiken auszuschließen.

Mit Hilfe eines Multiple Sourcing sollen der Wettbewerb unter den tatsächlichen und potenziell möglichen Lieferanten stimuliert und deren Leistungsfähigkeit gesteigert werden. Besonders bei weniger komplexen Gütern kann das Beschaffungsareal mittels eines Global Sourcing international und somit auch wettbewerbssteigernd ausgedehnt werden. Oft bietet sich eine Einkaufskooperation mehrerer Unternehmen mit homogenem Bedarfs- bzw. Lieferantenspektrum an. Des Weiteren wird die komplette Wertschöpfung der hoch standardisierten Güter in den externen Produktionsstätten der Lieferanten erbracht (External Sourcing). Dem Abnehmer wird somit das komplett erstellte Gut geliefert. Die geeignete Beschaffungsstrategie für wenig komplexe Güter kann zusammenfassend wie folgt beschrieben werden:

BS_{opt} (niedrige Komplexität)
= { multiple, unit, global, stock, collective, external }.

3.3 Kooperationen in Zulieferer-Abnehmer-Beziehungen

3.3.1 Entwicklung der strategischen Ausrichtung der Beschaffung

Eine Entwicklung, die besonders im Rahmen der Diskussion um das SCM viel Beachtung findet und bei den Erläuterungen zu den Sourcing-Strategien schon angerissen wurde, ist die Tendenz zum Aufbau kooperativer Zulieferer-Abnehmer-Beziehungen insbesondere bei der Beschaffung komplexer Güter. Generell wird zwischen zwei Arten von Beziehungen in Zulieferer-Abnehmer-Systemen unterschieden: „Wettbewerb" und „Kooperation".

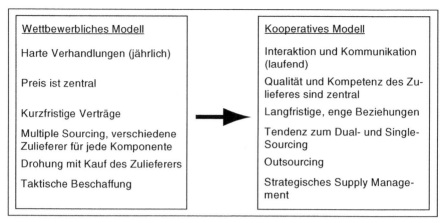

Abb. 3.2 Wandel in der Beschaffung

Eine wettbewerbliche Beziehung basiert auf einer Beschaffungsstrategie, die sich die Konkurrenz unter mehreren Zulieferern zunutze macht und die Zulieferer über Marktmechanismen koordiniert. Eine kooperative Beziehung baut dagegen auf einer Beschaffungsstrategie auf, bei der das Abnehmerunternehmen partnerschaftlich mit dem oder den Zulieferern umgeht und zur Koordination der Zulieferer andere als Marktmechanismen benutzt.

Dabei wird die partnerschaftliche Beschaffung in letzter Zeit häufig für überlegen gehalten, weil sie eine längere Zusammenarbeit auf der Basis von Vertrauen zwischen Zulieferer und Abnehmer kreiert. Aber diese Sichtweise steht im Konflikt sowohl mit der traditionellen Praxis als auch mit Teilen der strategischen Managementliteratur (z. B. PORTER (2000)), die allgemein eher eine Beschaffung von mehreren Zulieferern favorisieren, die miteinander im Wettbewerb stehen (vgl. Multiple Sourcing). Dieser Wettbewerb wurde als der effektivste Weg für das Abnehmerunternehmen gesehen, um geringe Kosten zu verursachen und eine hohe Leistung vom Zulieferer zu erhalten. Heute herrscht hingegen in vielen Unternehmen die Ansicht vor, dass längerfristige, kooperative Beziehungen zu einem oder zwei Zulieferern (vgl. Single/Dual Sourcing) effektiver sind als der Wettbewerb unter den Zulieferern.

MATTHYSSENS/VAN DE BULTE (1994) fassen diesen Wandel der Beschaffungsstrategien vom Wettbewerb zur Kooperation gemäß Abb. 3.2 zusammen.

3.3.2 Markt versus Hierarchie

Grundsätzlich lässt sich der Koordinationsbedarf eines Unternehmens durch marktmäßige Vermittlung oder durch Übernahme von Betrieben (Hierarchie) decken. Kooperationen sind dabei eine gewisse Zwitterform, die ein höheres Maß an Verbindlichkeit als die marktmäßige Organisation und weniger hierarchische Durchgriffsmöglichkeiten als ein Eigentumsverhältnis bieten. Daher kann man die

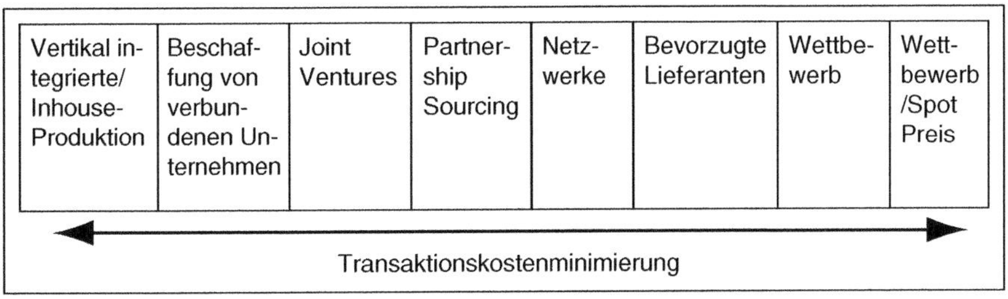

3.3 Kooperationen in Zulieferer-Abnehmer-Beziehungen

Vertikal integrierte/ Inhouse-Produktion	Beschaffung von verbundenen Unternehmen	Joint Ventures	Partnership Sourcing	Netzwerke	Bevorzugte Lieferanten	Wettbewerb	Wettbewerb /Spot Preis

⟵ Transaktionskostenminimierung ⟶

Abb. 3.3 Beschaffungskontinuum

Beschaffung auch als Kontinuum sehen. Es wird unterstellt, dass verschiedene Formen von partnerschaftlicher Beschaffung und von Wettbewerb sowie die vertikale Integration (Unternehmensübernahme) als Alternativen existieren. Abbildung 3.3 zeigt das so genannte Beschaffungskontinuum in Anlehnung an PARKER/HARTLEY (1997) auf Basis der Transaktionskostenökonomie.

Auf der äußeren linken Seite befindet sich der vertikal in das Abnehmerunternehmen integrierte Zulieferer, bei dem jeder Beschaffungsvorgang zwischen Abteilungen eines Unternehmens mittels Hierarchie vollzogen wird. Am äußeren rechten Rand des Kontinuums liegt die wettbewerbliche Beschaffung über den Markt. Bewegt man sich entlang des Kontinuums, so findet man andere Formen von Zulieferer-Abnehmer-Beziehungen, wie partnerschaftliches oder kooperatives Verhalten. Dabei gehen Bewegungen von rechts nach links mit einer Verminderung der Lieferantenanzahl einher. Die vertikale Integration ganz links wirkt wie eine Barriere für den Wettbewerb unter den Zulieferern, da die Inhouse-Produktion nur noch aus einem internen Zulieferer besteht. Gleichzeitig wächst auch die Zeitdauer der Beziehung von rechts nach links bis zum vertikal integrierten Zulieferer, der sich im Besitz des Abnehmerunternehmens befindet.

Für die Entscheidung zwischen Eigenerstellung (links im Kontinuum) und Fremdbezug über Märkte (rechts im Kontinuum), also die Entscheidung darüber, wie die ökonomischen Leistungsbeziehungen koordiniert werden sollen, wird der von COASE (1937) begründete und von WILLIAMSON (1990) weiterentwickelte Transaktionskostenansatz herangezogen.

Im Rahmen der Transaktionskostentheorie wird die Minimierung der Transaktionskosten für eine Transaktion, also die Übertragung von Verfügungsrechten (z. B. Kauf, Verkauf, Miete) an Gütern oder Dienstleistungen durch Verträge, angestrebt. Transaktionskosten sind diejenigen Kosten, die durch die Benutzung des Marktes („market transaction costs") oder einer innerbetrieblichen Hierarchie („managerial transaction costs") entstehen. Die Transaktionskostentheorie besagt, dass bei jeder Transaktion auch Transaktionskosten entstehen.

Folgende Kosten fallen unter die Transaktionskosten:

Ex-ante (vor Vertragsabschluss)

- Informationsbeschaffungskosten (z. B. Informationssuche über potenzielle Transaktionspartner),
- Anbahnungskosten (z. B. Kontaktaufnahme) und
- Vereinbarungskosten (z. B. Verhandlungen, Vertragsformulierung, Einigung).

Ex-post (nach Vertragsabschluss)
- Abwicklungskosten (z. B. Maklercourtage, Transportkosten),
- Kontrollkosten (z. B. Einhaltung von Termin-, Qualitäts-, Mengen-, Preis- und Geheimhaltungsabsprachen, Abnahme der Lieferung) und
- Änderungskosten/Anpassungskosten (z. B. Termin-, Qualitäts-, Mengen- und Preisänderungen).

Der Ausgangspunkt dabei ist die Feststellung, dass

1. Menschen nur begrenzt rational sind. Sie sind unfähig, bei Abschluss eines Vertrages alle möglichen Konstellationen (Zustände der Welt) vorherzusehen, die bei Vollzug des Vertrages auftreten können. Daher sind Verträge immer in dem Sinn unvollständig, dass Situationen existieren, für die der Vertrag keine Vorkehrungen trifft. Tritt dieser Zustand ein, sind Nachverhandlungen (und in letzter Konsequenz Gerichtsverhandlungen) notwendig, die mit Kosten verbunden sind.
2. Vertragspartner opportunistisch sind. Sie werden immer versuchen, in einer gegebenen Situation ihren Vorteil zu suchen und das Maximum aus einer Situation für sich herauszuholen. So wird der Angestellte einer Firma nur dann hart arbeiten, wenn Faulheit mit einer Strafe verbunden ist. Dies gilt auch in Kooperationen.
3. Produktionsinputs (Arbeit, Kapital, aber auch Vorleistungen) unterschiedlich spezifisch sind, d. h. in unterschiedlichem Ausmaß für alternative Verwendungen einsetzbar sind. Diese Spezifität kann durch Standortspezifität (bei hohen Transportkosten der Vorleistung sind nahe gelegene Produzenten spezifisch für die Produktion), Sachkapitalspezifität (bestimmte Maschinen eignen sich nur zur Verarbeitung bestimmter Rohstoffe) und aus temporären Gründen (z. B. bei Just in Time-Systemen) entstehen.

Diese drei Grundannahmen führen dazu, dass sowohl marktmäßige Zulieferung (rechte Seite des Kontinuums) als auch hierarchische Organisation (linke Seite des Kontinuums) Transaktionskosten nach sich ziehen. Hierbei spielt das auf JENSEN/MECKLING (1976) zurückgehende Prinzipal-Agent-Problem eine Rolle. Prinzipal-Agent-Beziehungen sind dadurch charakterisiert, dass ein Auftraggeber (Prinzipal) und ein Auftragnehmer (Agent) in einer durch unvollkommene Information und Unsicherheit gekennzeichneten Umwelt interagieren. Dabei hat der Agent ausgewählte Tätigkeiten für den Prinzipal zu erfüllen. Der Prinzipal erwartet vom Agenten, dass sich dieser voll und ganz für die Auftragserfüllung einsetzt, also nicht seine eigenen Ziele, sondern die Ziele des Prinzipals verfolgt. Allerdings ist der Agent – genau wie der Prinzipal – bestrebt, seinen persönlichen Nutzen zu maximieren, wobei das eigennützige Verhalten des Agenten zu Lasten des Prinzipals geht. Dieses Verhalten ist jedoch nur deshalb möglich, weil der Prinzipal unvollkommen über das Handeln des Agenten informiert ist. Es liegt also eine Informationsasymmetrie vor, die der Agent zu seiner eigenen Nutzenmaximierung ausnutzt.

Im Zusammenhang mit Zulieferer-Abnehmer-Beziehungen könnte eine solche Informationsasymmetrie nach HUBER/KLETZAN (2000) in folgenden Situationen auftreten:

- Verpflichtet zum Beispiel ein Abnehmer (Prinzipal) einen Zulieferer (Agenten) in einem Vertrag, einen spezifischen Produktionsinput auf eigene Rechnung gegen eine Geldleistung bereit zu stellen, so entstehen für den Zulieferer Anreize, Gründe für Neuverhandlungen zu suchen (oder selbst zu schaffen). In diesen Neuverhandlungen wird er versuchen, den Preis für die Leistung so hoch zu setzen, dass er alle aus dem Produktionsprozess resultierenden Gewinne für sich erhält, da der Abnehmer die wahren Produktionskosten nicht kennt. Die gleichen Anreize bestehen aber beim Abnehmer. Hat der Zulieferer aufgrund der Spezifität des Inputs keine anderen Einsatzalternativen, wird der Abnehmer versuchen, den Input als unzureichend oder qualitativ unbrauchbar darzustellen, um auf diese Weise den Verkaufspreis zu senken.

Die Konsequenzen dieser so genannten „Hold up"-Problematik wären lange und sehr kostspielige Nachverhandlungen. Dabei ist anzunehmen, dass der Anreiz zu solch opportunistischem Verhalten mit der Spezifität der Inputs steigt. Denn je weniger Alternativen sowohl Käufer als auch Verkäufer nach der Fertigstellung eines Produkts haben, desto eher können sie Nutzen aus opportunistischem Verhalten ziehen. Existieren hingegen gute Alternativen, können sie sich eher diesen zuwenden.

- Alternativ dazu könnte man versuchen, den Input innerhalb des eigenen Unternehmens zu produzieren. Die Arbeitnehmer (Agenten), die den gewünschten Input produzieren sollen, haben aber eine Fülle von Möglichkeiten, mangelnde Arbeitsleistungen zu verbergen, da der Arbeitgeber (Prinzipal) deren Anstrengungen häufig nur schwer bewerten kann. Auch eine Eigenfertigung würde daher Transaktionskosten verursachen. Insbesondere müsste der Arbeitgeber sicherstellen, dass die Mitarbeiter zur Produktion des Gutes ausreichend motiviert werden.

Um diese sogenannte „Moral Hazard"-Problematik so weit wie möglich zu begrenzen, muss das Unternehmen die Leistungen der Arbeitnehmer also durch teure Kontrollmechanismen oder Anreizsysteme sicherstellen.

Einen Überblick über Prinzipal-Agent-Modelle in Zulieferer-Abnehmer-Beziehungen geben FANDEL/LORTH (2001).

Abbildung 3.4 zeigt den Verlauf der erwarteten Transaktionskosten verschiedener institutioneller Regelungen in Abhängigkeit von der Spezifität des Inputs. Da – wie oben erläutert – die Wahrscheinlichkeit eines Hold up-Problems mit zunehmender Spezifität des Inputs wächst, steigen auch die Transaktionskosten mit zunehmender Spezifität. Die Kurve K(m) zeigt die erwarteten Transaktionskosten einer marktmäßigen Vermittlung, während die Kurve K(e) die Transaktionskosten bei einer reinen Eigentumslösung darstellt. In der Abbildung wird allerdings unterstellt, dass Informationsasymmetrien von der Spezifität der Faktoren unabhängig sind, so dass die Transaktionskosten einer Eigentumslösung K(e) bei einer Änderung der Spezifität der Faktoren konstant bleiben. Des Weiteren zeigt die Abbildung, dass Marktlösungen für wenig spezifische Güter kostengünstiger sind als Eigentumslösungen, da hier im Falle opportunistischen Verhaltens sowohl Käufer als auch Verkäufer Alternativen wahrnehmen können und somit keine Transaktionskosten für Nachverhandlungen anfallen. Daher würde bei einer ausschließlichen Wahlmöglichkeit zwischen Markt- und Eigentumslösungen für alle Inputs mit einer Spezifität von 0 bis s der Markt zur Beschaffung herangezogen und für alle anderen Inputs die Erstellung in der eigenen Firma vorgezogen.

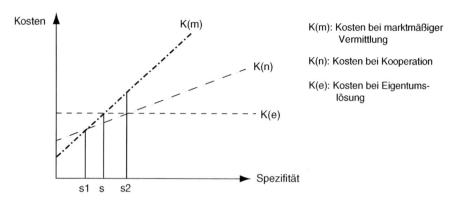

Abb. 3.4 Transaktionskosten, Spezifität und institutionelles Design

Kooperationen liegen laut der Transaktionskostentheorie zwischen Eigentum und marktvermittelter Koordination. Geht man von einem Transaktionskostenverlauf in Abhängigkeit von der Spezifität K(n) aus, so wären Kooperationen vor allem für Situationen mit mittlerer Spezifität (zwischen s1 und s2) von Vorteil. Dabei kann es bei unterschiedlich spezifischen Gütern zu verschieden ausgestalteten Kooperationsformen kommen (vgl. Abb. 3.4 nach HUBER/KLETZAN (2000)).

Die optimale Struktur einer Transaktionsbeziehung ist demnach diejenige mit den geringsten Transaktionskosten. Je nach Verhaltensannahme der Beteiligten und Umweltsituation wird also die Transaktionsbeziehung aus dem Beschaffungskontinuum gewählt, die transaktionskostenminimal ist. Allerdings gestaltet sich die Messung der Transaktionskosten in der Praxis häufig schwierig. Außerdem ist die Entscheidung für eine Transaktionsbeziehung auch unter Einbeziehung der Produktionskosten zu treffen (vgl. Kap. 4).

3.3.3 Kooperationsformen

Im Weiteren werden von den möglichen Kooperationsformen das strategische Unternehmensnetzwerk und die virtuelle Organisation als Sonderformen des Unternehmensnetzwerkes aufgrund ihrer häufigen Erwähnung in der Literatur näher betrachtet.

3.3.3.1 Strategisches Unternehmensnetzwerk

Da eine Integration aller an der Leistungserstellung Beteiligten vom Rohstofflieferanten bis zum Endabnehmer in die Supply Chain häufig an der Komplexität scheitert, schafft die Bildung von strategischen Netzwerken, die Teile der Supply Chain abdecken, eine praktikable Alternative.

3.3 Kooperationen in Zulieferer-Abnehmer-Beziehungen

Als Unternehmensnetzwerk wird ein Verbund von rechtlich unabhängigen Unternehmen verstanden, die koordiniert und kooperativ zusammenarbeiten und versuchen, dadurch Wettbewerbsvorteile zu erlangen. Die Kooperation erfolgt dabei auf freiwilliger Basis. Im Allgemeinen werden Netzwerke als hybride Organisationsform bezeichnet, d. h. sie sind – wie bereits oben dargelegt wurde – zwischen den Organisationsformen Markt und Hierarchie angesiedelt.

Netzwerkorganisationen sind in der Praxis ein bewährtes Konzept, besonders wenn es um die langfristige Bindung von Partnern mit ähnlichen Interessen geht. Von entscheidender Bedeutung für Netzwerke sind die technologischen Rahmenbedingungen, insbesondere die Neu- und Weiterentwicklungen im Bereich der Informations- und Kommunikationstechnologien, da sich Netzwerke durch den ständigen Austausch von strategischen Informationen auszeichnen. Das Ziel der Zusammenarbeit besteht darin, im Wettbewerb durch Verbindung der strategischen Zielsysteme und der individuellen Stärken der Partner gemeinsam die Unternehmensziele der einzelnen Unternehmen zu erreichen. Eine Einschränkung des eigenen Handlungsspielraumes nehmen die Partnerunternehmen dabei in Kauf, wenn sie dadurch strategische Vorteile in anderen Bereichen erzielen können.

Die strategische Ausrichtung wird darüber hinaus durch die Führung des Netzwerkes unterstützt, mit dem Ziel der Erschließung und der langfristigen Absicherung wettbewerbsrelevanter Potenziale. Diese Aufgabe übernimmt das sogenannte fokale Unternehmen, das die Gründung, die Koordination der Wertschöpfung und das einheitliche Auftreten des strategischen Netzwerkes am Markt sicherstellt. Das fokale Unternehmen übt damit einen größeren Einfluss auf die Gestaltung der Managementfunktionen als die anderen Netzwerkmitglieder aus. Die Bezeichnung „fokal" ist auf die relative Marktnähe des Unternehmens zurückzuführen, etwa eines Endproduktherstellers, der aufgrund seiner Position über marktnahe Informationen verfügt.

Ein hoher Bindungsgrad, die Beteiligung von mehr als zwei Unternehmen, ein langfristiger Zeithorizont und eine vertragliche Bindung gehen als Abgrenzungskriterien aus den folgenden zusammenfassenden Definitionen des strategischen Netzwerkes hervor:

- Ein strategisches Netzwerk stellt laut SYDOW (1992) eine auf die Realisierung von Wettbewerbsvorteilen zielende, polyzentrische, gleichwohl von einer oder mehreren Unternehmungen strategisch geführte Organisationsform ökonomischer Aktivitäten zwischen Markt und Hierarchie dar. Diese zeichnet sich durch komplex-reziproke, eher kooperative denn kompetitive und relativ stabile Beziehungen zwischen rechtlich selbstständigen, wirtschaftlich jedoch zumeist abhängigen Unternehmungen aus.
- Dabei werden als strategisches Unternehmensnetzwerk langfristige, institutionelle Arrangements der Prozessoptimierung entlang der unternehmensübergreifenden Wertschöpfungskette (Supply Chain) verstanden, bei denen ein führendes Unternehmen die Rolle des Koordinators einer relativ großen Zahl rechtlich selbstständiger, wirtschaftlich jedoch tendenziell abhängiger Akteure übernimmt.

Weitere Eigenschaften eines strategischen Unternehmensnetzwerkes sind

- die Coopetition (gleichzeitiges Vorhandensein von Kooperation und Wettbewerb) als Leitprinzip, da alle Unternehmen neben ihren Aktivitäten im Netzwerk selbstständig am Markt auftreten,
- die Konzentration auf Kernkompetenzen,
- die Koexistenz von Stabilität und Flexibilität und
- ein sehr hoher Stellenwert von Vertrauen.

3.3.3.2 Virtuelle Organisation

Eine virtuelle Organisation (auch virtuelles Unternehmen) ist eine Kooperationsform rechtlich unabhängiger Hersteller zur Entwicklung und/oder Herstellung von Produkten. Sie wirkt dabei gegenüber Dritten wie ein einziges Unternehmen. Die Aufgabenbewältigung findet in virtuellen Organisationen nicht in statisch vordefinierten Strukturen statt, sondern es erfolgt vielmehr eine problembezogene, dynamische Verknüpfung von Ressourcen zur Abarbeitung spezifischer Aufgabenstellungen. Die beteiligten Unternehmen der virtuellen Organisation behalten weiterhin ihre Selbstständigkeit, es entsteht lediglich eine virtuelle neue Organisation, in der die Mitglieder auf freiwilliger Basis kooperieren. Es handelt sich daher um ein dynamisches Netzwerk mit starker oder sogar ausschließlich informationstechnischer Kopplung.

Als konstituierende Merkmale eines virtuellen Unternehmens nennt SCHOLZ (2000)

- ein einheitliches Auftreten gegenüber dem Kunden,
- die Gesamtoptimierung der gesamten Wertschöpfungskette,
- das Fehlen eines gemeinsamen juristischen Dachs,
- das Fehlen einer gemeinsamen Verwaltung,
- eine ausgereifte Informationstechnologie zur Verbindung der Einheiten,
- das absolute gegenseitige Vertrauen,
- das Vorhandensein individueller Kernkompetenzen und
- die synergetische Kombinierbarkeit der Kernkompetenzen.

Das virtuelle Unternehmen grenzt sich vor allem durch die völlige Unabhängigkeit der Beteiligten von anderen Kooperationsformen ab. Des Weiteren ist der Zeithorizont zwar langfristig, aber nicht so lang wie etwa bei Joint Ventures oder strategischen Allianzen.

Aus diesen Kriterien ist im Vergleich zu denen des strategischen Unternehmensnetzwerks ersichtlich, dass es sowohl Zusammenhänge als auch Unterschiede zwischen der virtuellen Organisation und dem strategischen Unternehmensnetzwerk gibt. SCHOLZ (2003) nennt darum zwei Varianten von Abgrenzungen: Entweder ist die virtuelle Organisation eine Unterform der Netzwerkorganisation und wird auf die unterstützende Virtualisierungstechnologie reduziert oder sie ist eine funktionale Alternative zur Netzwerkorganisation und wird als eigenständige Organisati-

3.3 Kooperationen in Zulieferer-Abnehmer-Beziehungen

onsform beschrieben. Die differenzierenden Merkmale der virtuellen Organisation zum strategischen Unternehmensnetzwerk sind die Akzeptanz von opportunistischem Verhalten der Partner, die Kurzfristigkeit der Nutzenerzielung, eine geringere Befriedigung sozialer Bedürfnisse der Akteure, der mindere Aufwand an bürokratischer Koordination und die teilweise völlige Unsichtbarkeit einzelner Partner für den Kunden. SCHOLZ (2003) zieht aufgrund dieser Unterschiede die zweite Variante der Abgrenzungen der ersten vor und bezeichnet das virtuelle Unternehmen als funktionale Alternative zur Netzwerkorganisation.

Als Netzwerk, welches einen Teilbereich der Supply Chain abdeckt, stellt WINKLER (2005) die VISCO (Virtuelle Supply Chain Organisation) vor. Durch die Bildung der VISCO entsteht ein Quasi-Unternehmen, das vom so genannten Supply Chain-Gremium, welches von den Unternehmen mit Vertretern besetzt wird, unabhängig von den Führungen der Einzelunternehmen zu leiten ist. Das Gremium legt die langfristigen Ziele fest, plant die Strategie und beschließt die Umsetzungsmaßnahmen. Außerdem kontrolliert es die Zielerreichung und die Strategieimplementierung. Die VISCO geht über ein Beschaffungsnetzwerk hinaus und zielt auf eine freiwillige, umfassende, langfristige Zusammenarbeit bei allen Unternehmensfunktionen. Die Partner konzentrieren sich auf ihre Kernkompetenzen und arbeiten eng mit dem fokalen Unternehmen, aber auch untereinander zusammen. Zur Unterstützung werden moderne Informations- und Kommunikationstechnologien eingesetzt. Der Materialfluss wird durch angepasste Logistikkonzepte optimiert.

WINKLER (2005) beruft sich bei der VISCO explizit auf SCHOLZ (2003) und dessen Begriff der virtuellen Organisation. Auch in der VISCO kommt es zum Zusammentreffen von Kooperation und Wettbewerb, da alle Unternehmen weiterhin neben den Aktivitäten im Netzwerk selbstständig am Markt auftreten. Die VISCO ist im Rahmen der Transaktionskostentheorie – ebenso wie die virtuelle Organisation – als hybride Mischform zwischen den Polen Markt und Hierarchie anzusehen. Durch den Einsatz neuer Kommunikationstechnologien können physische Attribute wie die Aufbau- und Ablauforganisation entfallen. Der Zusatznutzen liegt in der erhöhten Flexibilität bei der Reaktion auf Markterfordernisse durch Anpassung der Supply Chain.

WINKLER (2005) vertritt die Ansicht, dass es sich bei der VISCO um ein strategisches Unternehmensnetzwerk mit einem hohen, nicht notwendigerweise kapitalbezogenem Integrationsgrad der Netzwerkmitglieder innerhalb der Supply Chain handelt. Die VISCO ist somit ein nach außen homogenes und nach innen heterogenes System, das sich aus der zielgerichteten Kombination der einzelnen an der Wertschöpfung beteiligten Unternehmen ergibt. Da für WINKLER (2005) dementsprechend die VISCO mit einem strategischen Unternehmensnetzwerk gleichzusetzen ist, verwendet er die beiden Begriffe wechselweise. Er trennt damit nicht wie SCHOLZ (2003) streng zwischen der virtuellen Organisation und dem strategischen Unternehmensnetzwerk, sondern behandelt die VISCO implizit wie die beschriebene erste Variante als Unterform des Netzwerks.

Sehr deutlich unterscheidet sich der zeitliche Horizont bei WINKLER (2005) von der Abgrenzung bei SCHOLZ (2003). Während letzterer die virtuelle Organisation als eher kurzfristig betrachtet, betont WINKLER (2005), dass in der VISCO grundsätzlich langfristige Geschäftsbeziehungen aufzubauen sind.

Zusammenfassend kann gesagt werden, dass die VISCO als eine Unterform des strategischen Unternehmensnetzwerkes betrachtet werden kann, die in zentralen Punkten weniger das Virtuelle betont, sondern die strategischen Aspekte eines Unternehmensnetzwerkes.

3.3.4 Bedeutung des Faktors Vertrauen in Zulieferer-Abnehmer-Beziehungen

Wie bereits mehrfach angesprochen wurde, stellt der Faktor „Vertrauen" eine Voraussetzung für den Aufbau kooperativer Zulieferer-Abnehmer-Beziehungen dar.

RIPPERGER (2003) definiert Vertrauen als „die freiwillige Erbringung einer riskanten Vorleistung unter Verzicht auf explizite vertragliche Sicherungs- und Kontrollmaßnahmen gegen opportunistisches Verhalten in der Erwartung, daß sich der andere trotz Fehlens solcher Schutzmaßnahmen nicht opportunistisch verhalten wird [sic!]." Da die unternehmensübergreifende Zusammenarbeit in der Supply Chain aber eben diese Gefahr der opportunistischen Nutzung von Informationen durch den Kooperationspartner birgt, wird Vertrauen zum Erfolgsfaktor von Kooperationen.

BACHER (2004) nennt drei Treiber von Vertrauen, die ein Strukturierungsraster darstellen, in das die meisten in der Literatur genannten Faktoren, die zu Vertrauen führen, eingeordnet werden können. Dabei handelt es sich um:

- fehlende Opportunismusgefahr,
- Reputation und
- Werte.

Fehlende Opportunismusgefahr

Es lassen sich drei Treiber von Opportunismusgefahr identifizieren: Attraktivität des Opportunismusgewinns, Abhängigkeit des Vertrauensnehmers vom Vertrauensgeber und auf dem Markt wirkende Sanktionsmechanismen.

Die Attraktivität des Opportunismusgewinns bildet ab, welchen Nutzen Kooperationspartner aus opportunistischem Verhalten ziehen könnten. Dies hängt einerseits von der Höhe des erzielbaren Vorteils, andererseits aber auch von der Wahrscheinlichkeit der Aufdeckung eines solchen Verhaltens ab.

Die Abhängigkeit des Vertrauensnehmers vom Vertrauensgeber wird beispielsweise durch die in die Kooperation eingebrachten Investitionen und die Kompetenzen des Vertrauensnehmers abgebildet. Bei den in die Kooperation eingebrachten Investitionen ist vor allem die Spezifität von Bedeutung, da bei spezifischen Investitionen die Zahl der Marktalternativen für zukünftige Kooperationen beim Vertrauensnehmer sehr beschränkt und damit dessen Abhängigkeit hoch ist.

Die dritte Komponente sind die auf dem Markt wirkenden Sanktionsmechanismen. Dabei wird unterstellt, dass mit zunehmender Härte der Bestrafungen das opportunistische Verhalten abnimmt. Sanktionsmechanismen können in diesem Zusammenhang staatliche Regelungen, aber auch Vorgaben durch Gewerkschaften, Handelskammern und andere Verbände sein.

3.3 Kooperationen in Zulieferer-Abnehmer-Beziehungen

Reputation

Der Begriff „Reputation" bezeichnet das bisherige vertrauenswürdige Verhalten des Vertrauensnehmers. Dieses wird einerseits durch die bisherige Zusammenarbeit zwischen Vertrauensnehmer und Vertrauensgeber abgebildet, andererseits durch die Historie der Beziehungen des Vertrauensnehmers zu anderen Unternehmen. Die bisherige Zusammenarbeit bezüglich der betreffenden Unternehmen kann über die Kooperationsintensität (z. B. Anzahl gemeinsamer Projekte) und die Kooperationsqualität (z. B. Zufriedenheit mit der Kooperation) abgebildet werden. Die Reputation am Markt wird durch die in der Presse veröffentlichten Reputationsindizes und eventuell durch die Meinung von Experten erfasst.

Werte

Werte beeinflussen das Handeln von Individuen, indem sie diesen identische Handlungsrestriktionen vorgeben, auf die sich der andere verlassen kann. Durch die Kongruenz zentraler Werte kann das Vertrauen gefördert und damit die Zusammenarbeit positiv beeinflusst werden. Gemeinsame Werte spiegeln sich in Unternehmensleitlinien oder der Unternehmenskultur wider (vgl. hierzu Abschn. 2.2.1). Darüber hinaus kann davon ausgegangen werden, dass grundsätzlich gewisse Werte existieren, die den Aufbau von Vertrauen vorantreiben. Darunter fallen beispielsweise Commitment, Loyalität, Erreichbarkeit und Offenheit der Kommunikation.

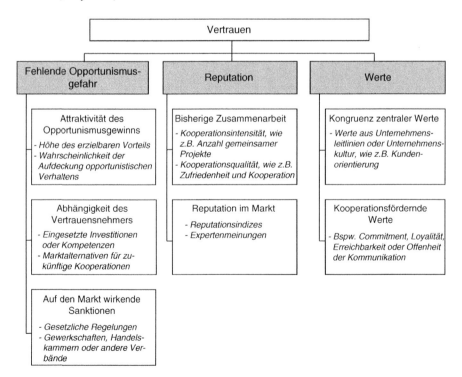

Abb. 3.5 Wesentliche Treiber von Vertrauen und ihre Komponenten

Abbildung 3.5 stellt in Anlehnung an BACHER (2004) die drei Treiber von Vertrauen und die darunter liegenden Komponenten nochmals zusammenfassend dar.

3.4 Anreize und ihre Wirkung in Zulieferer-Abnehmer-Beziehungen

3.4.1 Wirkungsweise von Anreizen

Im Rahmen der Gestaltung von Verträgen zwischen Zulieferern und Abnehmern spielen Anreizsysteme und ihre Wirkung eine entscheidende Rolle. Der Begriff „Anreiz" wird hier in Anlehnung an KRUSE (1998) relativ allgemein gefasst: „Anreize sind an bestimmte Bezugsgrößen gekoppelte Belohnungen oder Bestrafungen, die die Entscheidungen des Anreizempfängers beeinflussen sollen." Unter Bezugsgrößen werden Größen verstanden, welche Rückschlüsse auf das Verhalten des Anreizempfängers ermöglichen, z. B. die erzielten Ergebnisse.

Ein Anreizsystem für die Steuerung einer Zulieferer-Abnehmer-Beziehung sollte nach KRUSE (1998) in Anlehnung an die Dreiteilung von LAUX (1990) aus folgenden Komponenten bestehen:

- Bezugsgrößen, welche die Grundlage für die Anreizgewährung bilden, d. h. Bemessungsgrundlagen und Beurteilungskriterien,
- Anreize und
- funktionaler Zusammenhang zwischen Bezugsgrößen und Anreizen.

Grundsätzlich gilt, dass die Bemessungsgrundlagen so gewählt werden müssen, dass eine objektive Kontrolle möglich ist; andernfalls ist das Anreizsystem wirkungslos.

Anreizsysteme verändern nicht die eigentlichen Ziele des Zulieferers, sondern beeinflussen lediglich seine Entscheidungsgrundlage und damit seine Handlungen. Der entscheidende Punkt für das Verständnis von Anreizsystemen ist die Motivation des Zulieferers durch die Ex-ante-Wahrnehmung der zukünftigen Anreize. Der Zulieferer zieht seine Motivation, sich im Sinne des Abnehmers zu verhalten, aus der Tatsache, dass seine momentane Kooperation im Rahmen eines Anreizsystems nachträglich gemessen wird.

Grundsätzlich muss zwischen zwei verschiedenen Arten von Anreizen unterschieden werden, den intrinsischen und den extrinsischen Anreizen. Intrinsische Anreize stellen keine Anreize im oben beschriebenen Sinne dar. Sie werden durch die eigenen Ziele des Zulieferers determiniert und bedürfen keines externen Anreizsystems. Extrinsische Anreize setzen einen Anreizgeber (Abnehmer) voraus, dessen Zielerreichung durch die Handlungen des Anreiznehmers (Zulieferer) beeinflusst wird. Die Anreize müssen so gestaltet werden, dass sie nicht nur die Ziele des Abnehmers reflektieren, sondern auch auf die Präferenzen und Zielsetzungen des Zulieferers Rücksicht nehmen. Da sich das Verhalten des Zulieferers entweder überhaupt nicht oder nur mit sehr großem Aufwand beobachten lässt, werden für die

Anreizgewährung in der Regel Bezugsgrößen gewählt, die indirekt Rückschlüsse auf das Verhalten des Zulieferers erlauben. Zu den verifizierbaren Größen zählen z. B. Gewinn oder Qualität.

Der Einsatz eines Anreizsystems kann dabei nicht nur zu Vorteilen für den Abnehmer führen, sondern auch zu Nachteilen. Eine derartige Fehlsteuerung wird durch das Anreizsystem selbst begünstigt, da eine Abdeckung aller denkbaren Aspekte mit Anreizen grundsätzlich unmöglich und zudem aufgrund des damit verbundenen Aufwandes ökonomisch nicht vertretbar ist. Daher wird sich der Zulieferer genau auf die Aufgaben konzentrieren, die durch das Anreizsystem gefördert werden. Unabhängig davon, ob dies den Zielen des Abnehmers dient, wird der Zulieferer gleichzeitig nicht geförderte Aufgaben vernachlässigen, da diese nicht in die Performance-Messung einbezogen werden.

Die unvollständige Erfassung von Anreizen in Verträgen zwischen Zulieferer und Abnehmer verursacht noch ein weiteres Problem. Da Zulieferer-Abnehmer-Beziehungen in der Regel komplex und daher langfristig ausgelegt sind, wird die Ausbildung unvollständiger und/oder asymmetrischer Informationen begünstigt. Wichtige Bezugsgrößen, welche zur Anreizgewährung herangezogen werden, sind vielfach nur für eine Partei beobachtbar oder die Verifizierbarkeit dieser Größen ist eingeschränkt. Dies macht eine gerichtliche Durchsetzung von Ansprüchen in der Praxis häufig unmöglich bzw. zu teuer.

3.4.2 Verträge mit Anreizsystemen contra Festpreisverträge

Im letzten Abschnitt wurde aufgezeigt, dass der Einsatz eines Anreizsystems mit einigen Problemen bzw. großem Aufwand verbunden ist. Warum bzw. wann sollte man diese komplexe Vertragsform dennoch in Zulieferer-Abnehmer-Kooperationen einsetzen? Diese Frage lässt sich nicht trivial beantworten, da die Antwort sowohl von der Komplexität der Geschäftsbeziehung, der Periodizität des Bedarfs als auch der vorliegenden Informationssituation abhängt.

Komplexere Produkte, welche eher selten benötigt werden, und weniger komplexe Produkte werden optimalerweise über eine Ausschreibung auf Basis eines Festpreises beschafft. Bei einer Ausschreibung holt der Abnehmer auf Grundlage einer Spezifikation Angebote von mehreren Zulieferern ein und wählt nach bestimmten Kriterien, z. B. Preis und Qualität, einen Zulieferer aus. Aus informationsökonomischer Sicht handelt es sich hierbei um den Fall einer „Hidden Characteristics"-Situation, da die Preisuntergrenze für die gewünschte Leistung des Zulieferers dem Abnehmer nicht bekannt ist. Sein Informationsdefizit verringert der Abnehmer über den Vergleich mehrerer Angebote vor Vertragsabschluss.

Für komplexere Produkte, welche über einen längeren Zeitraum benötigt werden, sind Festpreisverträge in der Regel nicht der beste Ansatz. Dies erscheint auf den ersten Blick unlogisch, da das Zulieferer-Abnehmer-Verhältnis häufig durch eine große Abhängigkeit der Zulieferer von ihren Abnehmern gekennzeichnet ist. Der Abnehmer könnte daher bestrebt sein, alle benötigten Komponenten auszuschreiben und den jeweils günstigsten Anbieter auszuwählen bzw. einem bevorzugten Zulieferer entsprechende Preise zu diktieren. Die lange Laufzeit der Verträge fördert jedoch, dass der Zulieferer sich im Rahmen seines Handlungsspielraumes nur soweit anstrengt, wie das für ihn unbedingt notwendig scheint; aus informationsökonomischer Sicht liegt wieder die „Moral Hazard"-Problematik vor (vgl. Abschn. 3.3.2). Der Abnehmer ist allerdings bei komplexen Produkten besonders darauf angewiesen, eine maximale Anstrengung beim Zulieferer zu erreichen, um eine hohe Qualität der zugekauften Produkte sicherzustellen. Hierzu eignen sich Anreizverträge besser als Festpreisverträge.

3.4.3 Verschiedene Arten von Anreizen

3.4.3.1 Investitionsanreize

Spezifische Investitionen lohnen sich nur dann für einen Zulieferer, wenn sichergestellt ist, dass sich diese auch über eine bestimmte Laufzeit amortisieren. Insbesondere bei Kurzzeitverträgen ist dies nicht unbedingt der Fall. Bei langfristigen Verträgen besteht hingegen für den Zulieferer die Gefahr, dass der Abnehmer einen nicht im Vertrag geregelten Sachverhalt als Vorwand für Nachverhandlungen sucht (vgl. Abschn. 3.3.2).

Mit Hilfe eines modifizierten „Gefangenendilemmas" der Spieltheorie zeigt KRUSE (1998) die Problematik der spezifischen Investition auf:

Ein Zulieferer steht vor der Entscheidung, eine Investition in Qualitätssicherung durchzuführen, wobei der Abnehmer ihm eine Investitionsbeihilfe zusichert. Allerdings kann das Verhalten der beiden Spieler erst nach einer gewissen Zeit vom Partner beobachtet werden.

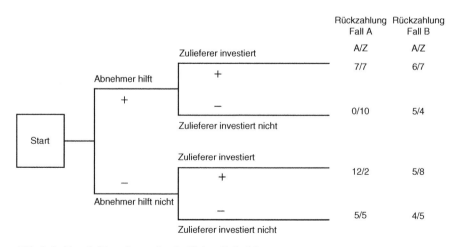

Abb. 3.6 Entscheidungsbaum für ein fiktives Beispiel

3.4 Anreize und ihre Wirkung in Zulieferer-Abnehmer-Beziehungen

Abbildung 3.6 zeigt die verschiedenen Handlungsoptionen der Spieler und die entsprechenden Rückzahlungsergebnisse. Dabei bezeichnet Fall A die Situation ohne eine vertragliche Absicherung, während Fall B eine vertragliche Absicherung auf Basis eines Anreizsystems zugrunde legt.

In der Bimatrix-Darstellung der Spieltheorie lassen sich die Auszahlungen folgendermaßen darstellen:

Rückzahlungen im Fall A:

Ohne eine vertragliche Garantie (Fall A) wird weder der Abnehmer (A) eine Investitionsbeihilfe leisten noch der Zulieferer (Z) die Investition tätigen, so dass ohne Kooperation zwischen den Partnern als dominante Lösung (5/5) gewählt wird.

Würden sich die Partner absprechen und sich auch an ihre Absprache halten, so wäre für beide das bessere Kooperationsergebnis (7/7) erreichbar. Die Frage dabei ist nur, wer garantiert, dass sich der jeweilig andere Partner an die Abmachung hält. Opportunismus im Sinne einer Nichteinhaltung der Absprache wäre für beide Partner die interessanteste Lösung, da dies – auf Kosten des Partners – den meisten Profit einbringen würde.

Geht der Zulieferer im Vertrauen auf eine Absprache in Vorleistung, so könnte der Abnehmer bestrebt sein, Nachverhandlungen anzusetzen, in denen er versucht, dem Zulieferer einen niedrigeren Preis aufzuzwingen. In diesen Verhandlungen besitzt der Abnehmer die besseren Karten, da die spezifische Investition bereits getätigt wurde und der Zulieferer damit erpressbar wird. Lehnt der Zulieferer Zugeständnisse ab, so wird er bei diesem Beispiel 5 Einheiten an den Abnehmer verlieren. Macht er Zugeständnisse, so wird er seine Investition nur teilweise amortisieren können.

Die hier beschriebene Situation wird in der Literatur als „Hold up" bezeichnet (vgl. Abschn. 3.3.2). Als Folge davon wird ein Zulieferer, der mit einem solchen Verhalten rechnen muss, eine erforderliche spezifische Investition erst gar nicht tätigen, und der Abnehmer muss seine gewünschten Komponenten entweder zu einem höheren Preis selber produzieren oder einen anderen (sorgloseren) Zulieferer auswählen.

Fall A:

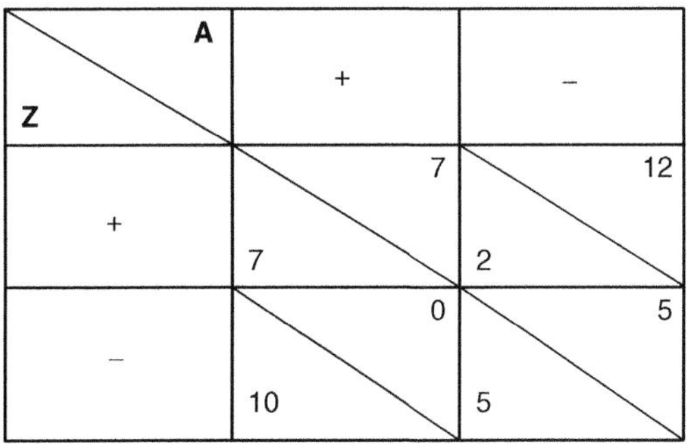

Z \ A	+	−
+	7 / 7	12 / 2
−	0 / 10	5 / 5

Abb. 3.7 Bimatrix für den Fall A

Abb. 3.8 Bimatrix für den Fall B

Fall B:

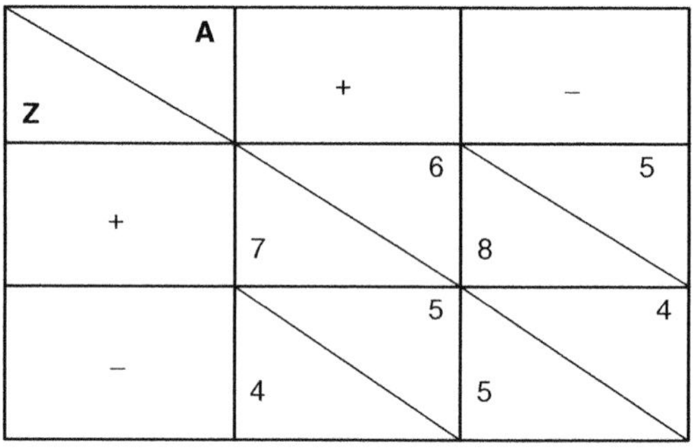

	A +	A −
Z +	6 / 7	5 / 8
Z −	5 / 4	4 / 5

Rückzahlungen im Fall B:

Die Rückzahlungsergebnisse für den Fall B basieren auf einem Anreizsystem, welches folgende vertragliche Bestandteile enthält:

- Es wird festgelegt, dass der Abnehmer im Falle einer Nichteinhaltung seiner Zusage einer Investitionsbeihilfe mit einer Konventionalstrafe von 6 Einheiten belegt wird.
- Beim Zulieferer wird für die Kosten von 1 Einheit ein Beobachter installiert, welcher die Einhaltung der Investition durch den Zulieferer überwacht. Bei Nichteinhaltung wird im Gegenzug der Zulieferer mit einer Konventionalstrafe von 6 Einheiten belegt.

Die möglichen Ergebnisse (vgl. Abb. 3.6, 3.7 und 3.8) zeigen, dass sich Opportunismus nun weder für den Zulieferer noch für den Abnehmer lohnt. Aus Eigeninteresse wird also die beste Lösung gewählt. Allerdings verliert der Abnehmer bei diesem Beispiel 1 Einheit, da diese für die Kontrollinstanz aufgewendet werden muss. Würden sich die beiden Partner vertrauen, so könnten sie zusätzlich die Kosten für die Kontrolle einsparen. Als Lösung für Interessenkonflikte in Zulieferer-Abnehmer-Beziehungen kommt daher z. B. Vertrauen bzw. eine gute Reputation in Frage.

3.4.3.2 Qualitätsanreize

Unter Qualität soll die Brauchbarkeit eines Objekts bezüglich der vereinbarten Eigenschaften verstanden werden. Beispiele für qualitätsrelevante Eigenschaften sind z. B. die Leistungsfähigkeit, die Nutzungsdauer oder auch die notwendigen Wartungsintervalle. Wählt man den Zulieferer nur nach Kostengesichtspunkten aus, so besteht die Gefahr, dass dieser auf notwendige Qualitätskontrollen verzichtet bzw. billigere Produktionsverfahren oder Materialien einsetzt. Den Preisvorteil kann der Zulieferer dann zwar teilweise an den Abnehmer weitergeben, aber im Falle von Qualitätseinbußen kann dies auch zu gravierenden Problemen führen. Dazu zählen beispielsweise Produktionsausfälle oder auch Schadensersatzforderungen von Endkunden. Erschwerend kommt hinzu, dass Qualitätsmängel vielfach erst nach einigen Jahren auftreten bzw. nachgewiesen werden können.

Aus diesem Grund muss ein System, was auf Qualitätsanreizen basiert, so beschaffen sein, dass es Qualitätsmängel so weit wie möglich ausschließt. Belohnungen für eine hohe Qualität der Beschaffungsgüter können entsprechend spät erfolgen (z. B. mit Folgeaufträgen), aber auch Bestrafungen sollten noch nach einigen Jahren möglich sein (z. B. im Rahmen einer langfristigen Zusammenarbeit oder einer Gewährleistungsfrist). Allerdings gilt es hierbei zu berücksichtigen, dass solche Sanktionen aufgrund der schwachen Finanzausstattung mancher Zulieferer nach Jahren häufig nicht mehr adressiert bzw. mangels Masse nicht mehr vollstreckt werden können.

3.4.3.3 Prozess-, Forschungs- und Entwicklungsanreize

Ein Zulieferer wird einem Abnehmer üblicherweise nur ungern Einblick in seine Produktions- und Kostenstruktur geben, da er damit dem Abnehmer die Möglichkeit eröffnet, ihm einen niedrigeren Preis aufzuzwingen. Dennoch kann ein solcher Schritt durchaus sinnvoll sein, wie beispielsweise der Automobilhersteller Toyota bewiesen hat. Toyota analysiert die Produktionsprozesse seiner Zulieferer vor Ort, wobei das Unternehmen als Anreiz hierfür sein überlegenes Produktions- und Organisations-Know-how zur Verfügung stellt. Ein Einblick in die Produktionsprozesse des Zulieferers hat noch weitere Vorteile, da dies die Möglichkeit eröffnet, (spezifische) Investitionsanreize anzubieten oder aber die Qualitätssicherung an den Zulieferer zu übertragen.

Zusätzliche Anreize für den Zulieferer, Produktionseinheiten zu übernehmen, kann der Abnehmer auch dadurch schaffen, dass er Forschungs- und Entwicklungsverantwortung auf den Zulieferer überträgt. Die einseitige Abhängigkeit des Zulieferers vom Abnehmer wird dadurch zu einer beidseitigen Abhängigkeit, da der Abnehmer nun in besonderem Maße auf das Know-how des Zulieferers angewiesen ist. Mit der Übertragung der Entwicklungsverantwortung sind jedoch auch Probleme wie die Risikoübertragung auf den Zulieferer und möglicherweise die Notwendigkeit von spezifischen Investitionen verbunden.

3.4.3.4 Mengenanreize

Mengenanreize können von beiden Seiten ausgehen. Der Abnehmer kann beispielsweise die Anzahl seiner direkten Zulieferer reduzieren und die höheren Volumina den verbleibenden Zulieferern als Anreiz anbieten. Im Gegenzug kann aber auch der Zulieferer dem Abnehmer einen Mengenrabatt anbieten und die Erhöhung der Volumina von seiner Seite aus vorantreiben. Kann er den Abnehmer dazu bewegen, bestimmte Komponenten nur noch bei ihm zu kaufen, so entsteht zumindest kurzfristig eine gegenseitige Abhängigkeit. Wichtig für den Abnehmer sind in diesem Zusammenhang die Aufrechterhaltung der Lieferbereitschaft und die Möglichkeit des Ausgleichs kurzfristiger Mengenschwankungen durch den Zulieferer. Der Abnehmer wird es daher aus strategischen Erwägungen, trotz der bei einer Bündelung zu erwartenden Absenkung der Stückkosten (z. B. durch Economies of Scope und Economies of Scale), möglicherweise vorziehen, mit mehreren Zulieferern zusammenzuarbeiten.

3.4.3.5 Risikoteilung als Anreiz

Zulieferer sind überwiegend kleinere Betriebe, deren Finanzmittel üblicherweise begrenzt sind. Zudem sind diese Betriebe in der Regel nur wenig diversifiziert, d. h. sie spezialisieren sich auf die Fertigung weniger Komponenten. Nimmt nun die Produktion einer einzelnen Komponente bzw. ein Vertrag mit einem Abnehmer ein hohes Volumen an, so kann das Scheitern einer solchen Kooperationsbeziehung den Zulieferer in eine existenzielle Bedrohung bringen.

Zulieferer sind aufgrund dessen eher risikoscheu und verzichten auf potenzielle Zusatzgewinne zugunsten einer höheren Sicherheit. Die Abnehmer dagegen, bei denen es sich häufig um größere, diversifizierte und finanzstärkere Unternehmen handelt, können mögliche Verluste besser ausgleichen. Solche Unternehmen weisen daher tendenziell ein risikoneutrales Verhalten auf, d. h. sie werden unabhängig vom Risiko die Variante mit der höheren Gewinnchance wählen. Bietet der Abnehmer nun einen Anreizvertrag, welcher den Zulieferer bezüglich des zu erwartenden Risikos entlastet (z. B. mit einer Vereinbarung, welche gestiegene Materialkosten berücksichtigt), so wird erst durch den „Trade-off" zwischen Anreiz und Risiko eine Zusammenarbeit möglich.

3.4.3.6 Serviceanreize

Wie bereits erläutert wurde, ist überwiegend davon auszugehen, dass der Abnehmer der stärkere Partner ist. Diese Position wird der Abnehmer ausnutzen wollen und den Zulieferer in Bezug auf die Preise unter Druck setzen. Eine Möglichkeit für den Zulieferer, dieses Kräfteverhältnis wieder ins Gleichgewicht zu bekommen, stellt der Anreiz des Zulieferers an den Abnehmer dar, für diesen bestimmte Serviceleistungen durchzuführen. Dazu zählen viele Elemente, welche im Rahmen der JIT-Produktion für den Abnehmer übernommen werden, z. B. Logistikelemente wie Transportübernahme, termingerechte Anlieferung, Lagerhaltung oder aber Übernahme der Qualitätssicherung, Beratung, Werbung usw. Sind die beiden Kooperationspartner erst einmal durch diese Elemente miteinander verzahnt, so bildet sich hieraus in der Regel eine langfristige Verbindung, da eine Trennung kurzfristig nicht möglich bzw. zu kostenintensiv ist. Eine langfristige Beziehung hat wiederum für beide Seiten die bereits mehrfach genannten Vorteile.

3.4.3.7 Drohungen des Abnehmers

Den Abschluss dieses Kapitels bilden negative Anreize, also Drohungen oder Bestrafungen. Das Wohlverhalten eines Zulieferers kann beispielsweise mit den

Anreizinstrumenten Multiple Sourcing, partielle Eigenfertigung (parallel zur Fremdfertigung) und Auktionen verbessert werden.

Wird Multiple Sourcing eingesetzt, so werden identische Komponenten bei mehreren Zulieferern eingekauft (vgl. Abschn. 3.2.2.1). Dies ermöglicht einen Performance-Vergleich. Ist die Leistung eines Zulieferers nicht zufriedenstellend, so kann dieser ausgetauscht bzw. schlechter als der (bessere) Konkurrent bezahlt werden. Weitere Vorteile sind die Sicherstellung der Lieferbereitschaft und die bessere Verhandlungsposition bei Auslaufen des Vertrages, da alternative Bezugsmöglichkeiten bestehen. Nachteilig wirken sich die doppelten Entwicklungskosten bzw. der Verlust der Economies of Scale aus.

Alternativ kann auch ein Teil der benötigten Komponenten selber gefertigt und nur ein bestimmter Anteil von einem Zulieferer bezogen werden. Abgesehen von den vorher genannten Vor- und Nachteilen erlaubt diese Strategie dem Abnehmer Rückschlüsse auf die Kostenstruktur des Zulieferers. Weiterhin kann der Zulieferer eine Pufferfunktion für Zeiten hoher Nachfrage übernehmen.

Ein zusätzlicher negativer Anreiz besteht im Einsatz von Auktionen. Unter einer Auktion wird hier eine Versteigerung von Fertigungsaufträgen, z. B. über das Internet, verstanden. Eine Auktion hat die Aufgabe, den Informationsvorsprung des Zulieferers (bezüglich seiner Preisuntergrenze für die Komponenten) zu reduzieren. Da der Zulieferer weiß, dass in der Regel der günstigste Anbieter vom Abnehmer den Zuschlag für den Auftrag erhält, wird er ein Angebot nahe seiner Preisuntergrenze abgeben.

Alle drei Instrumente eignen sich gleichermaßen, dem Zulieferer ein Gefühl der Austauschbarkeit zu vermitteln. Diese Drohkulisse erhöht die Bereitschaft des Zulieferers, ein striktes Kostenmanagement durchzuführen, fördert Innovationen und reduziert seine Preisvorstellungen gegenüber dem Abnehmer. Stellt der Zulieferer dennoch überhöhte Forderungen, so kann er ohne größeren Aufwand durch einen Konkurrenten ersetzt werden.

Im Gegenzug kann aber auch der Zulieferer androhen, die Verbindung mit dem Abnehmer zu lösen und seine Produkte der Konkurrenz anzubieten. Dieser Fall ist aufgrund der überwiegend herrschenden Marktverhältnisse eher selten, aber durchaus denkbar. Besitzt ein Zulieferer sehr spezifisches Know-how und damit eine Monopol- bzw. Oligopolstellung am Markt, so kann er dieses Drohpotenzial ebenso wirkungsvoll für Preisverhandlungen einsetzen wie der Abnehmer.

3.5 Übungsaufgaben zu Kapitel 3

Übungsaufgaben zu Abschnitt 3.2

1. Zeigen Sie kurz auf, nach welchen Kriterien man die Sourcing-Konzepte im SCM systematisieren könnte und welche Konzepte gemäß dieser Systematisierung existieren.
2. Nennen Sie Vor- und Nachteile des Global Sourcing.

Übungsaufgaben zu Abschnitt 3.3

1. Welche Probleme können sich in Zulieferer-Abnehmer-Beziehungen laut der Prinzipal-Agent-Theorie ergeben?
2. Erläutern Sie den Begriff der VISCO nach WINKLER.

Übungsaufgabe zu Abschnitt 3.4

Bei welcher Art von Produkten ist der Einsatz von Anreizsystemen bei der Beschaffung empfehlenswert, bei welchen eher eine Ausschreibung mit Festpreisverträgen?

Literaturempfehlungen

ARNOLD, U.: Beschaffungsmanagement, 2. Aufl., Stuttgart 1997.
ARNOLD, U.: Beschaffung am Scheideweg: Orientierungen auf dem Weg zum modernen Supply Chain Management, in: Beschaffung aktuell, 2000, 8, S. 42–44.
BACHER, A.: Instrumente des Supply Chain Controlling: Theoretische Herleitung und Überprüfung der Anwendbarkeit in der Unternehmenspraxis, Wiesbaden 2004.
COASE, R.: The Nature of the Firm, in: Economica, 1937, 16, S. 386–405.
FANDEL, G.; LORTH, M.: Produktion und Logistik, in: Jost, P.-J. (Hrsg.): Die Prinzipal-Agenten-Theorie in der Betriebswirtschaftslehre, Stuttgart 2001, S. 273–329.
HUBER, P.; KLETZAN, D.: Bestimmungsfaktoren der Integration von Unternehmen in internationale Netzwerke, Studie des Österreichischen Instituts für Wirtschaftsforschung im Auftrag der Gesellschaft des Bundes für industriepolitische Maßnahmen GmbH, Wien 2000.
JENSEN, M. C.; MECKLING, W. H.: Theory of the Firm: Managerial Behavior, Agency Costs and Ownership Structure, in: Journal of Financial Economics, 1976, 4, S. 305–360.
JOST, P.-J.: Die Prinzipal-Agenten-Theorie in der Betriebswirtschaftslehre, Stuttgart 2001.
KRUSE, K.-O.: Anreizsysteme in Abnehmer-Zulieferer-Kooperationen, Hamburg 1998.
LAUX, H.: Risiko, Anreiz und Kontrolle: Principal-Agent-Theorie; Einführung und Verbindung mit dem Delegationswert-Konzept, Berlin et al. 1990.
MATTHYSSENS, P.; VAN DE BULTE, C.: Getting Closer and Nicer: Partnerships in the Supply Chain, in: Long Range Planning, 1994, 1, S. 72–83.
PAMPEL, J.: Kooperation mit Zulieferern: Theorie und Management, Wiesbaden 1993.
PARKER, D.; HARTLEY, K.: The Economics of Partnership Sourcing versus Adversarial Competition: A Critique, in: European Journal of Purchasing and Supply Management, 1997, 2, S. 115–125.
PORTER, M. E.: Wettbewerbsvorteile: Spitzenleistungen erreichen und behaupten, 6. Aufl., Frankfurt-New York 2000.
RIPPERGER, T.: Ökonomik des Vertrauens: Analyse eines Organisationsprinzips, 2. Aufl., Tübingen 2003.
SCHOLZ, C.: Strategische Organisation: Multiperspektivität und Virtualität, 2. Aufl., Landsberg am Lech 2000.
SCHOLZ, C.: Netzwerkorganisation und virtuelle Organisation – Eine dynamische Perspektive, in: Zentes, J.; Swoboda, B.; Morschett, D. (Hrsg.): Kooperationen, Allianzen und Netzwerke: Grundlagen – Ansätze – Perspektiven, Wiesbaden 2003, S. 463–486.
SCHULTE, C.: Logistik: Wege zur Optimierung der Supply Chain, 4. Aufl., München 2004.
SMITH, J. M.: Item Selection for Global Purchasing, in: European Journal of Purchasing and Supply Management, 1999, 3, S. 117–127.
SYDOW, J.: Strategische Netzwerke: Evolution und Organisation, Wiesbaden 1992.

WILLIAMSON, O.: Die ökonomischen Institutionen des Kapitalismus: Unternehmen, Märkte, Kooperationen, Tübingen 1990.

WINKLER, H.: Konzept und Einsatzmöglichkeiten des Supply Chain Controlling am Beispiel einer Virtuellen Organisation (VISCO), Wiesbaden 2005.

ZENTES, J.; SWOBODA, B.; MORSCHETT, D.: Kooperationen, Allianzen und Netzwerke: Grundlagen – Ansätze – Perspektiven, Wiesbaden 2003.

Kapitel 4
Outsourcing

4.1 Grundlagen des Outsourcing

4.1.1 Definitionen und Formen des Outsourcing

Mit dem Ziel der wirtschaftlichen Optimierung durch die Konzentration auf Kernkompetenzen hat die Auslagerung bestimmter Funktionen bzw. Tätigkeiten, das so genannte Outsourcing, eine durchaus lange Tradition. Der Kunstbegriff ist aus den Wörtern outside, resource und using bzw. outside und resourcing zusammengesetzt. MATIASKE/MELLEWIGT (2002) merken das Fehlen einer einheitlichen Definition und das Vorliegen einer Vielfalt von Definitionen sowie definitorische Unstimmigkeiten zum Begriff des Outsourcing an.

Outsourcing in Orientierung an die englische Begriffsbildung soll die dauerhafte Auslagerung bisher unternehmensintern erbrachter Leistungen mit einer Übertragung der Handlungsverantwortung und einer angestrebten langfristigen Aufgabenverteilung an externe Dritte beschreiben. Durch den Planungshorizont wird besonders die strategische Bedeutung des Outsourcing betont.

Rund um das Outsourcing werden viele Begrifflichkeiten über verschiedene Erklärungsebenen verwendet. Nach HOLLEKAMP (2005) fasst Abb. 4.1 die Begriffe zum Outsourcing zusammen.

Beim internen Outsourcing oder Inhouse-Outsourcing wird ein Funktionsbereich oder ein Geschäftsprozess durch Einbringung in eine neu gegründete Tochtergesellschaft ausgegliedert. Für den ausgliedernden Bereich bestehen hier weit reichende Einflussmöglichkeiten über Leitungs- und Überwachungsgremien. Eine andere Möglichkeit ist, dass Eigenkapitalanteil einer bereits existierenden Unternehmung erworben wird. Unter externem Outsourcing oder Auslagerung wird die Funktions- bzw. Geschäftsprozessübertragung an Unternehmungen verstanden, die wirtschaftlich unabhängig zu dem auslagernden Unternehmen stehen.

Werden Leistungen ausgelagert, die sehr nah am Kerngeschäft des Unternehmens liegen, so handelt es sich um kernnahes Outsourcing. Hier spielt die strategische Bedeutung der Aufgaben eine Rolle. Jedes Unternehmen schätzt dabei auf Basis der definierten Kernkompetenzen die strategische Bedeutung seiner Aufgaben ein.

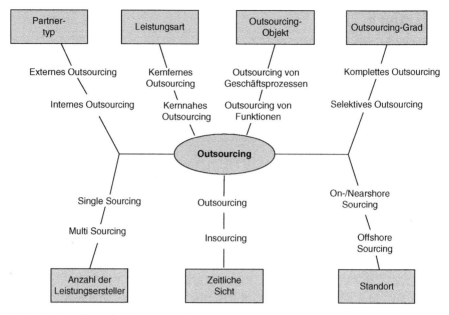

Abb. 4.1 Darstellung der Outsourcing-Formen

In Abhängigkeit von dem Outsourcing-Objekt wird in das Outsourcing von Funktionen und von Geschäftsprozessen untergliedert.

Durch den Outsourcing-Grad legt die Unternehmung die Entscheidung über die Tiefe der Leistungsvergabe fest. Beim selektiven Outsourcing werden nur zwischen 20% und 80% der outsourcingfähigen Geschäftsprozesse an den Markt vergeben; beim kompletten Outsourcing eindeutig der Großteil.

Bezogen auf den Standortfaktor ist eine genauere Abgrenzung zum aktuell viel beachteten Begriff Offshoring wichtig. Offshoring wird meistens als eine besondere Form des Outsourcing definiert. Ursprünglich stammt der Begriff aus dem IT-Bereich und beschreibt heute eine Auslagerung von Unternehmensprozessen aus Hochlohnregionen in Niedriglohnländer, um primär Lohnkostenunterschiede zu Kostenreduzierungszwecken zu nutzen. Mittlerweile gibt es eine weitere Differenzierung, welche sich auf die Entfernung des neuen Ziellandes vom Land der ursprünglichen Erzeugung bezieht. Handelt es sich um weit entfernte Regionen (z. B. China, Indien), spricht man von Offshoring, wenn es sich um näher gelegene Länder dreht, spricht man von Nearshoring (Polen oder Tschechien) und beim Heimatland von Onshoring.

Wird Outsourcing als Prozess bzw. als Projekt mit zeitlicher Ausdehnung betrachtet, stehen die Übergänge im Zentrum des Begriffs: von der Eigenfertigung von Leistungen im eigenen Unternehmen zum externen Leistungsbezug von Wertschöpfungspartnern (Outsourcing) und schließlich das Ende durch Abschluss oder Scheitern und Zurückholen (Insourcing) des Projektes ins Unternehmen. Dabei wird gemäß MELLEWIGT (2007) der Insourcing-Begriff zugrunde gelegt, der ein vorheriges Outsourcing der entsprechenden Leistung erfordert. In vielen Quellen und oft im allgemeinen Sprachgebrauch wird der Begriff Insourcing jedoch mit Eigenfertigung gleichgesetzt.

Single Sourcing bedeutet Leistungsbezug durch nur ein Partnerunternehmen im Gegensatz zum Multi Sourcing, bei dem mehrere Anbieter gleichzeitig in ein Outsourcing-Projekt involviert sein können.

4.1.2 Begriffsabgrenzungen zum Outsourcing

Outsourcing-Überlegungen lassen sich als unternehmerisches Wahlproblem zwischen der Fortsetzung der Eigenleistung und dem Übergang zur Fremdleistung betrieblicher Funktionen beschreiben. Die hiermit verwandte Fragestellung des Make or Buy betrieblicher Teilleistungen entstammt ursprünglich dem Produktions- bzw. Fertigungsbereich. Hier wurden bereits in den 50er Jahren die Selbstherstellungs- und Fremdbezugskosten untersucht. Strategiebetrachtungen waren zu dieser Zeit noch kein wissenschaftliches Thema. Auch bis in die 80er Jahre hinein wurde die Entscheidung über Eigenfertigung oder Fremdbezug als reines Wirtschaftlichkeitsproblem verstanden, das primär auf der Grundlage von kostenrechnerischen Ansätzen zu bewältigen ist.

Entscheidungen über Make oder Buy, also Eigenerstellung oder Fremdbezug, beschreiben eine Unternehmensentscheidung bezüglich einer bestimmten eigenen Leistung, also der Übertragung dieser Leistung an einen Dritten, einen Marktpartner. Make or Buy-Entscheidungen werden nach MÄNNEL (1997) bereits bei der Unternehmensgründung getroffen; bei laufendem Geschäftsbetrieb sind vor allem Reinvestitionen, Vertragsverlängerungen und ähnliche Vorgänge Auslöser. Sie haben sich weiter entwickelt von kurzfristigen, operativen (kostenbasierten) Entscheidungen über relativ kleine Auftragsmengen, die eher im Bereich der Produktion getroffen wurden, hin zu einer Entscheidung mit strategischer Bedeutung, die auch andere Unternehmensbereiche betrifft.

Die neue strategische Fundierung erweitert den Make or Buy-Begriff hin zum Outsourcing, und im Laufe der Zeit wurde so das Potenzial weiterer Aufgaben, Funktionen oder gar Geschäftsprozesse für deren Fremdbezug aufgedeckt. Auch wenn Make or Buy-Entscheidungen dementsprechend eine ähnliche strategische Fokussierung entwickeln, wie sie bei Outsourcing-Entscheidungen unterstellt wird, so lassen sich in einer engen Sichtweise weitere Unterschiede in zeitlicher und sachlicher Hinsicht ableiten: Make or Buy-Fragestellungen behandeln jegliche Entscheidung – zu allen Zeitpunkten – zwischen Eigenerstellung und Fremdbezug, während beim Outsourcing eine bisher selbst erbrachte Leistung in Zukunft fremd vergeben wird. Outsourcing-Entscheidungen bilden also eine Teilmenge der Make or Buy-Entscheidungen. VAHRENKAMP (2005) definiert den Unterschied weiterhin in der Weise, dass er Make or Buy-Entscheidungen auf Produkte bezieht und Outsourcing-Entscheidungen auf Dienstleistungen. BLIESENER (1994) spricht etwas offener von Leistungen bezogen auf ein Outsourcing.

In direktem Zusammenhang zur Frage des Make or Buy (zumindest nach dem klassischen Verständnis) steht die optimale Gestaltung der Fertigungstiefe. Weiterhin fallen in diesem Zusammenhang auch die Begriffe Betriebstiefe, Leistungstiefe, Wertschöpfung und vertikale Integration.

IHDE (1988) sieht bei Betrachtung der langfristigen Entscheidung zwischen Eigenerstellung und Fremdbezug durch das Ein- und Ausgliedern von betrieblichen Funktionen eine Veränderung der Betriebstiefe. Bei Annahme korrekter Vergleichsrechnungen wird die optimale Betriebstiefe erreicht. Er verwendet die Begriffe Betriebs-, Produktions- und Fertigungstiefe synonym im weiteren Verlauf seines Artikels.

WOLLSEIFFEN (1999) sieht darin Schwierigkeiten und verwendet den Begriff Fertigungstiefe, den sie zur Make or Buy-Thematik folgendermaßen abgrenzt: Eine Make or Buy-Entscheidung kann alle Leistungsarten eines Unternehmens betreffen, während eine Veränderung der Fertigungstiefe erzielt wird, wenn eine Leistung betrachtet wird, die den Gesamtfertigungsprozess betrifft.

PICOT (1991) verwendet den Begriff der Leistungstiefe und gibt diese als das Ausmaß an, in dem zu einem Unternehmen benachbarte Leistungsstufen im Unternehmen vorhanden sind. Er sieht Entscheidungen über die Leistungstiefe als Make or Buy- oder neuerdings Outsourcing-Entscheidungen.

Als Maß für die Leistungstiefe (aber auch die Fertigungstiefe) wird die Wertschöpfung gesehen. Ebenso wird die Wertschöpfungsquote (Wertschöpfung bezogen auf die Gesamtleistung) als Maß für die vertikale Integration verwendet. Wertschöpfung lässt sich allgemein definieren als Differenz aus abgegebenen Leistungen abzüglich der durch den betrachteten Betrieb zugekauften Leistungen.

Die vertikale Integration, die auch als Synonym für die Leistungstiefe gesehen wird, beschreibt die Verbindung von Aufgaben verschiedener Wertschöpfungsstufen im eigenen Unternehmen. Eine Vorwärts-Integration bezieht sich dabei auf Leistungen in Richtung Vertrieb/Kunde, eine Rückwärtsintegration in Richtung Lieferant.

4.1.3 Motive und Risiken des Outsourcing

Die Erforschung des Phänomens Outsourcing erfreut sich in den vergangenen Jahrzehnten reger Beliebtheit, wobei nach MATIASKE/MELLEWIGT (2002) die empirische Fundierung nicht zufrieden stellend erfolgt ist. Besonderes Augenmerk ist dabei immer auf die Motive und Risiken des Outsourcing gerichtet.

4.1.3.1 Motive des Outsourcing

Die Motive, die in der Literatur für das Outsourcing genannt werden, lassen sich untergliedern in strategische und operative Motive. Die Einordnung der Ziele über die verschiedenen Quellen hinweg ist keineswegs einheitlich. Für diese Darstellung soll ein Spektrum von eher operativen Zielen hin zu typischerweise strategischen Motiven aufgezeigt werden. BLIESENER (1994) sieht dabei den Zusammenhang zwischen Zielen und Outsourcing-Gegenstand folgendermaßen: Bei strategisch unbedeutenden Aufgaben spielen eher die operativen Motive eine Rolle, wohingegen bei strategisch wichtigen Leistungen die strategischen Argumente für ein Outsourcing sprechen.

Zu den operativen Zielen des Outsourcing zählen die Kosteneffekte, die in der Vergangenheit bis heute über viele Studien hinweg die größte Bedeutung haben. Folgende positive Kostenwirkungen können durch ein Outsourcing auftreten:

- Wettbewerbseffekte: Ein Unterschied zwischen der Leistungserstellung im eigenen Unternehmen und der durch einen Lieferanten erbrachten Leistung liegt im unterschiedlichen Wettbewerbsdruck. Die unternehmenseigene Abteilung hat die Sicherheit, die Leistungen im eigenen Unternehmen absetzen zu können, und so schleichen sich möglicherweise im Laufe der Zeit ineffizientes Arbeiten und zu hohe Kosten ein. Der Lieferant hat hier sein Kerngeschäft, was zu einer wettbewerbsbedingten Preisgestaltung führt, da er sich erfolgreich am Markt positionieren muss. Das auslagernde Unternehmen profitiert somit von den niedrigeren Kosten und/oder den qualitativ hochwertigeren Leistungen des Anbieters.
- Lohnkosteneffekte: Den Effekt der Ausnutzung von branchenmäßigen Lohnkostenunterschieden nennt man auch Branchenarbitrage. Hier kann das die Leistung erbringende Unternehmen niedrigere Kosten realisieren, da es mit einer niedrigeren Lohnstruktur arbeiten kann. Diese Kostenvorteile werden in Form der Preise an den Kunden weitergegeben, der diese Kosten aufgrund des höheren Lohngefüges nicht realisieren kann.
- Koordinations- und Kontrollkosten: Transaktionskosten fallen nicht nur für den Marktbezug an, sondern auch für die hierarchisch organisierte interne Leistungserstellung, denn auch in dieser wird arbeitsteilig gearbeitet. Relevant sind dann besonders die Kosten der Koordination und Kontrolle. Diese Kostengröße kann durch eine Outsourcing-Entscheidung deutlich reduziert werden, sofern die entsprechenden Kapazitäten abgebaut werden.
- Kostenreagibilität: Unter der Reagibilität von Kosten versteht man das Verhalten der Kosten bei Veränderung der Ausprägung einer Kosteneinflussgröße und unterscheidet diesbezüglich zwischen variablen und fixen Kosten. Variable Kosten sind von der jeweils betrachteten Einflussgröße abhängig, das heißt sie verändern sich bei deren Variation, fixe Kosten sind hingegen von der jeweiligen Einflussgröße unabhängig und bleiben deshalb bei deren Variation konstant. Erstellt ein Unternehmen seine Leistungen selber, so sind zunächst Investitionsausgaben notwendig und weiterhin müssen Betriebsmittel und menschliche Arbeitsleistung bereitgestellt werden, was besonders zu einer hohen Fixkostenbelastung führt. Durch ein Outsourcing kann die Variabilisierung von Fixkosten angestrebt werden.
- Kostentransparenz: Die eben beschriebenen hohen Fixkostenblöcke stellen auch gleichzeitig Gemeinkosten dar. Der Nachteil von Gemeinkosten ist, dass sie keiner Leistung direkt und eindeutig zugerechnet werden können. Daher führen hohe Gemeinkosten zu Problemen bei der Kostentransparenz der entsprechenden Bereiche. Durch ein Outsourcing werden die Leistungen und ihre Preise zu einem gewissen Maß transparent gemacht.

- Volumenabhängige Kostendegression: Die Economies of Scale zeigen klassischerweise einen Zusammenhang zwischen der Betriebsgröße in Form der Leistungsausbringung und den Herstellkosten pro Stück, indem diese eben durch steigende Ausbringungsmengen abnehmen. In der Interpretation für ein Outsourcing werden die Effekte auf das Volumen der durch den Zulieferer zusammengefassten Leistungen bezogen, da so die Betriebsgröße generiert wird. Durch hohe Stückzahlen können Lernprozesse realisiert werden; sie ermöglichen eine Senkung der Produktionskosten pro Stück.
- Synergieeffektbedingte Kostendegression: Durch das Zusammenfassen der Aufträge verschiedener Kunden treten für den Lieferanten Synergien auf. Diese Synergien bedeuten, dass die Kosten unter Zusammenfassung der unterschiedlichen Leistungen niedriger sind, als wenn die Leistungen einzeln (bei den Kunden) erstellt und die Kosten aufsummiert würden. Hier handelt es sich also um Economies of Scope.
- Auslastungsabhängige Kostendegression: Durch hohe Leistungsmengen erfolgt eine sogenannte Fixkostendegression. Werden die (fixen) Gesamtkosten der Kapazitäten auf eine große Stückzahl verteilt, so liegen die Stückkosten niedriger als bei einer kleineren Stückzahl. Eine gleichbleibend optimale (hohe) Auslastung führt somit zu gleichbleibend niedrigen Stückkosten. Diese ist aber für ein Unternehmen schwer zu realisieren, und so werden tendenziell zu große Kapazitäten bereitgehalten.

Noch zu den operativen Zielen zählend, allerdings auch mit einer langfristigeren Ausrichtung, lassen sich die qualitativen Ziele bzw. die Ziele der Leistungsverbesserung abgrenzen. Es wird versucht, die spezialisierten Fähigkeiten des Unternehmens zu nutzen, welches die Leistung erbringen soll. Zu nennen sind hier bei materiellen Leistungen Vorteile in Bezug auf das Produkt- oder Produktions-Know-how oder den Einsatz geeigneter Werkstoffe sowie bei immateriellen Leistungen die spezifischen Fähigkeiten sowie Know-how und Erfahrung der Fachkräfte. Über diese – nun auf die Leistungserstellung ausgerichteten – Vorzüge soll die Verbesserung der Qualität erreicht werden. Da der Lieferant auf seinem Gebiet spezialisiert ist, wird er innovative Lösungen anbieten können, die das auslagernde Unternehmen kaum realisieren kann. Außerdem kann er durch seinen Fokus auf die Leistung und die Bündelung der Nachfrage Standards setzen, von denen die Kunden profitieren. Weiterhin in diesen Zusammenhang einordnen lässt sich das Ziel der externen Kapazitätsausnutzung, da die Bereitstellung der Kapazitäten im eigenen Unternehmen aufgrund schwankender Nachfragen nach der speziellen Leistung schwierig zu planen ist und zu einer Kapitalbindung in weniger wichtigen Bereichen führt.

Ein weiteres, häufig genanntes Motiv ist das der angestrebten Risikoverlagerung auf den Auftragnehmer. Dieses Motiv wird in der Literatur nicht einheitlich als operativ oder strategisch eingeordnet. Der Wunsch des auslagernden Unternehmens ist es, Verantwortung im Zusammenhang mit den betrachteten Leistungen an den Lieferanten abzugeben, denn auch Leistungsausfälle bei als weniger wichtig angesehenen Leistungsarten können zu einem Schaden für das Unternehmen führen. Zu den Risiken zählen der Bedarf an finanziellen Mitteln zur (Re-)Investition, eine schwankende Nachfrage, Ausfälle bei der Leistungserstellung, notwendige

Nacharbeiten bei mangelnder Qualität, eine nachträgliche Änderung der Leistungsanforderungen, Schwierigkeiten bei der Lieferung oder Preissteigerungen von Vorprodukten. Wichtig für das auslagernde Unternehmen ist nun eine umsichtige Vertragsgestaltung, damit der Umgang mit den geschilderten Fällen zwischen den Parteien geklärt ist. Eine derartige Risikoverlagerung funktioniert allerdings nur bedingt, denn wenn der Lieferant das gesamte Risiko allein trägt und daher (finanzielle) Probleme bekommt, ist – je nach Bedeutung der zugekauften Leistung für das Endprodukt – auch das auslagernde Unternehmen in Schwierigkeiten und wird möglicherweise (finanzielle) Unterstützung leisten müssen. Grundsätzlich ist es ohnehin für das (wahrscheinlich) größere Abnehmer-Unternehmen einfacher, Risiko zu tragen, als für einen kleinen Zulieferer. McMillan (1990) schlägt daher ein Vorgehen vor, bei dem ein Teil des Risikos an den Abnehmer zurückgegeben und dafür der Preis, den der Zulieferer erhält, ein wenig gesenkt wird.

Ein weiterer Vorteil, der für das auslagernde Unternehmen zu sehen ist, ist eine Erhöhung der Flexibilität, also eine schnellere Reaktion auf Veränderungen der Umwelt. Zunächst bietet sich der Vorteil dadurch, dass das zuliefernde Unternehmen klassischerweise kleiner ist und daher flexibler in den Entscheidungsstrukturen. Zudem gelingt ihm durch die Fokussierung auf die entsprechende Leistung möglicherweise ein zeitlicher Vorteil in der Entwicklung und/oder Bereitstellung der Leistungen. Der Auftraggeber profitiert also von der Flexibilität des Auftragnehmers in Bezug auf dessen Leistungserstellung. Weiterhin wird er dadurch flexibel, dass er die Leistungen über den Markt bezieht und somit nach Vertragsende die Leistung in anderer Form von einer anderen Stelle beziehen kann, ohne im eigenen Unternehmen Anpassungen vornehmen zu müssen. Diese Möglichkeiten werden durch die Gestalt der Leistung und der Verträge mit dem Auftragnehmer beeinflusst.

Als typischerweise strategisches Ziel wird eine Konzentration auf die Kernkompetenzen genannt. Durch eine Analyse der Aktivitäten werden die Randaktivitäten der Unternehmung bestimmt. Werden diese an andere Unternehmen vergeben, so sind die Ressourcen frei für die Aktivitäten des Unternehmens, in denen besondere Fähigkeiten liegen (siehe auch Abschn. 4.2.2.2). Durch die Konzentration auf das Kerngeschäft wird weiterhin eine Reduzierung von Komplexität erreicht, die sich im Rahmen eines Wachstums der Unternehmen häufig ergeben hat.

Als einen abschließend aufgeführten Vorteil der Beschäftigung mit dem Thema Outsourcing, der jedoch nicht zu den originären Motiven zu zählen ist, sondern eher als Nebeneffekt bezeichnet wird, ist Folgendes zu nennen: Im eigenen Unternehmen findet eine intensive Beschäftigung mit den Stärken und Schwächen statt, die zu einer Neuausrichtung und Anpassung der Unternehmensvorgänge an veränderte Rahmenbedingungen führt. Hierin ist einer der Erfolgsfaktoren im Zusammenhang mit dem Outsourcing zu sehen.

4.1.3.2 Risiken des Outsourcing

Ein verstärkt betriebenes Outsourcing birgt auch Risiken. Diese schwanken in ihrer Ausprägung je nach Bedeutung und Umfang der fremd vergebenen Leistung. Für einfache Standardleistungen ist ein Großteil der Risiken von geringerer Bedeutung, da das zuliefernde Unternehmen schnell gewechselt werden kann. Im Folgenden soll wieder nach einer Reihenfolge von eher operativen bis hin zu strategischen Risiken vorgegangen werden.

Das als erstes genannte Potenzial – also die Kostenvorteile – ist auch das erste Risiko. Die Durchführung eines Outsourcing kann eine Steigerung der Gesamtkosten im Vergleich zur vorherigen Situation unter Eigenerstellung hervorrufen. Folgende Kostengrößen können durch ein Outsourcing steigen:

- Transaktionskosten: Wie oben gesagt, fallen Transaktionskosten an, wenn Leistungen arbeitsteilig erstellt und ausgetauscht werden. Ihre Elemente wurden bereits in Abschn. 3.3.2 aufgeführt. Die Analyse in Abschn. 4.2.2.3 wird zeigen, wie sie sich in Abhängigkeit verschiedener Faktoren verhalten.
- Kosten der Umstrukturierung: Werden Leistungen, die vorher im eigenen Unternehmen erstellt wurden, nun von einem Lieferanten zugekauft, so werden in dem auslagernden Unternehmen Umstrukturierungsmaßnahmen notwendig, die – einmalig – mit Kosten verbunden sind.
- Investitionskosten: Übernimmt ein Lieferant Aufträge verschiedener Kunden, so sind irgendwann seine Kapazitäten erschöpft, und er kann nur durch geeignete Investitionen seine Leistungsfähigkeit ausweiten. Hier fallen also – einmalige – Kosten an, die sich erhöhend auf die Erstellungskosten des Lieferanten auswirken.
- Koordinationskosten (interne Transaktionskosten): Es kann davon ausgegangen werden, dass auch beim Lieferanten Koordinations- und Kontrollkosten mit steigendem Auftragsvolumen verstärkt auftreten. An dieser Stelle ist also eine Kostensteigerung durch die mit dem Outsourcing verbundene Auftragsaggregation beim Lieferanten zu verzeichnen, die eben mit seinem Wachstum der Betriebsgröße zusammenhängt.

Diese negativen Kostenwirkungen sollten im Rahmen eines erfolgreich durchgeführten Outsourcing-Projektes beachtet werden. Jedoch gestaltet sich die genaue Abschätzung sowohl der positiven als auch der negativen Kostenwirkungen schwierig.

Aufgrund einer mangelhaften kostenrechnerischen Basis kann es zu einer Fehleinschätzung der eigenen Kosten kommen; so werden die Kosten der Eigenerstellung der Leistung häufig überschätzt. Weiterhin können die erwünschten Einsparungspotenziale nur realisiert werden, wenn die entsprechenden Kapazitäten auch in dem Maße abgebaut werden (können) oder zumindest anderweitig eingesetzt und verrechnet werden, in dem sie durch das Outsourcing freigestellt werden. Außerdem betonen REICHMANN/PALLOCKS (1995), dass auch nur dort Kosteneinsparpotenzial gesehen werden darf, wo eine Abbaubarkeit der Kostengrößen überhaupt möglich ist.

Neben der Problematik der richtigen Erfassung der Kosten vor einem Outsourcing liegt ein weiteres Risiko in der falschen Vorhersage der Kosten des Fremdbezugs. So sind die im Zusammenhang mit dem Fremdbezug auftretenden Kosten nur sehr schwer vorher abzuschätzen und führen schnell zu einem Aufzehren der

4.1 Grundlagen des Outsourcing

tatsächlichen Kosteneinsparung im Bereich der reinen Faktorkosten. Außerdem besteht die Gefahr nachträglicher Preiserhöhungen seitens des Lieferanten.

Dem Motiv der Leistungssteigerung muss nach MELLEWIGT (2007) auch das Risiko einer Leistungsverschlechterung gegenübergestellt werden. Es besteht die Gefahr, dass die Qualität der Leistung nicht eingehalten wird, beispielsweise durch eine schlechte Kommunikation der Unternehmen untereinander oder eine versuchte Standardisierung zur Realisierung von Kostenvorteilen des liefernden Unternehmens. Auch wenn diese Fälle vertraglich geregelt sind, muss bei einem finanziell angeschlagenen Lieferanten – wie bereits angesprochen – das auslagernde Unternehmen möglicherweise aushelfen. Ebenso wie auf der einen Seite Know-how eingekauft wird, besteht auf der anderen Seite die Gefahr, dass Wissen aus dem Unternehmen abfließt, da die Erstellung der Leistung nun (ausschließlich) beim Lieferanten durchgeführt wird. Werden Mitarbeiter entlassen, die vorher mit den Aufgaben betraut waren, so verlässt mit diesen auch das Know-how das Unternehmen. Weiterhin müssen für die Leistungserstellung wichtige und möglicherweise vertrauliche Informationen an den Zulieferer übertragen werden, die das Unternehmen somit ebenfalls verliert.

In diesem Zusammenhang fügt sich nahtlos das häufig angeführte Risiko einer Abhängigkeit vom Zulieferer an. Je mehr spezielles Wissen dabei eine Rolle spielt, desto höher ist das Abhängigkeitspotenzial einer Leistung. Häufig ist es – zumindest kurz- bis mittelfristig – nicht oder nur unter Verlust möglich, eine fremd vergebene Leistung wieder ins eigene Unternehmen zurück zu holen.

Sicherlich nicht zu unterschätzen ist in diesem Zusammenhang die emotionale Komponente, die mit dem Verlust des Einflusses auf die betrachteten Aufgaben und der möglichen Abhängigkeit vom Zulieferer zusammenhängt. Diese mag zu einer Überbewertung der Risiken und einer Entscheidung gegen das Outsourcing führen. Auf jeden Fall aber verursacht sie eine Demotivation des Personals, das einer erfolgreich funktionierenden Outsourcing-Beziehung zu dem neuen Partner Steine in den Weg legen kann. Ohnehin sind Outsourcing-Entscheidungen häufig mit Entlassungen verbunden und wirken somit schlecht auf das Unternehmensklima.

Schließlich am strategischen Ende des Spektrums der Risiken findet sich das Risiko, Leistungen fremd vergeben werden, in denen Potenziale liegen, während Standardteile weiterhin im eigenen Unternehmen erstellt werden. Aber auch bei einer Berücksichtigung der Kernkompetenzen kann es dazu kommen, eben diese Kernkompetenzen falsch einzuschätzen und Leistungen fremd zu vergeben, die zu den Stärken des Unternehmens zählen. Damit würden Wettbewerbsvorteile verloren gehen.

Neben der Gefahr, die falschen Leistungen zu vergeben, besteht das Risiko, den falschen Partner zu wählen, der sich beispielsweise durch schlechte Leistungsfähigkeit oder opportunistisches Verhalten auszeichnet. Bezogen auf ein Offshoring können auch kulturelle und geographische Unterschiede zwischen den Unternehmen eine Rolle spielen.

Ein schlecht gelaufenes Outsourcing-Projekt kann laut MELLEWIGT (2007) neben den direkten finanziellen Folgen auch einen Imageverlust für das auslagernde Unternehmen nach sich ziehen.

4.1.4 Prozess des Outsourcing

Bei der Durchführung von Outsourcing-Projekten, in deren Rahmen schließlich auch die Outsourcing-Entscheidung gefällt wird, sind in der Praxis vielfältige Überlegungen, Entscheidungen und Maßnahmen zu treffen. Daher ist es sinnvoll, sich zunächst die Schritte anzuschauen, die zu absolvieren sind, um den Vorgang der Entscheidung in einen Gesamtzusammenhang zu betten.

Zum Ablauf des Outsourcing-Prozesses finden sich verschiedene Quellen, die teilweise unterschiedliche Schwerpunktsetzungen und Einteilungen vornehmen. Eine mögliche Vorgehensweise ist die nach der zeitlichen Abfolge eines Projektes, wobei nach BENSCH (2005) und GUDEHUS (2005) folgende Schritte zu unterscheiden wären:

1. Vorbereitung der Ausschreibung: Hier wird zunächst die Ausschreibungsstrategie festgelegt, also auf wie viele Lieferanten die betrachteten Leistungen verteilt werden sollen. Für die Ausschreibung werden die Planungsgrundlagen zusammengestellt.
2. Bietervorauswahl: Anhand geeigneter Auswahlkriterien werden die anzufragenden Lieferanten ausgewählt. Zur Auswahl können interne und externe Quellen verwendet werden.
3. Zusammenstellen der Ausschreibungsunterlagen: Die Unterlagen sollten umfangreich und gut strukturiert sein und sind von den angefragten Lieferanten vertraulich zu behandeln. Detaillierte Ausschreibungsunterlagen gewährleisten eine seriöse Kalkulation der Lieferanten. Weiterhin werden in dieser Phase die Kosten der Eigenerstellung für die Make or Buy-Entscheidung ermittelt. Diese Kosten gelten zumindest als Benchmark für die Angebote.
4. Angebotsauswertung: In dieser Phase findet eine Bieterbetreuung statt, und die abgegebenen Angebote werden nach qualitativen und quantitativen Kriterien ausgewertet. Die Kalkulationen werden mit der Benchmark-Kalkulation verglichen. BLIESENER (1994) schlägt dazu drei Näherungslösungen vor: Die fixen Kosten werden entweder gar nicht einbezogen oder durch die doppelten variablen Kosten oder die Herstellungskosten abgeschätzt.
5. Bieterverhandlung: Mit einer reduzierten Anzahl an Bietern werden Verhandlungen durchgeführt. Sofern ein Bieter die qualitativen Anforderungen erfüllt und außerdem die Make or Buy-Kalkulation für ihn spricht, kann eine Absichtserklärung (Letter of Intent) oder ein Vorvertrag angefertigt werden.
6. Realisierung: In dieser Phase wird nun das umfangreiche Vertragswerk erarbeitet und implementiert.

GUDEHUS (2005) rechnet für die Schritte von der Bietervorauswahl (Schritt 2) bis zur Vertragsunterzeichnung (Schritt 6) mit einem Zeitrahmen von 10 bis 12 Wochen für Einzel- und Verbundausschreibungen und 20 bis 30 Wochen für Systemausschreibungen.

Bei dem aufgezeigten Vorgehen handelt es sich um eine projektbezogene Vorgehensweise, die sich besonders auf die operative Gestaltungsebene konzentriert und strategische Überlegungen mehr oder weniger ausblendet.

4.1 Grundlagen des Outsourcing

HOLLEKAMP (2005) beschreibt ein erweitertes Phasen-Modell, das diese strategischen Überlegungen beinhaltet. Der Autor leitet aus den Erkenntnissen der Literatur zur Strategieplanung den Prozess von der Entscheidung über die Planung bis hin zur Umsetzung und Kontrolle des Outsourcing her, der in vier Phasen strukturiert wird. Auf der Grundlage seines Modells und unter Ergänzung der notwendigen operativen Aufgaben zeigt Abb. 4.2 ein Outsourcing-Phasenmodell.

Die zentrale Frage der Strategiephase ist, ob eine betriebliche Leistung extern bezogen oder selbst erstellt werden soll. Mit der strategischen Entscheidung über das Outsourcing werden die Outsourcing-Strategie, abhängig von den Zielen, die mit dem Outsourcing verfolgt werden, sowie der Grad des Outsourcing bestimmt. Nachdem also die Ziele festgelegt und dafür in Frage kommende Aufgabenpakete identifiziert worden sind, wird über das Ausmaß des Outsourcing sowie über die Ausgestaltung der mit dem Outsourcing verfolgten Strategie entschieden. An diesen Entscheidungen sind in jedem Fall funktionsübergreifende Teams zu beteiligen, je nach Bedeutung der Funktion ist gar die Unternehmensleitung hinzu zu ziehen.

In der Auswahlphase wird ein geeigneter Wertschöpfungspartner für das Outsourcing-Projekt gesucht. Die Auswahl eines passenden Partners ist entscheidend für den Erfolg einer Outsourcing-Maßnahme und eine besonders kritische Phase für ein Outsourcing-Projekt, denn die Suche und Auswahl der Partner bringen Schwierigkeiten mit sich. BRUCH (1998) nennt generelle Erfahrungsdefizite und Unsicherheiten bezüglich des Anforderungsprofils, der Unübersichtlichkeit des Anbietermarktes, der Voraussage der Leistungspotenziale der Anbieter sowie eines strukturierten Auswahlprozesses als erschwerende Faktoren der Partnerauswahl.

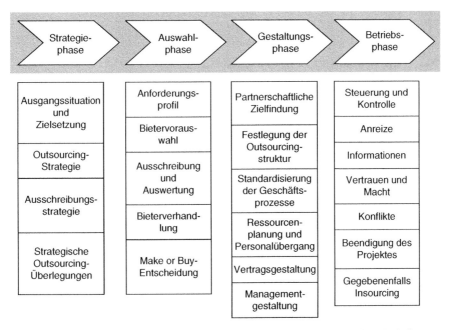

Abb. 4.2 Outsourcing-Prozess unter Berücksichtigung strategischer und operativer Aufgaben

Wesentliche Schritte zur Identifikation eines geeigneten Partners sind die Analyse des Anforderungsprofils sowie die Evaluierung der potenziellen Anbieter. Fachleute und Spezialisten können bei der Suche nach Lieferanten helfen. Im Rahmen dieser Phase wird schließlich auf Basis der qualitativen und besonders der kostenmäßigen Überlegungen die Make or Buy-Entscheidung getroffen. Sollte kein geeigneter Kandidat gefunden werden, der die Anforderungen erfüllt, so wird hier (zunächst) das Outsourcing-Projekt abgebrochen und weiterhin Eigenerstellung betrieben.

Die Gestaltungsphase beschreibt die Zusammenarbeit des auslagernden Unternehmens mit dem zukünftigen Lieferanten. Die Verhandlungen und die Vertragsgestaltung mit dem Partner stehen besonders im Vordergrund. Ziel der Gestaltungsphase ist die praktische Umsetzung der Outsourcing-Strategie gemeinsam mit dem gewählten Partner.

Inhalt der letzten Phase, der Betriebsphase, ist der eigentliche Leistungsaustausch zwischen auslagerndem Unternehmen und Lieferant. Der Erfolg dieser Phase bestimmt die Erfüllung der Ziele des gesamten Outsourcing-Projektes, denn im Falle des ausbleibenden Erfolges kann mit einer Beendigung der Partnerschaft und – sofern kein geeigneter neuer Partner gefunden wird – einem Insourcing abgeschlossen werden. Die Planung, Steuerung und Kontrolle der externen Leistungserbringung im Rahmen einer sich entwickelnden Partnerschaft sind eine schwierige Aufgabe und basieren auch auf der Grundsteinlegung der Beziehungsparameter durch die vorherigen Phasen. Für die Betriebsphase von kooperativen Partnerschaften stehen unterschiedliche formale und informale Steuerungsmechanismen zur Verfügung, also Planungs- und Kontrollinstrumente einerseits sowie ungeschriebene Verhaltensregeln, die das Gelingen der Partnerschaft gewährleisten, andererseits. In der Betriebsphase wird klar, ob alle Erfolgsfaktoren berücksichtigt wurden.

4.2 Entscheidung zum Outsourcing

4.2.1 Operative Sichtweise

4.2.1.1 Grundlagen einer Kostenvergleichsrechnung

Die operative Methode zur Entscheidung zwischen Eigenerstellung und Fremdbezug wird auf Basis von Kostenvergleichen durchgeführt. Häufig besteht die operative Entscheidung nicht nur aus dem reinen Kostenvergleich, sondern es ist zusätzlich noch notwendig, nicht quantifizierbare Größen in den endgültigen Entscheidungsprozess einzubeziehen, da es nicht möglich ist, alle als relevant angesehenen Einflussfaktoren kostenmäßig zu erfassen. Mögliche (operative) Instrumente für einen qualitativen Vergleich der Optionen Eigenerstellung und Fremdbezug sind Argumentenbilanzen, Stärken-Schwächen-Profile und Nutzwertanalysen. Erfolgsfaktoren wie die Innovationsfähigkeit, die Kooperationsbereitschaft und das Know-how des Lieferanten können bei keiner eindeutigen Entscheidung auf Basis der Kosten bei einer Wahl zwischen verschiedenen

4.2 Entscheidung zum Outsourcing

potenziellen Lieferanten zu Rate gezogen werden und sind beispielsweise im Rahmen eines Lieferanten-Scoring-Modells erfassbar.

Die vorangegangene Betrachtung der Chancen und Risiken, die einem Outsourcing zugeschrieben werden können, hat gezeigt, dass in Bezug auf die Kostenaspekte sowohl das größte Potenzial als auch die höchsten Risiken gesehen werden. Die Möglichkeit, über die Kostenaspekte zu einer Outsourcing-Entscheidung zu kommen, bietet sich durch die Durchführung einer Kostenvergleichsrechnung.

Im Rahmen einer Kostenvergleichsrechnung wird eine quantitative Wirtschaftlichkeitsanalyse durchgeführt. Es muss für den Einsatz der Kostenvergleichsrechnung davon ausgegangen werden, dass eine Vergleichbarkeit der Leistungen rein über die Kosten möglich ist. Zu diesem Zweck wird hier gefordert, dass es unter den Bedingungen des Fremdbezugs realisierbar ist, ein qualitativ gleichwertiges Leistungsniveau zu erreichen wie bei Eigenfertigung. Daraus folgt dann die Annahme der fixen Erlöse für alle Handlungsalternativen, wodurch der Weg über die Kosten genügt, um die jeweilige Zielerreichung der Alternative zum Gesamtziel der Gewinnmaximierung anzugeben. Auf dieser Basis ist es nun möglich, eine klare Vorteilhaftigkeit für eine der beiden Varianten zu ermitteln. Auch bei Kostengleichheit sollte eine der beiden Varianten gewählt werden, da eine Teilung des Auftrags keinen Vorteil bringt, sondern Koordinationskosten verursacht.

Bevor die Kostengrößen, die bei einer Make or Buy-Kalkulation zu berücksichtigen sind, aufgezählt werden können, muss geklärt werden, welche Kosten durch die entsprechenden Alternativen betroffen sind, denn nur diese Kosten sind als entscheidungsrelevant anzusehen. Entscheidungsrelevant sind die Kosteninformationen, die die erwarteten Kostenwirkungen zukünftiger Entscheidungsalternativen zutreffend wiedergeben. Wesentlich ist dabei, dass für die betrachtete Alternative die Kosten tatsächlich an- oder wegfallen, von ihr also beeinflusst werden. HUMMEL (1992) nennt auf Basis dieser obigen Ausführungen die vier Merkmale Zukunftsbezogenheit, Erwartungsbestimmtheit, Beeinflussbarkeit und Einzelzurechenbarkeit als zwingende Voraussetzung für die Entscheidungsrelevanz von Kosten.

Die Forderung nach der ersten Eigenschaft bezieht sich darauf, dass die Kosten zukünftig nach Treffen der Entscheidung für die entsprechende Alternative anfallen werden. Selbst wenn beispielsweise die Variante Eigenfertigung für die betrachtete Leistung bereits durchgeführt wurde, dürfen die historischen Kosten nur als Grundlage in die Prognose der zukünftigen Kosten eingehen. Es handelt sich also um erwartete Kosten, die als geplante Kosten in die Kalkulation eingehen. Um den Unsicherheiten, mit denen die Kostengrößen behaftet sind, begegnen zu können, ist es sinnvoll, die Entscheidungssituation zweimal durchzurechnen: einmal mit den Kostenwerten, die man bei ungünstigen zukünftigen Bedingungen erwarten würde, und einmal mit denen unter positiven Annahmen, um dann einen realistischen Streubereich zu erhalten. Wichtig ist weiterhin, dass die Kosten auch tatsächlich noch durch die Handlungsalternative beeinflusst werden können, denn (in der Vergangenheit) festgelegte Kosten können nicht als entscheidungsrelevant angesehen werden. Die Kosten dürfen also nur bei tatsächlicher Durchführung der Option anfallen; würde sie nicht durchgeführt, träten die Kosten ebenfalls nicht auf. Dieser Zusammenhang muss dann, wie bereits erwähnt, prognostiziert werden. Als letzte

Anforderung kommt hinzu, dass genau die Kostenanteile, die nur von der betrachteten Handlungsmöglichkeit verursacht werden, aus den jeweiligen aggregierten Kostengrößen herausgerechnet werden müssen.

MÄNNEL (1996) sieht als wesentliche Einflussfaktoren auf die Kosten, nach denen differenziert werden muss, die Beschäftigungslage des Unternehmens und die Fristigkeit der Entscheidung. Zuerst wird eine Unterscheidung nach der Beschäftigung, also nach den Situationen der Vollbeschäftigung und der Unterbeschäftigung, vorgenommen. In Abhängigkeit der Auslastung der Kapazitäten des vor der Make or Buy-Entscheidung stehenden Unternehmens sind unterschiedliche Überlegungen zu tätigen. Das zweite Kriterium zielt auf die Frage nach der Auf- oder Abbaubarkeit der Kapazitäten innerhalb des Betrachtungshorizonts. Bei einer sehr kurzfristigen Entscheidung wird es aufgrund von Vertragsbindungen nicht möglich sein, Kapazitäten abzubauen. Ebenso benötigt es eine gewisse Zeit, Kapazitäten aufzubauen. Dementsprechend sind auch nach dem Einflussfaktor Länge des Planungshorizonts verschiedene (Kosten-)Überlegungen anzustellen.

In Kosten ausgedrückt geht es bei der Abbaubarkeit von Kapazitäten um den Abbau von Fixkosten; also um die Fragen: Welche Kosten sind in welchem Zeitrahmen abbaubar? Welche Kosten sind im Planungszeitraum tatsächlich beeinflussbar und welche Kosten würden auch bei Fremdbezug weiterlaufen?

Ist der Horizont entsprechend kurz, so können keine Kapazitäten und dementsprechend keine Fixkosten abgebaut werden. Ist der Planungshorizont länger, so lassen sich Ressourcen abbauen bzw. Verträge kündigen und die zugehörigen Kosten sind nicht mehr als fix anzunehmen. Sie lassen sich mit der Änderung der Beschäftigung, über die im Rahmen der Entscheidung über das Outsourcing befunden wird, variieren.

4.2.1.2 Relevante Kostengrößen

Betrachtet werden folgende Kostengrößen:

- Eigenerstellungskosten,
- Fremdbezugskosten und
- Umstellungskosten.

Eigenerstellungskosten

Die Ermittlung der Eigenerstellungskosten erfolgt auf Basis der Kosten, die bei einer (Fortsetzung der) Erstellung der Leistungen im eigenen Unternehmen entstehen würden. Unterscheiden lassen sich die Eigenerstellungskosten in Bereitschaftskosten, Leistungskosten und Opportunitätskosten.

Hinter den Bereitschaftskosten stecken Kosten, die anfallen, um den zukünftigen Erwartungen an Aufträgen gerecht zu werden. Sie sind unabhängig von einer Veränderung der Beschäftigung und können dementsprechend nur langfristig mit dem Auf- oder Abbau von Betriebsbereitschaft und Kapazitäten – z. B. der Kündigung von Verträgen – variiert werden. Dieser Kostenblock ist daher nur in einem längerfristigen Zeitrahmen veränderbar und dementsprechend in der kurzfristigen

Betrachtung als fix anzusehen. Die Bereitschaftskosten variieren sprunghaft, da jeweils ganze Kapazitätseinheiten abgebaut werden. Zu den Bereitschaftskosten zählen Raumkosten, zeitbedingte Abschreibungen und Anlagenerhaltungskosten für Betriebsmittel sowie Arbeitslöhne, die ebenfalls kurzfristig als fix anzusehen sind. Zu berücksichtigen sind hier auch Bereitschaftskosten anderer Bereiche, die im Zusammenhang mit den erstellten Leistungen zu sehen sind.

Unter Leistungskosten werden die Kosten verstanden, die mit der kleinsten Veränderung des Beschäftigungsgrades variieren. Bei diesen Kosten handelt es sich um die variablen Kosten, die durch die Erstellung der Leistung direkt beeinflusst werden und lediglich von ihr abhängen. Daher entfallen sie bei der Variante Fremdbezug immer. Zu diesen Kosten zählen beispielsweise Aufwendungen für Materialien, Hilfsstoffe und Energien sowie Abschreibungen für allein gebrauchsbedingt verschleißende Betriebmittel und Kosten für Umrüsten, Reinigen und Anlauf.

Als dritter Block im Zusammenhang mit den Eigenerstellungskosten sind die Opportunitätskosten in manchen Entscheidungssituationen zu berücksichtigen. Hierbei handelt es sich um Kosten, die berücksichtigt werden müssen, wenn ein Engpassfaktor, also ein Faktor, der nicht in ausreichender Menge zur Verfügung steht, für eine Handlungsalternative verwendet wird. Sie sind für die Handlungsalternative anzusetzen, da sie und keine andere (nächstbeste) Alternative gewählt wurde. Das in die andere Alternative investierte Geld würde Gewinne bringen, die nun nicht realisiert werden können. Relevant sind hier die investitionsbedingten Opportunitätskosten. Diese fallen nach MÄNNEL (1996) auch an, wenn keine wirkliche Investition durchgeführt wird, sondern Kapazitäten aufgrund fortgesetzter Eigenfertigung nicht abgebaut werden. Eine nicht durchgeführte Desinvestition wird nämlich als Investition gesehen, da das Kapital weiterhin für die Eigenerstellung eingesetzt wird, bei einem Verfahrenswechsel allerdings freigesetzt werden könnte.

Fremdbezugskosten

Die Kosten des Fremdbezugs gelten gemeinhin als leicht zu ermitteln, da es sich hierbei im Wesentlichen um den Fremdbezugspreis handelt, den man aus den Angeboten der angefragten potenziellen Lieferanten ersehen kann. Im Rahmen der Angebotseinholung bei mindestens einem, aber besser mehreren möglichen Lieferanten, die in der Lage wären, die Leistungen zu erbringen, lässt sich einschätzen, wie hoch der Marktwert der Leistungen ist.

Als Grundlage für die Kalkulation ist dabei lediglich der Netto-Einkaufspreis abzüglich möglicher Rabatte, Skonti und weiterer Nachlässe anzusetzen. Einzurechnen sind die so genannten Bezugskosten, die aus Transport, Verpackung, Versicherung oder Zoll entstehen, sowie mögliche Nebenkosten durch die Bereitstellung von Ressourcen.

Zusätzlich zu diesen Kosten entstehen beim Kunden noch weitere Kosten, die besonders im Bereich des Einkaufs und der Materialwirtschaft zu finden sind, nämlich die Transaktionskosten. Diese Kosten des Marktbezugs fallen zu einem Großteil als Gemeinkosten bzw. fixe Kosten in den am Fremdbezug beteiligten Abteilungen an. Beispielsweise die Personalkosten der Mitarbeiter einer Einkaufabteilung, die bei Ausschreibung, Angebotseinholung, Verhandlung und Vertragsabschluss beteiligt sind, sind zu den Transaktionskosten zu zählen. In der Regel werden sogar noch weitere Abteilungen im Laufe des Beschaffungsprozesses hinzugezogen. Aus diesen Ausführungen erschließen sich die recht hohen Fixkostenanteile, die – wie bereits angesprochen – bei einer kurzfristigen Betrachtung aufgrund fehlender Abbaubarkeit keine Rolle spielen dürfen.

Umstellungskosten

Im Rahmen der angestellten Überlegungen wird die Outsourcing-Entscheidung in den Mittelpunkt gestellt, also der mögliche Wechsel von einer bestehenden Eigenerstellung zum Fremdbezug. In diesem Fall ist es naheliegend anzunehmen, dass im eigenen Unternehmen Kapazitäten vorübergehend oder dauerhaft abgebaut werden müssen, die zukünftig nicht mehr ausgelastet sind. So würden Stilllegungskosten verursacht, die für die Desinvestition anfallen, beispielsweise für Verschrottung oder Entsorgung. Andererseits können bestehende Kapazitäten anderweitig eingesetzt oder veräußert werden. Ein Verkauf kann an den Lieferanten stattfinden oder an einen Fremden. Im ersten Fall könnte eine Verrechnung mit den Fremdbezugskosten stattfinden, im zweiten Fall ein Erlös anfallen, der ebenfalls die Kosten der Variante Fremdbezug mindern würde.

Folgende Kosten können durch die beschriebene Umstellung von einer Eigenerstellung auf den Fremdbezug im eigenen Unternehmen anfallen:

- Kosten für die Anbahnung und Vereinbarung des Fremdbezugs (hier ist zu prüfen, inwiefern diese Kosten nicht bereits in den Transaktionskosten enthalten sind),
- Kosten für den Abbau von Kapazitäten (Stilllegung, Veräußerung),
- Kosten für die Freisetzung von Personal (möglich ist auch eine zumindest teilweise Übernahme durch den Lieferanten),
- Kosten für technische Anpassungen (durch den Verfahrenswechsel) und
- Kosten für Schulungsmaßnahmen (für einen reibungslosen Ablauf nach dem Verfahrenswechsel).

Kosten der Umstellung können auch für den Lieferanten anfallen, je nachdem welche Kapazitäten ihm bereits zur Verfügung stehen und welche er noch aufbauen muss; hauptsächlich wir es sich hier also um Investitionskosten handeln. Diese Kosten wird der Lieferant in die in seinem Angebot enthaltenen Preise einrechnen. Dadurch erfahren die Preise des Angebots eine entsprechende Erhöhung. Hier muss wieder gefordert werden, dass der Lieferant in seine Kalkulation nur entscheidungsrelevante Kosten aufnimmt und somit nur diese in die Fremdbezugskosten einfließen. Werden beispielsweise Kapazitäten für mehrere Kunden genutzt, so sind die Investitionskosten entsprechend aufzuteilen.

Die Kosten der Umstellung und besonders die Stilllegungskosten fallen in der Regel einmalig an. Es stellt sich die Frage, auf welchen Zeitraum bzw. welche Stückzahlen sie verteilt werden, da hiervon die Vorteilhaftigkeit der Varianten abhängt. Auf einen kurzen Zeitraum berechnet fallen sie stärker ins Gewicht, während aufgrund des Stückkosten-Degressionseffekts der Einfluss mit zunehmendem Betrachtungszeitraum bzw. steigenden Stückzahlen abnimmt.

4.2.1.3 Entscheidungssituationen

Um eine Kostenvergleichsrechnung durchführen zu können, müssen nun die jeweils relevanten Kosteninformationen zusammengestellt werden. Dabei leitet sich aus der jeweils vorliegenden Entscheidungssituation ab, welche Daten benötigt werden und wo ihre Ermittlung erfolgen sollte. Diese Übersicht ist in Abb. 4.3 veranschaulicht. Die linke Spalte beschreibt die dargestellten Entscheidungssituationen nach den in Anlehnung an MÄNNEL (1996) zu unterscheidenden Fällen Länge des Planungshorizontes (lang- und kurzfristig) und der Beschäftigungssituation des Unternehmens (Unterbeschäftigung und Vollbeschäftigung).

Außerdem sind in dieser Spalte für die Variante Eigenerstellung oder Fremdbezug die Leistungs- und Kapazitätsveränderungen aufgeführt. Die Leistungen und Kapazitäten des eigenen Unternehmens erfahren je nach Situation und Entscheidung für Eigenfertigung oder Fremdbezug eine Erhöhung (+), eine Verringerung (−) oder keine Veränderung (=).

Der zuerst betrachtete Fall ist der kurzfristige. Es wird nun davon ausgegangen, dass ein zusätzlicher Auftrag betrachtet wird, für den die Frage zwischen Eigenerstellung oder Fremdbezug zu klären ist. Die Frist, innerhalb derer der zusätzliche Auftrag zu erledigen ist, ist so klein, dass ein Abbau der für den Auftrag benötigten Kapazitäten des Unternehmens nicht möglich oder sinnvoll ist, zumal diese Kapazitäten zumindest teilweise für andere Aufträge eingeplant sind. Aufgrund dieser kurzen Frist sind nur die variablen Kosten relevant, die im Falle der Eigenerstellung zusätzlich anfallen bzw. bei dem Fremdbezug, also dem Wegfall der Eigenerstellung, nicht auftreten.

Die Situation der Unterbeschäftigung ist dadurch charakterisiert, dass die für die Erstellung der Leistung benötigten Kapazitäten nicht voll ausgelastet sind und der Auftrag noch bearbeitet werden könnte. Naheliegend – besonders aus Praxisüberlegungen heraus – wäre die Entscheidung für die Eigenerstellung, um die freien Kapazitäten auslasten zu können. In einem möglichen Angebot eines Fremdherstellers wären unter Umständen Fixkostenanteile enthalten, wodurch dieses Angebot zudem über den Kosten der Eigenerstellung liegen würde.

Denkbar ist auch die Situation, dass für die kurzfristig erhöhte Nachfrage nach einer bestimmten Leistung im eigenen Unternehmen keine oder zumindest nicht genügend Kapazitäten frei sind. Jegliche die Kapazität erhöhenden Maßnahmen, wie zusätzliche Schichten und Überstunden, sind bereits ausgeschöpft und aufgrund des kurzfristigen Zeithorizonts ist es nicht möglich, weitere Kapazitäten in einem voll einsatzfähigen Zustand zur Verfügung zu stellen. Hier sind durch Überprüfung der Engpassstellen die neuen und alten Aufträge anhand der engpassbezogenen Mehrkosten in eine geeignete Reihenfolge zu bringen. Dabei sind die Kapazitäten und Teilbarkeiten der Aufträge zu berücksichtigen. Eine sehr praxisnahe Lösung wäre, diese je nach Engpasslage aufwändigen Analysen gar nicht durchzuführen und die zusätzlichen Aufträge der Einfachheit halber direkt von einem Lieferanten zuzukaufen. So wird der bisher ermittelte optimale Plan nicht durchkreuzt.

Die langfristige Entscheidung über Eigenfertigung oder Fremdbezug lässt sich als Outsourcing-Entscheidung interpretieren. Für ein Outsourcing ist davon auszu-

Entscheidungssituation	Kostendaten	Entscheidung
Kurzfrist/Unterbeschäftigung Leistung im Unternehmen: *Eigen* +; *Fremd* = Kapazität im Unternehmen: *Eigen* =; *Fremd* =	*Eigen*: Leistungskosten *Fremd*: Netto-Verkaufspreis, Bezugskosten $\Rightarrow$ nur variable Kosten	Tendenz in Richtung Eigenfertigung der zusätzlichen Leistung
Kurzfrist/Vollbeschäftigung Leistung im Unternehmen: *Eigen* =, *Fremd* = Kapazität im Unternehmen: *Eigen* =; *Fremd* =	*Eigen*: Leistungskosten *Fremd*: Netto-Verkaufspreis, Bezugskosten $\Rightarrow$ nur variable Kosten	Tendenz in Richtung Fremdbezug der zusätzlichen Leistung
Langfrist/Unterbeschäftigung Leistung im Unternehmen: *Eigen* +; *Fremd* − Kapazität im Unternehmen: *Eigen* =; *Fremd* −	*Eigen*: Leistungskosten, abbaufähige Bereitschaftskosten, investitionsbedingte Opportunitätskosten *Fremd*: Netto-Verkaufspreis, Bezugskosten, Transaktionskosten, Umstellungskosten	Keine Tendenzaussage möglich $\Rightarrow$ exakter Kostenvergleich und strategische Fundierung notwendig
Langfrist/Vollbeschäftigung Leistung im Unternehmen: *Eigen* +; *Fremd* − Kapazität im Unternehmen: *Eigen* +; *Fremd* −	*Eigen*: Leistungskosten, abbaufähige Bereitschaftskosten, investitionsbedingte Opportunitätskosten (echte) *Fremd*: Netto-Verkaufspreis, Bezugskosten, Transaktionskosten, Umstellungskosten	Keine Tendenzaussage möglich $\Rightarrow$ exakter Kostenvergleich und strategische Fundierung notwendig

Abb. 4.3 Zusammenfassung der Entscheidungssituationen, Kostendaten und Entscheidungstendenz

gehen, dass lediglich Leistungen zur Betrachtung stehen, die bereits im Unternehmen erbracht werden und zu denen bereits Kapazitäten im Unternehmen vorhanden sind. Weiterhin geht es um eine langfristige Entscheidung, wodurch die Möglichkeit der Veränderbarkeit der Kapazitäten gegeben ist. Diese erfordert nun neben den variablen Kosten die Berücksichtigung von den im Planungszeitraum abbaufähigen fixen Kosten und von Daten zur Des-/Investition in der Vergleichsrechnung. Die Ermittlung der Investitions- und Kostendaten wird dadurch erleichtert, dass nicht völlig unbekannte Situationen kalkuliert werden müssen, und es kann – im Idealfall – auf bestehende Daten oder zumindest Erfahrungswerte zurückgegriffen werden.

Der Fall der Unterbeschäftigung geht nun für die Eigenerstellung mit einer gleichbleibenden Kapazität und im Fall des Fremdbezugs mit einem Kapazitätsabbau im eigenen Unternehmen einher. Eine Aussage für eine Tendenz der Entscheidung ist in diesem Fall nicht so einfach möglich. Je nachdem, ob für den Lieferanten Investitionen notwendig werden, wird er diese auf den Bezugspreis umlegen, wodurch die Fremdbezugskosten sehr hoch werden können. Dann wäre vorstellbar, dass eine Entscheidung auf Basis der Kostenwerte zugunsten der Fortführung der Erstellung der betrachteten Leistungen im eigenen Unternehmen sprechen würde. Dies wird besonders der Fall sein, wenn die Werte der eingesetzten Betriebsmittel – ausgedrückt durch mögliche Liquidationserlöse – sehr gering sind, da dann auf Seite der Eigenerstellung nur noch die Leistungskosten und abbaubaren Bereitschaftskosten ins Gewicht fallen. Allerdings sind bei alten Betriebsmitteln die Betriebs- und Reparaturkosten hoch, wodurch die Eigenerstellungskosten wiederum schnell steigen können. Wird nun ein Lieferant ausgewählt, der die entsprechenden Investitionen bereits getätigt hat oder sie auf viele Kunden umlegen kann und die im Rahmen der Motive aufgezeigten Kostenvorteile realisieren kann, so wird die Variante des längerfristigen Fremdbezugs – also des Outsourcing – der betrachteten Leistungen über kurz oder lang im Vorteil sein.

Die Vollbeschäftigung wirkt sich so aus, dass im Fall der Eigenerstellung Kapazitäten auf- und bei Fremdvergabe abgebaut werden müssen. Die Argumentationskette für eine Aussage über die Vorteilhaftigkeit einer der beiden Varianten lässt sich hier ähnlich führen wie die bei Unterbeschäftigung und bei der langen Frist, wobei zusätzlich noch die Belastungen der notwendigen Investitionen in Betracht zu ziehen sind. Außerdem schreckt das Unternehmen möglicherweise vor der Einstellung neuer Mitarbeiter zurück, da in Zeiten der Voll- oder Überbeschäftigung Arbeitskräfte rar und somit die Lohnvorstellungen überdurchschnittlich sind. Das kann bei einem Eingehen auf diese Bedingungen zu einer Lohnsteigerung der gesamten Belegschaft führen. Diese Situation der allgemeinen Vollbeschäftigung könnte jedoch auch die Position und des Lieferanten stärken und gleichzeitig seine Preise steigen lassen.

Zusammenfassend lässt sich festhalten, dass die langfristige Entscheidung der des Outsourcing entsprechen kann. Aufgrund der verschiedenen und komplexen Kostenwirkungen lässt sich hier keine Tendenzaussage für eine Entscheidung treffen. Da es sich beim Outsourcing jedoch um eine mit langfristig organisatorischen und strategischen Wirkungen verbundene Entscheidung handelt, sollten hier weitere Aspekte berücksichtigt werden als die rein operativen Kostenbetrachtungen. Eine derartige Fundierung leisten die in Abschn. 4.3 vorgestellten Theorien.

4.2.1.4 Verfahrenswahlanalytische Darstellung der kostenbasierten Entscheidung

Für den Produktionsbereich von Unternehmen beschreibt z. B. FANDEL (2005) die Entscheidung für eine technische Möglichkeit der Faktorkombination zur Herstellung der Produkte mittels der Verfahrenswahl. Dabei ist es so, dass Anlagen, die zur Herstellung einer geringeren Stückzahl vorgesehen sind, niedrigere Anschaffungskosten aber höhere Produktionskosten pro Stück verursachen als Anlagen, die für höhere Leistungsmengen vorgesehen sind. Solche Anlagen zeichnen sich durch höhere Anschaffungskosten und dafür niedrigere Produktionskosten pro Leistungseinheit aus. Anhand des Entscheidungskriteriums der Gesamt- oder Stückkosten wird nun die kritische Menge ermittelt, also die Menge, ab der sich ein Übergang von einer Anlage hin zu einem anderen Produktionsverfahren lohnt. So kann in Abhängigkeit der zu produzierenden Menge die kostenmäßige Vorteilhaftigkeit der Produktionsverfahren bestimmt werden.

Dieses Vorgehen kann gut auf die vorliegende Situation der Entscheidung eines Unternehmens über ein Outsourcing übertragen werden. Die beiden Verfahren Eigenerstellung und Fremderstellung der betrachteten Leistung weisen ebenfalls unterschiedliche Kostenstrukturen auf, die nun kurz zusammengefasst werden sollen:

- Kosten der Eigenfertigung (K_E): Die Erstellung der Leistungen im eigenen Unternehmen ist mit einem hohen Fixkostenanteil durch die eigenen Mitarbeiter und Kapazitäten verbunden. Zusätzlich fallen variable Kosten wie beispielsweise für Energie und Kraftstoff an.
- Kosten des Fremdbezugs (K_F): Für das Unternehmen, das die Leistung fremd bezieht, macht sich hier die oben beschriebene Wirkung der Variabilisierung der Kosten bemerkbar. Möglicherweise wird – aufgrund von Vereinbarungen – ein kleiner Teil als fixe Kosten an den Lieferanten entlohnt, und es fallen weiterhin fixe Transaktionskosten des Bezugs der Leistungen an. Die Fixkosten sind aber insgesamt niedriger als bei der Eigenerstellung. In dem an den Lieferanten zu zahlenden Preis sollten alle Kosten enthalten sein, die dieser zu decken hat. Daher sind die sich daraus ergebenden variablen Kosten höher als die bei Eigenerstellung.

Die Abb. 4.4 zeigt die beiden Gesamtkostenfunktionen sowie die beiden Stückkostenkurven, anhand derer die Argumentation geführt wird. Der Vergleich der Stückkostenkurven von Eigenerstellung und Fremdbezug zeigt nun die Vorteilhaftigkeit zwischen Eigenerstellung und Fremdbezug der Leistungen: Für kleine Leistungsmengen $x<x_0$ bietet es sich aus dem Motiv der Minimierung der Stückkosten für das Unternehmen an, die Leistungen fremd zu beziehen. Der Schnittpunkt der Kostenfunktionen bzw. die kritische Menge x_0 zeigt den stückkostenminimalen Übergang von Fremderstellung auf Eigenerstellung. Erst oberhalb dieser kritischen Menge lohnt sich die Selbsterstellung der Leistungen.

Es ist nun leicht vorstellbar, dass ein Unternehmen, das nur seine eigenen Leistungen erbringt, die kritische Leistungsmenge nicht erreicht, ab der sich die Eigenerstellung lohnen würde. Ist jedoch die Leistungsmenge sehr hoch, so würde es sich lohnen, über eigene Kapazitäten die Leistungen in eigener Hand zu erbringen.

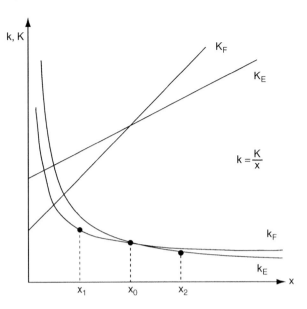

Abb. 4.4 Verfahrensvergleich zwischen Eigenerstellung und Fremdbezug

4.2.2 Strategische Sichtweise

4.2.2.1 Marktorientierter Ansatz

Aus strategischer Sicht ist besonders die Suche nach Wettbewerbspotenzialen von großer Bedeutung. Ein Ansatz hierzu sieht den Unternehmenserfolg von Märkten und Branchen vorbestimmt und wird als Market-based-View bezeichnet. Hier liegt die Outside-in-Perspektive zu Grunde. Die externen Erfolgspotenziale, die aus der Wahl attraktiver Branchen und Märkte und einem geeigneten strategischen Verhalten auf diesen resultieren, bestimmen die Gewinne der Unternehmung.

Nach PORTER (1999) – dem wesentlichen Begründer des Ansatzes – hängt der Stand der Wettbewerbsintensität und Rentabilität einer Branche von fünf grundlegenden Wettbewerbskräften ab:

- Markteintritt,
- Substituierbarkeit von Produkten,
- Stärke der Position der Kunden,
- Stärke der Position der Lieferanten sowie
- Ausmaß des bestehenden Wettbewerbs.

Für ein Unternehmen innerhalb einer Branche liegt der Zweck einer Wettbewerbsstrategie im erfolgreichen Umgang mit den Wettbewerbskräften und deren Beeinflussung durch strategisches Marktverhalten. Eine defensive Strategie ist dabei auf den Schutz vor Wettbewerbskräften ausgerichtet, wobei durch eine offensive Strategie die Stellung des Unternehmens auf dem Markt verbessert werden soll.

Die von PORTER (1999) formulierten Strategien werden als die generischen Wettbewerbsstrategien der Harvard-Schule bezeichnet und beziehen sich auf die Geschäftsbereichsebene der Unternehmung, also auf einzelne Produkt-Markt-Bereiche. Damit setzen sie an einer Stelle an, an der auch Outsourcing-Potenziale aufgedeckt werden können. Diese Potenziale werden für einzelne Aktivitäten untersucht.

Es existieren drei Strategietypen: umfassende Kostenführerschaft, Differenzierung und Konzentration auf Schwerpunkte, wobei nur jeweils eine der Strategien langfristig mit Erfolg umgesetzt werden kann.

Die Kostenführerschaftsstrategie besteht darin, einen umfassenden Kostenvorsprung – beispielsweise durch Kostendegressionseffekte oder Technologievorteile – innerhalb einer Branche zu erreichen. Der Kostenvorsprung bringt überdurchschnittliche Gewinne, schützt vor der Konkurrenz und sichert somit den Wettbewerbsvorteil. Im deutschsprachigen Raum ist sie erfolgreich von Firmen wie der Metro AG, Aldi oder Quelle umgesetzt worden.

Produktdifferenzierung hingegen hebt das eigene Produkt in einem oder mehreren für den Abnehmer wichtigen Merkmalen von der Konkurrenz ab und ermöglicht somit höhere Preise als die Konkurrenz bei gleichzeitiger Kundenbindung. Wichtig ist, dass die Kosten der Differenzierung unter den Preisen liegen.

Die Konzentration auf Schwerpunkte ermöglicht einen Wettbewerbsvorteil (einen Kosten- oder Differenzierungsvorteil oder beides gleichzeitig) in einem oder mehreren Segmenten bzw. einer Nische einer Branche. Bei der Festlegung und Verfolgung einer Strategie sind die damit verbundenen Risiken, dass eine Strategie fehlschlagen kann sowie die Entwicklung der Branche den jeweiligen strategischen Vorsprung vernichten kann, zu berücksichtigen.

Zur Analyse der Wettbewerbsvorteile aus Sicht der Unternehmensaktivitäten verwendet PORTER (2000) die Wertkette als analytisches Instrument. Die Wertkette zeigt die strategisch relevanten Tätigkeiten auf, um auf Basis dieser vorhandene oder mögliche Potenziale für Kosten- oder Differenzierungsvorteile analysieren zu können. Sie ermöglicht weiterhin über die Ermittlung der Gewinnspannen der Aktivitäten, eine Aussage darüber, welcher Wert durch die Ausführung der Aktivitäten entstanden ist. Die Wertkette enthält primäre (Eingangslogistik, Operationen, Ausgangslogistik, Marketing und Vertrieb sowie Kundendienst) und unterstützende (Beschaffung, Technologieentwicklung, Personalwirtschaft und Unternehmensinfrastruktur) Aktivitäten. Die Aktivitäten der beiden Kategorien können an der Wertbildung direkt, indirekt und qualitätssichernd beteiligt sein. Alle Aktivitäten innerhalb der Wertkette sind miteinander durch horizontale Verknüpfungen verbunden, und zu den Aktivitäten der Wertketten von Lieferanten und Kunden liegen vertikale Verknüpfungen vor. Wettbewerbsvorteile entstehen nun durch eine bessere Gestaltung, Ausübung und Verknüpfung der Wertkettenaktivitäten als bei der Konkurrenz.

Bezogen auf die Überlegungen zu Outsourcing-Entscheidungen werden die materiellen Verflechtungspotenziale der Wertaktivitäten untersucht, denn ein Outsourcing bedeutet eine für den Wettbewerb vorteilhafte, vertikale Verknüpfung der beteiligten Wertaktivitäten. Eine eingehende Analyse der einzelnen Aktivitäten der Wert-

4.2 Entscheidung zum Outsourcing

kette und deren vertikale Verknüpfungen gestaltet somit die Entscheidung zwischen Eigenfertigung und Fremdbezug. Die Wertkettenanalyse in Bezug auf Outsourcing-Entscheidungen umfasst drei Stufen, wie Abb. 4.5 nach BACHER (2000) zeigt.

Auf der ersten Stufe werden die Wertketten der eigenen Unternehmung und die der wichtigsten Konkurrenten, Lieferanten und Abnehmer erfasst. Auf der zweiten Stufe werden die ermittelten Wertketten bewertet und potenzielle Wettbewerbsvorteile der alternativen Bereitstellungswege mittels einer Stärken-Schwächen-Analyse identifiziert. Auf der dritten Stufe wird eine Entscheidung über das Outsourcing anhand der auf der zweiten Stufe gewonnenen Ergebnisse getroffen, indem eine Gegenüberstellung von Vorteilen und Risiken erfolgt.

Eine große Rolle in diesem Zusammenhang wird den vertikalen Verknüpfungen beigemessen, da sie sich auf die Aktivitäten und deren Kosten auswirken. Die vertikalen Verknüpfungen sollten eine Win-Win-Situation für das Unternehmen und seine externen Geschäftspartner schaffen. Die Risiken der vertikalen Verknüpfungen, also des Outsourcing, liegen in der Gefahr, die Aktivitäten, die ein Wettbewerbspotenzial besitzen, zu verlieren. Inwiefern der gewählte Integrationsgrad bzw. ein Outsourcing zur Kostensenkung und zum Ausbau der Differenzierungsvorteile beiträgt, ist durch das Unternehmen und die betreffende Aktivität bedingt und soll durch die Wertkettenanalyse transparent gemacht werden. Das Vorgehen und die Bedingungen zu Outsourcing-Entscheidungen vor dem Hintergrund der beiden (reinen) Wettbewerbsstrategien Kostenführerschaft und Differenzierung sollen im Folgenden beschrieben werden.

Abb. 4.5 Wertkettenanalyse zum Treffen einer Outsourcing-Entscheidung

Um mit der Kostenführerschaftsstrategie einen Kostenvorsprung und somit einen Wettbewerbsvorteil zu erreichen, sind die Kosten der Wertaktivitäten und kostenwirksame Verknüpfungen zwischen den Aktivitäten der Wertkette zu analysieren und die kostenbasierte Wertkette ist auf Basis dieser Erkenntnisse so zu konfigurieren, dass die Gesamtkosten niedriger sind als die der Wettbewerber. Für die Ermittlung der Kosten der Aktivitäten wird zunächst die Wertkette definiert, und ihr werden Betriebskosten und verwendete Anlagen zugeordnet. PORTER (2000) unterscheidet zehn Kostenantriebskräfte, die je nach Relevanz für die untersuchte Wertaktivität das Kostenverhalten der Wertaktivitäten bestimmen:

- Betriebsgrößenbedingte Kostendegressionen oder -progressionen: Kostendegressionen entstehen durch die rationellere Ausführung in höheren Mengen sowie Infrastruktur- und Gemeinkostendegression. Kostenprogression kann durch größere Komplexität und steigende Koordinierungskosten entstehen.
- Lernvorgänge: Durch produktivitätssteigernde Mechanismen sinken die Kosten im Laufe der Zeit.
- Struktur der Kapazitätsauslastung: Bei Fixkosten wirkt sich eine steigende Auslastung positiv aus.
- Verknüpfungen: Die Kosten einer Aktivität werden auch durch die Ausführung anderer, verknüpfter Aktivitäten beeinflusst.
- Verflechtungen: Durch die gemeinsame Durchführung zweier Aktivitäten oder gemeinsame Nutzung von Ressourcen können positive Kosteneffekte erreicht werden.
- Integration: Der Grad der vertikalen Integration beeinflusst die Kosten. Daher sind Kostenvergleiche für eine Outsourcing-Entscheidung durchzuführen.
- Zeitwahl: Der Zeitpunkt des Markteintritts kann sich auf die Kosten auswirken, beispielsweise sind für den Vorreiter weniger Marketing-Maßnahmen notwendig, um sich zu behaupten, andererseits stehen den folgenden Unternehmen modernere Technologien zur Verfügung und die Entwicklungskosten sind niedriger.
- Ermessensentscheidungen: Unternehmenspolitische, auf die Strategie ausgerichtete Entscheidungen beeinflussen die Kosten der Aktivitäten, auch wenn dies nicht beabsichtigt ist.
- Standort: Der geographische Standort der Aktivitäten beeinflusst die Kosten, beispielsweise über Faktor- und Lohnkosten sowie Steuersätze.
- Außerbetriebliche Faktoren: Gegebenheiten wie staatliche Vorschriften haben Auswirkungen auf die Kosten einer Aktivität.

Das Kostenverhalten der Aktivitäten muss auf Basis einer oder meist eher mehrerer zusammenwirkender Kostenantriebskräfte geschätzt werden, um Kostensenkungspotenziale aufzudecken. Diese Analyse des Kostenverhaltens der einzelnen Aktivitäten ist also der zentrale Punkt der kostenorientierten Wertkettenanalyse.

Für die Fundierung von Make or Buy-Entscheidungen ist nun diese kostenorientierte Wertkette aufzustellen, die nach dem oben vorgestellten dreistufigen Verfahren zu untersuchen ist. Diese kostenorientierte Wertkettenanalyse soll die Aktivitäten aufzeigen, die durch horizontale materielle Verflechtungen Kostensenkungen erfahren. Besondere Bedeutung spielt im Rahmen der Wertung der

Outsourcing-Potenziale der Vergleich mit den Wettbewerbern, sofern die entsprechenden Daten zu bekommen sind. Hierbei wird für die kritischen Wertaktivitäten untersucht, ob diese bei anderen Unternehmen unternehmensintern oder -extern ausgeführt werden und wie die aktuelle und zukünftige relative eigene Kostenposition dieser Wertaktivität ist. Die Entscheidung wird schließlich unter Abwägung der möglichen Kostenvorteile und Risiken getroffen. Eine erfolgreiche Umsetzung der Make or Buy-Entscheidung im Rahmen der Kostenführerschaftsstrategie erfordert eine ständige Bewertung und Kontrolle der damit verbundenen strategischen Risiken und Kosten(vorteile) und ein geeignetes Verknüpfungsmanagement.

Durch die Individualität der Produkte, innovative Technologien, logistische Leistungen, Design oder Markennamen wird im Rahmen der Differenzierungsstrategie Kundenloyalität erreicht. Eine wettbewerbsrelevante Differenzierung kann einerseits durch die Steigerung der Einmaligkeit einzelner Aktivitäten oder andererseits durch die Neugestaltung der Wertkette, also auch die Erstellung von horizontalen Verknüpfungen, erreicht werden.

BACHER (2000) beschreibt verschiedene Typen der Differenzierungsstrategien, in denen ein Outsourcing relevant sein kann: qualitätsorientierte, markierungsorientierte, flexibilitätsorientierte sowie innovationsorientierte Differenzierungsstrategien. Um die Umsetzung der entsprechenden Differenzierungsstrategie mit einer richtigen Outsourcing-Entscheidung zu unterstützen, müssen wiederum alle Wertaktivitäten nach dem dreistufigen Verfahren bezüglich ihres Differenzierungspotenzials analysiert werden. Für alle Strategietypen ist im Rahmen eines Outsourcing das Potenzial zur Verbesserung zu sehen, allerdings birgt ein Outsourcing im Sinne der Wettbewerbsstrategien auch Risiken, beispielsweise wenn die Einmaligkeit auf externen Quellen beruht und so Abhängigkeiten entstehen. Durch die Integration kann ein Unternehmen seine Differenzierungsvorteile ausbauen, da so die entsprechenden Aktivitäten unter der eigenen Kontrolle sind und unter eigenen Namen ausgeführt werden.

Die auf Grundlage des wettbewerbsstrategischen Ansatzes zu treffenden Outsourcing-Entscheidungen sind absatzmarktorientiert und werden aus der Perspektive der jeweiligen Strategie getroffen. Mit Hilfe einer strategiegerichteten, betrieblichen Wertkettenanalyse werden Chancen und Risiken abgeschätzt, um eine Entscheidung über mögliche Outsourcing-Maßnahmen zu fällen, die zur Erreichung der Wettbewerbsvorteile beitragen können.

Die erfolgreiche Umsetzung der Outsourcing-Entscheidung wird durch vertikale und horizontale Verknüpfungen bestimmt. In jedem Falle ist ein gutes Verknüpfungsmanagement wichtig, um externe und interne Aktivitäten und deren Verbindungen in Wettbewerbsvorteile umzuwandeln und sie zu verteidigen. Somit liefert dieser Ansatz eine Möglichkeit, über die Marktsicht, das Verfolgen von Wettbewerbsstrategien und die Betrachtung einzelner Aktivitäten aus diesem Blickwinkel eine Outsourcing-Entscheidung zu fundieren und nach den strategischen Zielen der Unternehmung auszurichten. Eine direkte Ableitung von Handlungsempfehlungen leistet der Ansatz nicht. Vielmehr wird immer wieder betont, dass jede Branche ihre eigenen Gesetze hat und somit jedes Mal neu an die Betrachtungen heran gegangen werden muss.

4.2.2.2 Ressourcenorientierter Ansatz

Der Blick auf die strategische Ausrichtung eines Unternehmens erfolgte im vorherigen Abschnitt über seine Marktpotenziale; jedoch bietet sich auch eine andere Sicht der Wettbewerbsposition eines Unternehmens an: die Ausrichtung der eigenen Ressourcen im Rahmen der Resource-based-View. Der ressourcenorientierte Ansatz erklärt den Erfolg einer Unternehmung über die Verfügung und Nutzung ihrer internen Ressourcen, die sie in ihrer Auswahl und Kombination auf eine bessere, originellere und schnellere Art und Weise als die Konkurrenz gestaltet. Im Gegensatz zu einem marktorientierten Ansatz mit der Outside-in-Perspektive liegt hier eine Inside-out-Perspektive zu Grunde. Die ressourcenorientierte Sichtweise soll die Marktsicht jedoch nicht ausschließen, sondern sie fließt in die Betrachtungen mit ein. So ergibt sich durch die aufgebauten Ressourcenpotenziale für die Unternehmen eine Positionierung am Markt. Der Betrachtungsgegenstand der internen Ressourcen umfasst in einer weiten Sichtweise sämtliche materiellen und immateriellen Güter, Systeme und Prozesse einer Unternehmung, die das Potenzial für Kernkompetenzen haben.

Der Begriff der Kernkompetenz wurde von PRAHALAD/HAMEL (1990) geprägt und wird von ihnen als Bündel von Fähigkeiten und Technologien gesehen, das durch drei Kriterien beschrieben wird: Sie eröffnen den Zugang zu vielen Märkten, tragen wesentlich zu den von den Kunden am Endprodukt geschätzten Eigenschaften bei und sind durch die Einbindung im eigenen Unternehmen nur sehr schwer imitierbar. Sie bilden somit den Hauptuntersuchungsgegenstand der ressourcenorientierten Betrachtungen.

Der Ressourcenansatz beruht auf den Annahmen unvollkommener Märkte und heterogener Ressourcenausstattung der Unternehmungen. Nur unvollkommene Märkte können einen dauerhaften Wettbewerbsvorteil bewirken, da sie es durch einen Informationsvorsprung bestimmter Unternehmen verhindern, dass alle Ressourcen den anderen Marktteilnehmern zugänglich sind. Die Gesamtheit aller Ressourcen ist von Unternehmung zu Unternehmung unterschiedlich und auf Grund der geschichtlichen Entwicklung der Unternehmung einzigartig gewachsen, und genau diese Einzigartigkeit generiert das Potenzial für die Schaffung der langfristigen Wettbewerbsvorteile.

Interne Ressourcen können nur dann einen langfristigen Wettbewerbsvorteil und überdurchschnittliche Gewinne garantieren, wenn sie bezogen auf den Faktor- und Absatzmarkt einige Bedingungen erfüllen, nämlich schwer imitierbar, unternehmensspezifisch sowie nicht-substituierbar sind und dabei einen Zusatznutzen auf dem Markt stiften.

Die Ressourcen, die leicht zu imitieren sind, können keinen langfristigen Wettbewerbsvorteil erwirken, weshalb Ressourcen durch geeignete Isolationsmechanismen vor der Imitation der Konkurrenz zu schützen sind. Unternehmerisch spezifische Ressourcen sind fest in einem Unternehmen verwurzelt und können auf dem Markt gar nicht oder nur mit hohen Kosten gehandelt werden, da der begrenzte Verwendungszweck eine Transferierbarkeit verhindert. Sie weisen hohe Quasi-Renten, die Differenz aus der erstbesten und zweitbesten Ressourcenverwendung, auf, da sie

4.2 Entscheidung zum Outsourcing

außerhalb ihrer primären Verwendung beträchtliche Werteinbußen haben. Technischer Fortschritt und Innovation gefährden die Einzigartigkeit einer strategischen Ressource durch eine mögliche Substitution, also ein Umgehen der Original-Ressource. Die kann durch Aufbau ähnlicher Ressourcen geschehen oder über gänzlich verschiedenartige, die ein ähnliches Potenzial aufweisen. Eine wettbewerbsstrategische Ressource muss weiterhin für den Kunden, also mit Blick auf den Absatzmarkt der angebotenen Leistungen, einen bedeutenden Anteil an den wahrgenommenen Vorzügen des Endproduktes generieren. Ohne einen solchen Beitrag an der Leistungserstellung wäre die Ressource (aus wettbewerbsstrategischer Sicht) nutzlos.

Die Kernkompetenzen sind nach BAMBERGER/WRONA (1996) zu entwickeln, zu verwerten und zu schützen. Ressourcen allgemein können entweder intern entwickelt, über den Markt beschafft oder über Kooperation erlangt werden. Im Zuge der Identifikation von Kernkompetenzen und der Entwicklung von Ressourcen zu Kernkompetenzen werden Strukturen des Unternehmens festgelegt. Bezüglich der Verwertung von wettbewerbsrelevanten Kompetenzen stellt sich die Frage nach einer optimalen Ausrichtung auf die Unternehmensstrategie. Die Kernkompetenzen müssen vor Wettbewerbern geschützt werden, um das darin enthaltene Erfolgspotenzial nicht zu verlieren. Der Schutz der wertvollen Kernkompetenzen wird im Ressourcenansatz durch die Schaffung von Imitationsbarrieren, wie kausalen Unklarheiten, Patente, Marktzutrittsschranken und Umstellungskosten, erklärt. Aus der Perspektive des Schutzes der Kernkompetenzen ist Outsourcing mit Risiken verbunden, da die ausgelagerten Kompetenzen nun leicht zu imitieren sind, und daher sollte genau darauf geachtet werden, nur in Bereichen weit weg von den Kernkompetenzen einen Fremdbezug vorzunehmen.

Die Konzentration auf die Entwicklung, Verwertung und den Schutz von Kernkompetenzen muss nicht zwangläufig mit einem hohen vertikalen Integrationsgrad zusammenhängen, sie verfolgt ein ehrgeizigeres Ziel. Das bewusste Outsourcing unwichtiger Aufgaben stellt Ressourcen frei, die zur Stärkung der Kernkompetenzen eingesetzt werden können. Outsourcing selber kann offensiv und defensiv interpretiert und durchgeführt werden. Das offensive Outsourcing beinhaltet eine aktive Erschließung innovativer Kompetenzfelder und Zukunftsmärkte und berücksichtigt Auswirkungen von Fremdvergabemaßnahmen auf das Kompetenzportfolio einer Unternehmung. Das defensive Outsourcing zielt auf passive Absicherung der erreichten Produkt- und Marktpositionen ab und vernachlässigt die Entwicklung möglicher neuer Kompetenzvorteile. Vor diesem Hintergrund ist ein Outsourcing besonders eine Gratwanderung zwischen dem starken Motiv Kostensenkungsaussicht zur Verbesserung der Wirtschaftlichkeit und der Gefahr der allmählichen Aushöhlung der Kompetenzen des Unternehmens.

Für eine geeignete Entscheidung über Eigenerstellung und Fremdbezug im Sinne dieser Überlegungen ist die Kenntnis der Kernkompetenzen unerlässlich. Der Ressourcenansatz bietet einen Hinweis darauf, was eine Ressource zur Kernkompetenz macht. Dabei wird auf Anforderungen des Marktes abgestellt, die im Zusammenhang Nachfrage, Technologie und Marktstruktur entstehen. Mit Hilfe des Portfolios der Kompetenzen nach HINTERHUBER/STUHEC (1997) können Kompetenzen positioniert, Kernkompetenzen der Unternehmung identifiziert und die sich daraus ergebenden Make or Buy-Strategien abgeleitet werden. Dieses Kernkompetenzportfolio soll im Folgenden zur Veranschaulichung der Unterstützung von Outsourcing-Entscheidungen durch den Ressourcenansatz beschrieben werden.

Die Kernkompetenzen eines Unternehmens können nicht ohne Berücksichtigung der Markt- und Umweltgegebenheiten bestimmt werden, denn der Wert der Kompetenzen ergibt sich durch diese Gegebenheiten. Um diese Verbindung zwischen Kompetenzen der Unternehmung und den Anforderungen des Marktes herzustellen, werden Kompetenzen abhängig von der Stärke der Ausprägung der Merkmale relative Kompetenzstärke und Kundenwert in vier Gruppen aufgeteilt. In der relativen Kompetenzstärke ist das geforderte Merkmal der schwierigen Imitierbarkeit enthalten, die weiteren Merkmale der Kernkompetenzen werden durch den Kundenwert abgedeckt.

Wie leicht eine Ressource zu imitieren ist, hängt von der historischen Entwicklung und den Fähigkeiten der Unternehmung zu Innovation und Prozessverbesserungen ab, weiterhin sind der schwer erkennbare Kausalzusammenhang zwischen Ressourcen und den Wettbewerbsvorteilen sowie die gegenseitige Abhängigkeit von materiellen und immateriellen Komponenten einer strategischen Kompetenz von Bedeutung. Insbesondere trägt die immaterielle Komponente, wie die Unternehmenskultur oder die Reputation der Unternehmung, zur Unnachahmlichkeit bei. Zur Ermittlung der relativen Kompetenzstärke ist ein Vergleich der eigenen Fähigkeiten mit denen der Konkurrenz notwendig; dies kann über ein Benchmarking erfolgen. In diesen Vergleich müssen alle Unternehmen einfließen, die als mögliche Rivalen in Frage kommen könnten, und es sollten nicht nur Produkte der Vergleichsunternehmen betrachtet werden, sondern auch Prozesse und Strukturen. Für jede betrachtete Kompetenz wird über den Vergleich des eigenen Niveaus mit dem besten der Konkurrenz der einzelnen Faktoren die relative Kompetenzstärke und somit die Position entlang dieser Achse im Portfolio generiert.

Für die Ermittlung des Merkmals Kundenwert wird der Grad der Kundenzufriedenheit an verschiedenen gegenwärtigen und zukünftigen Kriterien, wie beispielsweise Produkt- und Beratungsqualität, gemessen. Mit Hilfe einer Korrelationskette, die von den kritischen Erfolgsfaktoren über die Leistungsmerkmale auf die Kompetenzen schließt, wird sichergestellt, dass die Kernkompetenzen in Bezug zu den Kriterien der Kundenzufriedenheit gesetzt werden. Über die Summe der einzelnen Werte zeigt sich der Beitrag der jeweiligen Kompetenz zur Kundenzufriedenheit und somit die Position im Portfolio aus Sicht des Kundenwertes.

In der Abb. 4.6 sind die Kompetenzen abhängig von dem Kundenwert und der Kompetenzstärke in vier Quadranten aufgeteilt, und daraus werden Handlungsempfehlungen gemäß der Aufteilung für oder gegen ein strategisches Outsourcing abgeleitet.

Die Kompetenz-Standards sind die Aktivitäten mit niedrigem Kundenwert und geringer Kompetenzstärke, d. h. sie leisten keinen wesentlichen Beitrag für den Kunden, und die Konkurrenz ist mindestens genauso gut. Der Bezug von Kompetenz-Standards über den Markt ist eine effiziente Bezugsalternative im Vergleich zur Eigenerstellung, denn so können Potenziale des Fremdbezugs genutzt und Ressourcen freigestellt werden, die eine Konzentration auf das Kerngeschäft und eine weitere Entwicklung von Kernkompetenzen ermöglichen.

4.2 Entscheidung zum Outsourcing

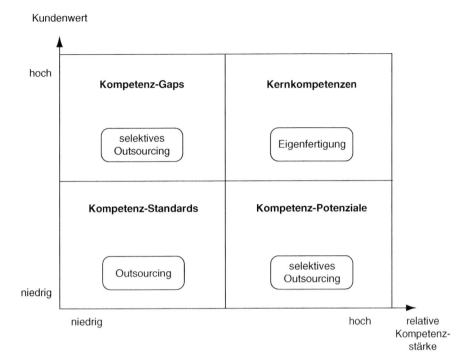

Abb. 4.6 Kompetenzportfolio nach HINTERHUBER/STUHEC (1997)

Kompetenz-Gaps sind durch einen hohen Kundenwert und eine niedrige eigene relative Kompetenzstärke charakterisiert. Bei Make or Buy-Entscheidungen von Kompetenz-Gaps ist eine bedachte Vorgehensweise geboten. Eine Entscheidung für ein Outsourcing, die aus Gründen der Verteidigung der erreichten Marktposition getroffen wird, vermag kurzfristige Rentabilitätsprobleme zu beheben, die Kompetenzprobleme werden damit jedoch nicht beseitigt, sondern noch mehr vertieft. Die aus Rentabilitätsgründen – im Rahmen eines defensiven Ansatzes – getroffene Outsourcing-Entscheidung kann sich zu einer Outsourcing-Spirale entwickeln, wo einer Buy-Entscheidung regelmäßig der Vorzug vor der Make-Entscheidung gegeben wird, da der kurzfristige Erfolg zu weiteren Outsourcing-Maßnahmen führt, die schließlich die gesamte Branche betreffen. Durch das verstärkte Outsourcing innerhalb eines Unternehmens werden Synergie- und Mengeneffekte im eigenen Unternehmen zerstört und Leistungen möglicherweise kostenintensiv zugekauft und schlimmstenfalls die Wettbewerbspotenziale und Kernkompetenzen latent von Zulieferern übernommen. Im Rahmen eines offensiven Outsourcing sollten mögliche Potenziale der betrachteten Kompetenzen berücksichtigt und eine selektive Entscheidung über die Fortsetzung der Eigenerstellung in Zusammenhang mit einer möglichen Stärkung der Kompetenzen und dem Fremdbezug getroffen werden.

Die Kompetenz-Potenziale sind Kompetenzen, in denen eine Unternehmung relativ stark ist, was jedoch vom Kunden nicht honoriert wird. Auch hier ist keine allgemeingültige Aussage für oder gegen ein Outsourcing zu treffen. Es ist zu überlegen, ob auf Basis der Potenziale die Möglichkeit besteht, zukünftig gewinnbringende Wettbewerbsvorteile zu erreichen. Die Kompetenz-Potenziale können in diesem Fall entweder durch weitere Investitionen ausgebaut und auf Kernkompetenz-Niveau gebracht werden oder durch eine Know-how-Übergabe an Zulieferer im Rahmen einer vertikalen Partnerschaft ausgelagert werden.

Die Kompetenzen der vierten Gruppe sind eindeutig die Kernkompetenzen, die das Unternehmensprofil bestimmen. Sie sind wettbewerbsrelevant für das Unternehmen und geben die Fähigkeit des Unternehmens wieder, Unvollkommenheiten des Marktes und neue Möglichkeiten im Vergleich zur Konkurrenz effizient zu nutzen. Sie sind – wie bereits beschrieben – zu entwickeln, zu verwerten und zu schützen.

Aus dem Konzept des Portfolios der Kompetenzen folgt, dass die Tendenz zur Eigenerstellung mit einer wachsenden Bedeutung des Kundenwerts und einer stärkeren relativen Stellung der Kompetenz zunimmt, während, wenn beide Kriterien sehr niedrig ausgeprägt sind, der Bezug über den Markt die optimale Organisationsform ist. Die Leistungen, die nur jeweils in einem Merkmal stark ausgeprägt sind, stehen für ein mögliches Outsourcing offen, es sind so genannte Kannleistungen.

4.2.2.3 Transaktionskostentheorie

Die Darstellung der Grundannahmen der Transaktionskostentheorie erfolgte bereits in einem vorherigen Kapitel (vgl. Abschn. 3.3.2); auf ihnen aufbauend wird nun die Bedeutung der Transaktionskostentheorie für die Outsourcing-Entscheidung beschrieben.

Zum Vergleich zwischen den beiden Polen Hierarchie und Markt werden die Kosten der beiden Varianten gegenübergestellt. Die Vorteilhaftigkeit der jeweiligen Koordinationsform ist dann abhängig von der Höhe der Produktions- und Transaktionskosten. Transaktionskosten fallen bei jeder Koordinationsform an und unterscheiden sich jedoch durch ihre Höhe und Struktur. Unter den Bedingungen, dass die Produktionstechnologie für alle Organisationsformen gleich ist und ein effizienzorientierter Wettbewerb zwischen den Teilnehmern in einer Wirtschaft stattfindet, können nach Meinung einiger Autoren wie u. a. PICOT (1982) die Produktionskosten vernachlässigt werden, und die Entscheidung für eine Organisationsform ist auf Basis der Transaktionskosten zu treffen. Wie bereits gezeigt wurde, treten jedoch möglicherweise Produktionskostenvorteile durch die Aggregation der Marktnachfrage, Know-how-Unterschiede oder unterschiedliche Faktorpreise beim Lieferanten auf, daher sind die Produktionskosten bei der Entscheidung über ein Outsourcing nicht zu vernachlässigen.

Die Analyse der Transaktionskosten einer Organisationsform basiert in Anlehnung an WILLIAMSON (1996) auf dem Auftreten verschiedener Verhaltensannahmen und Umweltfaktoren, denen – allein, aber besonders durch ihr Zusammenwirken – mehr oder weniger Einfluss auf die Kosten zugesprochen wird. Neben den beiden bereits beschriebenen Verhaltensannahmen der begrenzten Rationalität und des opportunistischen Verhaltens sind dabei Umweltfaktoren, welche die Höhe der Transaktionskosten bestimmen, von Bedeutung. Zusätzlich zur Spezifität der

4.2 Entscheidung zum Outsourcing

Faktoren müssen Grad und Art der Unsicherheit der Umwelt und die Häufigkeit der Transaktionen in die Untersuchung einbezogen werden.

Bei geringer Faktorspezifität spielt der Unsicherheitsfaktor keine bedeutsame Rolle, da der benötigte Vermögenswert jederzeit über den Markt von einer anderen Quelle bezogen werden kann. Bei spezifischen Faktoren besteht diese Möglichkeit nicht, und Maßnahmen zur Begegnung der möglichen zukünftigen Risiken müssen ergriffen werden. Bei spezifischen Gütern kann die Unsicherheit durch die hierarchische Organisationsform mit ihren Überwachungs- und Kontrollmechanismen gemildert werden.

Die Häufigkeit einer Transaktion hat besonders in Zusammenhang mit der Spezifität Auswirkungen auf die Höhe der Transaktionskosten. Die Häufigkeit der Transaktionen ist zunächst maßgebend für die Ausschöpfung von Skalen- und Lerneffekten, also beispielsweise die Amortisation von Anfangsinvestitionen, die besonders die unternehmensinterne Erstellung betreffen. Eine Konzentration der Bedarfe an Gütern mit geringer Spezifität sollte stets über den Markt möglich sein (auch wenn die Transaktion zwischen den betrachteten Transaktionspartnern nicht häufig stattfindet) und lässt daher die Anschaffungskosten im Vergleich zur hierarchischen Organisation sinken. Derartige Transaktionen erfordern aufgrund der zahlreichen Bezugsmöglichkeiten keine besonderen Überwachungs- und Kontrollmechanismen, sondern lassen sich über Standardverträge regeln.

Die spezifischen Leistungen sind hingegen über Hierarchie zu organisieren, denn bei dem Bezug über den Markt kommen die oben genannten Effekte wegen der geringen Nachfrage anderer nicht zur Geltung. Erschwerend kommt hinzu, dass der Vertragspartner seine Stellung als Alleinanbieter ausnutzen kann. So ist der Alleinanbieter keiner Konkurrenz ausgesetzt, und es besteht ein Anreiz, sich opportunistisch zu verhalten. Es entsteht allerdings eine bilaterale Monopolsituation, denn auch der Anbieter hat nur einen potenziellen Transaktionspartner und keine weiteren Abnehmer für seine – möglicherweise nach notwendigen Investitionen – erstellten Güter und begibt sich daher ebenfalls in eine Abhängigkeit. Im Endeffekt werden mögliche Vorteile einer Fremdbezugsentscheidung (z. B. aufgrund von Spezialisierungsvorteilen des Anbieters) nicht ausgenutzt, da beide Unternehmen durch die Befürchtung des opportunistischen Verhaltens der Gegenseite die Risiken der optimalen Entscheidung in Form des Fremdbezugs scheuen. Diese Überlegungen dürften gelten, egal ob die spezifische Leistung vom betrachteten Abnehmer häufig oder selten nachgefragt würde. Der Bezug der Güter mit hoher Spezifität hat also aufgrund der ausbleibenden Skalen- und Lerneffekte und der Risiken des Fremdbezugs über Hierarchie zu erfolgen. Im Fall eines Bezugs über einen Lieferanten wären die Kosten der Vertragsgestaltung so hoch, dass sich weiterhin die vertikale Integration lohnt. Zusätzlich bietet die Erstellung im eigenen Unternehmen durch die günstigeren Überwachungs- und Anreizsysteme sowie das geringere Konfliktpotenzial Vorteile beim Zusammentreffen von Opportunismus und spezifischer Verwendungsmöglichkeit.

Wendet man die Überlegungen der Transaktionskostentheorie auf die Outsourcing-Entscheidung an, so kann zunächst das in Abb. 3.3 beschriebene Kontinuum zwischen Hierarchie und Markt übertragen werden. Eine Anwendung dieses

Spektrums auf die Outsourcing-Entscheidung ist naheliegend: Einerseits besteht das Extrem der hierarchisch organisierten Eigenerstellung in der eigenen Unternehmung und andererseits das des Fremdbezugs über den Markt.

Die Ermittlung der Kosten für die operative Outsourcing-Entscheidung erhält durch die Überlegungen zu den Transaktionskosten eine weitere Fundierung bzw. Ergänzung. Aufgrund der Schwierigkeiten bei der Messung wird nicht die genaue Höhe der Kosten angegeben, sondern die Differenz. Die Höhe der Kosten und deren Bestandteile werden – wie oben beschrieben – durch die gewählte Koordinationsform und die Eigenschaften der Leistung bestimmt. Bei der Entscheidung zwischen der Koordination über den Markt oder der vertikalen Integration wird die Organisationsform bevorzugt, die im Sinne der Transaktionskostentheorie langfristig mit den geringsten Kosten verbunden ist.

Ein Lieferant hat aufgrund der Mengenbündelung Produktionskostenvorteile, wenn er eine Leistung anbietet, die unspezifisch ist und einen großen Abnehmerkreis hat. Zudem sind die Transaktionskosten bei Transfer einer standardisierten Leistung geringer, da keine besonderen Maßnahmen für Koordination und Kontrolle notwendig sind und weitere Anbieter und Nachfrager beim Zusammenfinden der Partner als Vergleichsmaßstab sowie als mögliche Alternativpartner zur Verfügung stehen. Mit zunehmender Faktorspezifität steigen die Produktionskosten, da sich die Größenvorteile verringern und spezifische Investitionen zu tätigen sind; zugleich steigen die Transaktionskosten. Das Gewicht verschiebt sich kontinuierlich in Richtung der internen Organisation. Bei mittlerer Spezifität empfiehlt sich eine mittlere Bindungsform, eine Hybridform oder eben die verschiedenen Arten von Kooperationsbeziehungen. Bei vollkommen spezifischen Leistungen hat der Lieferant keinen Produktionskostenvorteil, und die Produktionstechnologie und Organisationsform des Lieferanten und der Unternehmung würden gleich sein. Hier zählt dann die Vorteilhaftigkeit der Eigenerstellung im Hinblick auf die Abhängigkeitsproblematik und die Anreiz- und Kontrollsysteme, ausgedrückt in Transaktionskosten.

Die Häufigkeit und Unsicherheit werden als unterstützende Einflussgrößen des oben beschriebenen Entscheidungsschemas auf Basis der Spezifität gesehen. Die Ausprägung dieser beiden Faktoren bestimmt die Ausgestaltung der nach dem Spezifitätsgrad empfohlenen Organisationsform. Die Abb. 4.7 gibt nach BACHER (2000) einen Überblick über die Make or Buy-Strategien abhängig von der Spezifität der Leistung sowie dem Grad der Unsicherheit und der Häufigkeit.

Die vom Transaktionskostenansatz entwickelten Kriterien unterstützen eine optimale Outsourcing-Entscheidung durch die Zuordnung der Eigenschaften der Transaktionen zu einer der Koordinationsformen.

Die Transaktionskostentheorie bietet jedoch keine eindeutige und allgemeingültig implementierbare Entscheidungsgrundlage, da sich die Transaktionskosten schwierig operationalisieren lassen, da es Schwierigkeiten in der Messung und Abgrenzung zu anderen Kostengrößen (z. B. Produktionskosten) gibt sowie die Herleitung einer Kostenfunktion oder gar einer Kostenrechnung auf Basis der Transaktionskostentheorie nicht ohne Weiteres möglich ist. Auch das Erkennen der Spezifität einer bestimmten Leistung stellt für die Praxis ein Problem dar. Die

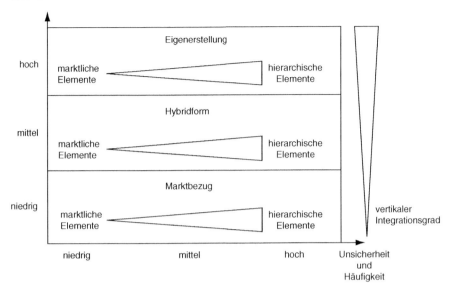

Abb. 4.7 Outsourcing-Entscheidungen auf Basis der transaktionskostentheoretischen Einflussfaktoren

Erkenntnisse der Transaktionskostentheorie sind daher zusätzlich zu anderen Analyseverfahren zu verwenden.

4.3 Übungsaufgaben zu Kapitel 4

Übungsaufgabe zu Abschnitt 4.1

Welche Gründe sprechen aus Kostensicht für ein Outsourcing? Stellen Sie diesen auch die Risiken gegenüber.

Übungsaufgaben zu Abschnitt 4.2

1. Wie läuft eine operative Entscheidung für ein Outsourcing ab?
2. Beschreiben Sie die Outsourcing-Entscheidung aus der Outside-in- und der Inside-out-Pespektive.

Literaturempfehlungen

BACHER, M. R.: Outsourcing als strategische Marketing-Entscheidung, Wiesbaden 2000.
BAMBERGER, I.; WRONA, T.: Der Ressourcenansatz und seine Bedeutung für die Strategische Unternehmensführung, in: Zeitschrift für betriebswirtschaftliche Forschung, 1996, 2, S. 130–153.
BARTH, T.: Outsourcing unternehmensnaher Dienstleistungen, Frankfurt am Main et al. 2003.

BENSCH, M.: Realisierung von Logistik-Outsourcing-Projekten in der Automobilindustrie, in: WULLENKORD, A. (Hrsg.): Praxishandbuch Outsourcing, München 2005, S. 117–128.
BLIESENER, M.: Outsourcing als mögliche Strategie zur Kostensenkung, in: Betriebswirtschaftliche Forschung und Praxis, 1994, 4, S. 277–290.
BRUCH, H.: Outsourcing – Konzepte und Strategien, Chancen und Risiken, Wiesbaden 1998.
FANDEL, G.: Produktion I: Produktions- und Kostentheorie, 6. Aufl., Berlin et al. 2005.
GUDEHUS, T.: Logistik: Grundlagen – Strategien – Anwendungen, 3. Aufl., Berlin et al. 2005.
HINTERHUBER, H.; STUHEC, U.: Kernkompetenzen und strategisches In-/Outsourcing, in: Zeitschrift für Betriebswirtschaft, 1997, Ergänzungsheft 1, S. 1–20.
HOLLEKAMP, M.: Strategisches Outsourcing von Geschäftsprozessen, München-Mehring 2005.
HUMMEL, S.: Die Forderung nach entscheidungsrelevanten Kosteninformationen, in: MÄNNEL, W. (Hrsg.): Handbuch Kostenrechnung, Wiesbaden 1992, S. 76–83.
IHDE, G.: Die relative Betriebstiefe als strategischer Erfolgsfaktor, in: Zeitschrift für Betriebswirtschaft, 1988, 1, S. 13–23.
KÖHLER, R.; KÜPPER, H.-U.; PFINGSTEN, A.: Handwörterbuch der Betriebswirtschaft, 6. Aufl., Stuttgart 2007.
MÄNNEL, W.: Handbuch Kostenrechnung, Wiesbaden 1992.
MÄNNEL, W.: Wahl zwischen Eigenfertigung und Fremdbezug, 2. Aufl., Lauf a.d. Pegnitz 1996.
MÄNNEL, W.: Make-or-Buy-Entscheidungen, in: Kostenrechnungspraxis, 1997, 6, S. 307–311.
MATIASKE, W.; MELLEWIGT, T.: Motive, Erfolge und Risiken des Outsourcings – Befunde und Defizite der empirischen Outsourcing-Forschung, in: Zeitschrift für Betriebswirtschaft, 2002, 6, S. 641–659.
MCMILLAN, J.: Managing Suppliers: Incentive Systems in Japanese and U.S. Industry, in: California Management Review, 1990, 4, S. 38–55.
MELLEWIGT, T.: Outsourcing und Insourcing, in: KÖHLER, R.; KÜPPER, H.-U.; PFINGSTEN, A. (Hrsg.): Handwörterbuch der Betriebswirtschaft, 6. Aufl., Stuttgart 2007, S. 1325–1334.
PICOT, A.: Transaktionskostenansatz in der Organisationstheorie, in: Die Betriebswirtschaft, 1982, 2, S. 267–284.
PICOT, A.: Ein neuer Ansatz zur Gestaltung der Leistungstiefe, in: Zeitschrift für betriebswirtschaftliche Forschung, 1991, 1, S. 336–357.
PORTER, M. E.: Wettbewerbsstrategie: Methoden zur Analyse von Branchen und Konkurrenten, 10. Aufl., Frankfurt 1999.
PORTER M. E.: Wettbewerbsvorteile: Spitzenleistungen erreichen und behaupten, 6. Aufl., Frankfurt 2000.
PRAHALAD, C. K.; HAMEL, G.: The Core Competence of the Corporation, in: Harvard Business Review, 1990, 3, S. 79–91.
REICHMANN, T.; PALLOCKS, M.: Make-or-Buy-Entscheidungen: Was darf der Fremdbezug kosten, wenn die eigenen Kosten weiterlaufen?, in: Controlling, 1995, 1, S. 4–11.
VAHRENKAMP, R.: Logistik – Management und Strategien, 5. Aufl., München-Wien 2005.
WILLIAMSON, O. E.: Transaktionenökonomik, 2. Aufl., Hamburg et al. 1996.
WOLLSEIFFEN, B.: Lean Production und Fertigungstiefenplanung, Lohmar et al. 1999.
WULLENKORD, A.: Praxishandbuch Outsourcing, München 2005.

Kapitel 5
Advanced Planning Systems (APS)

5.1 Einsatz von Informationssystemen im SC-Planning

Gestaltung, Planung und Steuerung der logistischen Kette gehören zu den zentralen Aufgaben des SCM. Die Planung der Supply Chain ist ein äußerst komplexes Problem, da täglich viele Entscheidungen mit unterschiedlicher Tragweite zu treffen sind. Je schwerwiegender die Folgen einer Entscheidung sind, desto besser muss eine solche vorbereitet werden. Diese Aufgabe wird durch die Planung, als Antizipation der zukünftigen Entwicklung und die Reaktion in Form eines Plans auf diese, wahrgenommen. Die Planung unterstützt dabei die Entscheidungsfindung durch Identifikation von zukünftigen Handlungsalternativen. Im Idealfall führt dieser Planungsprozess zu einem optimalen Plan. Der Planungsprozess kann in folgende Phasen unterteilt werden:

- Definition und Analyse des Entscheidungsproblems,
- Festlegung der zu erreichenden Ziele,
- Vorhersage der zukünftigen Entwicklung,
- Identifikation und Beurteilung der möglichen Handlungsalternativen und
- Auswahl der besten Lösung.

Bei der Planung einer Supply Chain treten eine ganze Reihe von Schwierigkeiten auf. Zum einen müssen immer wieder Kompromisse zwischen unterschiedlichen Zielen gefunden werden. So ist zum Beispiel ein gewisser Servicegrad gegenüber dem Kunden nur mit einem bestimmten Lagerbestand zu gewährleisten, welcher wiederum minimal sein soll, um Lagerkosten einzusparen. Zum anderen gibt es eine Unzahl möglicher Lösungsalternativen für die verschiedenen Planungsaufgaben, so dass eine strukturierte Vorgehensweise notwendig ist, um eine optimale Lösung zu finden.

Die Vielzahl betrieblicher Entscheidungen und die zahlreichen inner- und überbetrieblichen Interdependenzen führen dazu, dass Planungsobjekte zeitlich und sachlich voneinander abgegrenzt werden müssen. Bezüglich der zeitlichen Abgrenzung ergibt sich nach FLEISCHMANN/MEYR/WAGNER (2005) die Unterteilung in langfristige, mittelfristige und kurzfristige Planung:

- *Langfristige Planung:* Entscheidungen, die auf dieser Ebene getroffen werden, werden oft auch als strategische Entscheidungen bezeichnet. Sie schaffen die Basis für die Struktur und das Design der Supply Chain über mehrere Jahre hinweg.
- *Mittelfristige Planung:* Auf dieser Ebene werden ungefähre Mengen und zugehörige Zeitpunkte für Ressourcenbedarf und -flüsse innerhalb der Supply Chain festgelegt. Der Planungszeitraum beträgt typischerweise 6 bis 24 Monate.
- *Kurzfristige Planung:* Auf der niedrigsten Planungsebene werden alle Aktivitäten geplant, die für die unmittelbare Ausführung und Kontrolle notwendig sind. Diese Ebene weist die meisten Details auf und benötigt eine hohe Genauigkeit. Sie deckt normalerweise einen Zeitraum von wenigen Tagen bis zu drei Monaten ab.

Zur sachlichen Abgrenzung stehen mit der sukzessiven, der simultanen und der hierarchischen Planung grundsätzlich drei Planungskonzepte zur Verfügung, auf die in Abschn. 5.2.3 noch näher eingegangen wird.

Eine umfassende Integration der Planung stellt hohe Anforderungen an die Informationsverarbeitung entlang der Supply Chain. So müssen aufgabenspezifische Informationen bereitgestellt werden, die durch die systematische Erfassung, Speicherung und Aufbereitung wertschöpfungsbezogener Daten gewonnen werden. Dabei gilt es zu berücksichtigen, dass auch die Fähigkeit immer wichtiger wird, aus der stark anwachsenden Datenmenge die Daten zu selektieren und zu Informationen zu verarbeiten, die die Bedürfnisse der jeweiligen Nutzer am besten erfüllen.

Für die Umsetzung von SCM-Konzepten wird der Produktionsfaktor Information häufig als entscheidende Erfolgsgröße angesehen. So verbindet sich mit dem Ideal durchgängiger Materialflüsse das Ideal durchgängiger, auf den Materialfluss abgestimmter Informationsflüsse. Dabei stellt die Integration der Informationsflüsse die weitaus größte Herausforderung dar, die technische, organisatorische und personelle Aspekte aufweist. Auch wenn mit computergestützten Informationssystemen die technische Ebene im Mittelpunkt der folgenden Ausführungen steht, dürfen organisatorische und personelle Fragestellungen nicht vernachlässigt werden, scheitert doch die Einführung von Informationssystemen oft an der mangelhaften Anpassung von Systemen und Organisationen oder an Akzeptanz- oder Ausbildungsdefiziten auf Seiten der Nutzer.

Informationssysteme dienen zum einen der Entscheidungsunterstützung. Unter Zuhilfenahme mathematisch gestützter Verfahren lässt sich der Einsatz der Produktionsfaktoren im Hinblick auf die Zielsetzungen des SCM planen und steuern. Hierbei sind grundsätzlich Verfahren, die eine optimale Zielerreichung gewährleisten, von solchen Verfahren zu unterscheiden, die typischerweise nur eine durchführbare Lösung ohne explizite Optimierung konkreter Ziele anstreben. Zum anderen erleichtern Informationssysteme die Ausführung von Prozessen und Transaktionen, indem sie einen schnellen Zugriff auf Daten und Informationen erlauben, eine Automatisierung von Routinetätigkeiten übernehmen und eine beschleunigte Weitergabe von Informationen ermöglichen.

Hierfür steht im Rahmen des SCM eine Generation computergestützter, modular aufgebauter Informationssysteme zur Verfügung, die APS. APS unterscheiden sich von den klassischen PPS- und ERP-Systemen durch eine standortübergreifende Unterstützung von Transaktionen und vor allem durch eine umfassende Entscheidungsunterstützung für die strategische, taktische und operative Planung der Produktions- und Logistikaktivitäten des SCM. Im nächsten Abschnitt werden einleitend verschiedene Informationssysteme vorgestellt. Anschließend folgt ein Überblick über den Aufbau eines APS und die Funktionen der einzelnen Module, bevor auf den Einsatz von APS in der Praxis eingegangen wird.

5.2 Entwicklung der Produktionsplanungs- und -steuerungs (PPS)-Systeme

5.2.1 *Material Requirement Planning (MRP-I)- und Manufacturing Resource Planning (MRP-II)-Systeme*

Anfang der sechziger Jahre des letzten Jahrhunderts etablierten sich zur Planungsunterstützung neben Tabellenkalkulationsprogrammen die ersten Softwareapplikationen, die so genannten MRP-I-Systeme. MRP-I-Systeme ersetzten das verbrauchs- durch das bedarfsorientierte Verfahren, indem sie ausgehend von dem in der Programmplanung festgelegten Bedarf an Enderzeugnissen durch Auflösung der Stücklistenstruktur den entsprechenden Bedarf an Halbfertigerzeugnissen, Rohstoffen und Zukaufteilen ableiteten. Sie beruhten dabei auf einer Sukzessivplanung, d. h. die Pläne wurden nicht gleichzeitig, sondern nacheinander erstellt. Zudem beschränkte sich die Planung der benötigten Materialien ausschließlich auf eine Mengen- und Terminplanung. Eine Verfügbarkeitsprüfung von benötigten Ressourcen, wie Maschinen-, Personen-, Finanz- oder Transportkapazitäten, wurde vernachlässigt, weshalb nicht garantiert werden konnte, dass ein durch MRP-I festgelegter Produktionsplan letztendlich auch durchführbar war.

Deshalb wurden in den siebziger Jahren des letzten Jahrhunderts MRP-II-Systeme entwickelt, welche das MRP-I-Konzept um eine Kapazitätsplanung und weitere Funktionsbereiche, wie Beschaffung, Fertigung und Lagerhaltung, erweiterten. So konnte durch die informatorische Verknüpfung auf Prozessdaten aus dem operativen Tagesgeschäft, wie u. a. Lagereingangs- und -ausgangsdaten, offene und geplante Fertigungsaufträge und offene Beschaffungsaufträge zugegriffen werden. Die Durchführung eines Ressourcenabgleichs bezüglich Personal, Maschinen und Materialien war ebenfalls möglich. Dabei wurden Materialbestände, Taktzeiten und Maschinenkapazitäten über Arbeitspläne berücksichtigt.

Aber auch die MRP-II-Systeme wiesen Schwächen auf, da sie nur einzelne Glieder der Logistikkette optimierten und somit keine Übersicht über deren Abhängigkeiten ermöglichten. So musste beispielsweise der Hersteller eines Erzeugnisses auf Grund mangelnder Kenntnis des Kundenbedarfs seine Produktion durch Bestände abpuffern, die bei einer ganzheitlichen Betrachtung der Supply Chain nicht notwendig wären. Ein Bestandsoptimum konnte somit nicht erreicht werden. Ein weiterer Schwachpunkt bestand darin, dass Planungsentscheidungen keine Berücksichtigung fanden. Es wurde zwar gezeigt, welche Auswirkungen der kalkulierte Bedarf auf die Kapazität hat, aber es existierte kein Konzept, um begrenzte Kapazitäten optimal zu planen. Die sukzessive bzw. sequenzielle Ausführung der Planungsstufen (Materialbedarfs-, Kapazitäts- und Terminplanung) induzierte lange Planungszyklen und führte bei kurzfristig auftretenden Ressourcenengpässen (Lieferverzug, Maschinen- und Personalausfälle) häufig zu obsoleten Planungsergebnissen.

5.2.2 Enterprise Resource Planning (ERP)-Systeme

Mitte der achtziger Jahre des letzten Jahrhunderts wurden erstmals ERP-Systeme zur Unternehmensplanung, -steuerung und -überwachung eingesetzt. Diese auf Client/Server-Technologie basierenden Systeme sind nicht als klassische PPS-Systeme zu sehen. Vielmehr ist es durch ERP-Systeme möglich, Unternehmensfunktionen wie Rechnungswesen, Einkauf und Personalwesen in die Planung zu integrieren. Eine durchgehende Integration und die Abkehr von Insellösungen führen dabei zu einem dezentralisierten System, in dem Ressourcen unternehmensweit verwaltet werden können. Das bekannteste ERP-System ist R/3 bzw. SAP ERP des Softwareanbieters SAP.

Durch den optimierten Informationsaustausch und die Integration verschiedener Bereiche bieten ERP-Systeme eine verbesserte Informationsgrundlage. Hieraus resultieren nach WANNENWETSCH (2005) folgende Vorteile für eine erfolgreiche Planung:

- konzernweit einheitliche Datenbasis und Zugriffsmöglichkeiten,
- durch größere Datenbasis mehr Analyse- und Planungsmöglichkeiten,
- durch einheitliche Daten genauere Analyse- und Planungsergebnisse,
- erhöhte Transparenz über die Prozesse und
- automatische Integration in andere Bereiche.

Da die ERP- bzw. die in ihnen als Modul enthaltenen PPS-Systeme auf dem gleichen sukzessiven Planungskonzept basieren, das dem MRP-II-Konzept zugrunde liegt, weisen sie jedoch auch die gleichen systemimmanenten Schwächen auf. Die sukzessive Vorgehensweise bei der Planung erfordert es bei jedem Kapazitätsengpass im Unternehmen, den Planungsablauf so oft neu zu starten, bis Kapazitätsangebot und -nachfrage übereinstimmen. Der Planungsprozess ist somit durch einen hohen Zeitaufwand gekennzeichnet und führt häufig zu Ergebnissen, die im Zeitpunkt der Umsetzung aufgrund kurzfristiger Änderungen nicht mehr aktuell sind. Eine kundenauftragsorientierte Planung und Steuerung der Produktionsprozesse, eine Optimierung der Lagerbestände sowie die Gewährleistung der Termintreue sind daher nicht realisierbar.

Im Rahmen eines SCM ist eine Software gefragt, die in der Lage ist, die gesamte Supply Chain über die Unternehmensgrenzen hinweg zu unterstützen. Dazu fehlt es den MRP-II-basierten PPS- und ERP-Systemen an Integration sowohl der Planungsebenen als auch der oftmals unternehmensübergreifenden Teilprobleme. Die Hauptaufgabe der ERP-Systeme liegt daher in der Pflege der Stammdaten, der Bereitstellung konsistenter Daten für die einzelnen Geschäftsbereiche und der Unterstützung betriebsinterner Ausführungen. Sie werden deshalb oft auch als Transaktionssysteme bezeichnet. Als unternehmensübergreifende Entscheidungsunterstützungssysteme im SCM sind sie aufgrund der dargelegten Schwächen wenig geeignet.

5.2.3 APS

Als Konsequenz aus der Beschränkung der ERP-Systeme auf die internen Prozesse wurden in den neunziger Jahren des letzten Jahrhunderts APS entwickelt. APS sind modular strukturierte Informationssysteme und fast ausschließlich Add-ons für vorhandene ERP-Systeme. APS greifen also auf die Daten der ERP-Systeme zu, extrahieren die relevanten Informationen, verarbeiten diese und leiten die Planungsergebnisse zur Ausführung wieder an die ERP-Systeme zurück. APS werden dabei durch Optimierungs- und Simulationsprogramme unterstützt, welche beim Ablauf der Planung diverse Bedingungen berücksichtigen. Diese Bedingungen (Restriktionen) können vor jedem Planungslauf variabel eingestellt werden. So ist es dem Unternehmen möglich, unter wechselnden Bedingungen, wie z. B. finite oder infinite Kapazitätsplanung, und unterschiedlichen Optimierungsschwerpunkten, wie Kosten, Durchlaufzeit, Termintreue oder Lieferzeit, Planungssimulationen durchzuführen.

Die Bezeichnung „Advanced Planning" verdeutlicht den Anspruch, die Defizite von ERP-Systemen zu kompensieren. Dies wird durch folgende Hauptmerkmale von APS in Anlehnung an STEVEN/KRÜGER (2004) zu erreichen versucht:

- Integrierte Planung der gesamten Supply Chain, also sowohl der Intra Supply Chain des Unternehmens als auch der Inter Supply Chain über alle Unternehmen entlang der Wertschöpfungskette,
- Optimierung der Planung durch das Erstellen von Planungsszenarien und deren Durchführung durch exakte oder heuristische Methoden des Operations Research und
- Einsatz eines hierarchischen Planungssystems.

Der Anspruch von APS liegt also darin, die Planung integriert über die gesamte Supply Chain durchzuführen – von den Lieferanten bis zu den Endabnehmern. Im Unterschied zu ERP-Systemen geht man jedoch nicht sequenziell vor und plant zuerst die Material- und dann die Kapazitätsbedarfe, vielmehr werden diese simultan geplant. Auf diese Weise kommt es entweder durch deterministische oder heuristische Verfahren zu einer Optimierung. Der Vorteil dabei ist eine realitätsnähere Sicht auf die Lieferketten. Außerdem ist es dadurch möglich, restriktionsorientierte Engpässe und Einschränkungen, beispielsweise von Kapazitäten oder Beständen, über die gesamte Supply Chain zu identifizieren. Den Unterschied zwischen simultaner und sequenzieller Planung illustriert EISENBARTH (2003) unter Einsatz der folgenden Abb. 5.1.

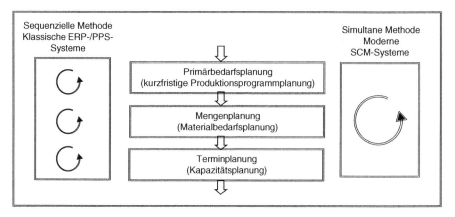

Abb. 5.1 Simultane versus sequenzielle Planung

Die Umsetzung kann jedoch nicht über einen ganzheitlichen Planungsansatz erfolgen, denn in praxisrelevanten Größenordnungen ist ein Totalmodell nicht lösbar. Um die Planungskomplexität zu reduzieren, wird das Gesamtproblem daher in hierarchisch strukturierte Teilprobleme zerlegt. Es werden also Abhängigkeiten zwischen Planungstätigkeiten im Rahmen der hierarchischen Planung betrachtet. Diese besteht im Wesentlichen aus fünf Elementen:

- Aufteilung in hierarchische Strukturen,
- Verdichtung,
- Hierarchische Koordination,
- Modellbildung und
- Modelllösung.

Das Entscheidungsproblem wird auf zwei oder mehrere Entscheidungsebenen aufgeteilt und dann den entsprechenden Modulen zugeordnet. Auf der obersten Ebene verbleiben nur die wichtigsten, langfristigen Entscheidungen der Geschäftsebene. Je niedriger die Ebene, desto begrenzter ist der abgedeckte SC-Bereich, desto kürzer der Planungshorizont und desto detaillierter der Plan. Dabei werden Pläne der unterschiedlichen SC-Bereiche auf der gleichen Ebene mittels eines umfassenderen übergeordneten Plans koordiniert.

Die abnehmende bzw. zunehmende Verdichtung bezieht sich auf folgende Größen:

- Produkte aggregiert in Produktgruppen,
- Ressourcen zusammengefasst in Kapazitätsgruppen und
- Integration von kürzeren Zeitperioden in längere Zeitperioden.

Die einzelnen Planungsmodule werden durch horizontale und vertikale Informationsflüsse verbunden. Dabei setzen die hierarchisch höheren Planungsmodule den untergeordneten Modulen Restriktionen, während die untergeordneten Module Planungsergebnisse zurückliefern. Abbildung 5.2 veranschaulicht diese hierarchischen Planungsaktivitäten.

Die Struktur von hierarchischen Planungssystemen, d. h. die Zuweisung von Planungsaktivitäten zu Modulen und der Informationsfluss zwischen diesen, muss

5.2 Entwicklung der Produktionsplanungs- und -steuerungs (PPS)-Systeme

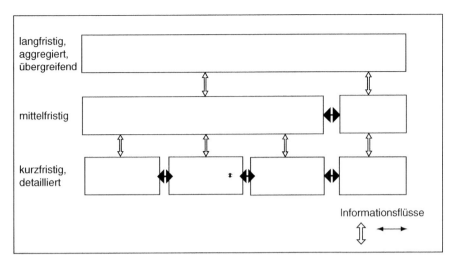

Abb. 5.2 Hierarchische Planungsaktivitäten (FLEISCHMANN/MEYR/WAGNER 2005)

sehr sorgfältig geplant werden. APS nutzen dazu Hauptspeicher, in denen u. a. SC-Strukturen, Ressourcen, Aufträge und Stücklisten in Form eines Netzes ständig vorgehalten werden. Eine Berücksichtigung von Änderungen dieser Daten kann somit in Echtzeit erfolgen. Beschleunigend wirkt auch die Verwendung von inkrementellen Planungsansätzen, die bei einer Veränderung von Planungsdaten Pläne fortschreiben und nicht wie bei den MRP-II-basierten ERP-Systemen komplett neu erstellen. Bedingt durch die kurzen Reaktionszeiten von APS ist es zudem möglich, verschiedene „What-if-Szenarien" durchzuspielen. Die Auswirkungen von Entscheidungen auf das Gesamtsystem werden so für den Anwender transparent.

Abbildung 5.3 fasst die Unterschiede von APS und MRP-II-Systemen noch einmal zusammen.

Kriterium	APS	MRP II
Restriktions-berücksichtigung	Constraint-basierte Planung	Planung mit unbeschränkten Restriktionen
Geschwindigkeit	hohes Tempo - Echtzeit	niedriges Tempo - Batch
Planungsfortlauf	fortlaufende Planung	initialer Neuaufwurf
Sichtweise	globale Sicht	lokale Sicht
Planungsaufbau	hierarchische Planung	sukzessive Planung
Entscheidungs-unterstützung	effiziente Entscheidungsunterstützung durch "What-if-Szenarien"	begrenzte Entscheidungsunterstützung

Abb. 5.3 APS und MRP-II im Vergleich

Dank solcher speziell auf den Planungsprozess konzentrierter Systeme können immer komplexere Planungsprobleme gelöst werden. Allerdings fordert die optimale Planung einer Supply Chain auch immer ein gutes ERP-System als Datenbasis.

Im nachfolgenden Abschnitt werden die Aktivitäten des Advanced Planning einer Supply Chain auf ein hierarchisches Planungssystem abgebildet, die SC-Planning-Matrix.

5.3 Aufbau von APS

5.3.1 Überblick über den Aufbau von APS

Zur umfassenden Unterstützung des SCM stellt ein APS eine Vielzahl von Funktionen zur Verfügung, die ähnlich wie bei ERP-Systemen zu Modulen für einzelne Bereiche zusammengefasst sind. In Abhängigkeit von der konkreten Problemstellung kann der Einsatz auf ausgewählte Module beschränkt werden.

Abbildung 5.4 zeigt den typischen Aufbau eines APS, wobei die hier gewählte Darstellungsform der SC-Planning-Matrix nach STEVEN/KRÜGER (2004) die Module

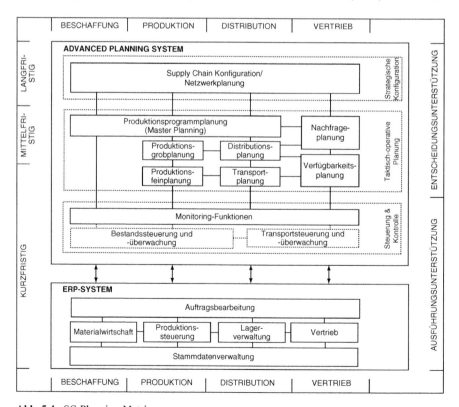

Abb. 5.4 SC-Planning-Matrix

5.3 Aufbau von APS

nach ihrem Bezug zu Funktionsbereichen und der Fristigkeit ihres Planungshorizonts ordnet.

Folgende Module lassen sich demnach unterscheiden:

Zur Unterstützung der strategischen und langfristig orientierten Konfigurationsaufgaben bieten APS Modellierungs- und Simulationsfunktionen zur Standortplanung sowie zur Planung von Beschaffungs- und Distributionswegen, die in dem Modul „Strategische Netzwerkplanung" (Strategic Network Planning) zusammengefasst sind.

Funktionen für die taktisch-operative Planung mit mittel- bis kurzfristigem Planungshorizont sind auf verschiedene Module verteilt.

Das Modul „(Mittelfristige) Produktionsprogrammplanung" (Master Planning) ist für die Koordination von Beschaffung, Produktion und Distribution verantwortlich und greift dazu u. a. auf Prognosewerte des Moduls „Nachfrageplanung" (Demand Planning) zurück, das ebenfalls einen mittelfristigen Planungshorizont aufweist.

Ergänzt wird die Nachfrageplanung durch das Modul „Verfügbarkeit" (Available-to-Promise, ATP), das bei eher kurzfristiger Ausrichtung durch die schnelle Zusage verbindlicher Liefertermine der verbesserten Abwicklung konkreter Kundenaufträge dient.

Die Produktion (Production Planning and Scheduling) wird durch zwei Module abgedeckt, das mittelfristig orientierte Modul „Produktionsgrobplanung", welches Produktionsaufträge für die verschiedenen Standorte generiert, und das kurzfristig ausgerichtete Modul „Produktionsfeinplanung", das u. a. die Reihenfolgeplanung für die einzelnen Produktionstage übernimmt.

Vergleichbar ist die Funktionsteilung zwischen dem Modul „Distributionsplanung", welches für die netzwerkweite Bestands- und Transportplanung verantwortlich ist, und dem Modul „Transportplanung", das die kurzfristige Touren- und Ladeplanung abdeckt.

Darüber hinaus verfügen APS zur Steuerung und Kontrolle über Module für das Monitoring der gesamten Supply Chain sowie für die Bestands- und Transportsteuerung und -überwachung. In Ergänzung zu den APS erbringen die vorhandenen ERP-Systeme Unterstützungsleistungen auf der betrieblichen Ebene wie z. B. die Auftragsbearbeitung, die Materialwirtschaft, die Produktionssteuerung, die Lagerverwaltung, den Vertrieb sowie die Stammdatenverwaltung. Der Umfang dieser Leistungen ist von den eingesetzten APS-Modulen abhängig. Die SC-Planning-Matrix veranschaulicht das Zusammenspiel von APS und ERP-Systemen: Während erstere vorrangig zur Entscheidungsunterstützung eingesetzt werden, dienen die ERP-Systeme hauptsächlich der Unterstützung von Ausführungsaufgaben.

5.3.2 *Module von APS*

In den folgenden Abschnitten werden die einzelnen Module von APS näher beschrieben.

5.3.2.1 Strategic Network Planning

Im Rahmen der strategischen Planung versuchen die Unternehmen, eine Supply Chain zu gestalten, die es ihnen ermöglicht, ihren Gewinn über den geplanten Zeitraum zu maximieren. Alle Organisationen müssen eine solche Umgestaltung der Supply Chain von Zeit zu Zeit vornehmen, um auf veränderte Marktkonditionen zu reagieren. Die in Abschn. 1.2.1 dargestellten Zielsetzungen des SCM bilden dabei auch die Grundlage für die Ziele des Design einer Supply Chain. Ziel des SC-Designs ist folglich die Konfiguration einer effizienten und effektiven Supply Chain, bei der die wesentlichen Aspekte Kosten, Zeit und Qualität bzw. Service zu berücksichtigen sind.

Die Festlegung der Zielsetzung ist auch von den Produkten und damit der strategischen Ausrichtung der Supply Chain abhängig. Bei einer primär auftragsgetriebenen Supply Chain liegt der Fokus auf der Einhaltung von zugesagten Lieferterminen. Eine Auslastung der Produktion und niedrige Bestände sind von nachrangiger Bedeutung. Im Gegensatz dazu haben prognosegetriebene Supply Chains die Zielsetzung einer effizienten Abwicklung der Warenströme bei niedrigen Beständen und hohen Kapazitätsauslastungen. Neben diesen zwei extremen Ausprägungen existiert eine Reihe von Mischformen.

Während des Strategic Network Planning identifizieren Unternehmen ihre Zulieferer, Schlüsselprodukte, Produktions- und Lagerstätten sowie Kundenmärkte. In Bezug auf die Zulieferer ist dabei zu entscheiden, wie die Auswahl der Zulieferer zu erfolgen hat und welche Zulieferer in welcher Anzahl zu selektieren sind. Neben der Festlegung der Schlüsselprodukte ist bezüglich der Produktionsstätten zunächst die Entscheidung zu treffen, welche Gesamtkapazität insgesamt benötigt wird. Anschließend werden Zahl und geographische Lage der Produktionsstätten bestimmt. Bei der Gestaltung des Distributionssystems ist grundlegend zu beschließen, über wie viele Stufen der Distributionsprozess durchgeführt wird. Auf jeder untergeordneten Ebene erfolgt dann die Entscheidung über die Anzahl von Lagern und deren geographische Lage. Die Standorte der Kunden beeinflussen die Struktur der Supply Chain z. B. durch die Distanz zu den Auslieferungslagern im Hinblick auf die Einhaltung eines entsprechend definierten Servicegrades oder die Minimierung von Transportkosten.

Strategische Entscheidungen im Rahmen eines Strategic Network Planning sind der bestimmende Faktor dafür, ob die Warenströme effizient oder nicht effizient durch das Distributionsnetzwerk fließen. Standortanalysen spielen dabei eine zentrale Rolle, wobei die hierfür angewandten Algorithmen auf Langrange Relaxationstechniken basieren, die erfolgreich für eine große Auswahl dieser Art von Problemstellungen angewandt werden. Im Folgenden wird ein Modell zur geographischen Lagebestimmung von Lagerstandorten nach MURIEL/SIMCHI-LEVI (2003) vorgestellt.

Basierend auf einer vorgegebenen Liste von potenziell möglichen Lagerstandorten sollen die entsprechend optimalen in einem Distributionsnetzwerk ermittelt werden. Ziel ist es hierbei, die Gesamtkosten im Netzwerk unter Berücksichtigung von folgenden Restriktionen und Annahmen zu minimieren:

5.3 Aufbau von APS

- jedes Lager hat eine Kapazitätsgrenze, die dazu führt, dass nur ein begrenztes Gebiet beliefert werden kann,
- jeder Händler wird ausschließlich von einem Lager beliefert und befindet sich in einem festgelegten Radius zum Lager, damit eine angemessene Lieferzeit gewährleistet wird,
- Händler erhalten Lieferungen eines Produktes ausschließlich von einem Lager und
- Lager können von allen möglichen Produktionsstätten mit einer beliebigen Menge (begrenzt durch entsprechende Kapazitäten) beliefert werden.

In einer Region befindet sich geographisch verstreut eine Anzahl von Produktionsstätten und Händlern. Die Nachfrage pro Produkt der einzelnen Händler ist bekannt. Die Kosten enthalten einen fixen (z. B. Mietkosten für ein Gebäude, grundsätzlich standortabhängig) und einen variablen (Transportkosten pro Einheit von der Produktion zum Lager und vom Lager zum Händler) Bestandteil.

Folgende Variablen werden bei dem Modell benutzt:

c_{ljk}: Transportkosten einer Einheit von Produkt k ($k = 1, 2, …, K$) von Produktionsstätte l ($l = 1, 2, …, L$) nach Lagerort j ($j = 1, 2, …, J$),

d_{jik}: Transportkosten einer Einheit von Produkt k ($k = 1, 2 …, K$) von Lagerort j ($j = 1, 2, …, J$) zum Händler i ($i = 1, 2, …, I$),

f_j: Fixkosten von Lagerstandort j ($j = 1, 2, …, J$),

v_{lk}: Angebot von Produkt k ($k = 1, 2, …, K$) an Produktionsstätte l ($l = 1, 2, …, L$),

w_{ik}: Nachfrage von Produkt k ($k = 1, 2, …, K$) bei Händler i ($i = 1, 2, …, I$),

s_k: Volumen pro Einheit von Produkt k ($k = 1, 2, …, K$),

q_j: Kapazität (in Volumen) des Lagerstandortes j ($j = 1, 2, …, J$),

W: Anzahl der festzulegenden Lagerstandorte,

u_{ljk}: Menge von Produkt k ($k = 1, 2, …, K$), die von Produktionsstätte l ($l = 1, 2, …, L$) zu Lagerstandort j ($j = 1, 2, …, J$) transportiert wird,

$$y_j : \begin{cases} 1, & \text{wenn Lagerstandort } j\ (j = 1, 2, …, J) \text{ gewählt wird,} \\ 0, & \text{sonst,} \end{cases}$$

$$x_{jik} : \begin{cases} 1, & \text{wenn Händler } i\ (i = 1, 2, …, I) \text{ Produkt } k\ (k = 1, 2, …, K) \text{ von Lagerstandort } j\ (j = 1, 2, …, J) \text{ bekommt,} \\ 0, & \text{sonst.} \end{cases}$$

Nun kann das Netzwerkproblem als ganzzahliges Programm formuliert werden, wobei die Zielfunktion lautet:

$$Z^* = \min \sum_{l=1}^{L}\sum_{j=1}^{J}\sum_{k=1}^{K} c_{ljk} \cdot u_{ljk} + \sum_{i=1}^{I}\sum_{j=1}^{J}\sum_{k=1}^{K} d_{jik} \cdot w_{ik} \cdot x_{jik} + \sum_{j=1}^{J} f_j \cdot y_j. \quad (5.1)$$

Diese Zielfunktion gilt es, unter folgenden Nebenbedingungen zu minimieren:

$$\sum_{j=1}^{J} x_{jik} = 1 \ (i = 1, 2, \ldots, I, \ k = 1, 2, \ldots, K), \tag{5.2}$$

$$\sum_{i=1}^{I} \sum_{k=1}^{K} s_k \cdot w_{ik} \cdot x_{jik} \leq q_j \cdot y_j \ (j = 1, 2, \ldots, J), \tag{5.3}$$

$$\sum_{i=1}^{I} w_{ik} \cdot x_{jik} = \sum_{l=1}^{L} u_{ljk} \ (j = 1, 2, \ldots, J, \ k = 1, 2, \ldots, K), \tag{5.4}$$

$$\sum_{j=1}^{J} u_{ljk} \leq v_{lk} \ (i = 1, 2, \ldots, I, \ k = 1, 2, \ldots, K), \tag{5.5}$$

$$\sum_{j=1}^{J} y_j = W, \tag{5.6}$$

$$y_j, \ x_{jik} \in \{0, 1\} \ (i = 1, 2, \ldots, I, \ j = 1, 2, \ldots, J, \ k = 1, 2, \ldots, k), \tag{5.7}$$

$$u_{ljk} \geq 0 \ (i = 1, 2, \ldots, I, \ j = 1, 2, \ldots, J, \ k = 1, 2, \ldots, K) \tag{5.8}$$

Die Zielfunktion minimiert die Summe der Transportkosten zwischen der Produktionsstätte und den Lagerstandorten sowie den Lagerstandorten und den Händlern und weiterhin die standortabhängigen Fixkosten. Die Nebenbedingung (5.2) beschreibt eine Form des Sole Sourcing: Jede Händler-/Produktkombination wird z. B. aus Servicegründen nur von einem einzelnen Lager beliefert. Bezüglich der Berücksichtigung von Kapazitätsgrenzen der einzelnen Lager fordert Bedingung (5.3), dass die Händlernachfrage eines Produktes nicht größer sein darf als die Kapazität des ihn beliefernden Lagers. Nebenbedingung (5.4) stellt für jedes Produkt und jede Lagerstätte sicher, dass die von der Produktion an das Lager gelieferte Menge des Produktes gleich der nachgefragten und gelieferten Menge vom Lager zu den Händlern ist, also vereinfacht gesagt, dass genau das produziert wird, was von den Händlern abgenommen wird. Die Lieferungen erfahren durch Bedingung (5.5) eine Begrenzung, indem von den Produkten maximal die produzierte Menge von den Produktionsstätten an die Lagerstätten geliefert werden kann. Die Anzahl der Lagerstandorte wird durch die Nebenbedingung (5.6) auf eine feste Zahl beschränkt. Die letzten beiden Bedingungen definieren die Entscheidungsvariablen: y_j und x_{jik} können nur den Wert 0 oder 1 annehmen, und die Entscheidungsvariable u_{ljk} muss die Nichtnegativitätsbedingungen erfüllen.

Die Lösung des Modells liefert dementsprechend auf Basis der bekannten Eingangsdaten die Informationen, welche Standorte tatsächlich als Lager gewählt wer-

5.3 Aufbau von APS

den, welche Händler mit welchem Produkt von welchem Lagerstandort beliefert werden und welche Produktmengen von den Produktionsstätten zu den Lagerorten transportiert werden. In dem vorgestellten Modell werden die Transportkosten als lineare Funktion in Abhängigkeit von der gelieferten Menge dargestellt. Die jährlich anfallenden Transportkosten basieren auf durchschnittlichen Liefermengen, d. h. es erfolgt eine Approximation, durch die computergestützte Lösungsverfahren beschleunigt oder grundsätzlich erst ermöglicht werden. Das aufgestellte Modell kann je nach der zu lösenden Fragestellung entsprechend erweitert werden. So können z. B. Handlingkosten pro Tonne Eingang in das Modell finden. Soll außerdem ein bestimmtes Servicelevel in Stunden oder Tagen eingehalten werden, so kann dies in Form einer begrenzten Distanz zwischen dem Lager und dem Händler berücksichtigt werden.

Die Hauptobjekte in einem Strategic Network Planning sind folglich in sich zusammenhängende Länder, Planungszeiträume, Produkte, Kunden, Verkäufer und Lieferanten, Fertigungs- und Vertriebseinrichtungen und Transportvermögen. Die Beziehungen zwischen den verschiedenen Variablen sind normalerweise einfach und linear. Während die Entscheidungsvariablen und Beschränkungen in sich einfach sind, schafft die Anzahl von Variablen und Beschränkungen jedoch ein bedeutsames Problem für die Modellformulierung, Datenerfassung und Modelllösung. So legt GOETSCHALCKX (2002) dar, dass bei einem hypothetischen SC-Modell mit relativ bescheidener Größe von 20 Produktgruppen, 30 möglichen Einrichtungen und Einrichtungstechniken, 50 Kundengruppen, 3 alternativen Transportwegen zwischen den Einrichtungen und den Kundengruppen und 5 Planungszeiträumen 450.000 Möglichkeiten zur Ausgestaltung der SC-Struktur existieren.

Bei Entscheidungen im Rahmen des Strategic Network Planning handelt es sich aufgrund des langfristigen Planungshorizonts um Entscheidungen unter Unsicherheit. Daher ist eine weitere Forderung die Robustheit der Supply Chain. Die Robustheitsforderung ist mit der Flexibilitätsforderung gleichzusetzen, bei der eine Supply Chain für alle potenziell eintretenden Umweltzustände Anpassungsfähigkeit besitzt. Diese Forderung begründet sich durch die langfristigen und hohen Investitionen, die bei der Errichtung einer Supply Chain getätigt werden. Daher sollte eine Supply Chain etwa gegen einen Produkt-, Kunden- oder Lieferantenwechsel robust sein. Während die Einrichtungen in der Supply Chain häufig einen Lebenszyklus von vielen Jahren haben, ändern sich die Produkte, die diese Supply Chain durchlaufen, oft innerhalb kurzer Zeit völlig. Folglich muss die Infrastruktur so beschaffen sein, dass der gegenwärtige Bedarf an Produkten gedeckt werden kann, aber sie muss auch in der Lage sein, sich zukünftig verschiedenen neuen Produkten anzupassen. Ein Modell zum Strategic Network Planning sollte aufgrund dessen eine bestimmte Anzahl von Variablen und Beschränkungen für verschiedene Szenarien beinhalten, um für eine Anzahl von Szenarien die beste Supply Chain mit jeweils einer gewissen Wahrscheinlichkeit des Auftretens zu bestimmen. Dieses wiederum steigert die Anzahl von Variablen und Beschränkungen um den Faktor der Anzahl der Szenarien. So kann ein Modell mit 50.000 Flussvariablen durch die Formulierung von 30 möglichen Szenarien auf 1.500.000 Variablen anwachsen.

Planungsmodelle und Entscheidungen im Strategic Network Planning umfassen in der Regel eine räumliche und eine zeitliche Komponente, welche zueinander in Beziehung stehen. Z. B. kann es im Rahmen der Ausweitung der Absatzmärkte geschehen, dass ein Unternehmen beschließt, seine Produkte in den ersten zwei Jahren in vorhandenen Fertigungseinrichtungen herzustellen und sie in den neuen Absatzbereich zu transportieren. Wenn dann nach einem bestimmten Zeitraum, wie z. B. drei Jahren, die Nachfrage gewachsen ist, sieht die Produktions- bzw. Vertriebsstrategie vor, die Produkte vor Ort herzustellen. Dementsprechend muss mit dem Bau einer neuen Herstellungsanlage begonnen werden.

Viele der während der strategischen Planung getroffenen Entscheidungen sind vom Typ „tun" oder „nicht tun". So kann es z. B. eine Entscheidung sein, eine neue Produktionsanlage im Jahr drei zu bauen oder nicht; es ist aber nicht möglich eine halbe Anlage zu bauen. Diese Art der Entscheidung wird mit binären Variablen modelliert. Die optimale Lösung für ein solches Modell ist notorisch und nachweislich schwer zu finden. Die Lösungsalgorithmen und Techniken zur Optimierung solcher Modelle gehören zur Gruppe der gemischten ganzzahligen (MIP) Algorithmen. Letztendlich ist die korrekte Ausführung von strategischen Planungsbemühungen eine sehr schwierige Aufgabe. Die Entscheidungshilfemodelle müssen umfassend sein und beide Seiten, sowohl die der technischen als auch die der finanziellen Beschränkungen, berücksichtigen. Die Modelle erfordern daher eine Menge und Vielfalt von Daten, die oft mit erheblicher Ungewissheit vorhergesagt werden müssen.

Die im Strategic Network Planning getroffenen Entscheidungen beeinflussen die Herstellungs- und Vertriebskapazität sowie die Zuordnung dieser Kapazitäten zu Produkten und Kundenzonen. Diese Kapazitäten und Zuordnungen werden zu Beschränkungen im Master Planning-Prozess, in dem dann die detaillierten Materialflüsse und -lagerungen für eine Anzahl von kürzeren Zeitperioden bestimmt werden (vgl. Abschn. 5.3.2.3).

5.3.2.2 Demand Planning

Die Nachfrageplanung (Demand Planning) hat zum Ziel, die zukünftige Nachfrage nach den in der Supply Chain erstellten Produkten oder Dienstleistungen zu schätzen. Sie trägt damit zur Entscheidungsfindung und Planungssicherheit der Unternehmen bei und unterstützt die Reduzierung des in Supply Chains auftretenden Bullwhip-Effekts (vgl. hierzu auch Abschn. 1.2.1). Aufgrund dessen sollten alle Entscheidungen in der gesamten Supply Chain auf schon fixierten (anerkannten) Kundenbestellungen und/oder geplanten Verkäufen, die anhand von Prognosen im Demand Planning bestimmt werden, basieren.

Vor Durchführung einer Nachfrageprognose sollten zunächst die Dimensionen der Prognose festgelegt werden, da diese maßgeblich Aussagegehalt und Prognoseaufwand mitbestimmen. WAGNER (2005) unterscheidet drei Dimensionen der Nachfrageplanung:

- Produktdimension (Produkt/Produktgruppe/Produktlinie),
- geographische Dimension (Kunde/Vertriebsregion/Land) und
- zeitliche Dimension (Zeitperioden/Zeithorizont).

5.3 Aufbau von APS

Tendenziell gilt, dass eine aggregrierte Nachfrage, also die Nachfrage nach einer ganzen Produktgruppe oder in einer großen Region, immer besser vorhersagbar ist als eine sehr spezielle Nachfrage. Zusätzlich kann eine Vorhersage aus zwei unterschiedlichen Perspektiven entwickelt werden: Bei der Top-down-Herangehensweise wird eine landesweite oder globale Prognose erstellt und prozentual anhand historischer Verkaufsdaten auf die einzelnen Regionen verteilt. Diese zentralisierte Vorgehensweise ist gut für stabile Situationen geeignet, in denen sich die Nachfrage gleichmäßig in allen Märkten verändert. Bei der Bottom-up-Herangehensweise wird die Nachfrage für jede Vertriebsregion getrennt ermittelt. Hierdurch können lokale Veränderungen besser berücksichtigt werden, wobei der Aufwand jedoch höher ausfällt als bei der Top-down-Perspektive.

Generell lässt sich der in einem Unternehmen oder einer Supply Chain ablaufende Prozess der Nachfrageplanung wie in Abb. 5.5 nach BOWERSOX/CLOSS (1996) darstellen. Die Grundlage bildet eine gute Datenbasis, also Zeitreihen über Verkaufszahlen und Bestellungen, Informationen über Marketingaktionen und externe Einflüsse, aber auch die Erfahrung mit Produkten und Märkten. Organisatorisch muss sichergestellt werden, dass diese Daten gesammelt und für die Planung zur Verfügung gestellt werden. Die Organisation sorgt außerdem für eine Integration der Nachfrageplanung in die übrigen Unternehmensstrukturen und für die Klärung von Aufgaben und Zuständigkeiten. Die Prognosemethoden und ihre Anwendung müssen den Mitarbeitern dabei bekannt sein. Durch Hilfsmittel wie APS oder Softwaretools wird der Vorhersageprozess unterstützt und häufig automatisiert durchgeführt. Die in diesem Prozess generierten Prognosewerte werden schließlich den Nutzern zur Erfüllung von Planungsaufgaben, wie z. B. der Personal- oder Maschinenplanung (kurzfristig) oder aber der Planung von neuen Produktions- und Vertriebsstandorten (langfristig), bereitgestellt. In einer Supply Chain hat hierfür der Informationsfluss entlang der gesamten Lieferkette eine hohe Bedeutung, da so alle Beteiligten nicht erst bei Auftragseingang, sondern schon im Vorfeld ihre Geschäftstätigkeit planen können und keine eigenen Prognosen erstellen müssen.

Bei der Durchführung von Nachfrageprognosen existieren folglich drei wesentliche Planungsbestandteile:

- Die statistische Prognose verwendet hoch entwickelte Methoden, um Vorhersagen für viele Einzelheiten automatisch zu erzeugen. Dies ist der erste Baustein des Demand Planning-Prozesses.
- Als zweiter Bestandteil werden der statistischen Prognose bestimmte Informationen hinzugefügt, die durch Aufstellen von Szenarien gewonnen werden. So

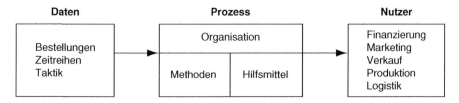

Abb. 5.5 Prozess der Nachfrageplanung

können beispielsweise Nachfrageänderungen durch Verkaufsförderungsmaßnahmen, Marketingkampagnen, Änderungen in der Anzahl der Geschäfte usw. simuliert werden. Es können aber auch manuelle Korrekturen der Vorhersage Berücksichtigung finden.
• Der Vorhersageprozess muss von vielen SC-Mitgliedern aus verschiedenen funktionellen Bereichen (Vertrieb, Produktion, Beschaffung usw.) unterstützt werden. Deshalb ist während des gesamten Prozesses eine intensive Zusammenarbeit notwendig, um ein Ergebnis zu erhalten, das von allen Teilnehmern akzeptiert wird.

Prognosen scheinen ein zuverlässiges Werkzeug zu sein, um Informationen für die Bereiche Vertrieb, Produktion und Beschaffung zu erhalten. Allerdings enthält jeder Planungsschritt, der auf Daten aus dem Demand Planning basiert, ein gewisses Maß an Unsicherheit. Die Differenz zwischen der Produktionsmenge (Ergebnis der Planung basierend auf Vorhersagen) und den tatsächlichen Verkäufen (Kundenbestellungen) in der Vergangenheit beeinflusst die Höhe des im Master Planning bestimmten Sicherheitsvorrates und damit das Serviceniveau der gesamten Supply Chain. Die Höhe des Sicherheitsvorrates ist also eng mit der Vorhersage verbunden, da der Vorhersagefehler in dessen Berechnung mit eingeht. Darüber hinaus werden Daten aus dem Demand Planning vor allem in dem später vorgestellten Modul „Produktionsplanung" benötigt.

Die der Nachfrageplanung mittels APS zugrunde liegenden statistischen Prognosemethoden einschließlich der Bestimmung der Vorhersagefehler werden in Abschn. 6.3 noch näher erläutert. Dabei wird der Begriff der Nachfrageplanung im SCM synonym zum Begriff der Bedarfsplanung verwendet, da die Nachfrage auf der nachfolgenden Wertschöpfungsstufe gleich der Bedarfe auf der jeweils vorgelagerten Wertschöpfungsstufe ist.

5.3.2.3 Master Planning

Das Master Planning umfasst die mittelfristige Planung von Beschaffung, Produktion und Distribution, d. h. es bestimmt die entsprechenden Mengen, die produziert, bewegt oder gelagert werden. Seine Hauptaufgabe ist die zentrale Synchronisation des Materialflusses über die gesamte Wertschöpfungskette, damit die in den oben genannten Bereichen verfügbaren Kapazitäten effizient eingesetzt werden. Besonderes Augenmerk gelegt werden muss in diesem Zusammenhang auf solche Kapazitäten, welche in der Vergangenheit bereits einen Engpass darstellten oder dieses in der Zukunft tun könnten, wie beispielsweise Maschinen, Lagerstätten, aber auch Transportmöglichkeiten.

Auf der Grundlage von Nachfragedaten aus dem Demand Planning-Modul erstellt das Master Planning einen zusammengefassten Produktions- und Vertriebsplan für alle SC-Einheiten. Dabei ist es wichtig, verfügbare Kapazitäten und Abhängigkeiten zwischen den verschiedenen Produktions- und Vertriebsabschnitten auszumachen. Ein Produktions- und Vertriebsplan für die gesamte Supply Chain führt zu einem abgestimmten Fluss von Materialien, ohne große Puffer zwischen den einzelnen Einheiten zu schaffen.

5.3 Aufbau von APS

Ziel dabei ist es, die Summe aller in den betroffenen Organisationseinheiten anfallenden Kosten zu minimieren. Insbesondere betrifft dies Lagerhaltungskosten, Kosten zur Erweiterung der Kapazität, variable Produktionskosten sowie Transportkosten. Darüber hinaus sind Einkaufspreise verschiedener Lieferanten einzubeziehen, wenn das Master Planning auch die Basis für Einkaufsentscheidungen sein soll.

Im Kontext des Master Planning müssen nach ROHDE/WAGNER (2005) die folgenden Möglichkeiten beurteilt werden, wenn Engpässe bei Produktionsmitteln auftreten:

- Produktion in früheren Perioden mit Aufbau von Lagervorräten,
- Produktion in Alternativstandorten mit höheren Produktions- und/oder Transportkosten,
- Produktion mit alternativen Verfahren, die höhere Produktionskosten verursachen,
- Zukauf von Produkten mit höheren Kosten als bei Eigenproduktion und
- Ausweitung der Produktion durch Überstunden, um die gegebene Nachfrage mit gestiegenen Produktionskosten zu befriedigen.

Es ist ebenso möglich, dass ein Engpass auf Transportseite auftritt, der durch das Master Planning bewältigt werden muss. In diesem Fall müssen die folgenden Alternativen in Betracht gezogen werden:

- Produktion und Auslieferung in früheren Perioden zur Erhöhung des Vorrates im Vertriebszentrum,
- Verteilung der Produkte mit Hilfe von Alternativtransportmodi mit verschiedenen Kapazitäten und Kosten und
- Belieferung der Kunden aus einem anderen Vertriebszentrum.

Um diese Probleme optimal zu lösen, muss eine ganzheitliche Betrachtung der Supply Chain erfolgen, wobei eine Lösung aus einer zentralen Sichtweise unter Berücksichtigung aller relevanten Kosten und Beschränkungen generiert werden sollte. Ansonsten führen dezentrale Ansätze zu Engpässen an anderen Standorten und somit zu suboptimalen Lösungen.

Eine besondere Rolle im Master Planning spielt die Wahl der Länge des Planungshorizonts, also der Zeitspanne, für die der Plan erstellt wird. Dabei ist es wichtig, einen Planungshorizont zu wählen, der mindestens einen zeitlichen Zyklus umfasst. Andernfalls kann es geschehen, dass Nachfragespitzen nicht abgedeckt werden können. Wenn z. B. eine Nachfragespitze im letzten Quartal des Jahres auftritt, aber jeweils nur ein halbes Jahr betrachtet wird, kann es unter Umständen sein, dass die entsprechende Nachfrage nicht mehr befriedigt werden kann (Tabellen 5.1–5.3 nach ROHDE/WAGNER (2005)).

Tabelle 5.1 zeigt die vierteljährliche Nachfrage und die verfügbare Kapazität.

Wenn es nicht möglich ist, die Kapazität zu erweitern, führt der halbjährliche Horizont zu einem undurchführbaren Plan (Tab. 5.2), so dass die Nachfragespitze nicht mehr abgedeckt werden kann (es wäre die Verwendung einer Kapazität von 35 notwendig, um die Nachfrage zu befriedigen, es steht allerdings nur eine Kapazität von 20 zur Verfügung).

Tab. 5.1 Saisonbedingte Nachfragespitze

Quartal	1	2	3	4
Nachfrage	12	13	10	45
Verfügbare Kapazität	20	20	20	20

Tab. 5.2 Undurchführbare Lösung

Quartal	1	2	3	4
Nachfrage	12	13	10	45
Verfügbare Kapazität	20	20	20	20
Verwendete Kapazität	12	13	20	35

Tab. 5.3 Durchführbare Lösung

Quartal	1	2	3	4
Nachfrage	12	13	10	45
Verfügbare Kapazität	20	20	20	20
Verwendete Kapazität	20	20	20	20

Unter Berücksichtigung des ganzen Zyklus im Planungshorizont kann ein durchführbarer Plan abgeleitet werden (Tab. 5.3).

Man erkennt, dass die Länge der Planungsperioden sorgfältig gewählt werden muss. Während größere Betrachtungszeiträume zu Ungenauigkeiten in der Planung führen, bedeuten kürzere Betrachtungszeiträume neben größerer Genauigkeit aber auch eine höhere Komplexität bei der Durchführung der Planung. Ein Kompromiss wäre die Verwendung von variablen Längen der verschiedenen Perioden. Dies beinhaltet, dass die ersten Perioden über kürzere Zeiträume als die Perioden am Ende des Planungshorizonts dargestellt werden, um hier eine genaue Planung auf Basis der aktuellen Daten zu ermöglichen.

Die Ergebnisse des Master Planning sind optimierte Werte der Entscheidungsvariablen, welche Anweisungen für andere Planungsmodule, wie die Produktionsplanung und -terminierung sowie die Distributions- und Transportplanung, darstellen. Die Auswahl der notwendigen Variablen muss sich dabei an der Zahl von Restriktionen orientieren, wenn es darum geht, die Gesamtkosten in den Bereichen Beschaffung, Produktion und Distribution zu minimieren. Einige der Ergebnisse des Master Planning haben nur Planungscharakter und werden nie (direkt) ausgeführt, da sie in anderen Modulen genauer bestimmt werden (z. B. Produktionsmengen in der Produktionsfeinplanung). Die wichtigsten Ergebnisse sind die geplante Kapazitätsinanspruchnahme und die Menge des Vorrats zum Ende einer jeden Periode, wobei die Produktionskapazitäten in die Produktionsfeinplanung eingehen und die periodischen Lagerbestände die minimalen Lagerbestände in der detaillierten Planung bilden. Beide können nicht in den kurzfristigen Planungsmodulen bestimmt werden, weil sie unter Berücksichtigung eines ganzen Zyklus errechnet werden müssen.

5.3.2.4 Verfügbarkeitsprüfung und Available-to-Promise (ATP)

Auf den auf Wettbewerb eingestellten Märkten von heute ist es wichtig, schnelle und zuverlässige Auftragsbestätigungen zu erzeugen, um den Kunden zu halten und den Marktanteil zu erhöhen. Genau darauf zielt das Modul ATP ab: Dem Kunden soll schnell und zuverlässig ein verbindlicher Liefertermin zugesagt werden. Dies wird durch die Möglichkeit einer globalen Verfügbarkeitsprüfung erreicht. Kommt eine Kundenanfrage, dann erlaubt die ATP-Funktion eines APS zu prüfen, ob es in irgendeinem Lager noch ausreichend Bestand zur Bedarfsdeckung gibt oder ob ein Produktionsauftrag ausgelöst werden muss. Anhand der aktuellen Plan- und Ist-Bestände der verbundinternen Supply Chain kann beispielsweise ein Verkäufer die Verfügbarkeit eines Produktes online erfragen und seinem Kunden Informationen bezüglich des Liefertermins geben. Im Wesentlichen geht es also um die Fortschreibung des disponiblen Lagerbestands unter Zugriff auf Informationen aus allen relevanten Lagerorten.

Während traditionelle Ansätze der Auftragsbestätigung aufgrund der mangelnden Berücksichtigung verfügbarer Kapazitäten und Materialvorräte zu nichtdurchführbaren Angeboten führen können, zielt ATP darauf, die pünktliche Lieferung bei einem verbindlichen Angebot zu verbessern. So sollen die Anzahl an verpassten Geschäftsabschlüssen reduziert und die Rentabilität durch die Möglichkeit, bei hoher Lieferzuverlässigkeit höhere Verkaufspreise zu erzielen, verbessert werden.

Dabei wird die schnelle Erzeugung von zuverlässigen Auftragsbestätigungen umso komplexer, wenn

- die Anzahl der Produkte zunimmt,
- die durchschnittlichen Produktzyklen sich verkürzen,
- die Anzahl der Kunden steigt,
- eine flexible Preisgestaltungspolitik eingeführt wird und
- die Nachfragevariationen zunehmen und somit weniger vorhersehbar werden.

Die Auftragsbestätigungen mittels ATP stützen sich auf die Informationen über die in den Lagern verfügbaren Bestände aus dem Master Planning. Der Gedanke der APS-basierten Nachfragebestätigung ist, diese Informationen zur Erstellung von zuverlässigen Bestätigungen der Kundenaufträge zu nutzen.

5.3.2.5 Produktionsplanung

Unter der Voraussetzung, dass ein Master Plan erzeugt wurde, können daraus von der Produktionsplanung mittels eines APS detaillierte Pläne für die verschiedenen Werke und Produktionseinheiten abgeleitet werden. Das Master Planning setzt dabei den Rahmen, innerhalb dessen die Produktionsplanung in den dezentralen Entscheidungseinheiten durchgeführt werden kann. Als entsprechende Anweisungen des Master Planning an die Produktionsplanung nennt STADTLER (2005):

- die Menge an Überstunden oder zusätzlichen Schichten,
- die Einkaufsvereinbarungen mit Lieferanten, die nicht Teil der Supply Chain sind,

- die Menge des Vorrates an verschiedenen Artikeln zu bestimmten Jahreszeiten und
- die Fälligkeiten für Bestellungen von nachgeschalteten Wertschöpfungsstufen in der Supply Chain (die eine anschließende Produktionsstufe, ein Spediteur oder ein Kunde sein können).

Zu den wesentlichen Teilproblemen der Produktionsplanung gehören die Produktionsprogrammplanung, die Produktionsprozessplanung und die Bestellmengenplanung. Ausführliche Darstellungen hierzu finden sich bei FANDEL/FISTEK/STÜTZ (2009).

Im Rahmen der im Modul „Produktionsgrobplanung" durchgeführten Produktionsprogrammplanung werden die herzustellenden Endprodukte, also der Primärbedarf, nach Art und Menge pro Planungsperiode festgelegt. Dieser wird aus vorliegenden Kundenaufträgen bzw. über Absatzprognosen aus dem Demand Planning abgeleitet. Das Produktionsprogramm wird dabei bereits durch die Gestaltung der Infrastruktur und die damit verbundene Dimensionierung der Produktionssegmente vorbestimmt. Die eigentliche Entscheidung, welches Produkt in welchen Mengen gefertigt werden soll, wird dann aufgrund des zu erwartenden Gewinns bzw. Deckungsbeitrags getroffen.

Die Produktionsprozessplanung legt unter der Zielsetzung minimaler Herstellkosten fest, welche Fertigungsverfahren auf den einzelnen Produktiveinheiten in den jeweiligen Perioden zum Einsatz kommen. Sie umfasst die Losgrößenplanung, die Termin- und Kapazitätsplanung sowie die Reihenfolgeplanung und ist damit dem Modul „Produktionsfeinplanung" zuzuordnen.

Die Losgrößenplanung bestimmt unter Berücksichtigung von Produktions-, Lagerhaltungs- und Rüstkosten die Fertigungsauftragsgrößen. Dabei werden mehrere Aufträge eines Produktes zu einem Fertigungsauftrag bzw. Los zusammengefasst, um die oben genannten Kosten minimal zu halten.

Die Termin- und Kapazitätsplanung, welche die zeitliche Koordination der Produktionsabläufe zur Aufgabe hat, ist der sensibelste Bereich der Produktionsplanung. Mittels Durchlaufzeitterminierung, das heißt Vorwärts-, Rückwärts- und Engpassterminierung, meist unterstützt durch Netzplantechnik, werden früheste und späteste Termine für die Durchführung von Arbeitsschritten geplant, der sogenannte „kritische Pfad". Das Optimierungsproblem liegt in der Festlegung terminlicher Abfolgen unter Berücksichtigung der technologisch bedingten Arbeitsgangfolge. Ziel ist es, die Durchlaufzeit eines Produktes zu minimieren. In der Kapazitätsplanung wird anschließend geprüft, ob die erforderlichen Kapazitäten für die Umsetzung des geplanten Produktionsprogramms vorhanden sind. Dabei werden die Belegungszeiten der Produkte mit ihren Volumina auf die kapazitative Inanspruchnahme der Aggregate geprüft. Ziel der Kapazitätsplanung ist es, unter Berücksichtigung gegebener Restriktionen und Engpässe die Kapazitätsauslastung durch quantitative, zeitliche oder intensitätsmäßige Anpassung optimal zu gestalten.

Die Reihenfolgeplanung legt unter Berücksichtigung der technisch bedingten Ablaufstruktur die Reihenfolge fest, in der das gegebene Produktionsprogramm auf die Produktiveinheiten verteilt wird. Das Ergebnis sind Maschinenbelegungspläne, Betriebsmittelzuordnungen von Vorrichtungen und Werkzeugen sowie die Zuordnung von Mitarbeitern.

5.3 Aufbau von APS

In der Bestellmengenplanung wird der in der Produktionsprogrammplanung festgelegte Primärbedarf in den Sekundärbedarf, also den Bedarf an Erzeugnisbestandteilen, aufgelöst. Hierzu müssen die Erzeugnisbestandteile und -mengen aus Stücklisten und Arbeitsplänen bekannt sein. Der benötigte Tertiärbedarf, d. h. der Bedarf an Hilfs- und Betriebsstoffen, ist über Stücklisten und Arbeitspläne nicht zu ermitteln; seine Deckung erfolgt daher verbrauchsgesteuert. Ziel ist es, die Beschaffungskosten zu minimieren.

Im Rahmen der Gestaltung einer flexiblen und bedarfsgerechten Produktionsplanung in einer Supply Chain sind folgende Aspekte von Bedeutung:
- Beschleunigung der Logistikkette,
- Flexibilität aufgrund kundenindividueller Auftragsauslösungen und
- Postponement – späte Variantenbildung.

Beschleunigung der Logistikkette

Die Durchlaufzeit für ein Produkt wird durch den Automatisierungsgrad, die Warte- und Liegezeiten sowie die Taktzeiten bestimmt. Die Optimierung der Durchlaufzeit ist Aufgabe des „Time Based Managements". Time Based Management stellt die Zielgröße „Zeit" bei der Optimierung von Prozessabläufen in den Vordergrund. Die Verkürzung von Durchlaufzeit und Reaktionszeit hat erhebliche Auswirkungen auf alle wettbewerbsrelevanten Differenzierungsmerkmale und damit auch auf den Unternehmenserfolg. Im Rahmen des SCM wird daher eine Verkürzung der Durchlaufzeit angestrebt, um die Logistikkette zu beschleunigen. Demzufolge müssen durch eine Produktionsplanung im SCM Warte- und Liegezeiten sowie Taktzeiten reduziert und der Automatisierungsgrad erhöht werden.

Flexibilität aufgrund kundenindividueller Auftragsauslösungen

SCM stellt – wie bereits erläutert wurde – die Kundenorientierung in den Vordergrund. Daher werden alle Aktivitäten einschließlich der Produktion auf Kundenwunsch ausgelöst, so dass der Kunde Ausgangspunkt der Versorgungskette ist (Pull-Prinzip). Alle beteiligten Stufen müssen so synchronisiert werden, dass vom Kunden ausgehend im gleichen Takt genau die Menge nachgeliefert wird, die auch bestellt wurde. Hierfür ist eine besonders schnelle und flexible Produktion notwendig. Deshalb sollten Maschinen geringe Rüstkosten haben, um auch kleine Losgrößen effizient fertigen zu können. Die bereits erwähnte Durchlaufzeitminimierung ist dabei ein wesentlicher Faktor. Eine bekannte Variante des Pull-Prinzips ist die JIT (Just in Time)- oder die Weiterentwicklung zur JIS (Just in Sequence)-Fertigung. Bei diesen Fertigungsprinzipien wird auf Fertigwarenlager, aber auch weitgehend auf Eingangs- und Zwischenlager verzichtet. Die Herausforderung besteht darin, trotz fehlender Lagerhaltung genau zu dem Zeitpunkt zu liefern, an dem der nächste Prozess entsprechenden Input benötigt. Durch diese bestandsarme Produktion werden die Lagerkosten von Halbfabrikaten auf hoher Wertschöpfungsstufe reduziert. Flexible Arbeitszeitmodelle unterstützen den Prozess.

Postponement – späte Variantenbildung

Durch steigende Kundenanforderungen bzw. -wünsche nimmt die Variantenanzahl von Produkten und somit die Komplexität im Unternehmen zu. Eine große Variantenvielfalt führt zu hohen Beständen bei gleichzeitiger Gefahr einer Serviceverschlechterung. Abhilfe schafft hier das Konzept des Postponement. Postponement bedeutet, die Variantenbildung erst möglichst spät, also am besten erst, nachdem der konkrete Kundenauftrag vorliegt, durchzuführen. Nach diesem Prinzip wird ein für alle Produktvarianten gemeinsames Vorprodukt gelagert und nach der Kundenanfrage an die individuellen Kundenwünsche angepasst. Ziel ist es, kürzere Lieferzeiten zu ermöglichen, die Komplexität der Supply Chain durch die Entkopplung zu reduzieren und die Lagerbestände zu senken.

Eine wesentliche Voraussetzung für ein erfolgreiches Postponement ist, dass die unterschiedlichen Produkte trotz ihrer Variantenvielfalt eine gemeinsame Basis aufweisen. Diese Basis muss identifiziert und erweitert werden. Je mehr Gemeinsamkeiten zwei Produktvarianten haben, desto größer ist das Erfolgspotenzial des Postponement. Das heißt, sowohl der Aufbau des Produkts als auch der Produktionsprozess müssen weitgehend identisch sein.

Eine Möglichkeit, die Umsetzung des Postponement voranzutreiben, besteht in der Modularisierung, bei der einzelne Basisbauteile unterschiedlich zu einem Ganzen kombiniert werden. Der Produktionsprozess erfolgt dabei für die gemeinsamen Basisbauteile identisch bzw. ähnlich. Bezogen auf die Produktionsplanung muss der Produktionsprozess dazu in einzelne, sinnvolle Abschnitte geteilt werden, wobei die unterschiedlichen, individuellen Kundenwünsche möglichst spät auf die identischen Vorprodukte aufgesetzt werden. Dadurch können Spezialisierungsvorteile gewonnen werden, so dass der Produktionsprozess hinsichtlich der Fehleranfälligkeit optimiert wird.

Eine weitere Option, den Schwierigkeiten der Variantenvielfalt entgegen zu wirken, ist das Prinzip der Standardisierung. Dabei werden individuelle Komponenten durch konstruktive Änderungen bzw. Anpassungen zu Standardkomponenten. Anhand eines Baukastensystems werden die einzelnen, standardisierten Komponenten dann zu Modulen zusammengesetzt. Durch die Standardisierung lässt sich die Anzahl der unterschiedlichen Komponenten reduzieren, d. h. auch die Anzahl der verschiedenen Teile im Produktionsprozess nimmt ab, was wiederum zu einer sinkenden Fehleranfälligkeit im Produktionsprozess führt. Darüber hinaus ist die Standardisierung des Produktionsprozesses für ähnliche Komponenten möglich. Bezüglich der Produktionsreihenfolge ist darauf zu achten, dass die kundenindividuelle Variantenbildung möglichst erst nach der Kundenbestellung eingebaut wird, auch wenn dies eine aufwändigere Produktion zur Folge hätte.

Ziel der Produktionsplanung ist die Maximierung der Lieferbereitschaft und Termintreue bei gleichzeitiger Optimierung der Kapazitätsauslastung und der Minimierung der Bestandskosten. Hierzu werden Produktionsprogramm- und Produktionsprozessplanung auf das im SCM vorherrschende Pull-Prinzip ausgelegt. Die durchgängig wertschöpfungsorientierte Betrachtung des Produktionsprozesses bewirkt die Sicherstellung der Effizienz sowie Kostenreduzierungen. Die Lagerhaltungskosten werden weitgehend eliminiert und die Durchlaufzeit signifikant verkürzt. Zur Erreichung eines möglichst guten Planungsergebnisses sollte dazu neben dem Einsatz eines APS auch die zeitnahe, ereignisorientierte Übernahme von produktionsrelevanten Daten aus ERP-, Betriebs- und Maschinendatenerfassungssystemen unterstützt werden.

5.3.2.6 Transport- und Distributionsplanung

Transportprozesse sind wesentliche Bestandteile der Supply Chain. Sie führen den Materialfluss durch, den ein Unternehmen mit seinen Lieferanten und seinen Kunden verbindet. Die entsprechende Struktur eines Transportsystems hängt hauptsächlich von der Größe der einzelnen Lieferungen ab: Große Lieferungen können direkt von der Quelle zum Zielort in ganzen Transporteinheiten, wie z. B. Lastwagen oder Behältern, gehen. Die Lieferung erfolgt also direkt vom Produktionsstandort oder Distributionszentrum zum Kunden. Kleine Lieferungen werden in einem Transportnetz vereinigt, in dem einzelne Lieferungen einmal oder mehrere Male umgeladen werden, d. h. sie werden vom Produktionsstandort oder vom Distributionszentrum gemeinsam zu mehreren Kunden ausgeliefert. Grundsätzlich vermindert die Zusammenlegung von Transportflüssen die Transportkosten, da die Kosten pro Transporteinheit in der Regel mit steigender Fahrzeuggröße sinken.

Folgende Transportprozesse treten in einer Supply Chain auf:

- Transport von Material von externen Lieferanten oder von einer eigenen abgelegenen Fabrik zu einem Produktionsstandort (beide Fälle sind unter Logistikgesichtspunkten identisch) und
- Transport der fertigen Produkte von einer Fabrik oder einem Distributionszentrum zu einem Kunden.

Das Distributionssystem hängt dabei von der Art der Produkte ab: Während Investitionsgüter, wie z. B. Maschinen oder Ausrüstung für industrielle Kunden, nur selten oder einmal auf einer bestimmten Transportverbindung ausgeliefert werden, findet der Versand von Materialien für die Produktion regelmäßig und häufig auf demselben Pfad statt. Verbrauchsgüter werden hingegen regelmäßig in sehr kleinen Bestellgrößen an Groß- oder Einzelhändler ausgeliefert und erfordern eine Zusammenlegung der Transporte.

Der Materialtransport von Unternehmen zu Unternehmen ist sowohl Teil der Distributionsfunktion des Lieferanten als auch Teil der Beschaffungsfunktion des Empfängers. Die Transportplanung liegt normalerweise in der Verantwortung des Lieferanten. Ein Konzept, bei dem der Lieferant besondere Verantwortung für die Bestände seiner Produkte beim Kunden übernimmt, ist das „Vendor Managed Inventory" (VMI). Hierbei hat der Lieferant vollen Zugriff auf die Lagerbestands- und Nachfragedaten des Kunden und löst selbstständig das Signal zur Auslieferung aus. Für Nachschub wird also gesorgt, ohne dass der Kunde aktiv werden muss. Allerdings gibt es auch Beispiele u. a. in der Automobilindustrie, wo der Hersteller die Transporte seines Lieferanten kontrolliert. In diesem Fall tritt die Transportplanung also auf der Beschaffungsseite auf.

Grundsätzlich können in der Transport- und Distributionsplanung verschiedene Logistikkonzepte Anwendung finden, die sich in der Struktur des Transportnetzes und der Häufigkeit der Lieferungen unterscheiden. Zyklische Beschaffung in Intervallen von einigen Tagen bis zu Wochen erlaubt es, den Transportfluss in größere Lieferungen zu bündeln, erzeugt aber auch einen zyklischen Vorrat. Wenn die Lieferungen hingegen auf die Produktionsfolge abgestimmt werden, kann das Material direkt an der Fertigungsstrasse platziert werden, wo es verbraucht wird. Dabei spricht man von synchronisierter Beschaffung. Ein Beispiel hierfür ist „Just in Sequence" (JIS).

FLEISCHMANN (2005) unterscheidet zwischen folgenden Transportkonzepten für die Beschaffung:

- Direkte Lieferungen vom Zulieferer sind für eine zyklische Belieferung geeignet; wenn die Nachfrage groß genug ist, kann diese sogar täglich erfolgen. Nur wenn die Entfernungen zwischen Lieferant und Kunde sehr gering sind, sollte für direkte Lieferungen das Konzept der synchronisierten Beschaffung eingesetzt werden.
- Im Falle des Einsatzes eines regionalen Spediteurs, der die Materialien von allen Lieferanten in seinem definierten Bereich sammelt und sie vor der Auslieferung in einer Umschlagstelle lagert, ist eine häufige oder sogar tägliche Belieferung realisierbar.
- Wenn eine Lagerung im Lagerhaus eines Spediteurs nahe der Produktionsfabrik erfolgt, kann der Spediteur die Nachfrage des Herstellers durch abgestimmte Lieferungen im Rahmen einer synchronisierten Beschaffung erfüllen. Die Lieferanten müssen dazu einen bestimmten Vorrat im Lagerhaus halten.

Die Transport- und Distributionsplanung ist mit anderen Modulen über verschiedene Datenflüsse verbunden. So liefert das Strategic Network Planning die Struktur des Transportnetzes, wie z. B. die Standorte von Fabriken, Lieferanten, Vertriebszentren und Umschlagstellen, die Transportarten auf möglichen Strecken sowie den Einsatz von Spediteuren. Das Master Planning bestimmt u. a. die auszuliefernde Gesamtmenge für jede Transportverbindung und die Transportarten. Auch Daten aus dem Demand Planning, wie die zu erfüllenden Kundenbestellungen, die Prognose der Nachfrage in den Distributionszentren sowie die Sicherheitsbestände der Distributionszentren, gehen in die Transportplanung ein.

Einige der konkreten Verfahren zur Transport- und Distributionsplanung, die einem APS zugrunde liegen, werden in Kap. 7 dieses Buches noch detailliert erläutert.

5.4 APS in der Praxis

5.4.1 *Strukturierung des Anbietermarktes*

Grundsätzlich ist der SCM-Softwaremarkt sehr heterogen und entsprechend intransparent. Bedingt durch die Vielschichtigkeit unterliegt er raschen Veränderungen. Insolvenzen, Übernahmen sowie Fusionen haben zu einer Teilkonsolidierung des

5.4 APS in der Praxis

Marktes geführt. Daher ist es sehr schwierig, sich auf dem Markt zurechtzufinden und die entsprechenden Produkte zu identifizieren.

HELLINGRATH ET AL. (2004) teilen den Markt grob in fünf Kategorien ein:

Anbieter integrierter SCM- und E-Business-Suiten

Diese Kategorie umfasst Softwarehersteller, die mit „Advanced Planning and Scheduling-Funktionalitäten" in ihren Werkzeugen starteten und ihre meist modulartigen Produkte zu beinahe kompletten SCM-Toolsuiten weiterentwickelt und verbunden haben. Die Software-Lösungen dieser Anbieter decken die Anforderungen der Planung größtenteils ab. Zusätzlich bieten diese Anbieter einige E-Business-Applikationen bzw. Plattformen für die unternehmensübergreifende Zusammenarbeit im Bereich SC-Planning an. Zu den Anbietern gehören z. B. Firmen wie i2 Technologies, JDA Software Group und SAP.

Anbieter spezialisierter SCM-Suiten

Diese Software-Suiten bieten spezialisierte Lösungen in den verschiedenen Bereichen der Aufgabenplanung an. Die Lösungen dieser Anbieter sind nicht so umfangreich wie Systeme der Anbieter der ersten Kategorie, bieten aber dennoch in unterschiedlichen Aufgabenfeldern funktional umfassende Ergebnisse. Solche SCM-Systeme stellen eine sehr spezielle bzw. anspruchsvolle Lösung für Planungsaufgaben dar. Anbieter sind z. B. Adexa, Aspentech und DynaSys.

Anbieter funktional erweiterter ERP-Systeme

Anbieter dieser Kategorie entwickeln SCM-Funktionalitäten als Erweiterung und Ergänzung zu den von ihnen angebotenen PPS- und ERP-Systemen. Kern ihres Leistungsangebotes bleiben die traditionellen Systeme. Anbieter sind z. B. Microsoft, Oracle und SAP.

Nischenanbieter im Bereich SC-Planning

Diese Software-Lösungen sind auf spezielle Teilaufgaben des SCM oder auf eine bestimmte Zielgruppe von Kunden zugeschnitten. Die Hersteller bieten keine übergreifende SCM-Gesamtlösung oder SCM-Toolsuiten an. Derartige Systeme sind besonders für mittelständische Unternehmen geeignet, da sie auf spezielle Anforderungen der jeweiligen Unternehmen eingehen. Anbieter sind z. B. Wassermann, flexis.

Anbieter von SC-Execution-Suiten/-Software

Diese Kategorie umfasst Anbieter, deren Software-Lösungen die Steuerung, Abwicklung und Kontrolle der Aktivitäten in der Supply Chain ermöglichen bzw. unterstützen. Eine besondere Bedeutung kommt diesen Modulen durch die effiziente IT-Unterstützung bei E-Commerce-Lösungen zu. Auf diesem Markt hat sich eine Vielzahl von Anbietern angesiedelt, wie z. B. Descartes und Optum.

Generell kann APS-Software anhand einer Einordnung in die SC-Planning-Matrix betrachtet und hinsichtlich des Funktionsumfanges bewertet werden. Dabei lässt sich erkennen, dass es zwar Unterschiede im Umfang der Module gibt, dass aber aus einer funktionalen Perspektive heraus die gleichen Aufgabenbereiche als relevant angesehen werden. Die gemeinsame Struktur lässt sich darauf zurückführen, dass sich APS generell an dem in Abschn. 5.2.3 dargestellten hierarchischen Planungskonzept orientieren, welches sich, wie schon erwähnt, wiederum auf die SC-Planning-Matrix stützt.

5.4.2 Funktionsmodule und Architektur eines mySAP Advanced Planner and Optimizer (APO) und SAP SCM

Durch die starke Einbindung von SAP APO in die ERP-Prozesse von mySAP.com ist die von SAP angebotene Lösung zum SCM in allen Bereichen einsetzbar und daher eine der gängigsten Softwarelösungen im SCM. Der Aufbau der AP-Software mySAP APO und zugehöriger Module lässt sich gemäß Abb. 5.6 darstellen.

Auf den ersten Blick kann man eine große Übereinstimmung mit dem generischen Modell feststellen. Abweichungen existieren jedoch für den langfristigen Bereich des Strategic Network Planning, für den kein eigenständiges Modul innerhalb von mySAP APO zur Verfügung steht. Es gibt das Modul SC-Cockpit, welches unter anderem den SC-Engineer enthält und somit zumindest Teilumfänge eines Strategic Network Planning beinhaltet. Alle anderen Softwaremodule, also Supply Network Planning (analog zum Master Planning), Demand Planning, Production

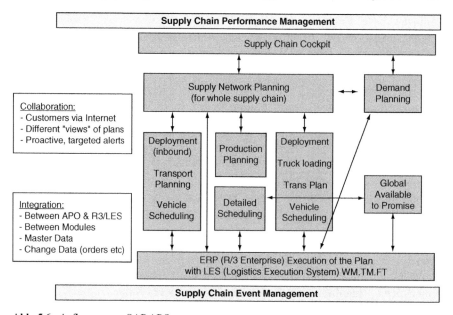

Abb. 5.6 Aufbau von mySAP APO

5.4 APS in der Praxis

Planning, Detailed Scheduling, Global ATP, Transport Planning und Vehicle Scheduling, finden sich so bzw. ähnlich auch in der Literatur.

Grundsätzlich werden innerhalb der Komponente mySAP APO vier Ebenen unterschieden:

- SC-Planning,
- SC-Coordination,
- SC-Collaboration und
- SC-Execution.

Dabei bildet die Ebene „SC-Planning" den Kernbestandteil von mySAP APO, der alle strategischen, taktischen und operativen Planungsaufgaben zur Verbesserung der Produktivität eines Liefernetzes beinhaltet. mySAP APO wird, wie aus Abb. 5.6 ersichtlich ist, von der Ebene „SC-Coordination" (SC-Performance Management und SC-Event Management) umrahmt. Hinter dem Begriff „SC-Collaboration" verbergen sich unternehmensübergreifende Planungsprozesse, wie z. B. Collaborative Planning, Forecasting and Replenishment (CPFR, vgl. hierzu auch Abschn. 6.4), Vendor Managed Inventory und eine unternehmensübergreifende Absatzplanung. Die Ebene „SC-Execution" beinhaltet hingegen die operative Koordination und die Überwachung der Abwicklungsprozesse. Dem Bereich Advanced Planning können auch Teile der Ebenen Collaboration und Coordination zugeordnet werden, da auch sie den Anspruch haben, über mehrere Standorte und eigenständige, rechtliche Organisationseinheiten die Planung zu koordinieren und damit die gesamte Supply Chain zu integrieren.

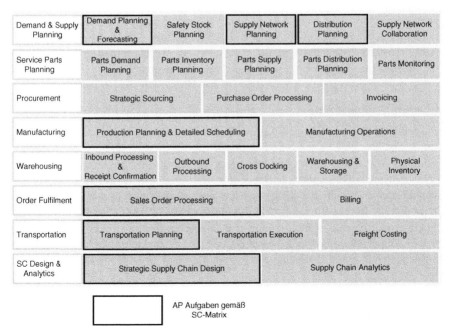

Abb. 5.7 Solution Map SAP SCM (SAP 2008: http://www.sap.com/solutions/business-suite/scm/pdf/BWP_SO_mySAP_SCM.pdf)

Seit der Auflösung der eigenständigen Komponente mySAP APO und der damit verbundenen Integration in die neue Komponente SAP SCM wurde die klassische Struktur eines APS seitens SAP zu Gunsten einer integrierten SCM-Sicht aufgebrochen, wie die Solution Map SAP SCM, wie die Solution Map SAP in Abb. 5.7 zeigt.

Bei genauerer Betrachtung fällt auf, dass die Komponente zum Advanced Planning von SAP SCM nicht mehr identisch ist mit der sonst üblichen Auffassung von APS. Zwar wird die Planungsunterstützung für alle in der SC-Matrix definierten Aufgaben weitestgehend abgedeckt, jedoch geht die Funktionalität in vielen Bereichen darüber hinaus.

5.4.3 Ausgewählte Problemfelder von APS

Bei den Problemfeldern von APS soll zwischen drei wesentlichen Aspekten unterschieden werden:

- Deterministische Planung,
- Qualität der Inputdaten und
- Anforderungen an den Nutzer.

Deterministische Planung

Ähnlich wie an ERP-Systemen wird an APS kritisiert, dass sie – wenn auch nicht ausschließlich – in erster Linie deterministische Bedarfe oder Prozessabläufe berücksichtigen, d. h. viele APS-Module basieren auf der Vorstellung, dass alle Planungsdaten mit Sicherheit bekannt sind. Neuerdings wird daher vorgeschlagen, APS um weitere Simulationsmodelle anzureichern und damit das Konzept der hierarchischen Planung in einer erweiterten Form anzuwenden.

Qualität der Inputdaten

Ein weiteres Problemfeld von APS stellt die Qualität der Inputdaten der Planung dar. Diese hat direkt einen entscheidenden Einfluss auf die Güte der Planungsergebnisse. Wie weiter oben schon dargelegt, beziehen APS ihre Inputdaten aus den ERP-Systemen. Konsequenterweise bedeutet dies, dass bei der Verwendung von falschen Daten innerhalb von APS – aus welchen Gründen auch immer (z. B. fehlende Transparenz, falsche Eingabe oder systembezogene Defizite) –Fehlentscheidungen zu verantworten sind, weil eine fundierte Datengrundlage nicht vorhanden ist. Der regelmäßigen Aktualisierung, Überarbeitung und Überprüfung auf Konsistenz der Stammdaten in den ERP-Systemen kommt daher eine bedeutende Rolle zu.

Anforderungen an den Nutzer

Fehlende Akzeptanz der Neuerungen und Unsicherheit bei den Mitarbeitern sowie eine unzureichende Einbindung der Belegschaft durch das Management sind Hindernisse, die bei APS-Integrationsprojekten zu oft unterschätzt bzw. ignoriert werden. Ohne Unterstützung des betroffenen Personals ist jedoch die erfolgreiche Systemeinführung nicht denkbar. Selbst wenn alle technischen Probleme der Systemeinführung bewältigt sind, hängt der weitere Erfolg der Anwendung von APS ganz elementar von der Akzeptanz, der Motivation und den Fähigkeiten der Mitarbeiter ab. So liegt der Schwerpunkt der APS auf der Prognose und Vorauswahl bewerteter Planungsalternativen. Die endgültige Entscheidung trifft aber letztlich der Anwender. Zudem hängt die Qualität der durch APS ermittelten Lösungsvorschläge – wie oben erläutert wurde – in hohem Maße von der Qualität der Inputdaten ab. Daraus ergibt sich als weitere Konsequenz, dass der Anwender selbst umfassende Kenntnisse über die Inputgrößen, die eingesetzten Lösungsverfahren und die mit verschiedenen Ergebnissen verbundenen Auswirkungen haben sollte. Aus all dem folgt, dass eine umfassende Aus- und Weiterbildung der betroffenen Mitarbeiter dringend geboten sind.

5.5 Übungsaufgaben zu Kapitel 5

Übungsaufgabe zu Abschnitt 5.1

Erläutern Sie den Begriff der Planung in der Supply Chain und stellen Sie kurz den groben Ablauf eines Planungsprozesses dar.

Übungsaufgabe zu Abschnitt 5.2

Auf welchem Planungskonzept basieren APS und wie findet dieses Planungskonzept in APS Anwendung?

Übungsaufgaben zu Abschnitt 5.3

1. Legen Sie die Funktion des Master Planning dar.
2. Erläutern Sie die Vorteile eines ATP gegenüber der traditionellen Verfügbarkeitsprüfung.

Übungsaufgabe zu Abschnitt 5.4

Zeigen Sie auf, welche Probleme beim Einsatz von APS in der Praxis auftreten können.

Literaturempfehlungen

BOWERSOX, D. J.; CLOSS, D. J.: Logistical Management: The Integrated Supply Chain Process, New York et al. 1996.
BUSCH, A.; DANGELMAIER, W.: Integriertes Supply Chain Management: Theorie und Praxis unternehmensübergreifender Geschäftsprozesse, Wiesbaden 2004.

DE KOK, A. G.; GRAVES, S. C.: Supply Chain Management: Design, Coordination and Operation, Amsterdam 2003.
EISENBARTH, M.: Erfolgsfaktoren des Supply Chain Managements in der Automobilindustrie, Frankfurt am Main et al. 2003.
FANDEL, G.; FISTEK, A.; STÜTZ, S.: Produktionsmanagement, Berlin et al. 2009.
FLEISCHMANN, B.: Distribution and Transport Planning, in: STADTLER, H.; KILGER, C. (Hrsg.): Supply Chain Management and Advanced Planning: Concepts, Models, Software and Case Studies, 3. Aufl., Berlin et al. 2005, S. 229–244.
FLEISCHMANN, B.; MEYR, H.; WAGNER, M.: Advanced Planning, in: STADTLER, H.; KILGER, C. (Hrsg.): Supply Chain Management and Advanced Planning: Concepts, Models, Software and Case Studies, 3. Aufl., Berlin et al. 2005, S. 81–106.
GOETSCHALCKX, M.: Strategic Network Planning, in: STADTLER, H.; KILGER, C. (Hrsg.): Supply Chain Management and Advanced Planning: Concepts, Models, Software and Case Studies, 2. Aufl., Berlin et al. 2002, S. 105–121.
HELLINGRATH, B.; HIEBER, R.; LAAKMANN, F.; NAYABI, K.: Die Einführung von SCM-Softwaresystemen, in: BUSCH, A.; DANGELMAIER, W. (Hrsg.): Integriertes Supply Chain Management: Theorie und Praxis unternehmensübergreifender Geschäftsprozesse, Wiesbaden 2004, S. 189–213.
MURIEL, A.; SIMCHI-LEVI, D.: Supply Chain Design and Planning, in: DE KOK, A. G.; GRAVES, S. C. (Hrsg.): Supply Chain Management: Design, Coordination and Operation, Amsterdam 2003, S. 17–93.
ROHDE, J.; WAGNER, M.: Master Planning, in: STADTLER, H.; KILGER, C. (Hrsg.): Supply Chain Management and Advanced Planning: Concepts, Models, Software and Case Studies, 3. Aufl., Berlin et al. 2005, S. 159–177.
SAP AG: Homepage der SAP AG: http://www.sap.com/solutions/business-suite/scm/pdf/ BWP_SO_mySAP_SCM.pdf (heruntergeladen am 14.08.2008).
STADTLER, H.: Production Planning and Scheduling, in: STADTLER, H.; KILGER, C. (Hrsg.): Supply Chain Management and Advanced Planning: Concepts, Models, Software and Case Studies, 3. Aufl., Berlin et al. 2005, S. 197–214.
STADTLER, H.; KILGER, C.: Supply Chain Management and Advanced Planning: Concepts, Models, Software and Case Studies, 2. Aufl., Berlin et al. 2002.
STADTLER, H.; KILGER, C.: Supply Chain Management and Advanced Planning: Concepts, Models, Software and Case Studies, 3. Aufl., Berlin et al. 2005.
STEVEN, M.; KRÜGER, R.: Advanced Planning Systems – Grundlagen, Funktionalitäten, Anwendungen, in: BUSCH, A.; DANGELMAIER, W. (Hrsg.): Integriertes Supply Chain Management: Theorie und Praxis unternehmensübergreifender Geschäftsprozesse, Wiesbaden 2004, S. 171–188.
WAGNER, M.: Demand Planning, in: STADTLER, H.; KILGER, C. (Hrsg.): Supply Chain Management and Advanced Planning: Concepts, Models, Software and Case Studies, 3. Aufl., Berlin et al. 2005, S. 139–157.
WANNENWETSCH, H.: Vernetztes Supply Chain Management: SCM-Integration über die gesamte Wertschöpfungskette, Berlin et al. 2005.

Kapitel 6
Verfahren der Bedarfsplanung

6.1 Bedeutung der Bedarfs- bzw. Nachfrageplanung im SCM

Ein Großteil der Kostensenkungen, die durch das SCM realisiert werden können, ist auf die Reduzierung von Beständen, insbesondere die Reduzierung von Sicherheitsbeständen, zurückzuführen. Da Sicherheitsbestände hauptsächlich aufgrund von Unsicherheiten angelegt werden, spielt die Vermeidung solcher Unsicherheiten eine entscheidende Rolle im SCM. Dabei existieren nach WAGNER (2005) zwei Arten von Unsicherheiten in Supply Chains:

- Prozessunsicherheiten (z. B. unregelmäßige Durchlaufzeiten) und
- Nachfrageunsicherheiten (Unterschiede zwischen den prognostizierten Nachfragen und den tatsächlich realisierten Verkäufen).

Das Ziel der Bedarfs- bzw. Nachfrageplanung ist, Nachfrageunsicherheiten zu reduzieren, indem die zukünftige Nachfrage nach einem Produkt möglichst genau vorhergesagt wird. Dabei geht es in der Supply Chain einerseits darum, die Nachfrage des Endabnehmers nach einem Produkt zu prognostizieren. Andererseits besteht aber auch für die Zulieferer auf den verschiedenen Wertschöpfungsstufen Unsicherheit über die nachgefragten Mengen des jeweiligen Abnehmers. Ohne eine unternehmensübergreifende Abstimmung besteht laut KORTUS-SCHULTES/FERFER (2005) beispielsweise Unsicherheit über die zukünftige Nachfrage hinsichtlich

- dem Zeitpunkt zukünftiger Bestelleingänge,
- der Größe und Zusammenstellung der jeweiligen Bestellungen und
- präziser Daten zu
  - den nachgefragten Produkten im Produktmix,
  - der vom Kunden gewünschten Auslieferungsquoten und
  - der vom Kunden gewünschten Zeitpunkte der Lieferungen.

Alle Entscheidungen in der Supply Chain sollten auf Basis der bereits eingegangenen Kundenbestellungen und der prognostizierten, zukünftigen Nachfragen, deren Ermittlung im Rahmen der Nachfrageplanung erfolgt, getroffen werden. Damit hängt der Erfolg der gesamten Supply Chain, aber auch der einzelnen SC-Einheiten, maßgeblich von der Qualität einer solchen Nachfrageplanung ab.

Grundsätzlich ist es notwendig, die Anforderungen an alle Planungsaufgaben zu definieren, bevor über die Ausgestaltung und Anwendung der Nachfrageprognosen entschieden wird. In diesem Zusammenhang gilt es zu berücksichtigen, dass in die verschiedenen Planungsmodule unterschiedliche Arten von Nachfragedaten einfließen. So gehen in das mittelfristige Master Planning beispielsweise die Nachfrageprognosen für die einzelnen Produktgruppen, Verkaufsregionen und Wochen sowie die Sicherheitsbestände für jedes Werk bzw. jedes Distributionszentrum ein. Kurzfristige Entscheidungen über die Wiederauffüllung von Endproduktlagern stützen sich hingegen auf tägliche Nachfrageprognosen für die einzelnen Produkte.

Die Nachfrageplanung basiert auf quantitativen bzw. statistischen Methoden, die durch die APS unterstützt werden, aber auch auf qualitativen Prognoseverfahren. Allerdings sollten die Prognoseverfahren bei Bedarf durch Simulationen unterstützt werden. Hiermit können die Konsequenzen verschiedener Szenarien betrachtet werden, so dass beispielsweise Nachfrageveränderungen aufgrund von Marketingkampagnen in die Betrachtung mit einbezogen werden können. Neben der Planung von Marketingkampagnen ermöglichen solche Simulationstechniken u. a. auch Prognosen über den Verlauf des Lebenszyklus eines Produktes und erleichtern so die Entscheidung über den Zeitpunkt seiner Markteinführung.

Im folgenden Abschnitt wird auf Methoden zur Bedarfs- bzw. Nachfrageplanung eingegangen, wobei zwischen qualitativen und quantitativen Prognoseverfahren unterschieden wird. Der Einsatz von Simulationen wird nicht näher betrachtet.

6.2 Qualitative Prognoseverfahren

6.2.1 Überblick

Qualitative Prognoseverfahren werden in der Regel dann eingesetzt, wenn keine historischen Daten existieren, auf deren Basis Prognosen erstellt werden können. Dies ist beispielsweise bei der Einführung eines neuen Produktes oder einer neuen Dienstleistung der Fall. Allerdings ist auch bei Vorliegen historischer Nachfragedaten häufig nicht gewährleistet, dass diese bei langfristigen Prognosen aussagekräftig sind, da solche Daten keine Einbrüche der Nachfrage aufgrund der Entwicklung neuer Technologien und der Veränderung der politischen Rahmenbedingungen voraussagen können. Ein Beispiel ist etwa die Post, für die vor 20 Jahren wohl keiner prognostiziert hätte, dass deren Nachfolgeunternehmen, die Telekom, aufgrund der Liberalisierung des Wettbewerbs massenhaft Kunden verlieren würde.

In Anlehnung an THONEMANN (2005) sollen vier qualitative Prognoseverfahren unterschieden werden:

- Vertriebsschätzung,
- Kundenbefragung,
- Expertenmeinung und
- Delphi-Methode.

6.2 Qualitative Prognoseverfahren

Dabei werden die ersten beiden Verfahren tendenziell eher für kurz- und mittelfristige Prognosen eingesetzt, während die beiden letzteren bei der langfristigen Prognose verwendet werden.

6.2.2 Verschiedene qualitative Verfahren der Prognose

6.2.2.1 Vertriebsschätzung

Bei einer Vertriebsschätzung werden die Mitarbeiter des Vertriebs aufgefordert, die Nachfrage der Abnehmer in den nächsten Wochen, Monaten oder Jahren zu prognostizieren. Da die Vertriebsmitarbeiter im direkten Kontakt zum Abnehmer stehen, verfügen sie über bessere Informationen über die Entwicklung der Nachfrage als die Mitarbeiter anderer Unternehmensbereiche. Nach der Abgabe der individuellen Prognosen werden diese dann zu einer Prognose der Gesamtnachfrage aggregiert. So können etwa im Anlagenbau die Vertriebsmitarbeiter darüber berichten, welche Projekte bei welchen Abnehmern mit welchen Volumina anstehen und für wie groß sie die Wahrscheinlichkeit halten, dass diese gewonnen werden. Durch Multiplikation der Projektvolumina mit den geschätzten Wahrscheinlichkeiten ergeben sich dann die Erwartungswerte des jeweiligen Projektumsatzes.

Mit der Vertriebsschätzung können unter der Voraussetzung, dass die Vertriebsmitarbeiter die Informationen unverfälscht weitergeben, kurz- und mittelfristige Umsätze recht zuverlässig prognostiziert werden. Allerdings liegt genau hier das Problem: Die Schätzung der Nachfrage ist für die Vertriebsmitarbeiter häufig schwierig, wobei insbesondere die Nachfrage neuer Produkte oder Dienstleistungen nur sehr vage zu prognostizieren ist. Zudem kann es für die Vertriebsmitarbeiter je nach Ausgestaltung des Anreiz- und Entlohnungssystems aus eigennützigen Motiven sinnvoll sein, Nachfragen absichtlich zu über- oder unterschätzen.

6.2.2.2 Kundenbefragung

Ein anderes Verfahren zur kurz- und mittelfristigen Prognose der Nachfrage stellt die Kunden- bzw. Abnehmerbefragung dar. Hierbei werden die Abnehmer direkt angesprochen, da sie letztendlich die Nachfrage bestimmen und man sich von ihnen folglich zuverlässige Informationen verspricht. Die Befragungen werden dabei häufig durch Fragebögen unterstützt, um die Konsistenz der Daten zu gewährleisten. Zur Auswahl der Abnehmer werden repräsentative Stichproben gezogen. Die Erhebung der Daten erfolgt dann mittels Telefoninterview, per Zusendung des Fragebogens oder über das Internet. Auf Basis der gegebenen Antworten wird abschließend eine Prognose erstellt.

Befragungen der Endabnehmer in der Supply Chain werden beispielsweise in der Automobilindustrie häufig durchgeführt, um zu prognostizieren, ob ein neuer Fahrzeugtyp bei den Kunden auf ausreichende Resonanz stoßen würde. Wichtig ist es in diesem Zusammenhang, die Befragungen speziell bei den jeweiligen Zielgruppen durchzuführen, d. h. bei der geplanten Produkteinführung eines Kleinwagens mit günstigem Kraftstoffverbrauch sollten beispielsweise bevorzugt die Kunden befragt werden, die in der Vergangenheit bereits solche Wagen gekauft haben. Neben der Nachfrage nach dem gesamten Produkt kann dabei auch die Nachfrage nach einzelnen Produktmerkmalen, wie z. B. bestimmten Ausstattungsmerkmalen, prognostiziert werden.

Wenn die Kundenbefragung sorgfältig vorbereitet und durchgeführt wird, lassen sich mit ihr sehr gut kurzfristige und auch noch verhältnismäßig gut mittelfristige Prognosen erstellen. Zur langfristigen Prognose ist die Kundenbefragung jedoch aufgrund des beschränkten Wissens der Endabnehmer nicht geeignet. Zudem gestaltet sich eine Kundenbefragung stets zeit- und kostenintensiv.

6.2.2.3 Expertenmeinung

Bei einer Expertenschätzung wird das Wissen der Manager aus verschiedenen Bereichen, wie z. B. Marketing, Operations Research und Finanzierung, kombiniert, um eine Nachfrageprognose zu erstellen. Expertenschätzungen werden vor allem bei der Prognose der Nachfrage neuer Produkte und Dienstleistungen sowie der Prognose technischer Entwicklungen eingesetzt. Zur Prognose der Nachfrage neuer Produkte und Dienstleistungen wird dabei häufig die Nachfrageentwicklung ähnlicher Produkte und Dienstleistungen betrachtet und dann mittels der Technologie- und Marktkenntnisse der Experten angepasst.

Mit der Expertenschätzung lässt sich das im Unternehmen vorhandene Wissen gut integrieren und aggregieren. Allerdings bindet die Expertenschätzung auch knappes und vor allem teures Personal, wodurch die Nutzung nur für eine geringe Zahl von Prognosen realisierbar ist. Außerdem handelt es sich bei der Expertenschätzung um eine Gruppenentscheidung, so dass keine Einzelperson für die Prognose verantwortlich ist und somit die Gefahr besteht, dass einige oder wenige Personen die Gruppe dominieren.

6.2.2.4 Delphi-Methode

Die Delphi-Methode beschreibt einen strukturierten Prozess zur Prognose mit Hilfe von Expertenmeinungen. Dabei werden in mehreren Runden Experten über das Prognosegebiet, also die Nachfrage nach neuen oder bereits vorhandenen Produkten oder Dienstleistungen, befragt, bis ein Konsens zustande kommt. Dazu werden in einem ersten Schritt von einem Moderator Fragebögen erstellt, die an die verschiedenen Experten verteilt werden. Diese Fragebögen sind von den Experten unabhängig voneinander auszufüllen und zur Auswertung an den Moderator zurückzugeben. In der nächsten Runde wird dann auf Grundlage der erhaltenen Informationen ein neuer Fragebogen entworfen und an die Experten gesandt. Zudem werden allen Teilnehmern die Meinungen der anderen Gruppenmitglieder zur Verfügung gestellt, was ihnen die Gelegenheit gibt, die eigene Einstellung im Gesamtkontext zu reflektieren. Für den Fall, dass einige Teilnehmer Meinungen vertreten, die extrem von den Einstellungen der anderen abweichen, werden diese aufgefordert, ihre Position zu begründen und erläutern. Der Prozess wird so lange wiederholt, bis zwischen den Gruppenmitgliedern ein Konsens erzielt werden kann. Während des gesamten Prozesses bleiben die Teilnehmer anonym.

Besonders für langfristige Prognosen ist die Delphi-Methode gut geeignet, da aufgrund der Einbeziehung von Experten aus unterschiedlichen Bereichen die Zukunftsentwicklungen aus verschiedenen Blickwinkeln betrachtet werden. Die vorliegende Anonymität der Teilnehmer fördert dabei deren Aufrichtigkeit beim Antworten und deren Bereitschaft, auch kontroverse Positionen einzunehmen. Im Gegensatz zu einer Gruppendiskussion, bei der häufig eine oder mehrere Personen die Diskussion dominieren, wird bei der Delphi-Methode jede Meinung gleich gewichtet. Allerdings kann die Bekanntgabe der verschiedenen Positionen an alle Teilnehmer dazu führen, dass sich frühzeitig eine vorherrschende Meinung bildet, die die anderen Experten in ihrer Position beeinflusst. Ein weiterer Nachteil ist der hohe Aufwand, da die Teilnehmer zur langfristigen Teilnahme motiviert werden müssen. Zudem sind die Erstellung und Beantwortung der Fragebögen sowie deren Analyse zeit- und kostenintensiv.

Nach diesen Erläuterungen zu den wichtigsten qualitativen Prognoseverfahren soll nun auf bedeutende quantitative Prognoseverfahren eingegangen werden.

6.3 Quantitative Prognoseverfahren

6.3.1 Prognose und Prognosequalität

Quantitative Prognoseverfahren bedienen sich der bisherigen Nachfragewerte als Grundlage für die Bedarfs- bzw. Nachfrageprognose der Planperiode. Aus den in der Vergangenheit gewonnenen Beobachtungsergebnissen (so genannten Zeitreihen) werden Schlüsse für die Zukunft gezogen, wobei unterstellt wird, dass die zur Prognose herangezogenen Bedarfswerte eine gewisse zeitliche Stabilität aufweisen. Die Bedarfswerte der Perioden t werden dabei mit x_t bezeichnet. Liegt ein regelmäßiger Bedarfsverlauf vor, so unterscheidet man grundsätzlich konstante und trendförmige Bedarfs- bzw. Nachfrageverläufe. Konstante Verläufe liegen etwa immer auf einem identisch hohen Niveau und unterliegen lediglich zufälligen Abweichungen nach oben oder unten, während bei trendförmigen Verläufen der Bedarf mit der Zeit steigt oder fällt. Beide Verlaufstypen können zusätzlich noch saisonalen Einflüssen unterliegen, wie Abb. 6.1 illustriert.

Als Prognoseverfahren kommen – abhängig vom jeweilig vorliegenden bzw. unterstellten Bedarfsverlauf – in Betracht:

- der gleitende Durchschnitt,
- der gleitende Durchschnitt mit unterschiedlichen Gewichten,

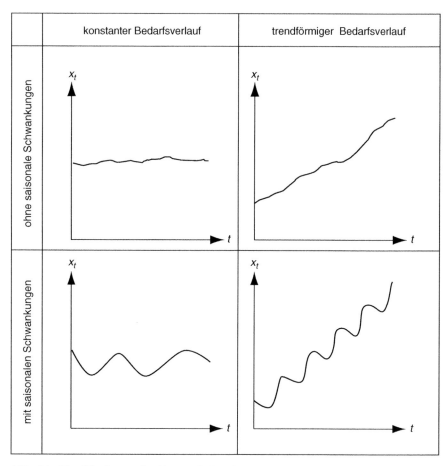

Abb. 6.1 Klassifikation regelmäßiger Bedarfsverläufe

- die exponentielle Glättung erster und zweiter Ordnung,
- die lineare Regression,
- die Simulation.

sowie zahlreiche andere Methoden, die hier allerdings nicht näher thematisiert werden sollen.

x_t sei der Periodenverbrauch in der Planperiode t. Mit $t+1$ sei die Periode bezeichnet, für die der Nachfragewert vorherzusagen ist, wobei davon ausgegangen wird, dass die Prognose für $t+1$ dann erfolgt, sobald sich der tatsächliche Nachfragewert x_t realisiert hat. Die Bedarfsprognose für die Periode t wird mit p_t gekennzeichnet, so dass die Abweichung des Prognosewertes p_t vom tatsächlichen Verbrauchswert x_t für die Periode t, der so genannte Prognosefehler e_t, wie folgt berechnet werden kann:

$$e_t = x_t - p_t. \qquad (6.1)$$

Die Güte einer Bedarfsprognose kann durch Berechnung verschiedener Fehlermaße quantifiziert werden. Zur Bestimmung des Niveaus des Prognosefehlers nutzt

6.3 Quantitative Prognoseverfahren

man in der Praxis unterschiedliche Kennzahlen. Es wird nun unterstellt, dass ein bestimmtes Prognoseverfahren auf eine gegebene Zeitreihe angewandt wurde und damit mindestens T Prognose- und Bedarfswerte bis zur Periode t vorliegen. Der mittlere Prognosefehler μ_t wird dann für die Periode t auf der Basis der Werte in den Perioden $t - T + 1, t - T + 2, \ldots, t$ wie folgt berechnet:

$$\mu_t = \frac{1}{T} \cdot \sum_{\tau=t-T+1}^{t} e_\tau. \tag{6.2}$$

Betrachtet man (6.2) unter dem Aspekt, wie laut (6.1) der Prognosefehler zu berechnen ist, fällt auf, dass sich bei Berechnung des mittleren Prognosefehlers μ_t Abweichungen mit verschiedenen Vorzeichen kompensieren können.

Das folgende Beispiel zeigt exemplarisch die Berechnung des mittleren Prognosefehlers, wobei sowohl die Zeitreihe der Bedarfswerte wie auch die der Prognosewerte als gegeben angenommen werden. Ebenso zeigt sich hier, wie sich Abweichungen mit unterschiedlichen Vorzeichen einander gegenseitig aufheben können.

Zur Illustration der genannten Problematik, die der mittlere Prognosefehler μ_t mit sich bringt, sei die in Tab. 6.1 abgebildete Zeitreihe betrachtet.

Trotz eines stets gleich hohen Prognosewerts ($p_1 = p_2 = p_3 = 100$), der offenkundig die Bedarfszeitreihe nicht vollständig exakt nachzeichnet, erhält man hier als mittleren Prognosefehler μ_3 für alle $T=3$ Perioden:

$$\mu_3 = \frac{1}{3} \cdot \sum_{\tau=t-3+1}^{t} e_\tau = \frac{1}{3} \cdot \sum_{\tau=1}^{3} e_\tau = \frac{-20 + 0 + 20}{3} = 0.$$

Der mittlere absolute Fehler m_t kompensiert die zuvor illustrierte Problematik dadurch, dass er die Abweichungen e_t nur hinsichtlich ihres Absolutwertes miteinander verrechnet:

$$m_t = \frac{1}{T} \cdot \sum_{\tau=t-T+1}^{t} |e_\tau|. \tag{6.3}$$

Berechnet man für die Datenkonstellation aus Tab. 6.1 den mittleren absoluten Fehler m_t, erkennt man, dass sich die beiden von den realisierten Bedarfswerten

Tab. 6.1 Bedarfszeitreihe für die Perioden 1 bis 3

Periode t	1	2	3
Bedarfswert x_t	80	100	120
Prognosewert p_t	100	100	100
Prognosefehler $e_t = x_t - p_t$	−20	0	20

abweichenden Prognosewerte in der zweiten und dritten Periode nun nicht mehr bei der Berechnung des Prognosefehlermaßes gegenseitig aufheben:

$$m_3 = \frac{1}{T} \cdot \sum_{\tau=t-3+1}^{t} |e_\tau| = \frac{1}{3} \cdot \sum_{\tau=1}^{3} |e_\tau| = \frac{|-20| + |0| + |20|}{3} = \frac{40}{3} = 13\frac{1}{3}.$$

Bei der Beurteilung der Prognosequalität unter Einsatz des mittleren quadratischen Fehlers s_t wird das im vorherigen Beispiel auftretende Problem dadurch umgangen, dass jeder Prognosefehlerwert e_t quadriert wird, bevor die Mittelwertbildung erfolgt:

$$s_t = \frac{1}{T} \cdot \sum_{\tau=t-T+1}^{t} e_\tau^2. \tag{6.4}$$

Diese Vorgehensweise führt dazu, dass das Fehlermaß s_t mit zunehmendem Prognosefehler e_t progressiv zunimmt. Während bei den zuvor diskutierten Maßen bei einer Halbierung sämtlicher Prognosefehler e_t das jeweilige Fehlermaß ebenfalls um die Hälfte zurückgeht, würde s_t auf ein Viertel fallen.

Für die Datenkonstellation aus Tab. 6.2 sollen zwei verschiedene Prognosen vorliegen, für die der mittlere absolute und der mittlere quadratische Fehler zur Beurteilung der Prognosequalität eingesetzt werden.

Berechnet man für die Prognose I den mittleren Fehler m_3^I, erhält man den bereits zuvor errechneten Wert:

$$m_3^I = \frac{|-20| + |0| + |20|}{3} = 13\frac{1}{3}.$$

Für den mittleren quadratischen Fehler s_3^I berechnet man:

$$s_3^I = \frac{1}{T} \cdot \sum_{\tau=t-3+1}^{t} \left(e_\tau^I\right)^2 = \frac{1}{3} \cdot \sum_{\tau=1}^{3} \left(e_\tau^I\right)^2 = \frac{(-20)^2 + 0^2 + 20^2}{3} = \frac{800}{3} = 266\frac{2}{3}.$$

Tab. 6.2 Vergleich von mittlerem absoluten und mittlerem quadratischen Fehler

Periode t	1	2	3
Bedarfswert x_t	80	100	120
Prognose I p_t^I	100	100	100
Prognosefehler der Prognose I $e_t^I = x_t - p_t^I$	−20	0	20
Prognose II p_t^{II}	80	100	80
Prognosefehler der Prognose II $e_t^{II} = x_t - p_t^{II}$	0	0	40

Analog erhält man für die Fehlermaße m_3^{II} und s_3^{II} der Prognose II:

$$m_3^{II} = 13\frac{1}{3} \text{ und } s_3^{II} = 533\frac{1}{3}.$$

Es fällt auf, dass bei Zugrundelegung des mittleren absoluten Fehlers beide Prognosen als gleichwertig beurteilt werden, während nach dem mittleren quadratischen Fehler Prognose I günstiger beurteilt wird. Der mittlere absolute Fehler bewertet also Abweichungen über die gesamte Zeitreihe gesehen gleich stark, unabhängig davon, wie sie verteilt sind.

Wurde eine Prognosemethode auf eine T Perioden umfassende Zeitreihe angewandt und auch der mittlere und der mittlere absolute Fehler für die Perioden $t - T + 1, t - T + 2, \ldots, t$ bestimmt, kann zur Beurteilung der Güte der Prognose das Abweichungssignal σ_t nach BROWN (1962) eingesetzt werden. Dieses berechnet man als Quotient aus mittlerem und mittlerem absoluten Fehler gemäß (6.2) und (6.3):

$$\sigma_t = \frac{\text{mittlerer Prognosefehler}}{\text{mittlerer absoluter Prognosefehler}} = \frac{\mu_t}{m_t}. \quad (6.5)$$

Man erkennt anhand von (6.5) mit Rückgriff auf (6.2) und (6.3), dass offensichtlich $-1 \leq \sigma_t \leq 1$ gilt. Ein positives Abweichungssignal deutet darauf hin, dass die realen Bedarfswerte größer als die prognostizierten Werte sind, und ein negatives Abweichungssignal weist analog auf eine im Vergleich zu den Bedarfswerten zu hoch liegende Prognose hin. Bestimmt man für eine Prognose ein Abweichungssignal von 0,5 (oder höher), geht man in der Praxis von einer unzureichenden Qualität der Prognose aus. Abbildung 6.2 zeigt exemplarisch den Verlauf dieser Maßzahl für eine fiktive Zeitreihe und ihre zugehörigen Prognosewerte. Die laufende Berechnung des Abweichungssignals kann so genutzt werden, um die Qualität der Prognose im Zeitverlauf zu überwachen und gegebenenfalls Anlass dazu zu geben, Prognoseparameter bzw. -verfahren einer Revision zu unterziehen. Es ist in Abb. 6.2 deutlich zu erkennen, dass die jüngsten Prognosewerte ab dem Zeitpunkt $\tilde{t}$ offenkundig eine unzureichende Qualität erreicht haben und eine Anpassung des Prognoseverfahrens angezeigt ist.

Für die Bedarfswerte aus Tab. 6.1 ist in Tab. 6.3 eine weitere Prognosezeitreihe dargestellt. Für diese Prognosewerte wird das Abweichungssignal nach BROWN (1962) berechnet.

Für den mittleren Prognosefehler μ_3 bezogen auf alle drei Perioden erhält man:

$$\mu_3 = \frac{20 + 10 - 20}{3} = 3\frac{1}{3}.$$

Abb. 6.2 Beispielhafter Verlauf des Abweichungssignals für eine fiktive Bedarfsprognose

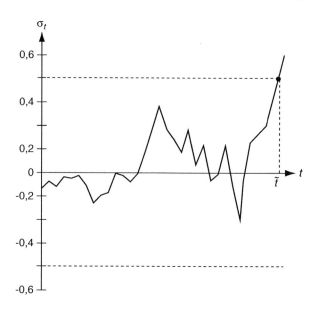

Tab. 6.3 Berechnung des Abweichungssignals für eine Prognosezeitreihe

Periode t	1	2	3
Bedarfswert x_t	80	100	120
Prognose p_t	60	90	140
Prognosefehler $e_t = x_t - p_t$	20	10	−20

Der mittlere absolute Fehler m_3 beträgt für die dreiperiodige Prognose:

$$m_3 = \frac{|20| + |10| + |-20|}{3} = 16\frac{2}{3}.$$

Für das Abweichungssignal σ_t folgt somit:

$$\sigma_3 = \frac{\mu_3}{m_3} = \frac{3\frac{1}{3}}{16\frac{2}{3}} = \frac{1}{5} = 0,2.$$

Für die in Abb. 6.1 klassifizierten Bedarfsverläufe werden im Folgenden verschiedene, jeweils einsetzbare Prognosemethoden vorgestellt.

6.3.2 Prognosemethoden für konstante Bedarfsverläufe

Zur Prognose von regelmäßigen Bedarfen bzw. Nachfragen, die auf ungefähr konstantem Niveau angesiedelt sind, können verschiedene Mittelwertmethoden sowie die exponentielle Glättung erster Ordnung eingesetzt werden. Sie werden im Fol-

6.3 Quantitative Prognoseverfahren

genden zunächst allgemein vorgestellt und jeweils für eine Zeitreihe beispielhaft zur Anwendung gebracht. Es sollen dabei weiterhin die Bezeichnungen gelten, die bereits zuvor eingeführt wurden.

6.3.2.1 Gleitender Durchschnitt

Die Bedarfsvorhersage erfolgt bei der Bildung eines gleitenden Mittelwerts anhand der arithmetischen Durchschnittsberechnung für die Bedarfsmengen der vergangenen T Perioden, wobei alle Bedarfsgrößen die gleiche Bedeutung haben und somit gleich gewichtet sind. Das Verfahren unterstellt damit, dass künftige Bedarfe der durchschnittlichen Menge der Vergangenheit entsprechen, also das Vorliegen eines konstanten Bedarfsverlaufs. Auf Basis von T zurückliegenden Bedarfswerten x_t berechnet man den Prognosewert p_{t+1}^{GD} für die Periode $t+1$ wie folgt:

$$p_{t+1}^{GD} = \frac{1}{T} \cdot \sum_{\tau=t-T+1}^{t} x_\tau. \tag{6.6}$$

Anhand von (6.6) ist erkennbar, dass alle T Bedarfswerte x_t mit demselben Gewicht $1/T$ in die Berechnung des Prognosewertes eingehen. Ebenso gilt folglich:

$$p_t^{GD} = \frac{1}{T} \cdot \sum_{\tau=t-T}^{t-1} x_\tau. \tag{6.7}$$

Zieht man (6.7) von (6.6) ab und formt das Ergebnis nach p_{t+1}^{GD} um, erhält man:

$$p_{t+1}^{GD} = p_t^{GD} + \frac{1}{T} \cdot (x_t - x_{t-T}). \tag{6.8}$$

Wie (6.8) zeigt, kann der Prognosewert für die Periode $t+1$ berechnet werden, indem der Prognosewert der Vorperiode t zugrunde gelegt und die Bedarfswerte der Perioden $t-T$ und t aus der Prognose heraus- bzw. hinzugerechnet werden. Der zeitlich am weitesten zurückliegende Wert (Periode $t-T$) fällt also aus der Prognose heraus und wird durch den neu hinzugekommenen Wert (Periode t) ersetzt. Diesen Umstand illustriert Abb. 6.3 graphisch. Die schwarzen Flächen illustrieren in der Bedarfszeile die zur Prognose eingesetzten Werte und in der Prognosezeile den damit bestimmten Prognosewert. Im unteren Teil der Abbildung ist zu erkennen, dass beim Übergang von Prognoseperiode $t+1=5$ auf Prognoseperiode $t+1=6$ (bei $T=4$) der Bedarfswert der ersten Periode herausfällt und der Bedarfswert der fünften Periode hinzukommt.

Der gleitende Mittelwert erfordert vom Disponenten die Festlegung der Anzahl in die Prognose einfließender vergangener Bedarfswerte T. Welcher Wert optimaler-

Periode	1	2	3	4	5	6
Bedarf	...	...	...	...	...	...
Prognose	...	...	...	...	...	...

Periode	1	2	3	4	5	6
Bedarf	...	...	...	...	...	...
Prognose	...	...	...	...	...	...

Abb. 6.3 Nutzung der Bedarfswerte beim gleitenden Durchschnitt

weise gewählt werden sollte, ist nicht pauschal zu beantworten. In der Praxis wird ein geeigneter Wert für T meist auf Basis von Simulationen bestimmt. Typischerweise gilt $3 \leq T \leq 12$. Aus (6.6) geht hervor, dass ein kleiner Wert für T dafür sorgt, dass der Prognosewert nur auf wenigen Werten der jüngeren Vergangenheit fußt und damit schnell auf Bedarfsänderungen reagiert, während umgekehrt ein großer Wert für T zu einer gewissen Robustheit der Prognose führt. Dieses Verfahren kann vor allem bei gelegentlichen Niveauänderungen und Bedarfssprüngen, ansonsten aber konstanten Verbräuchen ohne konstante Expansion oder Kontraktion zur Anwendung gelangen. Die Prognose hat aufgrund der Begrenzung der einbezogenen Bedarfszahlen einen höheren Aktualitätsgrad als die Vorhersage auf der Basis eines einfachen Mittelwerts, der sich über sämtliche Vergangenheitsdaten erstreckt.

Anhand der in Tab. 6.4 aufgeführten Bedarfswerte soll beispielhaft die Verwendung des gleitenden Durchschnitts zur Bedarfsprognose verdeutlicht werden.

In die Prognose sollen $T=4$ Vergangenheitswerte eingehen. Für die Prognosewerte p_5^{GD} bis p_9^{GD} erhält man dann:

$$p_5^{GD} = \frac{1}{4} \cdot \sum_{\tau=1}^{4} x_\tau = \frac{30 + 20 + 30 + 30}{4} = \frac{110}{4} = 27,5,$$

$$p_6^{GD} = \frac{1}{4} \cdot \sum_{\tau=2}^{5} x_\tau = \frac{20 + 30 + 30 + 40}{4} = \frac{120}{4} = 30,$$

Tab. 6.4 Beispielzeitreihe

Periode t	1	2	3	4	5	6	7	8
Bedarf x_t	30	20	30	30	40	20	40	30

6.3 Quantitative Prognoseverfahren

$$p_7^{GD} = \frac{1}{4} \cdot \sum_{\tau=3}^{6} x_\tau = \frac{30 + 30 + 40 + 20}{4} = \frac{120}{4} = 30,$$

$$p_8^{GD} = \frac{1}{4} \cdot \sum_{\tau=4}^{7} x_\tau = \frac{30 + 40 + 20 + 40}{4} = \frac{130}{4} = 32,5 \text{ und}$$

$$p_9^{GD} = \frac{1}{4} \cdot \sum_{\tau=5}^{8} x_\tau = \frac{40 + 20 + 40 + 30}{4} = \frac{130}{4} = 32,5.$$

Abbildung 6.4 stellt die Verläufe der Bedarfszeitreihe und der Prognosewerte graphisch dar.

6.3.2.2 Gleitender Durchschnitt mit unterschiedlichen Gewichten

Liegt ein konstanter Bedarfsverlauf vor und soll zur Prognose ein gleitender Mittelwert eingesetzt werden, kann auch von der zuvor betrachteten Gleichgewichtung aller betrachteten Bedarfswerte abgewichen werden. Sollen weiterhin die T jüngsten Bedarfswerte zur Prognose eingesetzt werden, sind zu diesem Zweck

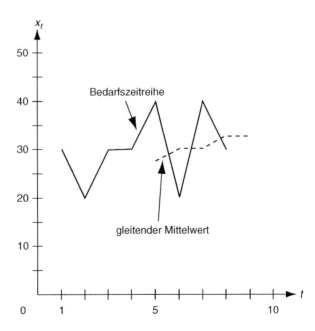

Abb. 6.4 Gleitender Mittelwert

die Gewichte festzulegen, mit denen die Bedarfswerte x_t der Periode t jeweils multipliziert und zum Prognosewert p_{t+1}^{GW} verdichtet werden. Das Gewicht, welches auf den ersten und ältesten der T Bedarfswerte angewandt wird, sei mit g_1 und das Gewicht, welches auf den letzten der in die Prognose eingehenden Werte mit g_T bezeichnet, so dass mit g_τ das Gewicht für den Bedarfswert der Periode $t - T + \tau$ gemeint ist. Den Prognosewert p_{t+1}^{GW} für die Periode $t+1$ berechnet man damit zu:

$$p_{t+1}^{GW} = \sum_{\tau=t-T+1}^{t} g_{\tau-t+T} \cdot x_\tau. \qquad (6.9)$$

Für die Gewichte g_τ sollte sinnvollerweise $g_\tau > 0$ sowie $g_\tau \geq g_{\tau-1}$ gelten, d. h. jüngere Bedarfswerte sollten mindestens genau so stark oder stärker als ältere Werte gewichtet im Prognoseergebnis enthalten sein. Zudem müssen sich die Gewichte zu eins addieren:

$$\sum_{t=1}^{T} g_t = 1.$$

In Anlehnung an Abb. 6.3 zeigt Abb. 6.5, wie die Werte einer Zeitreihe mit unterschiedlicher Gewichtung zu einem gewichteten gleitenden Mittelwert als Prognosewert verrechnet werden. Es fällt also wie zuvor mit jeder weiteren Periode die älteste Periode aus dem Prognosewert heraus, wobei zusätzlich mit fortschreitender Periode die Gewichtung weiter zurückliegender Perioden abnimmt. Ferner ist die Forderung nach einer abnehmenden Gewichtung älterer Bedarfswerte illustriert. Beim Übergang von der Prognoseperiode $t+1=5$ auf die Prognoseperiode $t+1=6$ ist zudem anhand von Abb. 6.5 erkennbar, dass die Werte der zweiten bis vierten Periode, die in beide Prognosewerte eingehen, wie gefordert in ihrer Gewichtung abnehmen.

Periode	1	2	3	4	5	6
Bedarf	...	...	...		...	...
Prognose	...	...	...	...	...	...

Periode	1	2	3	4	5	6
Bedarf	...	...	...	...	...	...
Prognose	...	...	...	...	...	...

Abb. 6.5 Gewichtung der Bedarfswerte beim gewogenen gleitenden Durchschnitt

6.3 Quantitative Prognoseverfahren

Zur Illustration der Prognose mittels gleitendem Durchschnitt bei unterschiedlichen Gewichten wird wiederum auf die Werte der Bedarfszeitreihe aus Tab. 6.4 zurückgegriffen. In die Prognose sollen $T=4$ Vergangenheitswerte eingehen, die jeweils mit den Gewichten $g_1 = 0,1$, $g_2 = 0,2$, $g_3 = 0,3$ und $g_4 = 0,4$ in der Prognose berücksichtigt werden sollen.

Für die Prognosewerte p_5^{GW} bis p_9^{GW} erhält man dann:

$$p_5^{GW} = \sum_{\tau=1}^{4} g_\tau \cdot x_\tau = 0,1 \cdot x_1 + 0,2 \cdot x_2 + 0,3 \cdot x_3 + 0,4 \cdot x_4$$
$$= 0,1 \cdot 30 + 0,2 \cdot 20 + 0,3 \cdot 30 + 0,4 \cdot 30 = 28,$$

$$p_6^{GW} = \sum_{\tau=2}^{5} g_{\tau-1} \cdot x_\tau = 0,1 \cdot x_2 + 0,2 \cdot x_3 + 0,3 \cdot x_4 + 0,4 \cdot x_5$$
$$= 0,1 \cdot 20 + 0,2 \cdot 30 + 0,3 \cdot 30 + 0,4 \cdot 40 = 33,$$

$$p_7^{GW} = \sum_{\tau=3}^{6} g_{\tau-2} \cdot x_\tau = 0,1 \cdot x_3 + 0,2 \cdot x_4 + 0,3 \cdot x_5 + 0,4 \cdot x_6$$
$$= 0,1 \cdot 30 + 0,2 \cdot 30 + 0,3 \cdot 40 + 0,4 \cdot 20 = 29,$$

$$p_8^{GW} = \sum_{\tau=4}^{7} g_{\tau-3} \cdot x_\tau = 0,1 \cdot x_4 + 0,2 \cdot x_5 + 0,3 \cdot x_6 + 0,4 \cdot x_7$$
$$= 0,1 \cdot 30 + 0,2 \cdot 40 + 0,3 \cdot 20 + 0,4 \cdot 40 = 33 \text{ und}$$

$$p_9^{GW} = \sum_{\tau=5}^{8} g_{\tau-4} \cdot x_\tau = 0,1 \cdot x_5 + 0,2 \cdot x_6 + 0,3 \cdot x_7 + 0,4 \cdot x_8$$
$$= 0,1 \cdot 40 + 0,2 \cdot 20 + 0,3 \cdot 40 + 0,4 \cdot 30 = 32.$$

Abbildung 6.6 stellt die Verläufe der Bedarfszeitreihe und der Prognosewerte zum Vergleich graphisch dar.

6.3.2.3 Exponentielle Glättung erster Ordnung

Die exponentielle Glättung erster Ordnung wird ebenfalls zur Vorhersage bei weitgehend stationären Bedarfsverläufen ohne signifikant steigende oder sinkende Trendbewegungen eingesetzt, wobei aktuellere Werte stärker gewichtet werden als zeitlich weiter zurückliegende. Die größere Bedeutung jüngerer Daten wird durch Verwendung einer Glättungskonstanten $\alpha, 0 \leq \alpha \leq 1$, in der Berechnung erreicht. Ein wichtiger Unterschied zum zuvor betrachteten gewichteten Durchschnitt liegt darin, dass die exponentielle Glättung sämtliche Bedarfswerte der Zeitreihe berück-

Abb. 6.6 Gleitender gewichteter Durchschnitt

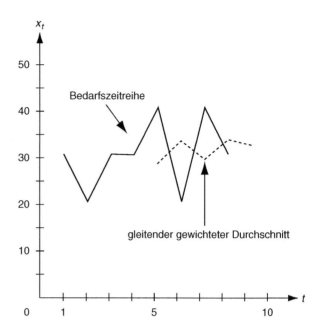

sichtigt. Dabei nimmt das Gewicht weiter zurück liegender Werte zwar permanent ab, wird jedoch lediglich erst im Grenzfall null.

Der Prognosewert p_{t+1}^X für Periode $t+1$ bestimmt sich formal als die Summe aus dem Prognosewert p_t^X der Vorperiode t und einem Korrekturterm, der sich aus einem Glättungsparameter α und dem Prognosefehler e_t der Vorperiode zusammensetzt. Da auf diese Weise die jeweils letzte Prognose in die aktuelle Prognose eingeht, berücksichtigt das Verfahren – wie zuvor erwähnt – im Prinzip alle bisherigen Prognose- und Bedarfswerte, und zwar umso stärker, je aktueller die jeweiligen Werte sind. Formal gilt also:

$$p_{t+1}^X = p_t^X + \alpha \cdot e_t = p_t^X + \alpha \cdot \left(x_t - p_t^X\right). \tag{6.10}$$

Aus (6.10) ist zu erkennen, dass aufgrund des rekursiven Charakters der Bestimmungsgleichung zur exponentiellen Glättung zu Beginn des Verfahrens ein Startwert benötigt wird. Dieser kann beispielsweise dem Bedarfswert der ersten Periode entsprechen oder durch Mittelwertbildung weiter zurückliegender Bedarfe bestimmt werden. Der Glättungsparameter α legt fest, wie stark die Prognose den Prognosefehler der Vorperiode in der Prognose berücksichtigt. Setzt man in (6.10) $\alpha = 0$ ein, verkürzt sich die Bestimmungsgleichung auf $p_{t+1}^X = p_t^X$, d. h. die exponentielle Glättung ergibt als Prognosewert p_{t+1}^X stets den Prognosewert p_t^X der Vorperiode. Wählt man hingegen $\alpha = 1$, entspricht der Prognosewert p_{t+1}^X stets dem Verbrauchswert x_t der Vorperiode. Durch Umformung von (6.10) erhält man:

$$p_{t+1}^X = \alpha \cdot x_t + (1 - \alpha) \cdot p_t^X. \tag{6.11}$$

6.3 Quantitative Prognoseverfahren

Diese Prognose kann gemäß (6.11) als gewichteter Mittelwert aus Vorperiodenbedarf und Prognosewert der Vorperiode verstanden werden. Tendenziell muss man also davon ausgehen, dass ein zu kleiner Wert von α eine zu späte Anpassung an Strukturänderungen der Zeitreihe bewirkt, während ein zu großes α ein zu schnelles Reagieren auf Bedarfsschwankungen zur Folge hat. Erfahrungen und nachträgliche Kontrollrechnungen in der Praxis zeigen, dass α-Werte zwischen 0,1 und 0,3 in den meisten Fällen zu guten Ergebnissen führen.

Das Verfahren der exponentiellen Glättung erster Ordnung wird auf die aus den vorangehenden Beispielen bekannte Wertekonstellation (Tab. 6.4) angewandt. Als Startwert wird $p_1^X = x_1 = 30$ und als Glättungsfaktor $\alpha = 0{,}3$ angesetzt. Die Berechnung der Prognosewerte p_2^X bis p_9^X veranschaulicht Tab. 6.5. Zur graphischen Darstellung siehe Abb. 6.7.

Um im Vergleich zu den zuvor diskutierten Mittelwertmethoden zeigen zu können, welche Werte mit welchen Gewichten im Prognosewert verdichtet werden,

Tab. 6.5 Rechenschritte zur Prognose mit Hilfe der exponentiellen Glättung erster Ordnung

Periode t	Bedarf x_t	Prognosewert p_t^X	Prognosefehler $e_t = x_t - p_t^X$	$\alpha \cdot e_t$
1	30	30 (Startwert)	0	$0{,}3 \cdot 0$ $= 0$
2	20	$30 + 0$ $= 30$	$20 - 30$ $= -10$	$0{,}3 \cdot (-10)$ $= -3$
3	30	$30 - 3$ $= 27$	$30 - 27$ $= 3$	$0{,}3 \cdot 3$ $= 0{,}9$
4	30	$27 + 0{,}9$ $= 27{,}9$	$30 - 27{,}9$ $= 2{,}1$	$0{,}3 \cdot 2{,}1$ $= 0{,}63$
5	40	$27{,}9 + 0{,}63$ $= 28{,}53$	$40 - 28{,}53$ $= 11{,}47$	$0{,}3 \cdot 11{,}47$ $= 3{,}441$
6	20	$28{,}53 + 3{,}441$ $= 31{,}971$	$20 - 31{,}971$ $= -11{,}971$	$0{,}3 \cdot (-11{,}971)$ $= -3{,}5913$
7	40	$31{,}971 - 3{,}5913$ $= 28{,}3797$	$40 - 28{,}3797$ $= 11{,}6203$	$0{,}3 \cdot 11{,}6203$ $= 3{,}48609$
8	30	$28{,}3797 + 3{,}48609$ $= 31{,}86579$	$30 - 31{,}86579$ $= -1{,}86579$	$0{,}3 \cdot (-1{,}86579)$ $= 0{,}559737$
9	?	$31{,}86579 - 0{,}559737$ $= 31{,}306053$		

Abb. 6.7 Exponentielle Glättung erster Ordnung

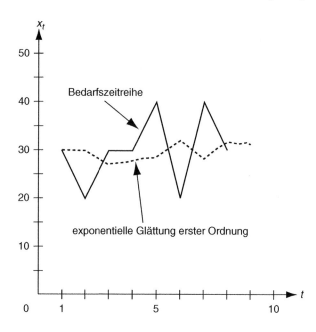

wird die Rekursion aus (6.11) verwendet. Den ersten Prognosewert p_2^X ermittelt man auf Basis des in Periode $t=1$ realisierten Bedarfs und des Startwerts p_1^X:

$$p_2^X = \alpha \cdot x_1 + (1-\alpha) \cdot \underbrace{p_1^X}_{\text{Startwert}}. \tag{6.12}$$

Nutzt man (6.12) zur Bestimmung von p_3^X, erhält man:

$$\begin{aligned} p_3^X &= \alpha \cdot x_2 + (1-\alpha) \cdot p_2^X \\ &= \alpha \cdot x_2 + (1-\alpha) \cdot \underbrace{(\alpha \cdot x_1 + (1-\alpha) \cdot p_1^X)}_{=p_2^X} \\ &= \alpha \cdot x_2 + \alpha \cdot (1-\alpha) \cdot x_1 + (1-\alpha)^2 \cdot p_1^X. \end{aligned} \tag{6.13}$$

Analog folgt für p_4^X:

$$\begin{aligned} p_4^X &= \alpha \cdot x_3 + (1-\alpha) \cdot p_3^X \\ &= \alpha \cdot x_3 + (1-\alpha) \cdot \underbrace{(\alpha \cdot x_2 + \alpha \cdot (1-\alpha) \cdot x_1 + (1-\alpha)^2 \cdot p_1^X)}_{=p_3^X} \\ &= \alpha \cdot x_3 + \alpha \cdot (1-\alpha) \cdot x_2 + \alpha \cdot (1-\alpha)^2 \cdot x_1 + (1-\alpha)^3 \cdot p_1^X. \end{aligned} \tag{6.14}$$

6.3 Quantitative Prognoseverfahren 167

Betrachtet man (6.12)–(6.14), kann man allgemein den Prognosewert p_{t+1}^X schreiben als:

$$p_{t+1}^X = \alpha \cdot \sum_{\tau=0}^{t-1} (1-\alpha)^\tau \cdot x_{t-\tau} + (1-\alpha)^t \cdot p_1^X. \qquad (6.15)$$

Die in (6.15) dargestellte Bestimmungsgleichung für den Prognosewert der exponentiellen Glättung erster Ordnung kommt im Gegensatz zu den Formulierungen aus (6.10) und (6.11) ohne Rekursion aus, lediglich der Startwert p_1^X und der Glättungsfaktor α sind erforderlich, um bei einer gegebenen Bedarfszeitreihe für einen beliebigen Zeitpunkt t eine Bedarfsprognose zu berechnen. Es wird aus (6.15) weiterhin deutlich, dass jeder Bedarfswert der Zeitreihe in die Prognose eingeht und nicht nur – wie bei den oben betrachteten gleitenden Mittelwertmethoden – bei fortschreitender Prognose immer nur eine konstante Zahl T von Werten den Prognosewert bestimmt, wobei alte Werte aus der Betrachtung herausfallen. Ferner entnimmt man (6.15), dass die Gewichte eines in die Prognose eingehenden Bedarfswerts x_t umso geringer sind, je weiter dieser Wert – bezogen auf die Prognoseperiode $t+1$ – in der Vergangenheit liegt. Diese Eigenschaften der exponentiellen Glättung verdeutlicht Abb. 6.8, die im Kontext der Abb. 6.3 und 6.5 zu sehen ist.

6.3.3 Prognosemethoden für trendförmige Bedarfsverläufe

Wenn der Bedarfsverlauf nicht konstant ist, sondern einem steigenden oder fallenden Trend folgt, führen stationär ausgerichtete Verfahren – wie die vorgestellten Mittelwertmethoden oder die exponentielle Glättung erster Ordnung – nicht zu befriedigenden Prognoseergebnissen. Zur Berücksichtigung einer trendförmigen

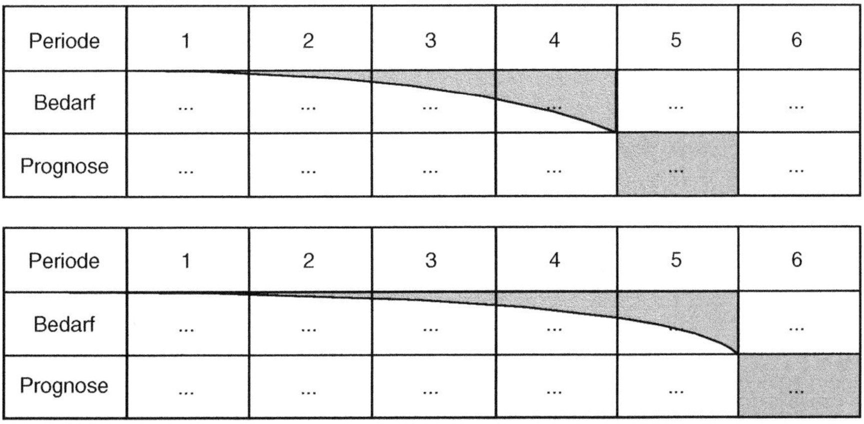

Periode	1	2	3	4	5	6
Bedarf	...	...	...	...	...	...
Prognose	...	...	...	...	...	...

Periode	1	2	3	4	5	6
Bedarf	...	...	...	...	...	...
Prognose	...	...	...	...	...	...

Abb. 6.8 Gewichtung der Bedarfswerte bei der exponentiellen Glättung erster Ordnung

Entwicklung der betrachteten Bedarfsverläufe können verschiedene Methoden zum Einsatz kommen, von denen an dieser Stelle die lineare Regression und die exponentielle Glättung zweiter Ordnung näher beschrieben werden.

6.3.3.1 Lineare Regression

Bei der linearen Regression wird ein linearer Zusammenhang zwischen den zu prognostizierenden Bedarfswerten und einer oder mehreren erklärenden Variablen formuliert und in die Zukunft projiziert. Für die hier betrachtete Bedarfszeitreihe bedeutet dies, dass aus den Werten x_1 bis x_t der Achsenabschnitt b_t und die Steigung n_t einer Trendgeraden berechnet werden, die anschließend genutzt werden, um den Prognosewert p^L_{t+1} für die Prognoseperiode zu bestimmen. Da hier ein linearer Zusammenhang zwischen dem Bedarf der Periode x_t und dem Zeitpunkt t unterstellt wird, kann ausgehend von den Daten der Perioden eins bis t nicht nur der Bedarf einer, sondern mehrerer Folgeperioden prognostiziert werden. Man formuliert diesen Zusammenhang wie folgt:

$$p^L_{t;i} = b_t + n_t \cdot i. \qquad (6.16)$$

Gleichung (6.16) ist so zu verstehen, dass mit $p^L_{t;i}$ derjenige Prognosewert gemeint ist, der auf Basis der Daten aus den Perioden eins bis t für die Periode i mit Hilfe der linearen Regression geschätzt wird. Durch die Anwendung der Methode der kleinsten Quadrate ist aus der Statistik bekannt, dass sich die Steigung n_t der Regressionsgeraden wie folgt berechnet:

$$n_t = \frac{\sum_{\tau=1}^{t} \tau \cdot x_\tau - t \cdot \hat{t} \cdot \hat{x}}{\sum_{\tau=1}^{t} \tau^2 - t \cdot \hat{t}^2}. \qquad (6.17)$$

Dabei bezeichnet $\hat{t}$ den Durchschnitt der aufsummierten Periodenindizes und $\hat{x}$ den mittleren Bedarf über die Perioden eins bis t. Für den Achsenabschnitt b_t berechnet man durch Ausnutzung der Linearitätsannahme:

$$b_t = \hat{x} - n_t \cdot \hat{t}. \qquad (6.18)$$

Sind Achsenabschnitt und Steigung berechnet, kann die Geradengleichung der Regressionsgeraden konkret aufgestellt und zur Prognose genutzt werden.

In Tab. 6.6 ist eine achtperiodige Zeitreihe mit augenscheinlich steigendem Trend abgebildet. Es soll auf Basis der acht Bedarfswerte unter Einsatz des Verfahrens der linearen Regression der Bedarf der Perioden neun und zehn prognostiziert werden.

Tab. 6.6 Bedarfszeitreihe für die lineare Regression

Periode t	1	2	3	4	5	6	7	8
Bedarf x_t	90	86	97	115	108	130	125	145

6.3 Quantitative Prognoseverfahren

Zur Berechnung der für die Regressionsgerade erforderlichen Parameter wird Hilfstabelle 6.7 angelegt, welche aus Platzgründen die Perioden nicht mehr spalten-, sondern zeilenweise anordnet.

Aus den Werten der Tab. 6.7 werden zuerst die benötigten Mittelwerte $\hat{t}$ und $\hat{x}$ berechnet:

$$\hat{t} = \frac{36}{8} = 4,5 \text{ und } \hat{x} = \frac{896}{8} = 112.$$

Damit erhält man nach (6.17) als Wert für die Steigung n_8 der Regressionsgeraden:

$$n_8 = \frac{\sum_{\tau=1}^{8} \tau \cdot x_\tau - 8 \cdot \hat{t} \cdot \hat{x}}{\sum_{\tau=1}^{8} \tau^2 - 8 \cdot \hat{t}^2} = \frac{4.368 - 8 \cdot 4,5 \cdot 112}{204 - 8 \cdot 4,5^2} = \frac{336}{42} = 8. \quad (6.19)$$

Auf Basis von (6.18) und (6.19) erhält man dann für den Achsenabschnitt b_8:

$$b_8 = \hat{x} - n_8 \cdot \hat{t} = 112 - 8 \cdot 4,5 = 76. \quad (6.20)$$

Mit den in (6.19) und (6.20) berechneten Werten lässt sich die auf die Bedarfswerte der Perioden eins bis acht zurückgehende Regressionsgerade gemäß (6.16) wie folgt aufstellen:

$$p_{8;i}^L = b_8 + n_8 \cdot i = 76 + 8 \cdot i. \quad (6.21)$$

Mit Hilfe von (6.21) kann man nun die Bedarfswerte für die Perioden neun und zehn prognostizieren, indem man $i=9$ (Periode neun) bzw. $i=10$ (Periode zehn) setzt:

Tab. 6.7 Hilfstabelle zur linearen Regressionsrechnung

Periode t	Bedarf x_t	$t \cdot x_t$	t^2
1	90	$1 \cdot 90 = 90$	$1^2 = 1$
2	86	$2 \cdot 86 = 172$	$2^2 = 4$
3	97	$3 \cdot 97 = 291$	$3^2 = 9$
4	115	460	16
5	108	540	25
6	130	780	36
7	125	875	49
8	145	1.160	64
Summe	Summe	Summe	Summe
36	896	4.368	204

$$p^L_{8;9} = 76 + 8 \cdot 9 = 76 + 72 = 148,$$

$$p^L_{8;10} = 76 + 8 \cdot 10 = 76 + 80 = 156.$$

Die Bedarfsangaben aus Tab. 6.6 sowie die auf Basis der Perioden eins bis acht berechnete Regressionsgerade und die Prognosewerte für die Perioden neun und zehn illustriert Abb. 6.9.

Neben linearen Bedarfsverläufen können mit weitergehenden Regressionsverfahren auch nichtlineare Abhängigkeiten abgebildet werden, so dass quadratische oder kubische Trends sowie saisonale Einflüsse, die sich z. B. bei der Nachfrage nach Winterreifen zeigen, ihren Niederschlag in der Berechnung finden können. Mit zunehmender Entfernung von der Prognosebasis ($t-i$), wenn also der Bedarfsverlauf weiter in die Zukunft projiziert wird, verschlechtert sich das Prognoseergebnis naturgemäß. Dies gilt um so mehr in dem Fall, dass besondere Einflüsse – vor allem strukturelle Änderungen – zu aus dem Rahmen fallenden Bedarfsschwankungen führen.

6.3.3.2 Exponentielle Glättung zweiter Ordnung

Im Fall linearer Trendentwicklung bietet sich ferner die Methode der exponentiellen Glättung zweiter Ordnung an, die das Bedarfswachstum von Periode zu Periode adäquat zu berücksichtigen vermag. Grob zusammengefasst kann man sagen, dass sich dieses Verfahren der exponentiellen Glättung erster Ordnung bedient und diese

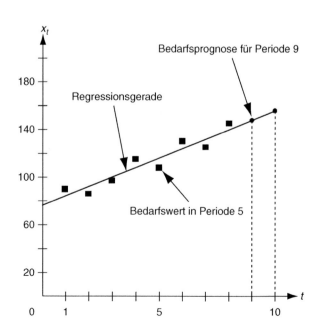

Abb. 6.9 Lineare Regression

6.3 Quantitative Prognoseverfahren

zweimal ausführt. Unter Einsatz der Bedarfszeitreihe wird zunächst der so genannte Mittelwert erster Ordnung $\hat{x}_t^1$ für jeden Zeitpunkt t wie folgt gebildet:

$$\hat{x}_t^1 = \alpha \cdot x_t + (1 - \alpha) \cdot \hat{x}_{t-1}^1. \tag{6.22}$$

α bezeichnet hier analog zur exponentiellen Glättung erster Ordnung wieder einen Glättungsparameter, dem ein Wert zwischen null und eins zuzuweisen ist. Anschließend werden die für $\hat{x}_t^1$ berechneten Werte auf dieselbe Weise zum Mittelwert zweiter Ordnung $\hat{x}_t^2$ verrechnet:

$$\hat{x}_t^2 = \alpha \cdot \hat{x}_t^1 + (1 - \alpha) \cdot \hat{x}_{t-1}^2. \tag{6.23}$$

Bei der Berechnung des Prognosewertes wird ein linearer Trend unterstellt, welcher mit Hilfe einer Gerade mit der Steigung n_t und dem Achsenabschnitt b_t erfasst werden kann. Ausgehend von Periode t kann der Prognosewert p_{t+i}^{X2} für die Prognoseperiode $t+i$ gemäß der Geradengleichung

$$p_{t+i}^{X2} = b_t + n_t \cdot i \tag{6.24}$$

bestimmt werden. Zur Berechnung des Achsenabschnitts b_t werden die Mittelwerte erster und zweiter Ordnung benötigt:

$$b_t = 2 \cdot \hat{x}_t^1 - \hat{x}_t^2. \tag{6.25}$$

Für die Steigung n_t gilt:

$$n_t = \frac{\alpha}{1 - \alpha} \cdot \left(\hat{x}_t^1 - \hat{x}_t^2\right). \tag{6.26}$$

Auf eine genaue Herleitung der in (6.25) und (6.26) dargestellten Bestimmungsgleichungen für Achsenabschnitt und Steigung der Trendgeraden wird an dieser Stelle verzichtet (vgl. dazu TEMPELMEIER (2008)). Soll ausgehend von den Perioden eins bis t der Prognosewert p_{t+1}^{X2} berechnet werden, gilt nach (6.24) mit $i=1$:

$$p_{t+1}^{X2} = b_t + n_t = 2 \cdot \hat{x}_t^1 - \hat{x}_t^2 + \frac{\alpha}{1 - \alpha} \cdot \left(\hat{x}_t^1 - \hat{x}_t^2\right). \tag{6.27}$$

Mit Blick auf (6.22) und (6.23) wird klar, dass aufgrund der vorhandenen Rekursionen Startwerte benötigt werden, um die Mittelwerte erster und zweiter Ordnung berechnen zu können. Legt man für $\hat{x}_1^1$ und $\hat{x}_1^2$ Startwerte fest, implizieren diese gemäß (6.25) und (6.26) einen bestimmten Trend. Weil davon auszugehen ist, dass einerseits auf Basis älterer Daten oder andererseits aufgrund von Erfahrungswerten leichter ein Trend in Form einer Trendgeraden angegeben werden kann, als die Mittelwerte erster und zweiter Ordnung zu schätzen, werden (6.25) und (6.26) umgeformt:

$$\left| \begin{array}{l} b_t = 2 \cdot \hat{x}_t^1 - \hat{x}_t^2 \\ n_t = \dfrac{\alpha}{1-\alpha} \cdot (\hat{x}_t^1 - \hat{x}_t^2) \end{array} \right| \Leftrightarrow \left| \begin{array}{l} b_t = 2 \cdot \hat{x}_t^1 - \hat{x}_t^2 \\ n_t \cdot \dfrac{1-\alpha}{\alpha} = \hat{x}_t^1 - \hat{x}_t^2 \end{array} \right| \begin{array}{l} \text{(I)} \\ \text{(II)} \end{array} \tag{6.28}$$

Zieht man im Gleichungssystem (6.28) (II) von (I) ab, erhält man für $\hat{x}_t^1$:

$$\hat{x}_t^1 = b_t - n_t \cdot \frac{1-\alpha}{\alpha}. \tag{6.29}$$

Durch Einsetzen von $\hat{x}_t^1$ in die zweite Gleichung des Gleichungssystems (6.28) erhält man für $\hat{x}_t^2$

$$\hat{x}_t^2 = b_t - 2 \cdot n_t \cdot \frac{1-\alpha}{\alpha}. \tag{6.30}$$

Mit Hilfe von (6.29) und (6.30) können die benötigten Startwerte angegeben werden, indem von einem vermuteten oder anderweitig geschätzten linearen Trendverlauf mit einem konkreten Achsenabschnitt b_1 und einer bestimmten Steigung n_1 ausgegangen wird.

Die Methode der exponentiellen Glättung zweiter Ordnung wird im Folgenden anhand der aus Tab. 6.6 bekannten Zeitreihe veranschaulicht. Bisher (Periode $t=1$) ging man von einem linearen Trend mit einem Achsenabschnitt $b_1=90$ und einer Steigung von $n_1=4$ aus. Damit können die Startwerte der Mittelwerte erster und zweiter Ordnung ($\hat{x}_1^1$ und $\hat{x}_1^2$) für einen Glättungsfaktor $\alpha=0{,}2$ wie folgt berechnet werden (vgl. (6.29) und (6.30)):

$$\hat{x}_1^1 = b_1 - n_1 \cdot \frac{1-\alpha}{\alpha} = 90 - 4 \cdot \frac{1-0{,}2}{0{,}2} = 74,$$

$$\hat{x}_1^2 = b_1 - 2 \cdot n_1 \cdot \frac{1-\alpha}{\alpha} = 90 - 2 \cdot 4 \cdot \frac{1-0{,}2}{0{,}2} = 58.$$

Zur Berechnung der weiteren Mittel- und Prognosewerte für die Folgeperioden dient die Tab. 6.8.

Abbildung 6.10 illustriert den Bedarfsverlauf und die berechneten Prognosewerte graphisch.

Bei Weiterentwicklungen zu höherer als der zweiten Ordnung können mit Hilfe der exponentiellen Glättung auch nichtlineare (z. B. quadratische oder kubische) Trends und sogar Saisoneinflüsse berücksichtigt werden. Wegen der geringen Verbreitung solcher Prognoserechnungen soll jedoch an dieser Stelle nicht näher darauf eingegangen werden.

Die exponentielle Glättung zweiter Ordnung soll abschließend anhand eines weiteren Beispiels veranschaulicht werden. Die Kalorienreich GmbH & Co. KG möchte die zukünftigen Bestellmengen des benötigten Industriezuckers optimieren. Mit der exponentiellen Glättung zweiter Ordnung sollen dazu auf der Grundlage von Vergangenheitsdaten die künftigen Bedarfe prognostiziert werden. Zunächst wird auf der Grundlage der aus vergangenen Perioden bekannten Daten, die in Tab. 6.9 angegeben sind, eine Ex-post-Prognose durchgeführt, um beurteilen zu können, welcher Glättungsfaktor α die besten Ergebnisse liefert.

6.3 Quantitative Prognoseverfahren

Tab. 6.8 Hilfstabelle zur exponentiellen Glättung zweiter Ordnung

t	x_t	$\hat{x}_t^1$	$\hat{x}_t^2$	b_t	n_t	p_t^{X2}
1	90	74	58	90	4	
2	86	$0,2 \cdot 86$ $+(1-0,2) \cdot 74$ $= 76,4$	$0,2 \cdot 76,4$ $+(1-0,2) \cdot 58$ $= 61,68$	$2 \cdot 76,4$ $- 61,68$ $= 91,12$	$\dfrac{0,2}{1-0,2} \cdot (76,4 - 61,68)$ $= 3,68$	90 $+ 4$ $= 94$
3	97	$0,2 \cdot 97$ $+0,8 \cdot 76,4$ $= 80,52$	$0,2 \cdot 80,52$ $+0,8 \cdot 61,68$ $= 65,448$	$2 \cdot 80,52$ $- 65,448$ $= 95,592$	$\dfrac{1}{4} \cdot (80,52 - 65,448)$ $= 3,768$	91,12 $+ 3,68$ $= 94,8$
4	115	$0,2 \cdot 115$ $+0,8 \cdot 80,52$ $= 87,416$	$0,2 \cdot 87,416$ $+0,8 \cdot 65,448$ $= 69,8416$	$2 \cdot 87,416$ $- 69,8416$ $= 104,9904$	$\dfrac{1}{4} \cdot (87,416 - 69,8416)$ $= 4,3936$	95,592 $+ 3,768$ $= 99,36$
5	108	$\approx 91,53$	$\approx 74,18$	$\approx 108,89$	$\approx 4,34$	$\approx 109,38$
6	130	$\approx 99,23$	$\approx 79,19$	$\approx 119,26$	$\approx 5,01$	$\approx 113,22$
7	125	$\approx 104,38$	$\approx 84,23$	$\approx 124,53$	$\approx 5,04$	$\approx 124,27$
8	145	$\approx 112,5$	$\approx 89,88$	$\approx 135,13$	$\approx 5,66$	$\approx 129,57$
9						$\approx 140,78$

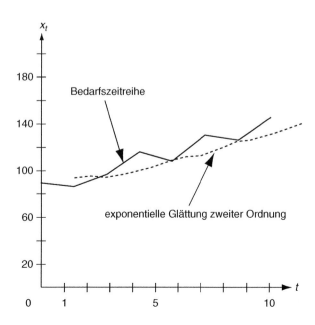

Abb. 6.10 Prognose mit exponentieller Glättung zweiter Ordnung

Tab. 6.9 Bedarfsmengen vergangener Perioden der Kalorienreich GmbH & Co. KG

t	1	2	3	4	5	6	7	8	9	10
x_t	483	508	523	498	518	502	541	559	540	542
t	11	12	13	14	15	16	17	18	19	20
x_t	561	566	568	598	584	587	577	590	586	609

Zur Ermittlung des geeigneten Glättungsfaktors α wird für die vergangenen 20 Perioden jeweils eine Ex-post-Prognose für die Werte $\alpha = 0{,}1$, $\alpha = 0{,}2$, $\alpha = 0{,}3$ und $\alpha = 0{,}4$ durchgeführt und anhand des mittleren absoluten und mittleren quadratischen Fehlers die Prognosequalität quantifiziert. Zur Berechnung der Startwerte für die Mittelwerte erster und zweiter Ordnung wurde in Periode $t = 1$ von einem linearen Trend ausgegangen, der einen Achsenabschnitt $b_1 = 450$ und eine Steigung von $n_1 = 6$ aufweist. In Tab. 6.10 sind die Ergebnisse dieser Prognoserechnungen aufgeführt. Die Berechnung des mittleren absoluten und des quadratischen Fehlers

Tab. 6.10 Prognose mit unterschiedlichen Glättungsfaktoren

t	x_t	$p_t^{X2}\|_{\alpha=0{,}1}$	$p_t^{X2}\|_{\alpha=0{,}2}$	$p_t^{X2}\|_{\alpha=0{,}3}$	$p_t^{X2}\|_{\alpha=0{,}4}$
1	483	–	–	–	–
2	508	456	456	456	456
3	523	472,4	482,8	493,2	503,6
4	498	489,04	506,96	521,76	533,44
5	518	497,86	513,06	520,87	522,51
6	502	509,00	524,37	530,37	530,66
7	541	514,92	524,95	524,31	518,76
8	559	527,38	540,00	542,74	543,00
9	540	541,21	556,88	562,41	565,80
10	542	548,79	560,16	560,34	557,73
11	561	555,25	562,25	558,70	553,58
12	566	564,14	570,39	567,79	565,44
13	568	572,32	577,21	574,63	572,99
14	598	579,27	581,94	578,41	576,20
15	584	590,79	596,40	597,32	600,04
16	587	597,40	600,12	598,25	597,09
17	577	603,22	603,06	599,22	596,34
18	590	605,77	600,30	592,60	586,57
19	586	610,14	602,80	595,75	591,93
20	609	612,69	602,28	594,38	590,34

6.3 Quantitative Prognoseverfahren

Tab. 6.11 Ergebnisse für die Fehlerwerte in der 20. Periode

α	0,1	0,2	0,3	0,4
m_{20}	≈16,96	≈16,57	≈16,56	≈17,27
s_{20}	≈502,28	≈418,95	≈415,85	≈448,70

ergibt in Periode $t=20$ dann für diese Prognosewerte die in Tab. 6.11 dargestellten Ergebnisse.

Von den betrachteten Werten für den Glättungsfaktor α ergibt also ein Wert von $\alpha=0,3$ hinsichtlich beider Fehlermaße die geringsten Abweichungen. Abbildung 6.11 illustriert den Verlauf der Prognosewerte für die jeweils betrachteten Werte des Glättungsfaktors α graphisch.

Bei der Kalorienreich GmbH & Co. KG entschließt man sich, künftig die Bedarfsprognose mit Hilfe der exponentiellen Glättung zweiter Ordnung durchzuführen und dabei einen Glättungsfaktor von $\alpha = 0,2$ zu wählen.

In den Perioden 21 bis 24 realisieren sich daraufhin sukzessive die in Tab. 6.12 dargestellten Bedarfswerte. Zur Überwachung der Prognosequalität setzt man auf

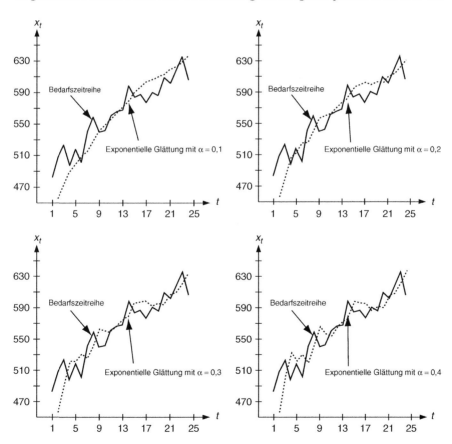

Abb. 6.11 Verlauf der Prognosewerte für alternative Werte des Glättungsfaktors

Tab. 6.12 Tatsächliche Bedarfswerte der Perioden 21 bis 24

t	21	22	23	24
x_t	602	618	635	606

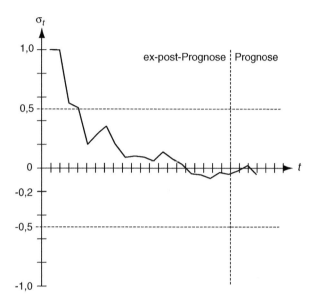

Abb. 6.12 Verlauf des Abweichungssignals

das Abweichungssignal nach BROWN (1962), dessen Verlauf in Abb. 6.12 dargestellt ist. Legt man dieses Kriterium zugrunde, besteht bei der Kalorienreich GmbH & Co. KG kein Anlass zur Anpassung des Glättungsparameters oder zur Wahl einer anderen Prognosemethode.

6.4 Collaborative Planning, Forecasting and Replenishment (CPFR)

6.4.1 Das CPFR-Konzept

Nachdem zuvor die wichtigsten Prognoseverfahren vorgestellt wurden, wird nun deren Einsatz im Bereich der Warenversorgung in der Supply Chain anhand des Konzeptes des CPFR beleuchtet. Der Begriff CPFR kann übersetzt werden mit „Kooperative Planung, Prognose und Bestandsmanagement".

CPFR bezeichnet ein Geschäftsmodell zwischen Handel und Industrie zur Prognose des Kaufverhaltens der Konsumenten in der Verkaufsfiliale, um den Warenstrom optimal zu planen. Das „C" von CPFR, die Collaboration, besagt dabei,

6.4 Collaborative Planning, Forecasting and Replenishment (CPFR) 177

dass rechtlich und organisatorisch unabhängige Kooperationspartner ihre Aktivitäten gleichberechtigt gemeinsam bzw. aufeinander abgestimmt durchführen. Dies beschränkt sich nicht nur auf eine Absprache von Liefermengen. Gemeinsam muss insbesondere das Verständnis der Partner über die zu erreichenden Ziele festgelegt werden. Die ausgetauschten Daten werden in Abstimmung miteinander analysiert und Folgen abgeleitet. Die Collaboration ist dabei die Voraussetzung für alle weiteren Schritte.

Obwohl CPFR ein branchenübergreifendes Konzept ist, findet man in der Literatur vorrangig Praxisbeispiele aus der Konsumgüterbranche. Die Motivation zur Umsetzung des Konzeptes in dieser Branche lässt sich damit erklären, dass den Konsumartikelherstellern in Europa nach unabhängigen Studien jährlich rund vier Milliarden Euro Umsatz durch mangelnde Warenverfügbarkeit entgehen. In lediglich 60% aller Fälle gelingt es z. B. Procter & Gamble, den monatlichen Bedarf für die wichtigsten Artikel innerhalb einer Toleranz-Bandbreite von +/− 25% für den folgenden Monat vorherzusagen. Resultat sind Bestandslücken von 4 bis 12%. Analysiert man die Ursachen hierfür, so zeigt sich, dass 80% dieser Bestandslücken durch unzureichende Prognosen verursacht werden (SCHARR/WUNDERLICH 2004).

Wissend um die Schwächen der heutigen Prozesse lässt sich CPFR nach HAMBUCH (2002) folgendermaßen kurz beschreiben:

- Ausgehend von gemeinsam erstellten Geschäftsplänen wird eine gemeinsame Absatzplanung entwickelt,
- die die Produktion und Lagerhaltung der gemeinsam ermittelten Nachfrage anpasst und
- den zugehörigen Warenfluss über die einzelnen Teilnehmer der Versorgungskette steuert.

CPFR setzt sich aus zwei grundlegenden Bausteinen zusammen: Einerseits aus Arbeitsprozessen, die in neun Schritten definiert sind, andererseits aus den Technologien zur Integration der kommerziellen und logistischen Seite. Die folgenden Ausführungen erläutern die neun Prozessschritte des CPFR gemäß der VOLUNTARY INTERINDUSTRY COMMERCE STANDARDS (VICS) (2002).

6.4.2 Ablauf des CPFR

Der Ablauf des CPFR lässt sich – wie der Name des Konzeptes schon aussagt – in die drei Phasen Planung, Prognose und Bestellung unterteilen, die jeweils mehrere Schritte umfassen.

Planung

- Schritt 1: Grundsätzliche Rahmenvereinbarung

Der erste Schritt des CPFR-Modells besteht in der Festlegung von Grundsätzen und Regeln in der Kooperation zwischen Handelsunternehmen und Hersteller in einer Rahmenvereinbarung. Diese beschreibt die Aktivitäten und Ressourcen, welche für eine erfolgreiche Anwendung von CPFR notwendig sind und gibt sowohl die praktische Rollenverteilung der beteiligten Partner als auch die Kennziffern zur Überprüfung der Leistungsfähigkeit während der Zusammenarbeit wieder.

Folgende Aktivitäten lassen sich in chronologischer Reihenfolge zu Schritt 1 identifizieren:

1. Festlegung des Kooperationsumfanges: Absichtserklärung zu den Punkten Kooperation, Vertrauen und Ressourcenbereitstellung,
2. Definition der konkreten CPFR-Ziele und -Aufgaben: Bestimmung und Dokumentation von Leistungskriterien zur Erfolgsmessung, Definition der Geschäftsprozesse und der Ausnahmekriterien bei der Verkaufs- und Bestellprognose,
3. Kompetenz- und Ressourcenidentifizierung: Klare Festlegung von Kompetenzen und Ressourcen der beteiligten Personen (Welche Abteilungen/Funktionseinheiten sind fähig und bereit, zum CPFR-Prozess dauerhaft beizutragen? Welche Kompetenzen müssen möglicherweise aufgebaut oder von Dienstleistern eingekauft werden?),
4. Definition von Kooperationspunkten: Bestimmung der verantwortlichen ausführenden Organe (Abteilungen bzw. Funktionen) des CPFR-Prozesses,
5. Festlegung des Informationsbedarfs über Datenaustausch: Klärung der Art, Häufigkeit und Reaktionszeit auf Datenanfragen sowie der technologischen Aspekte,
6. Berücksichtigung von Kooperationserfahrungen: Einbindung von Informationen über Pilotprojekte sowie Berücksichtigung von eigenen oder Erfahrungen der Geschäftspartner,
7. Überprüfung der Verbindlichkeit von Bestell- und Lieferzusagen,
8. Ressourcenallokation: Bestimmung der Anzahl der am CPFR-Prozess beteiligten Mitarbeiter und des Einsatzes der Ressourcen sowie Festlegung eines Prozessmanagements,
9. Vereinbarung von Schlichtungsmethoden und Eskalationsmechanismen,
10. Regelmäßige Evaluierung der CPFR-Vereinbarung: Festlegung von relevanten Messgrößen, wie beispielsweise Effektivität der Zusammenarbeit, Geschäftsergebnis (Umsatz- und Warengruppenentwicklung) und Effizienz der Prozesse (Prognosegenauigkeit, Produktverfügbarkeit) und
11. Beschlussfassung der Kooperationsvereinbarung: Vereinbarung als bindende Richtlinie, die aber jederzeit an neue Erfordernisse angepasst werden muss.

- Schritt 2: Entwicklung eines gemeinsamen Geschäftsplanes

Unter Berücksichtigung der eigenen Unternehmensstrategie wird ein gemeinsamer Geschäftsplan entwickelt. Inhalt dieses Geschäftsplans ist die Definition von Warengruppenrollen, Warengruppenzielen und Warengruppentaktiken. Des Weiteren werden die relevanten Auftragsdaten für die zu optimierenden Produkte ausgetauscht. Als relevant gelten hierbei z. B. das Auftragsminimum, die Auftragsvorlaufzeit und die Auftragsintervalle. Die Entwicklung eines gemeinsamen Geschäftsplanes verbessert die Nachfrageprognosequalität und bietet darüber hinaus eine geeignete Plattform für die Kommunikation entlang der Wertschöpfungskette.

6.4 Collaborative Planning, Forecasting and Replenishment (CPFR)

Prognose

- Schritt 3: Ermittlung einer Nachfrageprognose

Als Basis der Ermittlung der Nachfrageprognose werden die Verkaufsdaten des Handelsunternehmens in der Vergangenheit herangezogen. Die Nachfrageprognose wird entsprechend der Absprache fortgeschrieben (z. B. täglich, wöchentlich, monatlich) und – wenn möglich – mit verkaufsrelevanten Zusatzinformationen über verändertes Konsumentenverhalten z. B. aufgrund von Marketingaktionen (auch der Konkurrenz) angereichert. Die zu erwartenden Absatzmengen werden auf Ebene der Einzelprodukte bzw. der Stock Keeping Units ermittelt. Die Prognose wird damit zuverlässiger und verfeinert die Aussagen des gemeinsamen Geschäftsplanes (Schritt 2).

- Schritt 4: Erkennen von Abweichungen in der Nachfrageprognose

In Schritt 4 werden alle Produkte identifiziert, die Ausnahmen zu den kooperativ gesetzten Annahmen der Nachfrageprognose darstellen. Beispielsweise handelt es sich bei diesen Produkten um saisonale Produkte. Die Ausnahmekriterien für jedes Produkt wurden in der Kooperationsvereinbarung (Schritt 1) festgelegt. Dieser Schritt zeigt, dass das CPFR-Modell ein „lernendes Modell" ist.

- Schritt 5: Bearbeitung der Abweichungen in der Nachfrageprognose

Der fünfte Schritt beinhaltet die gemeinsame Bearbeitung und Klärung von Nachfrageprognose-Ausnahmen durch Echtzeit-Kommunikation zwischen den Partnern. Jede Änderung fließt entsprechend der vereinbarten Lösungsroutine umgehend in die neu erstellte Nachfrageprognose ein. Dies beschleunigt die Kommunikation und die Entscheidungsfindung zwischen Hersteller und Handelsunternehmen und erhöht die Zuverlässigkeit der später erstellten Bestellung.

- Schritt 6: Erstellung einer Bestellprognose

In diesem Schritt werden Daten über die Abverkäufe am Point of Sale mit den individuellen Bestandsstrategien der Kooperationspartner verknüpft, um eine spezifische Bestellprognose zu generieren. Die so entwickelte Vorschau auf Bestellungen stellt eine höhere Detaillierung der Daten aus dem gemeinsamen Geschäftsplan (Schritt 2) und der Nachfrageprognose (Schritt 3) dar.

- Schritt 7: Erkennen von Abweichungen in der Bestellprognose

Die Identifizierung aller Produkte, die Ausnahmen zu den kooperativ gesetzten Annahmen der Bestellprognose darstellen, findet sich in Schritt 7 wieder. Das Ergebnis ist eine Liste mit denjenigen Artikeln, die auf der Basis der in der Kooperationsvereinbarung gesetzten Kriterien als Ausnahmen gewertet werden.

- Schritt 8: Bearbeitung der Abweichungen in der Bestellprognose

Vergleichbar mit Schritt 5 werden in Schritt 8 die Bestellprognose-Ausnahmen durch Echtzeit-Kommunikation gemeinsam bearbeitet und geklärt. Jede Änderung fließt in die neu erstellte Bestellprognose ein. Die beschleunigte Kommunikation und Entscheidungsfindung zwischen Hersteller und Handelsunternehmen erhöht die Zuverlässigkeit der im nächsten Schritt generierten Bestellung.

Bestellung

- Schritt 9: Auslösung der Bestellung

Im letzten Schritt wird die ermittelte Bestellprognose in eine Bestellung umgesetzt. Die Durchführung der Bestellung erfolgt je nach Kompetenz in der Prozessabwicklung, nach der Ausstattung von entsprechenden DV-Systemen und nach der Verfügbarkeit von freien Ressourcen entweder durch den Hersteller oder durch das Handelsunternehmen.

Zusammenfassend lässt sich der Ablauf des CPFR in Anlehnung an die VOLUNTARY INTERINDUSTRY COMMERCE STANDARDS (VICS) (2002) graphisch gemäß Abb. 6.13 darstellen.

6.4.3 Abwicklung der Prognoseprozesse

Nachdem die neun Prozessschritte vorgestellt wurden, wird nun die Abwicklung der Prognoseprozesse (Schritt 3 und 6) als Kernstück des CPFR näher betrachtet. So sind die auf Verkaufsdaten aus der Vergangenheit bisher angewandten Algorithmen für eine zuverlässige Prognose der Absatzzahlen nicht ausreichend. Im Rahmen von Supply Chains gehen Unternehmen vermehrt dazu über, bei der Prognosebildung zu kooperieren.

Die Betrachtung lässt sich dabei in drei Stufen unterteilen. Zunächst gilt es, auf der strategischen Ebene die Prognosesituation in einer gegebenen Supply Chain zu analysieren. Auf der taktischen Ebene muss dann die Vorgehensweise bei der Prognoseerstellung definiert werden. Um den erarbeiteten Plan durchführen zu können, muss man schließlich Prognoseverfahren auswählen und anwenden sowie die von Zulieferer und Abnehmer erstellten Vorhersagen miteinander abgleichen.

Klassifikation der Prognosesituation

Zunächst gilt es, das Ausmaß der zwischenbetrieblichen Zusammenarbeit innerhalb des jeweiligen CPFR-Projektes einzuordnen und zu klassifizieren. Folgende Merkmalsausprägungen gilt es u. a. zu beantworten:

- Welche Unternehmen im Wertschöpfungsprozess beteiligen sich an der gemeinsamen Prognoseplanung?
- Gibt es dominierende Unternehmen innerhalb der Kooperation, die zunächst von der Zusammenarbeit überzeugt werden müssen oder aber kleinere Partner zur Kooperation zwingen?

Bestimmung der Vorhergehensweise bei der Prognoseerstellung

Entscheidend bei diesem Schritt ist, vormals unterschiedliche Rhythmen der Prognoseerstellung (täglich, wöchentlich, monatlich) über alle angeschlossenen Partner zu standardisieren. Zudem ist ein Prognoseansatz zu finden, dessen Fehlerrate

6.4 Collaborative Planning, Forecasting and Replenishment (CPFR)

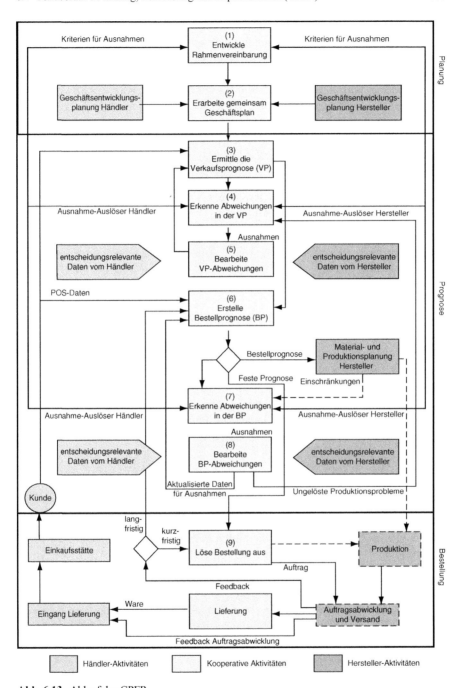

Abb. 6.13 Ablauf des CPFR

möglichst gering ist. Die Prognoseerstellung des Top-down-Ansatzes beruht auf Wirtschaftsdaten, Branchenanalysen und betriebsspezifischen Daten, welche interpretiert und auf einzelne Produkte heruntergebrochen werden. Beim Bottom-up-Ansatz schließt man hingegen vom Umsatz einzelner Produkte bzw. Geschäftsfelder auf den Gesamtumsatz. Die Middle-out-Prognose als hybrider Ansatz kombiniert die beiden vorgenannten Ansätze und verbessert bzw. verfeinert so die Vorhersage vor allem der Bottom-up-Planung.

Auswahl der Prognoseverfahren

Auswahlempfehlungen für bestimmte Prognosemethoden erfolgen durch den Vergleich der Leistungsfähigkeit der jeweiligen Methoden. Neben situativen gibt es einige generelle Kriterien, die im Folgenden genannt werden:

- Genauigkeit,
- Datenbedarf,
- Komplexität,
- Kosten und
- Zeitbedarf.

Da sich das Kundenverhalten aufgrund zahlreicher Einflüsse dynamisch und nicht statisch zeigt, nur bedingt rational ist und sich somit nur eingeschränkt in quantitative Verfahren fassen lässt, ist die Bewertung durch Branchen- oder Unternehmensexperten, also die Ergänzung durch qualitative Verfahren, zu empfehlen. Zu berücksichtigen bei qualitativen Methoden sind jedoch die Subjektivität des Verfahrens und die Möglichkeit, das Ergebnis durch vorhandene Machtungleichgewichte auszunutzen. Daher stellt eine Kombination der beiden in diesem Kapitel vorgestellten Arten von Prognoseverfahren die beste Lösung dar.

6.4.4 Beurteilung des CPFR-Geschäftsmodells

Um das Erfolgspotenzial bewerten zu können, ist es wichtig zu verstehen, an welchen Stellen CPFR konzeptionell die traditionellen Methoden ergänzt. Die wesentlichen Neuerungen des CPFR-Prozesses verdeutlicht Abb. 6.14.

Typische Erfolge von CPFR sind dementsprechend:

- Verbesserte Reaktionsgeschwindigkeit auf das Nachfrageverhalten des Kunden: Systematische Reduzierung von Fehlbeständen und optimierte Bestandsumschlagzeiten bewirken eine flexiblere und verlässlichere Lieferkette, die die Produktverfügbarkeit und die Zufriedenheit des Kunden erhöht.
- Zunahme der Zuverlässigkeit der Nachfrageprognose: Zuverlässigkeit wird erreicht über eine einzige, kooperativ entwickelte Prognose. Durch das Einbringen der jeweils eigenen Sichtweise und eigener Erfahrungswerte profitieren die Marktteilnehmer von den sich ergebenden Synergien.
- Direkte und dauerhafte Kommunikationskanäle: Diese erhöhen den kontinuierlichen Informationsaustausch von verkaufsrelevanten Daten.

6.4 Collaborative Planning, Forecasting and Replenishment (CPFR)

Traditionelle Methoden		CPFR
separate, unabgestimmte Pläne durch Zulieferer, Hersteller und Händler	Absatzplanung	gemeinsam abgestimmter Plan aller Beteiligten der Wertschöpfungskette
basierend auf Vergangenheitswerten (Verkäufe, POS-Daten)	Bestellauslösung	Einbeziehen der POS-Daten, Promotionspläne und Marketing-Aktivitäten
Ausführung	Fokus	Planung
Bestandsführung/Logistik	Kooperation	Bestandsführung/Logistik/ Absatz/Marketing/Einkauf
Kostenreduzierung	Ziel	Wertschöpfung aller Beteiligten verbessern
nicht einheitlich	Vorhersage	einheitlich

Abb. 6.14 Unterschiede zwischen traditionellen Methoden und CPFR

- Umsatzverbesserungen: Die Kooperation in den Bereichen Planung, Prognose und Warenversorgung reduziert vorhandene Bestandslücken und erhöht die Abverkäufe durch bessere Verfügbarkeit.
- Bestandsreduzierungen: Durch die gemeinsame Ausrichtung der Planungs- und Prognoseprozesse können Sicherheitsbestände innerhalb der Wertschöpfungskette abgebaut werden, da durch die Zusammenarbeit die Planungsunsicherheit minimiert wird. Die Entwicklung zu einer durchgängigen, echtzeitgetreuen Informationsversorgung vermindert das Risiko, dass sich die Varianz in der Nachfrage, also der bereits erwähnte Bullwhip-Effekt, in Richtung der Zulieferer verstärkt.
- Sinkende Kosten: Rüstzeiten, Doppelarbeiten und Variationsbreite nehmen durch die Angleichung der Produktionspläne ab. Die bessere Auslastung der Produktionskapazitäten trägt zu einem effizienten Produktionsprozess bei. Zudem kommt es zur einer Reduzierung der Kapital-, Handling- und Administrationskosten.

Diesen Vorteilen stehen jedoch auch Hindernisse bei der Einführung von CPFR gegenüber. So gaben nach einer Studie von Industry Directions und Syncra Systems mit 2000 Unternehmen 60% interne Barrieren als die größte Herausforderung an (FRASER 2002). Der Mangel an Vertrauen in die Partner ist ein weiterer unternehmenskultureller Faktor, da sensible Daten nur ungern ausgetauscht werden. Fehlende Unterstützung des Topmanagements, das eigentlich die Rolle des CPFR-Sponsors übernehmen sollte, um sicherzustellen, dass Ressourcen zur Verfügung stehen und die schwer messbaren Vorteile sind die am häufigsten genannten Problemaspekte.

Die Anwendung von CPFR erfordert zudem erhebliche Investitionen in Informations- und Kommunikationstechnologien. Zwar sind einige Anwendungen internetbasiert und somit kostengünstig; allerdings übersteigen die aufzuwendenden Mittel in der Regel die Budgets kleinerer und mittelständischer Unternehmen. Ein anderer Kostenfaktor sind die erheblichen Personalressourcen zur Einführung eines CPFR-Konzeptes.

Betrachtet man Erfolgspotenziale und Hindernisse und wägt diese gegeneinander ab, so lässt sich konstatieren, dass die Etablierung eines durchgängigen CPFR-Prozesses eine erhebliche Herausforderung darstellt.

So liegt das Potenzial des CPFR-Prozesses insbesondere in der flexiblen und iterativen Herangehensweise, um kontinuierlich Verbesserungen in den gemeinsamen Geschäftsprozessen zu erreichen. Allerdings strebt jede beteiligte Partei nach Gewinnmaximierung. Daher sind insbesondere Konflikte bei der Aufteilung der entstehenden Kosten und Kosteneinsparungen (Cost-Benefit-Sharing-Problem) zu lösen. Zudem können die finanziellen Anstrengungen für die Implementierung der Technologien und Betreuung der Prozesse durch ausgebildetes Personal vorrangig von großen Unternehmen bewältigt werden. Weiter bleibt festzuhalten, dass erfolgreiche CPFR-Prozesse am ehesten bei ausgewogenen Machtverhältnissen zwischen Handelsunternehmen und Hersteller umgesetzt werden könnten. Bei ungleicher Machtverteilung und Dominanz eines beteiligten Partners wird der dominante Partner versuchen, die bestehenden Strukturen, Prozesse und damit die Machtverhältnisse zu bestimmen.

6.5 Übungsaufgaben zu Kapitel 6

Übungsaufgabe zu Abschnitt 6.2

Beschreiben Sie das Vorgehen bei einer Bedarfs- bzw. Nachfrageprognose mit Hilfe der Delphi-Methode.

Übungsaufgabe zu Abschnitt 6.3

Der schweizerische Discounter ALDLI möchte die Nachfrage nach der Hundefuttersorte „Bellos Leckerli" prognostizieren. Dabei sollen immer die Nachfragewerte der zurückliegenden sechs Monate in die Prognose eingehen. Gegeben seien folgende Nachfragewerte des Jahres 2008 (in tausend Dosen):

Monat	Nachfrage
Januar	100
Februar	120
März	80
April	110
Mai	105
Juni	90
Juli	100
August	95
September	115
Oktober	120
November	130
Dezember	110

a) Berechnen Sie die gewogenen gleitenden Durchschnitte für die Monate von Juli bis Dezember 2008 und ermitteln Sie hierzu die Prognosefehler und die mittleren absoluten Fehler für diesen Zeitraum.
Dabei sollen folgende Gewichtungen zugrunde gelegt werden:

Periode t	1	2	3	4	5	6
Gewichtung	0,05	0,1	0,15	0,2	0,25	0,25

b) Prognostizieren Sie für die Monate von Juli bis Dezember 2008 die Nachfrage mit Hilfe der exponentiellen Glättung erster Ordnung, ermitteln Sie die Prognosefehler und die mittleren absoluten Fehler für diesen Zeitraum. Dabei soll ein Glättungsparameter von $\alpha = 0{,}2$ und ein Prognosewert für den Juni 2008 in Höhe von 95 (in tausend Dosen) zugrunde gelegt werden.
Runden Sie Ihre Ergebnisse bitte auf 2 Nachkommastellen.

Übungsaufgabe zu Abschnitt 6.3
Skizzieren Sie die Grundidee des CPFR.

Literaturempfehlungen

Brown, R. G: Smoothing, Forecasting and Prediction of Discrete Time Series, Upper Saddle River 1962.

Corsten, D.; Gabriel, C.: Supply Chain Management erfolgreich umsetzen: Grundlagen, Realisierung und Fallstudien, 2. Aufl., Berlin et al. 2004.

Fraser, J.: CPFR – Status im Konsumgütersektor, in: Seifert, D. (Hrsg.): Collaborative Planning, Forecasting and Replenishment: Supply Chain Management der nächsten Generation, Bonn 2002, S. 117–138.

Hambuch, P.: CPFR – Sichtweise und Erfahrungen bei Procter & Gamble, in: Kracklauer, A. H.; Mills, Q. D.; Seifert, D. (Hrsg.): Kooperatives Kundenmanagement: Wertschöpfungspartnerschaften als Basis erfolgreicher Kundenbindung, Wiesbaden 2002, S. 177–202.

Kortus-Schultes, D.; Ferfer, U.: Logistik und Marketing in der Supply Chain: Wertsteigerung durch virtuelle Geschäftsmodelle, Wiesbaden 2005.

Kracklauer, A. H.; Mills, Q. D.; Seifert, D.: Kooperatives Kundenmanagement: Wertschöpfungspartnerschaften als Basis erfolgreicher Kundenbindung, Wiesbaden 2002.

Scharr, U.; Wunderlich, D.: Procter & Gamble: Streamlined Logistics, in: Corsten, D.; Gabriel, C. (Hrsg.): Supply Chain Management erfolgreich umsetzen: Grundlagen, Realisierung und Fallstudien, 2. Aufl., Berlin et al. 2004, S. 203–218.

Seifert, D.: Collaborative Planning, Forecasting and Replenishment: Supply Chain Management der nächsten Generation, Bonn 2002.

Stadtler, H.; Kilger, C.: Supply Chain Management and Advanced Planning: Concepts, Models, Software and Case Studies, 3. Aufl., Berlin et al. 2005.

Tempelmeier, H.: Material-Logistik – Modelle und Algorithmen für die Produktionsplanung und -steuerung in Advanced-Planning-Systemen, 7. Aufl., Berlin et al. 2008.

Thonemann, U.: Operations Management: Konzepte, Methoden und Anwendungen, München et al. 2005.

Voluntary Interindustry Commerce Standards (VICS): Recommended Guidelines CPFR, Version 2.0, o. O. 2002.

Wagner, M.: Demand Planning, in: Stadtler, H.; Kilger, C. (Hrsg.): Supply Chain Management and Advanced Planning: Concepts, Models, Software and Case Studies, 3. Aufl., Berlin et al. 2005, S. 139–157.

Kapitel 7
Transport und Distribution

7.1 Bedeutung der Transport- und Distributionsplanung im SCM

Das Aufgabenspektrum der Transport- und Distributionsplanung umfasst den physischen Transport der Produkte und Materialien zwischen den einzelnen Stufen der Supply Chain. Diese Transportprozesse sind ein wichtiger Bestandteil der Logistikkette, da sie die Versorgung der Kunden oder der nächsten Stufe der Kette mit Gütern gewährleisten. Durch eine geschickte Planung der Transportrouten und eine effiziente Ausnutzung der Ladekapazitäten lassen sich dabei erhebliche Kosten sparen. Im Rahmen eines SCM kann die Transport- und Distributionsplanung durch das entsprechende Modul von APS übernommen werden. Dieses Modul bietet eine Verfeinerung des Master Planning, in welchem die jeden Tag zu transportierenden Mengen und die Transportmethoden festgelegt werden.

Die mittelfristige Distributionsplanung umfasst die Planung bzw. Optimierung der Verteilung der Produkte und der Lagerbestände zum Kunden. Hierbei werden die Min-/Max- sowie die Sicherheitsbestände für die produzierten Güter unter der Berücksichtigung der Distributionsrestriktionen und -kapazitäten berechnet. Mittels einer Simulationskomponente sollen auch verschiedene Distributionsszenarien analysiert und verglichen werden. Der Planungshorizont liegt im Bereich von Tagen bis Monaten.

Die kurzfristig ausgerichtete Transportplanung beschäftigt sich mit der optimierten Planung der Transporte bzw. der Touren, der Festlegung der Transportmittel, der Routenplanung und -optimierung sowie den Beladungen zur termingerechten Lieferung der produzierten Güter. Die Transportpläne werden auf Basis der Distributionspläne für feinere Zeiteinheiten unter Berücksichtigung aller Restriktionen auf einer detaillierten Ebene zusammengestellt. Der Planungshorizont hierbei liegt im Bereich von Stunden bis Tagen.

In Bezug auf die Transportplanung stellt sich den Betreibern von Fuhrparks im Allgemeinen das Problem, den Einsatz ihrer Fahrzeugflotte möglichst kostengünstig zu planen. Insbesondere sind hierbei eine möglichst gute Zuordnung von Lieferaufträgen zu Fahrzeugen sowie eine optimale Reihenfolge der zu beliefernden Orte zu finden. Probleme dieser Art werden in der Literatur als Probleme der Tourenplanung bezeichnet. Oftmals wird die Tourenplanung von Disponenten oder sogar von den Fahrern selber mittels manueller Methoden vorgenommen. Dadurch sind die Transportkosten von der Erfahrung des Disponenten bzw. Fahrers abhängig. Durch die Komplexität der Tourenplanung wird bei steigendem Umfang des Problems die manuelle Tourenplanung jedoch immer unübersichtlicher, wodurch nur noch wenig befriedigende Lösungen zu erwarten sind.

Daher existiert eine Vielzahl von rechnergestützten Tourenplanungsprogrammen für die unterschiedlichsten Anwendungsbereiche, durch die eine effiziente Tourenplanung ermöglicht wird. Solche Lösungsverfahren zur Tourenplanung, die auch Grundlage des Moduls Transport- und Distributionsplanung von APS sind, werden in diesem Kapitel dargelegt. Dabei wird zunächst auf einen Spezialfall des Tourenplanungsproblems eingegangen, bei dem nur ein Fahrzeug zur Verfügung steht, das sogenannte Traveling Salesman Problem (TSP). Daran anschließend folgt die Erläuterung des Vehicle Routing Problems (VRP) mit n Fahrzeugen.

7.2 Traveling Salesman Problem (TSP)

7.2.1 Grundlegende Definitionen und Erläuterungen

Das klassische Tourenplanungsproblem mit einem Fahrzeug wird als Handlungsreisendenproblem (TSP) bezeichnet. Ein TSP könnte in der Praxis folgendermaßen aussehen: Ein Handlungsreisender hat eine bestimmte Anzahl von Kunden in verschiedenen Orten, denen er einen Besuch abstatten möchte. Dabei besucht er jeden Kunden genau ein Mal und möchte nach Abschluss der Reise an seinen Ausgangsort zurückkehren. Welchen Weg soll er wählen bzw. in welcher Reihenfolge soll er die Kunden besuchen, damit die insgesamt zurückgelegte Entfernung so gering wie möglich ist und seine Fahrtkosten minimiert werden?

Das Problem des Handlungsreisenden kann allgemein mittels eines bewerteten und gerichteten Graphen $D=(V, E, c)$ dargestellt werden. Die Menge der Knoten V ist dabei durch die zu beliefernden Kunden und den Ausgangsort bzw. das Depot definiert, also durch die Menge $V = \{0,...,n\}$. Dabei stehen die Knoten $1,...,n$ für die zu beliefernden Kunden und der Knoten 0 für den Ausgangsort des Handlungsreisenden bzw. das Depot. Die Kantenmenge E ist definiert durch die Verbindungen der Knoten, also durch $E = \{(i,j) : i,j \in V \text{ und } i \neq j\}$. Die Bewertung c ist definiert durch die Abbildung $c : E \to R$, welche jeder Kante (i,j) eine Länge $c(i,j)=c_{i,j}$ zuordnet. Jeder Verbindung der Knoten, d. h. jeder Strecke zwischen den verschiedenen Kunden bzw. vom Ausgangsort zum ersten Kunden und vom letzten Kunden zurück zum Ausgangsort, sind also eine bestimmte Entfernung – und damit bestimmte Transportkosten – zugeordnet.

Das folgende Beispiel in Anlehnung an THONEMANN (2005) illustriert die Anwendung des TSP. Abbildung 7.1 zeigt alle möglichen Teilstrecken bei der Tourenplanung eines Spielzeugproduzenten.

7.2 Traveling Salesman Problem (TSP)

Abb. 7.1 Mögliche Teilstrecken

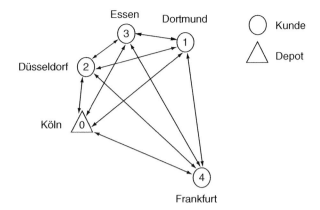

Tab. 7.1 Fahrtkosten zwischen den verschiedenen Städten

Von \ Nach	Köln	Dortmund	Düsseldorf	Essen	Frankfurt
Köln	–	92	40	72	191
Dortmund	92	–	68	36	222
Düsseldorf	40	68	–	36	228
Essen	72	36	36	–	254
Frankfurt	191	222	228	254	–

Der Spielzeugproduzent möchte aus seinem Depot in Köln vier Kaufhäuser in verschiedenen Städten beliefern. Die Bestellungen aller $n=4$ Kunden können dabei mit einem LKW ausgeliefert werden. Die Kunden befinden sich in Dortmund, Düsseldorf, Essen und Frankfurt und werden mit den Indizes $i=1$ bis $i=4$ bezeichnet. Ziel ist es, die Reihenfolge der Belieferung mit den minimalen Fahrtkosten zu finden. Die Fahrtkosten (Annahme: Streckenlänge in Kilometern = Fahrtkosten) zwischen den verschiedenen Städten sind in Tab. 7.1 dargestellt.

7.2.2 Mathematische Modellierung

Das TSP lässt sich als ganzzahliges lineares Programm beschreiben, wobei die Zielfunktion lautet:

$$Z^* = \min \sum_{i=0}^{n} \sum_{j=0}^{n} c_{ij} x_{ij}. \qquad (7.1)$$

Diese Zielfunktion gilt es, unter folgenden Nebenbedingungen zu minimieren:

$$\sum_{i=0}^{n} x_{ij} = 1 \ \ \text{für } j = 0, 1, \ldots, n, \qquad (7.2)$$

$$\sum_{j=0}^{n} x_{ij} = 1 \quad \text{für} \quad i = 0, 1, \ldots, n, \tag{7.3}$$

$$y_0 = 0, \tag{7.4}$$

$$1 \leq y_i \leq n \quad y_i \text{ ganzzahlig, für } i = 1, 2, \ldots, n, \tag{7.5}$$

$$y_i - y_j + 1 \leq n(1 - x_{ij}) \quad \text{für} \quad i = 1, 2, \ldots, n, \quad j = 1, 2, \ldots, n, \quad j \neq i, \tag{7.6}$$

$$x_{ij} \in \{0, 1\} \quad \text{für} \quad i = 0, 1, \ldots, n, \quad j = 0, 1, \ldots, n, \quad j \neq i. \tag{7.7}$$

Die Zielfunktion minimiert die Transportkosten der Reise. Dabei bezeichnet c_{ij} die Länge der Strecke und damit die Transportkosten von Kunde i zu Kunde j. Die Belieferungsreihenfolge wird durch die Entscheidungsvariable x_{ij} modelliert. Wenn gilt $x_{ij}=1$, bedeutet dies, dass der LKW vom Kunden i direkt zum Kunden j fährt. Wenn hingegen gilt $x_{ij}=0$, bedeutet dies, dass der LKW nicht direkt vom Kunden i zum Kunden j fährt. Die Nebenbedingung (7.7) sorgt dafür, dass die Entscheidungsvariablen x_{ij} nur die Werte 0 oder 1 annehmen können, also eine entsprechende Strecke entweder gefahren wird oder nicht. Die Nebenbedingung (7.2) stellt sicher, dass der LKW jeden Kunden bzw. das Depot genau ein Mal anfährt, und die Nebenbedingung (7.3) garantiert, dass der LKW jeden Kunden bzw. das Depot genau ein Mal verlässt. Allerdings ist durch diese Nebenbedingungen noch nicht garantiert, dass es sich bei der Reise auch um eine einzelne Rundreise handelt, in die alle Kunden einbezogen sind. Die Lösung, die ausschließlich unter diesen drei Nebenbedingungen zustande kommt, ist in Abb. 7.2 dargestellt.

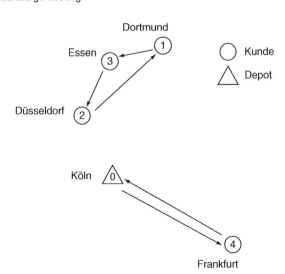

Abb. 7.2 Unzulässige Lösung

7.2 Traveling Salesman Problem (TSP)

Zusätzlich finden daher die Nebenbedingungen (7.4) bis (7.6) im Modell Berücksichtigung. Diese stellen sicher, dass nur Rundreisen, die am Depot beginnen und enden, als Lösungen berücksichtigt werden. Die Nebenbedingungen bedienen sich dazu der kontinuierlichen Variablen y_i, die die Position von Kunde i auf der Rundreise angeben. So bedeutet $y_1=2$ beispielsweise, dass Kunde 1 in Dortmund als zweiter Kunde auf der Rundreise beliefert wird. Nebenbedingung (7.4) setzt $y_0=0$, was bewirkt, dass das Depot in Köln der Ausgangspunkt der Reise ist. Nebenbedingung (7.5) beschränkt die möglichen Positionen der Kunden auf der Rundreise auf den zulässigen Bereich der Positionen, beschränkt also y_i auf 1 bis n. Nebenbedingung (7.6) zeigt schließlich nach einigen Umformungen, dass gilt:

$$\text{wenn } x_{ij} = 1, \text{ dann } y_j \geq y_i + 1. \quad (7.8)$$

Die Tatsache, dass die Nebenbedingungen nur Rundreisen zulassen, die am Depot beginnen und enden, kann gut anhand der unzulässigen Lösung nachgewiesen werden. Hierbei ergibt sich durch Aufstellen der Nebenbedingungen und Einsetzen der Nebenbedingungen ineinander schließlich folgende Bedingung:

$$y_2 \geq y_2 + 3. \quad (7.9)$$

Dies ist offensichtlich nicht zulässig. Die unzulässige Lösung verletzt also die Nebenbedingungen und wird daher als Lösung ausgeschlossen.

Die optimale Lösung dieses mathematischen Modells kann mit Branch-and-Bound- oder verwandten Verfahren berechnet werden. Für das hier vorgestellte Beispiel mit nur vier Kunden kann die Lösung mit dem Standard-Branch-and-Bound-Verfahren berechnet werden, wie es z. B. in Excel implementiert ist. Als Lösung erhält man:

$$x = \begin{bmatrix} x_{00} & \cdots & x_{04} \\ \cdot & \cdot & \\ \cdot & & \cdot \\ \cdot & & \cdot \\ x_{40} & & x_{44} \end{bmatrix} = \begin{bmatrix} 0 & 0 & 0 & 0 & 1 \\ 0 & 0 & 0 & 1 & 0 \\ 1 & 0 & 0 & 0 & 0 \\ 0 & 0 & 1 & 0 & 0 \\ 0 & 1 & 0 & 0 & 0 \end{bmatrix} \quad (7.10)$$

Dabei entstehen Kosten in Höhe von $Z^* = 525$ €.

Graphisch lässt sich die Lösung durch Abb. 7.3 darstellen.

Modelle mit mehreren hundert oder tausend Kunden lassen sich mit Standard-Branch-and-Bound-Verfahren nicht mehr lösen. Daher werden spezielle Verfahren angewandt, die häufig auf Branch-and-Bound basieren. Da diese Verfahren aber extrem zeitintensiv und komplex sind, werden meist Heuristiken eingesetzt, die gute, aber nicht unbedingt immer optimale Lösungen berechnen. Auf solche Heuristiken soll im Rahmen der nun folgenden Erläuterungen zu Tourenplanungsproblemen unter Einsatz von mehreren Fahrzeugen näher eingegangen werden.

Abb. 7.3 Optimale Lösung

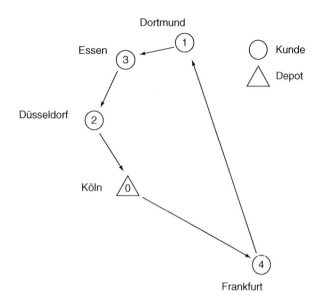

7.3 Vehicle Routing Problem (VRP)

7.3.1 Varianten des VRP

Das VRP bezieht sich im Gegensatz zum Problem des Handlungsreisenden auf die Tourenplanung unter Einsatz mehrerer Fahrzeuge. Die Bezeichnung VRP steht dabei für eine ganze Reihe von Problemen, welche es im Zusammenhang mit der Tourenplanung für die Fahrzeuge einer gegebenen Fahrzeugflotte zu lösen gilt, wobei die Belieferung der Kunden unter verschiedenen Zielfunktionen und Nebenbedingungen erfolgen soll. In Abb. 7.4 sind einige grundlegende Varianten des VRP und deren Zusammenhänge untereinander dargestellt.

Das Capacitated VRP (CVRP) wird auch als Standardproblem der Tourenplanung bezeichnet und stellt den Kern vieler Tourenplanungsprobleme dar. Das CVRP kann folgendermaßen definiert werden: Von einem Depot aus sollen Kunden in bekannten Entfernungen mit beliebig vielen Fahrzeugen von identischer, aber begrenzter Ladekapazität beliefert werden. Die Nachfragemenge der einzelnen Kunden ist gegeben, und jeder Kunde soll nur eine Lieferung bekommen. Gesucht sind hierzu die Touren der einzelnen Fahrzeuge unter Minimierung der gesamten

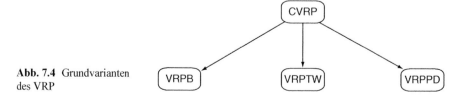

Abb. 7.4 Grundvarianten des VRP

7.3 Vehicle Routing Problem (VRP) 193

Fahrstrecke aller Touren, wobei jede Tour im Depot beginnt sowie endet. Dieses Standardproblem soll unter der Einschränkung, dass nur eine bestimmte Anzahl von Fahrzeugen zur Verfügung steht, für die weiteren Betrachtungen als Grundlage dienen.

Das Standardproblem lässt sich jedoch beliebig erweitern. So können z. B. beim VRP with Time Windows (VRPTW) die Kunden nur in einem bestimmten Zeitfenster beliefert werden. Solche Zeitrestriktionen ergeben sich beispielsweise aus Öffnungs- oder Leerungszeiten (wie bei Geldtransporten oder der Leerung von Postkästen). Beim VRP with Backhauls (VRPB) erfolgt neben der Belieferung auch eine Rücknahme von Gütern beim Kunden (z. B. Rücknahme von Mehrwegverpackungen). Das VRP with Pickup and Delivery (VRPPD) tritt auf, wenn eingesammelte Güter während der gleichen Tour auch wieder ausgeliefert werden.

In der Praxis existiert also eine Vielzahl unterschiedlicher Problemstellungen, die sich von Fall zu Fall in ihrer Zielsetzung und den Nebenbedingungen unterscheiden.

7.3.2 Standardmodell des VRP

Das Standardmodell des VRP ist ähnlich dem des TSP, wobei hier jedoch nicht nur der Spezialfall lediglich eines verfügbaren Fahrzeuges betrachtet wird.

7.3.2.1 Grundlegende Definitionen und Erläuterungen

Im Rahmen des VRP stehen M Fahrzeuge für die Belieferung der Kunden zur Verfügung. Dabei hat jeder zu beliefernde Kunde $i = 1,\ldots,n$ einen Bedarf $b_i \geq 0$. Das Depot hat den Bedarf $b_o = 0$. Die Fahrzeuge sind alle identisch und haben eine maximale Transportkapazität cap, wobei für die Bedarfe der Kunden $\max_{1 \leq i \leq n} b_i \leq cap$ gilt.

Es soll also erneut eine bestimmte Anzahl von Kunden in verschiedenen Orten beliefert werden. Dabei bekommt jeder Kunde genau ein Mal eine Lieferung. Ausgangs- und Endpunkt der Reise ist das Depot. Ziel ist es wieder, die Reihenfolge der Belieferung zu ermitteln, bei der die zurückgelegte Entfernung – und damit die Transportkosten – minimiert werden.

Die Mindestanzahl von Fahrzeugen $r(Q)$, die notwendig ist, um eine Teilmenge $Q \subseteq V - \{0\}$ von Kunden zu beliefern, ermittelt man über folgende Formel:

$$r(Q) = \sum_{i \in Q} \frac{b_i}{cap}. \tag{7.11}$$

Die geschätzte Mindestanzahl von Fahrzeugen M_{min} zur Belieferung aller Kunden ergibt sich somit zu $M_{min} = r(V - \{0\})$

7.3.2.2 Mathematische Modellierung

Das CVRP soll nach TOTH/VIGO (2002a) als ganzzahliges lineares Programm beschrieben werden, wobei die Zielfunktion analog zum TSP lautet:

$$Z^* = min \sum_{i=0}^{n} \sum_{j=0}^{n} c_{ij} x_{ij}. \tag{7.12}$$

Die Nebenbedingungen werden folgendermaßen erweitert:

$$\sum_{i=0}^{n} x_{ij} = 1 \quad \text{für } j = 1, ..., n, \tag{7.13}$$

$$\sum_{j=0}^{n} x_{ij} = 1 \quad \text{für } i = 1, ..., n, \tag{7.14}$$

$$\sum_{j=0}^{n} x_{0j} = M, \tag{7.15}$$

$$\sum_{i=0}^{n} x_{i0} = M, \tag{7.16}$$

$$\sum_{i \notin Q} \sum_{j \in Q} x_{ij} \geq r(Q) \quad \text{für } Q \subseteq V \setminus \{0\}, Q \neq \emptyset, \tag{7.17}$$

$$x_{ij} \in \{0;1\} \quad \text{für } i = 0, ..., n; j = 0, ..., n. \tag{7.18}$$

Mittels der Zielfunktion (7.12) werden – wie beim zuvor beschriebenen TSP – die Transportkosten bzw. die Wegstrecke minimiert. Durch die Nebenbedingungen (7.13) und (7.14) wird sichergestellt, dass jeder Kunde genau einmal erreicht bzw. verlassen wird. Die ergänzenden Nebenbedingungen (7.15) und (7.16) sorgen dafür, dass das Depot, entsprechend der Anzahl der Fahrzeuge M, auch von M Fahrzeugen verlassen wird bzw. dass auch M Fahrzeuge zum Depot zurückkehren. Für die Anzahl der Fahrzeuge M muss dabei $M \geq M_{min}$ erfüllt sein. Die Nebenbedingung (7.17) hat die Aufgabe, Subtouren, also Touren, die nicht das Depot beinhalten, zu verhindern sowie das Einhalten der Fahrzeugkapazitäten sicherzustellen. Diese Nebenbedingung besagt daher, dass jede Teilemenge Q von Kunden mit mindestens $r(Q)$ Fahrzeugen beliefert werden muss, wobei die Fahrzeuge von den restlichen

7.3 Vehicle Routing Problem (VRP)

Kunden $V \setminus Q$ kommen müssen. Solche Nebenbedingungen werden in der Literatur auch als capacity-cut constraints bezeichnet.

Bei diesem Modell werden n^2 binäre Variablen benötigt. Die Anzahl der Nebenbedingungen nimmt mit der Anzahl n der Kunden zu. Dies hat zur Folge, dass der Lösungsaufwand im ungünstigsten Fall exponentiell mit der Anzahl der Kunden ansteigt. Probleme dieser Art können mittels Branch-and-Cut- und anderen Verfahren exakt gelöst werden. Aufgrund des exponentiellen Lösungsaufwands sind exakte Lösungsverfahren – wie bereits oben erwähnt wurde – für realistische Größenordnungen jedoch wenig geeignet. Somit kommt den heuristischen Verfahren eine große Bedeutung zu, wovon einige der bekanntesten in den nächsten Abschnitten beschrieben werden.

7.3.2.3 Heuristische Lösungsverfahren

Die Lösung mittels heuristischer Verfahren kann im Allgemeinen in folgende zwei Teilprobleme zerlegt werden:

a) Zuordnungsproblem: Hierbei werden Kunden einer bestimmten Tour zugeordnet. Man spricht auch von einem Clustering-Problem.
b) Reihenfolgeproblem: Hierbei wird für jede Tour der kürzeste Weg bestimmt, um alle Kunden der Tour zu besuchen.

Lösungsverfahren, welche beide Teilprobleme sequentiell bzw. sukzessiv lösen, werden als Sukzessivverfahren bezeichnet, solche die beide Teilprobleme gleichzeitig lösen, als Simultanverfahren.

7.3.2.3.1 Sukzessivverfahren

Je nach Reihenfolge der Lösung des Zuordnungs- und Reihenfolgeproblems werden Sukzessivverfahren auch als Route-First-Cluster-Second- sowie Cluster-First-Route-Second-Verfahren bezeichnet. So wird bei den Route-First-Cluster-Second-Verfahren zunächst eine Reihenfolge aller Kunden festgelegt, die dann im zweiten Schritt unter Berücksichtigung der zuvor vernachlässigten Kapazitäts- und/oder Zeitrestriktionen in kleinere Routen zerlegt wird. Die Cluster-First-Route-Second-Verfahren gehen hingegen so vor, dass zunächst unter Beachtung der Kapazitäts-und/oder Zeitrestriktionen die Menge aller Kunden in disjunkte Teilmengen (Touren) zerlegt wird, die jeweils von einem Fahrzeug erledigt werden können. Im zweiten Schritt wird dann mit Hilfe des TSP-Verfahrens für jede Tour die kürzeste Route ermittelt.

Nächster-Nachbar-Verfahren

Das Nächster-Nachbar-Verfahren geht auf TYAGI (1968) zurück und wird den Cluster-First-Route-Second-Verfahren zugeordnet. Zur Lösung wird zunächst ein beliebiger Kundenort i als Anfangsort der Tour ausgewählt. Anschließend fügt man zu dieser Tour den nächstgelegenen Kunden $i+1$ hinzu. Im nächsten Schritt wird dann wieder der nächstgelegene Kunde der jeweiligen Tour zugeordnet. Dieses

Verfahren wird so lange fortgeführt, bis die Transportkapazität des ersten Fahrzeugs ausgeschöpft ist. Auf diese Weise erfolgt auch die Aufteilung der restlichen Kunden auf weitere Touren bzw. Fahrzeuge. Nachdem alle Kunden einer Tour zugeordnet sind, kann für jede Tour die Reihenfolge der Belieferung der Kunden mittels Verbesserungsverfahren für das TSP ermittelt werden. Auf solche Verbesserungsverfahren wird in Abschn. 7.3.2.3.3 noch näher eingegangen.

Sweep-Verfahren

Der dem Sweep-Verfahren zugrunde liegende Algorithmus stammt von GILLETT/ MILLER (1974) und orientiert sich an der geographischen Anordnung der Kunden zueinander. Das Sweep-Verfahren kann ebenfalls den Cluster-First-Route-Second-Verfahren zugeordnet werden und lässt sich folgendermaßen beschreiben.

Der Algorithmus legt die Annahme zugrunde, dass die Standorte des Depots und der Kunden durch Koordinaten (x_i, y_i) gegeben sind, wobei das Depot im Ursprung des Koordinatensystems liegt. Das Ziel ist es, die Entfernung c_{ij} zwischen je zwei Standorten i und j euklidisch zu ermitteln. Dazu werden die Kunden, an der positiven x-Achse beginnend, nach aufsteigenden Polarwinkeln φ_i (d. h. gegen den Uhrzeigersinn) sortiert. Dann werden die Kunden in dieser Reihenfolge von 1 bis n nummeriert (vgl. Abb. 7.5).

Die genaue Entfernung c_{ij} zwischen zwei Kunden i und j wird im nächsten Schritt euklidisch ermittelt, womit gilt:

$$c_{ij} = \sqrt{(x_i - x_j)^2 + (y_i - y_j)^2}. \tag{7.19}$$

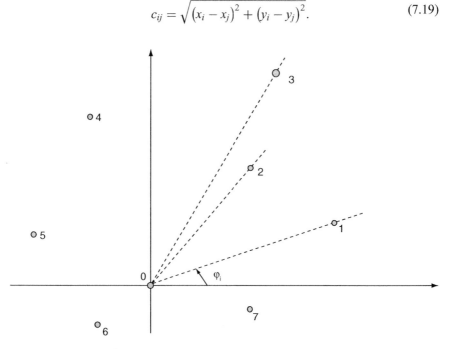

Abb. 7.5 Kundenkoordinaten nach aufsteigenden Polarwinkeln

Anschließend erfolgt der Aufbau der ersten Tour des Tourenplanes. Hierzu werden die Kunden $1, 2 \ldots, i_1$ in aufsteigender Reihenfolge ihres Polarwinkels φ_i in die Tour aufgenommen, bis die Kapazität cap des ersten Fahrzeugs durch die einzelnen Bedarfe b_i der Kunden dieser Tour ausgeschöpft ist. Die zweite Tour wird mit den Kunden $i_1 + 1, \ldots, i_2$, in gleicher Weise gebildet. Dies wird fortgesetzt bis alle n Kunden einer Tour zugeordnet sind. Im nächsten Schritt werden weitere Tourenpläne gebildet, indem die Aufteilung auf Touren nicht mit dem Kunden 1 (also dem Kunden mit dem kleinsten Polarwinkel) begonnen wird, sondern mit dem Kunden $2, 3, \ldots, n$ (mit dem zweitkleinsten, drittkleinsten Polarwinkel usw.). Auf diese Weise erhält man n Tourenpläne, bei denen gegebenenfalls die Reihenfolge der Kunden noch mittels Verbesserungsverfahren für das TSP verändert wird. Letztendlich wird der Tourenplan mit der kürzesten Gesamtwegstrecke ausgewählt.

Die Tourenpläne weisen beim Sweep-Verfahren meist eine Blütenblattstruktur auf, welche sich aufgrund der Clusterbildung von Kunden zu Touren mittels ihres Polarwinkels ergibt.

7.3.2.3.2 Simultanverfahren

Simultanverfahren legen gleichzeitig gültige Touren und die Reihenfolge der Kundenbesuche innerhalb der verschiedenen Touren fest. Anschließend werden die durch das Simultanverfahren ermittelten Touren durch den Einsatz von Verbesserungsverfahren anhand einer bestimmten Zielsetzung verbessert. Dabei werden häufig einzelne Kanten zwischen den Knoten ausgetauscht.

Das in der Praxis am häufigsten eingesetzte Simultanverfahren ist das auf CLARKE/WRIGHT (1964) zurückgehende Savings-Verfahren. Dieses Verfahren setzt eine symmetrische Distanzmatrix C voraus und beginnt mit einer Anfangslösung, welche jedem Kunden eine Pendelroute zuordnet, d. h. für jeden Kunden geht eine Tour vom Depot zum Kunden und wieder zurück zum Depot, womit sich bei n Kunden auch n Touren bei einer Gesamtwegstrecke von $2 \sum_{j=1}^{n} c_{0j}$ ergeben. Anschließend erfolgt die Aggregation von Touren auf Basis von Ersparniswerten (Savings). Im Laufe des Verfahrens wird dabei versucht, die Anfangslösung durch Verknüpfen von je zwei Touren zu verbessern, soweit dadurch nicht gegen Zeit- und/oder Kapazitätsrestriktionen verstoßen wird. Wenn man den ersten und den letzten Kunden einer Route als Endkunden bezeichnet, werden zwei Routen durch Übergang von einem Endkunden der ersten zu einem Endkunden der zweiten Route miteinander verknüpft. Auf diese Weise können die nicht mehr benötigten Verbindungen zum Depot eliminiert werden. In Abb. 7.6 wird das Zusammenfassen zweier Pendeltouren (a) zu einer neuen Tour (b) verdeutlicht.

Die Verknüpfung zweier Touren ergibt einen Ersparniswert s_{ij} gemäß (7.20), wenn die Kunden i und j durch eine Strecke der Länge c_{ij} miteinander verbunden sind:

$$s_{ij} = c_{0i} + c_{0j} - c_{ij}. \tag{7.20}$$

Der Ersparniswert s_{ij} (Saving) ist umso größer, je näher i und j zusammen liegen und je weiter sie vom Depot entfernt sind. s_{ij} wird für alle Kundenpaare (i,j) ermittelt

Abb. 7.6 Verknüpfung zweier Pendeltouren zu einer Tour

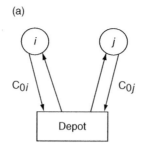
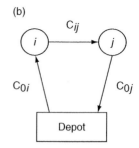

und in fallender Reihenfolge in einer Liste gespeichert. Anschließend wird, beginnend mit dem größten Ersparniswert, die Liste iterativ abgearbeitet. Hierzu werden in jedem Iterationsschritt, unter Beachtung der maximalen Transportkapazität der Fahrzeuge, diejenigen beiden Touren zusammengefasst, bei denen die Ersparnis am größten ist. Nach Abarbeitung der Liste ergibt sich ein suboptimaler Tourenplan.

Die Tourenpläne nach den Savings-Verfahren weisen meist eine periphere Bogenstruktur auf. Dies ist darauf zurückzuführen, dass zu Beginn des Verfahrens solche Kunden bevorzugt verbunden werden, welche nahe zusammen, aber weit vom Depot entfernt liegen.

7.3.2.3.3 Verbesserungsverfahren

Im Allgemeinen sind die Ergebnisse der zuvor vorgestellten Verfahren noch nicht optimal. Mittels Verbesserungsverfahren wird daher im zweiten Schritt versucht, eine bestehende Tour schrittweise zu verbessern. Dies geschieht häufig durch den Austausch von Kanten. Verfahren dieses Typs unterscheiden sich hinsichtlich der maximalen Anzahl der Kanten, die ausgetauscht werden, um eine Verbesserung der Tour zu erreichen. Reine Verbesserungsverfahren wiederholen diesen Austauschprozess so lange, bis keine weitere Verkürzung der aktuellen Rundreise erzielt werden kann.

Die Verbesserungsverfahren können zudem unterteilt werden in Intra-Tour- und Inter-Tour-Verfahren. Bei den Intra-Tour-Verfahren wird lediglich die Reihenfolge der Kunden innerhalb der Touren verbessert. Dagegen können bei den Inter-Tour-Verfahren sowohl die Reihenfolge der Kunden in einer Tour als auch Kunden zwischen den Touren getauscht werden. Das hier beispielhaft vorgestellte 2-opt-Verfahren nach CROES (1958) gehört zu den Intra-Tour-Verbesserungsverfahren und beruht auf dem systematischen Tausch zweier Kanten. Hierzu werden iterativ zwei Kanten aus einer gegebenen Tour entfernt. Die dadurch entstehenden zwei Teiltouren werden unter Einhaltung der Kapazitätsrestriktionen mit zwei neuen Kanten zu einer Tour verbunden. Abbildung 7.7 verdeutlicht diesen Tausch zweier Kanten (durchgestrichene Kanten) durch zwei neue Kanten (gestrichelte Pfeile).

Der Tausch der Kanten $(i, i+1)$ und $(k, k+1)$ durch die Kanten (i, k) und $(i+1, k+1)$ führt unter der Voraussetzung, dass die Kapazitätsrestriktionen eingehalten werden, zu einer geringeren Gesamtstrecke der Tour, wenn gilt:

$$c_{i,i+1} + c_{k,k+1} > c_{i,k} + c_{i+1,k+1}. \tag{7.21}$$

7.3 Vehicle Routing Problem (VRP)

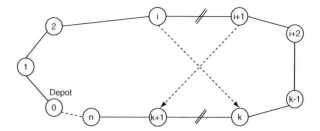

Abb. 7.7 Tausch zweier Touren mit 2-opt-Verfahren

Nach dem Tausch zweier Kanten wird die neue Tour als Ausgangslösung verwendet, und das Verfahren beginnt von vorne, bis die Tour (wieder durch Tausch zweier Kanten) nicht mehr verbessert werden kann. Als Ergebnis ergibt sich eine 2-optimale Tour.

Eine Verallgemeinerung des 2-opt-Verfahrens stellt das r-opt-Verfahren dar, wobei ein Austausch von r Kanten stattfindet. In der Praxis erfolgt meist allerdings nur die Anwendung des 2-opt- bzw. 3-opt-Verfahrens, da die Lösungsgüte mit steigendem r nur noch geringfügig verbessert wird. Der Rechenaufwand nimmt jedoch unverhältnismäßig zu.

7.3.2.4 Metaheuristische Lösungsverfahren

Metaheuristiken bedienen sich zur Lösung von Optimierungsproblemen bestimmter Prinzipien, welche oftmals der Natur entliehen sind. Aufbauend auf eine Anfangslösung wird mit Metaheuristiken versucht, eine bessere Lösung zu finden, wobei auch vorübergehende Lösungsverschlechterungen in Kauf genommen werden, also lokale Optima wieder verlassen werden. Zu den bekanntesten Metaheuristiken für das VRP gehören das Simulated-Annealing (KIRKPATRICK/GELATT/VECCHI 1983), welches auf dem physikalischen Abkühlungsvorgang von Metallen basiert, sowie die Tabu-Search (GLOVER 1989, 1990), welche ausgehend von einer Anfangslösung iterativ nach einer Lösungsverbesserung sucht und dabei Informationen aus vorherigen Suchschritten verwendet. Weitere Ansätze zur Lösung des VRP basieren auf genetischen Algorithmen (GOLDBERG 1989) sowie neuronalen Netzen (XU/TSAI 1991). Auf metaheuristische Lösungsverfahren soll hier jedoch nicht näher eingegangen werden.

7.3.2.5 Kriterien zur Verfahrenswahl

Im Allgemeinen lässt sich kein Verfahren angeben, welches alle Tourenprobleme am besten löst, da die Güte der Lösung von der Struktur der Daten und den verfolgten Zielen, aber auch den Nebenbedingungen abhängt. Bezüglich der hier vorgestellten Sweep- und Savings-Verfahren können folgende Befunde angegeben werden:

Das Sweep-Verfahren führt zu guten Ergebnissen, wenn das Depot zentral zu der geographischen Lage der Kunden liegt und daher mit möglichst wenigen Touren möglichst viele Kunden beliefert werden können. Ein Nachteil des Sweep-Verfahrens ist, dass es nicht das reale Straßennetz zur Entscheidung heranzieht, sondern das Luftliniennetz. Dies führt in der Praxis dazu, dass in Gegenden mit weniger dichtem Straßennetz (wie in ländlichen Gebieten) mit dem Sweep-Verfahren nur unbefriedigende Lösungen erzielt werden.

Das Savings-Verfahren führt zu guten Ergebnissen bei einer möglichst großen Anzahl von Touren mit jeweils möglichst wenig zu beliefernden Kunden. Dieses Verfahren resultiert allerdings in einer schlechten Fahrzeugauslastung, wenn sich Kunden mit relativ hoher Nachfrage in Depotnähe befinden.

Im Allgemeinen liefern heuristische Lösungsverfahren eine Lösung, welche zwischen 2% und 10% von der optimalen Lösung (bzw. dem besten bekannten Wert) abweicht (GENDREAU/LAPORTE/POTVIN 2002).

Das folgende Beispiel zeigt die Vorgehensweisen des Sweep- und Savings-Verfahrens in Anlehnung an VAHRENKAMP (2005).

Es sollen 11 Kunden in verschiedenen Orten vom Depot in Düsseldorf aus beliefert werden. Alle Orte haben den gleichen Bedarf $b_i = 1$ ME sowie jedes Fahrzeug eine maximale Transportkapazität von 4 ME. Abbildung 7.8 zeigt eine schematische Darstellung des Streckennetzes sowie Tab. 7.2 die dazugehörige symmetrische Entfernungsmatrix.

Zur Ermittlung der Belieferungsreihenfolge mittels Sweep-Verfahren werden zunächst die Orte nach aufsteigendem Polarwinkel nummeriert. Im nächsten Schritt

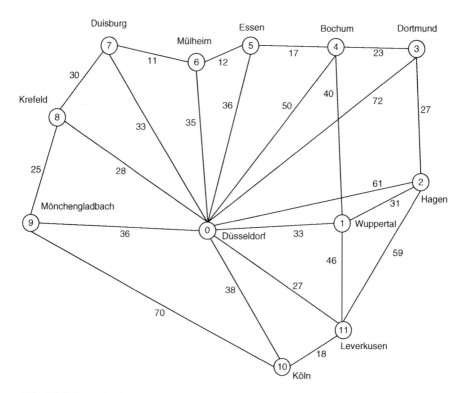

Abb. 7.8 Schema des Streckennetzes

7.3 Vehicle Routing Problem (VRP)

Tab. 7.2 Entfernungsmatrix

	0	1	2	3	4	5	6	7	8	9	10	11
0	–	33	61	72	50	36	35	33	28	36	38	27
1		–	31	58	40	57	68	66	61	69	64	46
2			–	27	50	67	79	90	89	97	77	59
3				–	23	40	52	63	93	116	104	86
4					–	17	29	40	70	86	88	77
5						–	12	23	53	72	74	63
6							–	11	41	66	73	62
7								–	30	55	71	60
8									–	25	66	55
9										–	70	63
10											–	18
11												–

werden die Orte unter Beachtung der maximalen Transportkapazität in aufsteigender Reihenfolge ihres Polarwinkels den Touren zugeordnet. Die Reihenfolge der Orte innerhalb einer Tour soll sich dadurch ergeben, dass immer der nächstgelegene Ort besucht wird. Für den ersten Tourenplan, beginnend beim Ort 1, ergeben sich folgende 3 Touren:

1. Tour: Mit der Reihenfolge [0,1,2,3,4,0] mit 164 km Wegstrecke,
2. Tour: Mit der Reihenfolge [0,5,6,7,8,0] mit 117 km Wegstrecke und
3. Tour: Mit der Reihenfolge [0,9,10,11,0] mit 151 km Wegstrecke.

Für den Tourenplan 1 ergibt sich also eine Gesamtwegstrecke von 432 km. Die weiteren Tourenpläne werden gebildet, indem die Aufteilung der Orte jeweils mit den Orten beginnt, welche den nächsthöheren Polarwinkel haben. Somit ergeben sich die restlichen Tourenpläne gemäß der Tab. 7.3.

Der 8. Tourenplan hat mit 424 km die geringste Gesamtwegstrecke und ist somit der nach dem Sweep-Verfahren optimale Tourenplan.

Beim Savings-Verfahren wird als Anfangslösung für jeden Kunden eine Pendeltour zum Depot gebildet. Anhand dieser Anfangslösung werden dann im zweiten Schritt die Savings-Werte berechnet. In Tab. 7.4 sind die zugehörigen Savings-Werte aufgeführt, welche durch Zusammenfassen der in der entsprechenden Spalte „Orte" angegebenen Orte entstehen.

Der Savings-Wert, der beispielsweise durch Zusammenfassen der Orte 1 und 2 entsteht, ergibt sich durch folgende Überlegung: Wenn beide Kunden über eine Pendelroute zum Depot beliefert würden, wäre eine Transportstrecke von $2\sum_{j=1}^{2} c_{0j}$ zurückzulegen. Dies wäre unter Zugrundelegung der Kilometerangaben aus Tab. 7.2 insgesamt eine Entfernung von 188 km. Da die Strecke von Kunde 1 bzw. von Kunde 2 zum Depot laut Tab. 7.2 33 km bzw. 61 km lang ist und bei Zusammenfassen der Touren pro Kunde jeweils eine Strecke zum Depot gespart werden könnte,

Tab. 7.3 Tourenpläne nach Sweep-Verfahren

1. Tourenplan		5. Tourenplan		9. Tourenplan	
Tour 1	0-1-2-3-4-0	Tour 1	0-5-6-7-8-0	Tour 1	0-9-10-11-1
Tour 2	0-5-6-7-8-0	Tour 2	0-9-10-11-1-0	Tour 2	0-2-3-4-5-0
Tour 3	0-9-10-11-0	Tour 3	0-2-3-4-0	Tour 3	0-6-7-8-0
Gesamtlänge	432 km	Gesamtlänge	481 km	Gesamtlänge	471 km
2. Tourenplan		6. Tourenplan		10. Tourenplan	
Tour 1	0-2-3-4-5-0	Tour 1	0-6-7-8-9-0	Tour 1	0-10-11-1-2-0
Tour 2	0-6-7-8-9-0	Tour 2	0-10-11-1-2-0	Tour 2	0-3-4-5-6-0
Tour 3	0-10-11-1-0	Tour 3	0-3-4-5-0	Tour 3	0-7-8-9-0
Gesamtlänge	436 km	Gesamtlänge	479 km	Gesamtlänge	477 km
3. Tourenplan		7. Tourenplan		11. Tourenplan	
Tour 1	0-3-4-5-6-0	Tour 1	0-7-8-9-10-0	Tour 1	0-11-1-2-3-0
Tour 2	0-7-8-9-10-0	Tour 2	0-11-1-2-3-0	Tour 2	0-4-5-6-7-0
Tour 3	0-11-1-2-0	Tour 3	0-4-5-6-0	Tour 3	0-8-9-10-0
Gesamtlänge	520 km	Gesamtlänge	513 km	Gesamtlänge	487 km
4. Tourenplan		8. Tourenplan			
Tour 1	0-4-5-6-7-0	Tour 1	0-8-9-10-11-0		
Tour 2	0-8-9-10-11-0	Tour 2	0-1-2-3-4-0		
Tour 3	0-1-2-3-0	Tour 3	0-5-6-7-0		
Gesamtlänge	454 km	Gesamtlänge	424 km		

ergibt sich eine Ersparnis von 94 km. Davon abgezogen werden muss allerdings die Strecke, die nun zusätzlich von Kunde 1 zu Kunde 2 gefahren wird, also laut Tab. 7.2 eine Strecke von 31 km.

Insgesamt folgt daraus also:

$$s_{ij} = c_{oi} + c_{oj} - c_{ij} = 33 + 61 - 31 = 63.$$

Statt einer Gesamtstrecke von 188 km ist nun also nur noch eine Gesamtstrecke von 125 km zurückzulegen.

Mittels der Savings-Werte wird anschließend versucht, jeweils zwei Touren zusammenzufassen. Im Einzelnen sieht das folgendermaßen aus:

- Der maximale Savings-Wert von 106 km wird durch Verknüpfen der Kunden 2 und 3 erreicht. Es ergibt sich somit die Tour 0-2-3-0.
- Der nächste gültige Savings-Wert von 99 km wird durch Verknüpfen der Kunden 3 und 4 erreicht. Es ergibt sich somit die Tour 0-2-3-4-0.
- Der nächste gültige Savings-Wert von 69 km wird durch Verknüpfen der Kunden 4 und 5 erreicht. Es ergibt sich die Tour 0-2-3-4-5-0. Da die maximale Fahr-

7.3 Vehicle Routing Problem (VRP)

Tab. 7.4 Savings-Werte

Orte	Savings-Wert	Orte	Savings-Wert	Orte	Savings-Wert
1,2	63	3,4	99	5,10	0
1,3	47	3,5	68	5,11	0
1,4	43	3,6	55	6,7	57
1,5	12	3,7	42	6,8	22
1,6	0	3,8	7	6,9	5
1,7	0	3,9	2	6,10	0
1,8	0	3,10	6	6,11	0
1,9	0	3,11	13	7,8	31
1,10	7	4,5	69	7,9	14
1,11	14	4,6	56	7,10	0
2,3	106	4,7	46	7,11	0
2,4	61	4,8	8	8,9	39
2,5	30	4,9	0	8,10	0
2,6	17	4,10	0	8,11	0
2,7	4	4,11	0	9,10	4
2,8	0	5,6	59	9,11	0
2,9	0	5,7	46	10,11	47
2,10	22	5,8	11		
2,11	29	5,9	0		

zeugkapazität von 4 ME erreicht ist, ist somit die erste Tour fertig gestellt. Die Kunden 2,3,4 und 5 dürfen nun keiner anderen Tour hinzugefügt werden.
- Der nächste gültige Savings-Wert von 57 km wird durch Verknüpfung der Kunden 6 und 7 erreicht. Es ergibt sich die Tour 0-6-7-0.
- Der nächste gültige Savings-Wert von 47 km wird durch Verknüpfen der Kunden 10 und 11 erreicht. Es ergibt sich die Tour 0-10-11-0.
- Der nächste gültige Savings-Wert von 39 km wird durch Verknüpfen der Kunden 8 und 9 erreicht. Es ergibt sich die Tour 0-8-9-0.
- Der nächste gültige Savings-Wert von 31 km wird durch Verknüpfen der Kunden 7 und 8 erreicht. Es ergibt sich die Tour 0-6-7-8-9-0. Da die maximale Fahrzeugkapazität von 4 ME erreicht ist, ist somit die zweite Tour fertig gestellt. Die Kunden 6,7,8 und 9 dürfen keiner anderen Tour hinzugefügt werden.
- Der nächste gültige Savings-Wert von 14 km wird durch Verknüpfen der Kunden 1 und 11 erreicht. Es ergibt sich die Tour 0-10-11-1-0. Da die maximale Fahrzeugkapazität von 4 ME erreicht ist, ist somit auch die dritte Tour fertig gestellt.

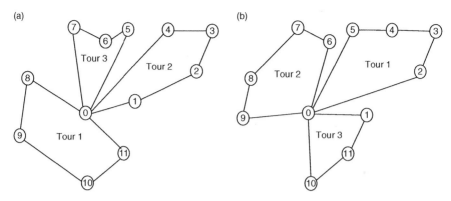

Abb. 7.9 Optimale Tourenpläne nach Sweep- und Savings-Verfahren

Da keine gültigen Savings-Werte mehr vorhanden sind, ergeben sich somit die 3 folgenden Touren:

Tour 1: 0-2-3-4-5-0 mit einer Länge von 164 km,
Tour 2: 0-6-7-8-9-0 mit einer Länge von 137 km und
Tour 3: 0-10-11-1-0 mit einer Länge von 135 km.

Dieser nach den Savings-Verfahren optimale Tourenplan hat eine Länge von 436 km. Graphisch lassen sich die optimalen Tourenpläne nach dem Sweep-Verfahren (a) sowie nach dem Savings-Verfahren (b) durch die entsprechenden Teilabbildungen der Abb. 7.9 darstellen.

Es lässt sich feststellen, dass der mittels Sweep-Verfahren ermittelte Tourenplan 10 km kürzer ist. Dies darf allerdings nicht als Indiz dafür gewertet werden, dass das Sweep-Verfahren dem Savings-Verfahren immer vorzuziehen ist. Welches Verfahren zu guten Ergebnissen führt, hängt letztendlich immer von den äußeren Gegebenheiten und den verfolgten Zielen ab (vgl. Abschn. 7.3.2.5).

7.4 Übungsaufgaben zu Kapitel 7

Übungsaufgabe zu Abschnitt 7.2

Beschreiben Sie das Handlungsreisendenproblem als klassisches Tourenplanungsproblem.

Übungsaufgabe zu Abschnitt 7.3

Die Brennerei „Hagensteiner" möchte ihre Transportplanung in Bezug auf die Auslieferung des „Westfälischen Extrakorns" an verschiedene Spirituosenhandelsunternehmen optimieren. Das Straßennetz der Region mit den Kunden ist vereinfacht in der folgenden Abbildung dargestellt, wobei die Standorte der Kunden als Knoten und die Straßenverbindungen mit den jeweiligen Entfernungen als Kanten dargestellt sind. Die Brennerei, von der aus die LKW fahren, befindet sich in Knoten 1.

7.4 Übungsaufgaben zu Kapitel 7

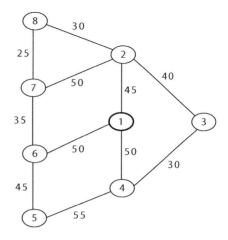

a) Erklären Sie, was man unter einem Ersparniswert (Saving) im Rahmen des Savings-Verfahrens versteht! Berechnen Sie die in der folgenden Tabelle fehlenden Ersparniswerte $s_{2,3}$, $s_{4,6}$ und $s_{5,8}$!

s_{ij}	3	4	5	6	7	8
2	??	25	15	10	80	90
3		100	90	5	75	85
4			90	??	15	25
5				100	100	??
6					100	65
7						135

Verwenden Sie dazu die gegebenen Distanzen d_{ij}.

d_{ij}	2	3	4	5	6	7	8
1	45	80	50	95	50	85	75
2		40	70	125	85	50	30
3			30	85	12	90	70
4				55	100	120	100
5					45	80	105
6						35	60
7							25

b) Bestimmen Sie die optimale Reihenfolge der Belieferung der Kunden mithilfe des Savings-Verfahrens! Stellen Sie die einzelnen Lösungsschritte nachvollziehbar dar, und geben Sie die Tourenlängen an! Berücksichtigen Sie dabei, dass die eingesetzten LKW eine Kapazität von $Q=10$ (in tausend Litern bzw. Flaschen) haben und dass die Nachfrage der Kunden (in tausend Litern bzw. Flaschen) bekannt ist.

Kunde i	2	3	4	5	6	7	8
Nachfrage	3	2	3	2	2	3	5

Literaturempfehlungen

CLARKE, G.; WRIGHT, J. W.: Scheduling of Vehicles from a Central Depot to a Number of Delivery Points, in: Operations Research, 1964, 4, S. 568–581.
CROES, G. A.: A Method for Solving Traveling-Salesman Problems, in: Operations Research, 1958, 6, S. 791–812.
GENDREAU, M.; LAPORTE, G.; POTVIN, J.-Y.: Metaheuristics for the Capacitated VRP, in: TOTH, P.; VIGO, D. (Hrsg.): The vehicle routing problem, Philadelphia 2002, S. 129–154.
GILLETT, B. E.; MILLER, L. R.: A Heuristic Algorithm for the Vehicle-Dispatch Problem, in: Operations Research, 1974, 2, S. 340–349.
GLOVER, F.: Tabu Search-Part I, in: ORSA Journal on Computing 1989, 3, S. 190–206.
GLOVER, F.: Tabu Search-Part II, in: ORSA Journal on Computing 1990, 1, S. 4–32.
GOLDBERG, D. E.: Genetic Algorithms in Search, Optimization, and Machine Learning, Reading/Mass. 1989.
KIRKPATRICK, S.; GELATT C. D.; VECCHI, M. P.: Optimization by Simulated Annealing, in: Science, 1983, 4598, S. 671–680.
THONEMANN, U.: Operations Management: Konzepte, Methoden und Anwendungen, München et al. 2005.
TOTH, P.; VIGO, D.: The Vehicle Routing Problem, Philadelphia 2002.
TOTH, P.; VIGO, D.: An Overview of Vehicle Routing Problems, in: TOTH, P.; VIGO, D. (Hrsg.): The Vehicle Routing Problem, Philadelphia 2002a, S. 1–26.
TYAGI, M. S.: A Practical Method for Truck Despatching Problem, in: Journal of the Operations Research Society of Japan, 1968, 3/4, S. 76–92.
VAHRENKAMP, R.: Logistik: Management und Strategien, 5. Aufl., München-Wien 2005.
XU, X.; TSAI, W. T.: Effective Neural Algorithms for the Traveling Salesman Problem, in: Neural Networks, 1991, 2, S. 193–205.

Kapitel 8
Allgemeine Grundlagen des Supply Chain Controlling (SCC)

8.1 Definitionen und Grundlagen des SCC

8.1.1 Begriffliche Abgrenzung des Controlling

Controlling ist eine seit langem etablierte Disziplin im Rahmen der Betriebswirtschaftslehre. Dessen ungeachtet hat sich ein einheitliches Verständnis dahingehend, welche Funktion Controlling erfüllen soll, bislang nicht durchsetzen können. Da verschiedene Controlling-Konzeptionen auch mehr oder weniger unterschiedliche Ziele verfolgen, was sich über die Aufgaben auch auf den Instrumentenkatalog auswirkt, sollen zunächst wesentliche Controlling-Konzeptionen voneinander abgegrenzt werden, bevor auf das SCC eingegangen wird. Gemein ist diesen Ansätzen nur die Erkenntnis, dass „control" nicht einfach mit „Kontrolle" übersetzt werden darf. Die folgende Systematisierung unterscheidet zwischen der Informationsversorgungs-, der Planungs- und Kontroll- sowie der Koordinationsfunktion des Controlling. Darüber hinaus wird der in den letzten Jahren viel diskutierte rationalitätsorientierte Ansatz von WEBER/SCHÄFFER (1999) vorgestellt.

Informationsversorgungsfunktion

Die Informationsversorgung als wesentliche Funktion des Controlling kennzeichnet die erste Gruppe von Definitionsansätzen. Vertreter dieser Controlling-Konzeption, wie z. B. REICHMANN (2006), sehen die primäre Aufgabe des Controlling in den Aktivitäten zur Informationsbeschaffung,- aufbereitung, -verdichtung und -verteilung. Dabei sollten die bereitgestellten Informationen auf den jeweiligen Informationsbedarf gerichtet sein und so übermittelt werden, dass die Empfänger sie in hohem Maße nutzen. Es muss sowohl der Gefahr einer Informationsüberflutung als auch einem Mangel an benötigten Informationen vorgebeugt werden. Der Zweck des Controlling besteht daher in der Koordination der Informationserzeugung und -bereitstellung mit dem Informationsbedarf.

Die Aufgaben des Controlling gehen dabei laut WEBER/SCHÄFFER (2006) von der Feststellung des Informationsbedarfes durch Abstimmung mit den jeweiligen Bedarfsträgern über die Beschaffung bis zur empfängergerechten Aufbereitung und

Erläuterung der Informationen. Die Grundlage für diese Informationsversorgung bietet meist das Rechnungswesen.

WEBER/SCHÄFFER (2006) kritisieren an dieser Sichtweise, dass Controlling sich damit auf das bereits lange bearbeitete Problemfeld der Informationswirtschaft reduziere, was nicht realistisch sei, da sich die Tätigkeiten von Controllern in der Praxis nicht auf reine Informationsaufgaben beschränkten. Auch KÜPPER (2005) konstatiert, dass der Koordinationsbedarf für das interne und externe Rechnungswesen schon immer bestand und durch die Einführung neuer Informationssysteme lediglich an Gewicht gewann. Die Notwendigkeit eines neuen Begriffes „Controlling" ist seiner Ansicht nach im Hinblick auf die Informationsversorgungsfunktion nicht gegeben.

Planungs- und Kontrollfunktion

Der zweite Typus von Definitionen stellt die Planungs- und Kontrollfunktion des Controlling in den Mittelpunkt der Betrachtung. Diese Sichtweise weitet die Frage der Gestaltung des Informationssystems dahingehend aus, wie eine Abstimmung zwischen Planung, Kontrolle und Informationssystem erreicht werden kann. Die Kontrolle wird dabei als Pendant zur Planung gesehen. Die Kontrollaufgabe des Controllers besteht vorrangig im Aufbau eines Messinstrumentariums und der Bereitstellung von Informationen über Soll-Ist-Abweichungen. Das Controlling hat also eine ergebnisorientierte Planung durchzuführen, die durch Zielvereinbarungen und Zielerreichungsanalysen überwacht wird.

Die Planungs- und Kontrollfunktion kommt den Definitionen von HORVÁTH (2006) und KÜPPER (2005) sehr nahe, die die Koordinationsfunktion des Controlling hervorheben (vgl. nächster Abschnitt). Auch zu der Gruppe von Definitionsansätzen, die WEBER/SCHÄFFER (2006) unter der Kategorie „Controlling als erfolgszielbezogene Steuerung" zusammenfassen, besteht eine enge Beziehung. So wird Controlling hier mit einer Planung und Überwachung gleichgesetzt, der eine Zielsetzung bzw. Willensbildung vorausgehen muss.

WEBER/SCHÄFFER (2006) kritisieren an dieser Controlling-Definition, dass nur eine kombinierte Betrachtung bereits vorhandener Führungselemente erfolge. KÜPPER (2005) betont insbesondere die Notwendigkeit der Ergänzung durch ein strategisches Controlling zur Koordination der strategischen Ebene.

Koordinationsfunktion

Eine weitere Reihe von Definitionsansätzen sieht die Koordinationsfunktion, also die Koordination unterschiedlicher Teilsysteme der Unternehmensführung, als zentrale Aufgabe des Controlling. Die These, dass Controlling in erster Linie eine solche Koordinationsfunktion zu erfüllen habe, vertritt u. a. HORVÁTH (2006).

HORVÁTH (2006) bezeichnet Controlling als „ergebniszielorientierte Koordination von Planung und Kontrolle sowie Informationsversorgung". Es geht seiner Auffassung nach also nicht um die Koordination des gesamten Führungssystems, sondern ausschließlich um die Abstimmung zwischen Planungs-, Kontroll- und Informatio-

8.1 Definitionen und Grundlagen des SCC

ns(versorgungs)system. Die Controlling-Ziele bestehen dabei laut HORVÁTH (2006) in der „Sicherung und Erhaltung der Koordinations-, Reaktions- und Adaptionsfähigkeit der Führung, damit diese die Ergebnis- und Sachziele der Unternehmung realisieren kann". Controlling stellt somit ein Subsystem der Führung dar, welches es ermöglicht, das Gesamtzielsystem ergebniszielorientiert an Veränderungen der Umwelt anzupassen und die Koordinationsaufgaben hinsichtlich des operativen Systems zu erfüllen. Im Gegensatz zur planungs- und kontrollorientierten Konzeption wird der Inhalt der Controlling-Aufgaben hier nicht mehr nur allein durch das monetäre Erfolgsziel bestimmt, sondern durch das gesamte Zielsystem der Unternehmung, bestehend aus Formal-, Sach- und Wertzielen.

KÜPPER (2005) beschränkt das Koordinationsproblem im Gegensatz zu HORVÁTH (2006) nicht auf einzelne Führungsteilsysteme, sondern weitet es auf alle Teile des Führungssystems aus. Die Möglichkeiten zur Führung werden dabei deutlicher, wenn das Führungssystem stärker differenziert dargestellt wird. KÜPPER (2005) identifiziert als grundlegende Teilsysteme der Führung die Organisation, das Planungssystem, das Kontrollsystem, das Informationssystem und das Personalführungssystem. Mit dieser Aufspaltung der Führung geht eine Verselbstständigung der Teilsysteme einher, die die Notwendigkeit und Bedeutung der Koordination im Führungssystem deutlich werden lässt. Personalführungssysteme und Planungsmodelle lassen sich beispielsweise nur dann anwenden, wenn entsprechende Daten durch das Informationssystem zur Verfügung gestellt werden.

WEBER/SCHÄFFER (2006) bemängeln an dieser Controlling-Konzeption, dass meist keine klaren Aussagen dazu existierten, wie die genauen Grenzen bei der Bildung der Subsysteme gezogen werden sollen. So vertreten auch HORVÁTH (2006) und KÜPPER (2005) – wie oben erläutert – über die Bildung der Teilsysteme verschiedene Auffassungen.

Rationalitätssicherungsfunktion

Eine grundlegend neue Sichtweise auf das Controlling weist der rationalitätsorientierte Ansatz von WEBER/SCHÄFFER (1999) auf. Aus einer institutionellen Sicht auf Führung stellen die Autoren fest, dass auch die Akteure, die Führung vollziehen, wie alle Menschen kognitiven Begrenzungen unterliegen. Geht man von einer Soll-Fähigkeit aus, so bedeuten Abweichungen von dieser, dass es durch mangelndes Können oder Wollen bzw. opportunistisches Verhalten zu Rationalitätsverlusten kommt, die in monetärer Hinsicht schließlich zu negativen Auswirkungen auf das Ergebnis führen. Insofern beeinflussen Fähigkeiten und individuelle Wünsche das Handeln von Managern. Rationalitätsverluste können in diesem Zusammenhang auf allen Stufen des Führungszyklus, bestehend aus Willensbildung, -durchsetzung und -kontrolle, auftreten.

WEBER/SCHÄFFER (1999) machen diese Problematik zum Kern ihrer Controlling-Auffassung. Aus ihrer Sicht besteht die Funktion des Controlling darin, die Rationalität der Führung sicherzustellen. Rationalität wird dabei als Zweckrationalität definiert. Diese ist relativ und bemisst sich an der effizienten Mittelverwendung bei gegebenen Zwecken. Unter Rationalitätssicherung im Hinblick auf Führungshandlungen werden all diejenigen Handlungen verstanden, die die Wahrscheinlichkeit erhöhen, dass die Realisierung von Führungshandlungen der zuvor festgelegten Zweck-Mittel-Beziehung entspricht. Demzufolge dient das Controlling der Sicherstellung der Effizienz und Effektivität der Akteure innerhalb der Führung.

Um dies zu erreichen, sollen die Controller dahingehend unterstützend wirken, dass sie das Management entlasten, ergänzen, aber auch begrenzen. Durch die Entlastung soll es dem Management ermöglicht werden, sein Augenmerk auf Rationalitätsengpässe zu richten. Ergänzung erfährt die Führung, indem die Richtigkeit der vom Management eingesetzten Mittel geprüft wird oder von Controller-Seite selbst geeignete Mittel angeregt und durchgesetzt werden. Damit opportunistische Neigungen und Handlungen von Managern begrenzt werden, können Controller oder andere relevante Akteure Handlungsergebnisse des Managements in Frage stellen und gegebenenfalls entsprechende Sanktionen androhen.

Somit lässt sich konstatieren, dass der Aufgabenkatalog der oben dargestellten Konzeptionen im Rahmen der rationalitätsorientierten Auffassung dadurch erweitert wird, dass dem Controlling zusätzlich die Identifizierung von Rationalitätsdefiziten der Führung obliegt.

8.1.2 Einordnung des SCC in die bestehenden Controlling-Konzepte

Da das SCC eine spezielle Form des Controlling darstellt, knüpft es zwingend an die generische Controlling-Diskussion an und wirft daher ebenso wie diese ungeklärte Fragen auf. Hiermit ist die Problematik unterschiedlicher Controlling-Verständnisse angesprochen, die sich nun auf das SCC erstreckt, da auch hier bislang keine einheitliche Auffassung existiert. Zurückzuführen ist dies jedoch nicht allein auf die Heterogenität der Controlling-Verständnisse. Hinzu kommt, wie bereits im Rahmen der Erläuterungen zu den Definitionsansätzen des SCM in Abschn. 1.1.1 deutlich wurde, dass selbst hinsichtlich des Begriffes SCM noch unterschiedliche Auffassungen anzutreffen sind.

In einigen Beiträgen zum SCC, wie beispielsweise denen von GÖPFERT/NEHER (2002) und OTTO/STÖLZLE (2003) wird zu identifizieren versucht, welches Controlling-Verständnis geeignet ist, um es auf die Supply Chain zu übertragen. Dabei konstatieren GÖPFERT/NEHER (2002), dass grundsätzlich alle allgemeinen Controlling-Konzeptionen relevant seien, um das SCM zu unterstützen. Nicht zu vergessen ist allerdings, dass die allgemeinen Controlling-Konzeptionen für den Einsatz auf Unternehmensebene entwickelt wurden. STÖLZLE (2002) weist deshalb darauf hin, dass man schnell an seine Grenzen stoßen würde, wenn man diese Konzeptionen direkt auf das SCM übertragen wolle. Die unternehmensinterne Sicht, die ihnen zugrunde liegt, ignoriert unternehmensübergreifende Aktivitäten und wird somit dem besonderen Charakter von SCM nicht gerecht. Von daher ergibt sich laut STÖLZLE (2002) ein besonderer Anpassungsbedarf gegenüber klassischen Controlling-Ansätzen. Als Gründe nennt er einen über die Anforderungen der Logis-

8.1 Definitionen und Grundlagen des SCC

tik hinausgehenden Informationsversorgungs- und Koordinationsbedarf sowie die Opportunismusneigung der Akteure.

In den nächsten Abschnitten wird dargelegt, wie einzelne Autoren versuchen, die vier zuvor dargelegten allgemeinen Controlling-Konzeptionen auf die Supply Chain zu übertragen.

Informationsversorgungsfunktion

Aus Sicht von KAUFMANN/GERMER (2001) besteht das Ziel des SCC darin, „die qualitativ und quantitativ notwendigen Informationen für das SCM zeitgerecht und kostengünstig bereitzustellen", d. h. ihr Ansatz basiert auf einer informationsorientierten Sicht. Dabei wird unterstellt, dass häufig lediglich Informationen auf Unternehmensebene vorhanden sind, wobei diese es nicht erlauben, Aussagen über den betrachteten Ausschnitt der Supply Chain zu treffen. Darüber hinaus bestehen teilweise Probleme in der zweckgerechten Aufbereitung der vorhandenen Informationen.

Das SCC hat vor diesem Hintergrund die Aufgabe, die Identifikation der vom SCM benötigten Informationen gemeinsam mit allen SC-Mitgliedern durchzuführen sowie sie dem Management in entsprechender Form zur Verfügung zu stellen. Konkreter geht es beispielsweise darum, Hilfestellung bei der Abbildung unternehmensübergreifender Prozesse durch ein einheitliches Informationssystem zu leisten und die kritischen Engpässe der Supply Chain zu identifizieren. Dazu wird hauptsächlich auf Kosten-, Leistungs- und Erlösdaten aus dem (internen) Logistik-Controlling zurückgegriffen.

Der informationsorientierte Ansatz deckt die Inhalte des SCC allerdings nur in Teilen ab, da die – besonders im Rahmen des SCM wichtige – Koordinationsfunktion hier vernachlässigt wird. Aufgegriffen werden sollten jedoch die Ideen zu einem unternehmensübergreifenden Informationssystem. So stellt REICHMANN (2006) insbesondere Kennzahlen und Kennzahlensysteme in den Vordergrund, die aufgrund der starken Vernetzung der Informationssysteme in der Supply Chain zweckmäßig eingesetzt werden können.

Planungs- und Kontrollfunktion

MÖLLER (2002) vertritt die Auffassung, dass das SCC einen entsprechenden Gestaltungsrahmen bereitzustellen hat, der die zielorientierte Planung, Steuerung und Kontrolle in der Wertschöpfungskette unterstützt. Die Notwendigkeit einer gemeinsamen Planung ergibt sich aus der Tatsache, dass die unterschiedlichen Unternehmen in der Supply Chain konkurrierende Ziele bzw. verschiedene Strategien verfolgen, die abgestimmt und miteinander in Einklang gebracht werden müssen. Während der unternehmensübergreifenden Zusammenarbeit ist es dann notwendig, die Realisierung der Ziele durch eine Kontrolle zu überwachen. Für das SCC spielt besonders die Entwicklung von Kriterien, die zur Planung und Messung „weicher" Faktoren, wie z. B. Vertrauen, geeignet sind, eine entscheidende Rolle. Dabei liegt der Gedanke zugrunde, dass für den Erfolg einer Beziehung nicht nur die Planung und Kontrolle der eigenen Ergebnisse von Bedeutung sind, sondern im Zielsystem einer Beziehung auch der Erfolg und die Gerechtigkeit aus Sicht des jeweils anderen Partners berücksichtigt werden müssen.

Die Sichtweise der Planungs- und Kontrollfunktion ist insofern eingeschränkt, als sich diese lediglich auf das Informationsversorgungs-, das Planungs- und das Kontrollsystem konzentriert. Da kein eigenes Organisationssystem im Führungssystem vorhanden ist, werden Interdependenzen zwischen Planung und Organisation nur unzureichend berücksichtigt.

Koordinationsfunktion

Die Koordinationsfunktion des Controlling nach KÜPPER (2006) reflektiert die zunehmende Komplexität der Führung, die sich u. a. aus einer höheren Dynamik des Unternehmensumfeldes ergibt. Durch die unternehmensübergreifende Verknüpfung in der Supply Chain wird der Anpassungsbedarf der einzelnen Systeme noch einmal verstärkt. So ist neben der Koordination der Führungsteilsysteme auf Unternehmensebene auch die Lösung von strukturellen und organisatorischen Fragestellungen in der gesamten Supply Chain durch das Controlling notwendig. Im Zusammenhang mit der Lösung von organisatorischen Fragestellungen wird z. B. über die Ausgestaltung von Schnittstellen entschieden. Auch die im Rahmen von Personalführungssystemen durchgeführte Etablierung von Anreizstrukturen, um bei den SC-Mitgliedern ein Verhalten zu erzeugen, wie es die nachhaltige erfolgreiche Entwicklung der Supply Chain erfordert, ist Aufgabe eines koordinationsorientierten Controlling.

Mit dem koordinationsorientierten Ansatz wird das Controlling von einer reinen Informationszuliefererinstanz zur Führungsunterstützung. Allerdings ist festzustellen, dass personelle Fragen in der Praxis häufig im Unternehmen verbleiben, so dass der Einsatz eines Personalführungssystems nicht erforderlich ist.

Rationalitätssicherungsfunktion

Die aktuelle Diskussion um das SCC wird laut STÖLZLE/OTTO (2003) jedoch durch die historisch jüngste der Controlling-Konzeptionen, den rationalitätsorientierten Ansatz von WEBER/SCHÄFFER (1999), beherrscht. Gemäß diesem Ansatz hat das SCC eine Verbesserung der Effektivität und Effizienz des SCM zum Ziel. STÖLZLE/OTTO (2003) weisen allerdings darauf hin, dass die Rationalitätsorientierung bislang keinen adäquaten Niederschlag im methodisch-instrumentellen Teil des SCC gefunden hat. Dessen ungeachtet wird diesem Ansatz als konzeptionelle Grundlage eines SCC in verschiedenen Beiträgen ein großes Potenzial bzw. eine gute Eignung bescheinigt.

8.1.3 *Abgrenzung des SCC vom Logistik-Controlling*

Das Logistik-Controlling und das SCC lassen sich – analog zur Unterscheidung des SCM von der Logistik – aus der Betrachtung der Entwicklung des Logistik-Con-

8.1 Definitionen und Grundlagen des SCC

trolling voneinander abgrenzen. Dabei ist festzustellen, dass sich die Ausprägungen des Controlling entsprechend der Weiterentwicklung der Logistik änderten. WEBER (2002) unterscheidet vier Stufen des Logistik-Controlling bzw. des SCC:

Auf der ersten Stufe der Logistik, der TUL-Logistik, steht die Optimierung der von der Logistik durchgeführten Aktivitäten „Transportieren", „Umschlagen" und „Lagern" im Vordergrund des Interesses. Ein Controlling sollte diese Tätigkeiten daher mengen- und qualitätsmäßig abbilden, wobei dies durch die Entwicklung einer Informationsbasis in Form einer Kosten- und Leistungsrechnung für die Logistik erreicht werden kann. Auf diese Weise können einem Produkt die von ihm verursachten Logistikkosten zugerechnet werden, so dass Entscheidungen bezüglich logistischer Aspekte unterstützt werden. Wenn entsprechende Informationen vorliegen, erfolgt deren Integration in den Planungs- und Kontrollregelkreis. Konkret kann ein Controlling im Rahmen der TUL-Logistik dies durch den Aufbau eines Kennzahlensystems erreichen, das als Grundlage für monatliche Plan-Ist-Kontrollen dient.

Auf der nächsten Stufe der Logistik, die die material- und warenflussbezogene Koordination innerhalb gegebener unternehmensinterner Strukturen betrifft, werden kostenstellenübergreifende Abstimmungsfragen und deren Bewertung durch das Controlling relevant. Dabei stehen vor allem Fragen der Koordination zwischen Beschaffung, Produktion und Absatz im Mittelpunkt. So kann etwa eine bedarfssynchrone Bereitstellung von Material angesichts hoher Beschaffungskosten für sich alleine zunächst unrentabel erscheinen, während die Einbeziehung der Kostenentwicklung in der Produktions- und Distributionslogistik insgesamt eine Kostenreduktion zeigt. Um das Management bei solchen Entscheidungen zu unterstützen, erfolgt häufig eine einzelfallbezogene Erhebung der Daten, da die Daten aus der Kosten- und Leistungsrechnung für die Logistik ergänzt werden müssen. Zudem kommt es durch die Kalkulation von Prozesskosten zu einer Einbindung der Logistik in die Kostenträgerrechnung. Insgesamt findet die Logistik in dieser Phase auch stärker in der strategischen Planung Berücksichtigung, wodurch im Rahmen des Controlling die Verbindung von Information, Planung und Kontrolle an Bedeutung gewinnt.

Auf der dritten Stufe der Logistik kommt dieser die Aufgabe zu, unternehmensinterne Abläufe flussorientiert zu gestalten und dadurch Veränderungen in der Unternehmensstruktur zu realisieren. Hierunter fallen strategische Entscheidungen wie beispielsweise eine Fertigungssegmentierung, eine Reduktion der Anzahl der Lieferanten oder eine Veränderung der Distributionsstruktur. Das Controlling dient der Schaffung der Grundlagen, um diesen Prozess zu unterstützen. Dabei steht vor allem projektbezogene Arbeit zur Vorbereitung und Begleitung solcher struktureller Veränderungen im Mittelpunkt. Dem Controller kommt nunmehr also verstärkt die Rolle eines internen Beraters zu. Auch die laufende Informationsbereitstellung erfährt eine Erweiterung, da die Erlösseite an Bedeutung gewinnt. So werden verstärkt die Messung von Leistungsgrößen und die gesonderte Erfassung von Erlöswirkungen der Logistikaktivitäten (z. B. die Möglichkeit von Preiszuschlägen bei besonders schneller Lieferung) angestrebt.

Auf der vierten und letzten Stufe der Logistikentwicklung wird die Sichtweise über die Unternehmensgrenzen hinweg ausgeweitet, so dass die Logistik sich mit der flussbezogenen Gestaltung unternehmensübergreifender Strukturen im Rahmen eines SCM beschäftigt. Ein entsprechendes SCC muss seinen Blickwinkel derart erweitern, dass eine Beantwortung struktureller Fragestellungen auch auf den interorganisationalen Kontext ausgedehnt wird. Abgesehen von der Beratung zu strategischen Problemstellungen kommt solch einem Controlling beispielsweise die Aufgabe zu, unternehmensübergreifende Kosten- und Leistungsdaten zur Verfügung zu stellen. Die zusätzliche Herausforderung besteht hierbei darin, neben der „klassischen" Durchführung eines Logistik-Controlling auch SC-spezifische Fragen, wie Vertrauen, Gerechtigkeit und Machtverhältnisse zwischen den Unternehmen, in die Betrachtung mit einzubeziehen.

Abbildung 8.1 zeigt die zuvor beschriebenen Schritte der Entwicklung vom Logistik-Controlling zum SCC nach BACHER (2004).

Die Ausgestaltung des Logistik-Controlling hängt also – wie bereits erwähnt – von der jeweiligen Entwicklungsstufe der Logistik ab. Das Logistik-Controlling auf den ersten drei Entwicklungsstufen der Logistik ist auf die Unterstützung des Logistikmanagements innerhalb des einzelnen Unternehmens fokussiert, wogegen das SCC die Führung und Steuerung der unternehmensübergreifenden, engen Kooperation von rechtlich und wirtschaftlich selbstständigen Unternehmen unterstützt. Diese Erweiterung der Perspektive hat zur Folge, dass mit der Zahl der beteiligten Unternehmen und der innerhalb der einzelnen Unternehmen betrachteten Variablen die Komplexität der Managementaufgabe exponentiell wächst. Zusätzlich zu den Aufgaben des Logistik-Controlling muss das SCC daher Aufgaben wahrnehmen, die dazu dienen, die kooperative Zusammenarbeit wirtschaftlich und rechtlich selbstständiger Unternehmen voranzutreiben.

So kann das SCC dabei mitwirken, dass sich die Partner einer Supply Chain auf eine gemeinsame Strategieformulierung mit dazugehörigen Zielen einigen sowie ein unternehmensübergreifendes Prozessverständnis entwickeln, um beispielsweise die kritischen Engpässe der Supply Chain identifizieren zu können. Insbesondere beim Aufbau einer Supply Chain beteiligt sich das Controlling maßgeblich an SC-spezifischen Aufgaben wie der Definition des Produkt- und Dienstleistungsprogramms sowie der Ermittlung von strategischen Vorgaben für die einzelnen Geschäftsprozesse.

Erst die Definition gemeinsam und einheitlich festgelegter, SC-überspannender Messgrößen, wie z. B. Kennzahlen im SCC, ermöglicht es, gemeinsame Ziele zu operationalisieren. Ein SCC greift dazu auch auf innerbetriebliche Kosten-, Leistungs- und Erlösdaten zurück. Dadurch kann überprüft werden, inwiefern die Partner der Wertschöpfungskette unternehmensinterne Gestaltungsmaßnahmen umgesetzt haben, die sich aus unternehmensübergreifenden Strategien abgeleitet haben.

Um diese Informationen bezüglich der unternehmensinternen Teilprozesse vergleichbar zu machen, sind wiederum einheitliche Wertmaßstäbe durch das SCC zu formulieren. Da beim unternehmensübergreifenden SCC ein intensiver Informationsaustausch von eventuell vertraulichen Daten unabdingbar ist, müssen auch

8.1 Definitionen und Grundlagen des SCC

Logistiksicht	Ausprägung des Controlling (Auszug)
Unternehmens-übergreifende Flussorientierung (Supply Chain Management)	- Fortsetzung der strategischen Sichtweise der Logistik (z.B. im Rahmen der Repositionierung der Unternehmensgrenzen) - Lieferungen von (unternehmensübergreifenden) Kosten- und Leistungswerten als Basis für das Supply Chain Management - Ausweitung von organisatorischen Fragestellungen auf Supply Chains (unternehmensübergreifender Kontext)
Flussorientierung des Unternehmens	- Verstärkte Exponierung in strategischer Planung und Kontrolle der Strategieumsetzung - Einbeziehung von Marktanforderungen und deren Gestaltung (z.B. Servicegrade) - Starke Ausweitung der Untermauerung von organisatorischen (strukturellen) Fragestellungen (z.B. Produktionsstruktur, Segmentierung, Distributionsstruktur)
Material- und warenflussbezogene Koordination	- Erste Integration der Logistik in die strategische Planung - Einbindung der Logistik in die Kostenträgerrechnung (Prozesskostenkalkulation) - Erweiterung der Betrachtung auf kostenstellenübergreifende Fragestellungen (z.B. JIT) in fallweisen Analysen und dadurch ökonomische Untermauerung von Integrationsansätzen
Funktionale Spezialisierung (TUL-Logistik)	- Einbindung der Material- und Warenflussprozesse in die operative Planung und monatliche Plan-Ist-Kontrolle - Aufbau eines Kennzahlensystems zur kostenstellenbezogenen Steuerung (inkl. Leistungserfassung), um Optimierungen zu erreichen - Abbildung der Material- und Warenflüsse in der Kostenstellenrechnung (Aufbau einer Kosten- und Leistungsrechnung für die Logistik)

Abb. 8.1 Entwicklung vom Logistik-Controlling zum SCC

Instrumente herangezogen werden, mit welchen die Intensität und die Qualität der Kooperation gemessen sowie negative Entwicklungen und diesbezügliche Gegenmaßnahmen ermittelt werden können.

Die folgende Abb. 8.2 nach WEBER (2002) stellt die Unterschiede zwischen Logistik-Controlling und SCC zusammenfassend dar.

Rahmenbedingungen für das Logistik-Controlling	Rahmenbedingungen für das Supply Chain Controlling
• Die Logistikstrategie definiert sich aus der Unternehmensstrategie	• Berücksichtigung unterschiedlicher Unternehmensstrategien in einer Supply Chain-Strategie
• Überprüfen der für das Logistiksystem gesetzten internen Ziele	• Überprüfen der Effektivitätsziele der gesamten Supply Chain an den Kundenbedürfnissen
• Logistik-„Intranet" als effizienzsicherndes Medium	• Supply Chain-„Extranet" als effizienzsicherndes Management-Informationssystem
• Flussorientierte interne Gestaltung des Unternehmens	• Gestaltung von Wertschöpfungspartnerschaften
• Prozessorientiertes Denken und Handeln im Unternehmen	• Prozessorientiertes Denken und Handeln in der gesamten Supply Chain
⇒ Fluss- bzw. Prozessorientierung zur Vermeidung unnötiger Schnittstellen und Inkonsistenzen	⇒ Fluss- bzw. Prozessorientierung zur Konzentration auf Kernkompetenzen und Eröffnung von Koordinationspotenzialen

Abb. 8.2 Unterschiede zwischen Logistik-Controlling und SCC

8.2 Ziele und Aufgaben des SCC

8.2.1 Ziele des SCC

Die Ziele des SCC leiten sich aus den allgemeinen Controlling-Zielen ab. Daher sollen zunächst diese kurz dargelegt werden.

KÜPPER (2005) nennt explizit keine Ziele des Controlling, sondern spricht lediglich von Zwecksetzungen, die auch als Funktionen oder Aufgaben des Controlling bezeichnet werden können. Die Ziele des Controlling ergeben sich bei dieser Auffassung aus den jeweiligen Aufgabenstellungen, die sich im Laufe der Zeit verändern können.

HORVÁTH (2006) sieht die Ziele des Controlling allgemein in der „Sicherung und Erhaltung der Koordinations-, Reaktions- und Adaptionsfähigkeit der Führung", damit diese die Ziele des Unternehmens umsetzen kann.

Diese Definition präzisiert REICHMANN (2006), der Controlling-Ziele als solche Ziele ansieht, die den Aufbau eines Controlling-Systems erfordern. Konkret fordert er die Ableitung der Controlling-Ziele aus den Sachzielen des Unternehmens. Nach seiner Ansicht beziehen sich die Ziele des Controlling besonders auf die Wirtschaftlichkeit, die Rentabilität, die Produktivität und die Liquidität. Sie sind damit größteils identisch mit den Formalzielen des Unternehmens.

GERICKE ET AL. (1999) entwickeln auf Basis dieser allgemeinen Controlling-Ziele Ziele für das SCC. Sie bezeichnen als Oberziele des SCC die Effizienz und Effektivität der erbrachten logistischen Leistungen. Dabei bezeichnet die Effizienz ein optimiertes Verhältnis des bewerteten Inputs (Kosten) zu dem bewerteten Output (Leistungen). Die Effektivität stellt hingegen auf die Erfüllung der von internen und externen Kunden formulierten Anforderungen ab. Aus diesen beiden Oberzielen sind konkrete ökonomische, technische und ökologische Unterziele abzuleiten.

Die ökonomischen Ziele orientieren sich am betriebswirtschaftlichen Erfolg unter der Bedingung der permanenten Liquidität des Unternehmens. Dabei wird unterschieden zwischen quantitativen und qualitativen Erfolgsgrößen. Unter die quantitativen Zielgrößen fallen vor allem Kapitalrentabilitäten und Größen zur Maximierung des Shareholder Value. Als qualitative Zielgrößen kommen beispielsweise die Zufriedenheit der internen und externen Kunden oder auch die Qualität der Kooperationsbeziehungen in der Supply Chain in Betracht. Als technische Ziele sind z. B. die Minimierung der Durchlaufzeiten, der maximale Durchsatz je Zeiteinheit oder die maximale Kapazitätsauslastung zu nennen. Als ökologische Ziele gelten u. a. die Umweltverträglichkeit der erbrachten (logistischen) Leistungen sowie die Mehrfachnutzung von Transportbehältern.

Potenzielle Konflikte zwischen diesen Zielen resultieren aus den verschiedenen Interessen der an der Supply Chain beteiligten Akteure. Ein entsprechendes Controlling hat vor diesem Hintergrund zunächst auf die Formulierung eines einheitlichen Zielsystems auf der interorganisatorischen Ebene und die Ableitung konkreter Unterziele auf der Ebene der einzelnen Unternehmen hinzuwirken.

8.2.2 Aufgaben des SCC

Die Erreichung der oben beschriebenen Ziele kann über die Aufgaben des SCC realisiert werden. Diese Aufgaben des SCC differieren in der Literatur. Dies hängt nicht ausschließlich, aber zu einem großen Teil wieder mit den unterschiedlichen Controlling-Konzeptionen zusammen, die den einzelnen Beiträgen zugrunde liegen. So wird eine informationsorientierte Controlling-Auffassung weit weniger Aufgaben für das SCC identifizieren als ein Konzept auf rationalitätsorientierter Grundlage. Zudem können Unterschiede qualitativer Art bestehen, die vor dem Hintergrund einer reinen Erfolgs- bzw. umfassenden Zielorientierung zu sehen sind. Darüber hinaus ist zu bedenken, dass auch verschiedene Auffassungen bezüglich des SCM zu Differenzen bei Anforderungen bzw. Aufgaben beitragen können.

In den folgenden Abschnitten sollen die Aufgaben des SCC nach ZÄPFEL/PIEKARZ (1996), STÖLZLE (2002) und WEBER (2002) vorgestellt werden.

8.2.2.1 Aufgaben des SCC nach ZÄPFEL und PIEKARZ

Der Ansatz von ZÄPFEL/PIEKARZ (1996) als einer der ersten Ansätze zum SCC stellt dieses aus der Sicht eines Unternehmens dar, das sich zum Ziel gesetzt hat, seine Material- und Warenflüsse vom Lieferanten über die eigene Produktion bis zum Kunden zielgerichtet zu koordinieren. Der von den Autoren hervorgehobene, durch das SCC zu deckende Koordinationsbedarf innerhalb einer Supply Chain resultiert aus der Aufgabenspezialisierung der einzelnen SC-Partner, die zwar die Komplexität der Regelung von Material- und Warenflüssen reduziert, aber auch Schnittstellen hervorbringt. Durch diese Schnittstellenbildung kommt es zur Verfolgung von Bereichszielen, was wiederum dazu führen kann, dass gegenüber der bei Gesamtsicht möglichen nur eine suboptimale Lösung realisiert wird. Als Grundvoraussetzung für ein SCC nennen die Autoren daher ein ganzheitliches Denken, mittels dessen interdependente Entscheidungen in die Analyse einbezogen werden.

Der durch das SCC zu deckende Koordinationsbedarf wird in „material- und warenflussbezogene Koordination" und „Koordination der Führungsteilsysteme" unterteilt. Im Rahmen der „material- und warenflussbezogenen Koordination" muss das SCC die Auswirkungen diesbezüglicher Entscheidungen optimieren und somit die Wirtschaftlichkeit der Unternehmung verbessern.

Zur „Koordination der Führungsteilsysteme der Lieferketten" müssen diese auf ein einheitliches Zielsystem ausgerichtet, Unterziele abgeleitet und Zielkonflikte aufgezeigt werden. Darüber hinaus sind die Plandurchführung zu kontrollieren und das Erreichen der Unternehmensziele zu sichern.

Die Koordinationsanstrengungen des SCC sollen der Verfolgung individueller Ziele durch die SC-Mitglieder vorbeugen und daraus entstehende suboptimale Lösungen vermeiden. Um Fehlplanungen zu verhindern und eine systematische Planung sowie Fehlerkorrekturen sicherzustellen, unterstützt das SCC das Management. Es wirkt bei der Zielsetzung, der Planung, der Steuerung und der Kontrolle mit. Darüber hinaus hat es entscheidungsebenenbezogene Informationen bereitzustellen.

Zielsetzung

Die Durchführung eines SCM funktioniert nur, wenn vorab generelle Ziele festgelegt wurden. Als Oberziel des strategischen Managements kann die langfristige Existenzsicherung des Unternehmens genannt werden. Die Ziele des operativen Managements können in das Sachziel, das festlegt, welche Leistungen erbracht werden sollen, und in die Formalziele Erfolg, Liquidität und Wirtschaftlichkeit eingeteilt werden.

Die konkreten Aufgaben des SCC bestehen dabei darin, die Teilziele hinreichend zu spezifizieren, konfliktäre Ziele zu identifizieren und die Zielvereinbarungen der Führungsteilsysteme zu ermöglichen.

Planung, Steuerung und Kontrolle

Bei der Planung, die ZÄPFEL/PIEKARZ (1996) als Prozess der Willensbildung sehen, werden Ziele, Handlungsmöglichkeiten und Rahmenbedingungen durchdacht sowie Vorgaben in der Form von Stellgrößen erarbeitet.

8.2 Ziele und Aufgaben des SCC

Die Steuerung hat als Prozess der Willensdurchsetzung Pläne vorzugeben, die Planerfüllung zu kontrollieren und bei Abweichungen Maßnahmen zu ergreifen. Die Messung des Grades der Zielerreichung anhand von laufenden Vergleichen wird als Kontrolle bezeichnet.

In diesen Bereichen kommen dem SCC vor allem Analyse- und Moderationsaufgaben zu. Es hat Soll-Ist-Abweichungen zu lokalisieren, Abweichungen darzustellen und zu analysieren sowie kreative Problemlösungs- und Verbesserungsprozesse der Führungsteilsysteme auszulösen.

Entscheidungsebenenbezogene Informationsbereitstellung

Die Aufgabe der Bereitstellung entscheidungsebenenbezogener Informationen verlangt vom SCC, dass es für die Planung und Steuerung der Supply Chain die erforderlichen Informationen zur richtigen Zeit, in der notwendigen Verdichtung und problemadäquat zur Verfügung stellt.

8.2.2.2 Aufgaben des SCC nach STÖLZLE

Während die Ausführungen von ZÄPFEL/PIEKARZ (1996) noch wie eine Übertragung des Logistik-Controlling auf Supply Chains erscheinen, betont STÖLZLE (2002) die Neuartigkeit des SCC. Obwohl auch er den Ursprung des SCC u. a. in den Erkenntnissen des Logistik-Controlling sieht, kommen in seinen Ausführungen die Besonderheiten, die das SCC zu beachten hat, wie beispielsweise die unternehmensübergreifende Ausrichtung des Managements, der gesteigerte Informations- und Koordinationsbedarf sowie die Opportunismusneigung der Akteure, zum Tragen.

Laut STÖLZLE (2002) ist es die Aufgabe des SCC, das SCM bei der Entscheidungsfindung zu unterstützen. So hat es z. B. für eine unternehmensübergreifend angelegte, strategische Prozessplanung und die dafür notwendigen Ressourcen zu sorgen. Die Abstimmung der einzelnen Akteure untereinander sowie mit der Supply Chain ist ebenfalls sicherzustellen. Die Gründe für einen verstärkten Bedarf des Managements an Führungsunterstützung durch das SCC werden in der Dynamik und Intransparenz und in der u. a. aus Dynamik und Intransparenz resultierenden Komplexität der Unternehmensprozesse gesehen.

STÖLZLE (2002) unterteilt die Aufgaben des SCC gemäß Abb. 8.3 in eine Informationsversorgungs-, eine Koordinations- sowie eine Rationalitätssicherungs- und eine Reflexionsfunktion.

Informationsversorgungsfunktion

Die bereits bei ZÄPFEL/PIEKARZ (1996) angesprochene Informationsversorgungsfunktion wird durch STÖLZLE (2002) konkretisiert. Das SCC hat grundsätzlich die Aufgabe, z. B. anhand von konstitutiven Entscheidungen in der Supply Chain Kenntnis über relevante Führungsinformationen zu erlangen. Die Erfolgszielausrichtung der Supply Chain an einem spezifischen Wertbeitrag und die Messung dieses Wertbei-

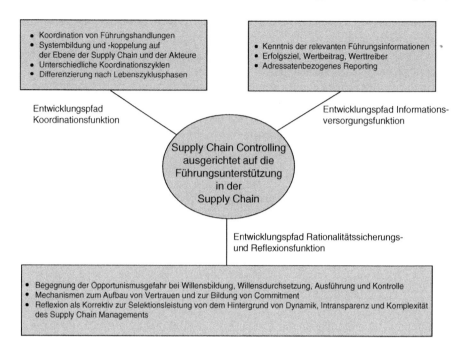

Abb. 8.3 Theoriegeleitete Entwicklungspfade des SCC

trags fallen ebenfalls in das Aufgabengebiet des SCC. Hierbei ist es wichtig, das Erfolgsziel auch auf Ebene der Akteure umzusetzen, da dieses maßgeblich deren Entscheidung über eine weitere Teilnahme an der Supply Chain beeinflusst. Darüber hinaus müssen Informationen, die über die Entstehung des Wertbeitrags Aufschluss geben, im Rahmen eines Reporting adressatenbezogen differenziert erfasst, aufbereitet, analysiert und dokumentiert werden.

Koordinationsfunktion

STÖLZLE (2002) ergänzt die Koordinationsfunktion bezüglich Material-, Waren- und Informationsfluss um Koordinationsaufgaben, die den Finanzmittelfluss und den Fluss der Rechte betreffen. Außerdem betont er deren obligatorisch unternehmensübergreifenden Charakter. Auch STÖLZLE (2002) ordnet die Koordinationsfunktion des SCC der Führungsunterstützung zu. Hierbei unterscheidet er systembildende und systemkoppelnde Koordinationsleistungen.

Unter die systembildenden Koordinationsleistungen fallen Aufgaben wie die Ausdifferenzierung von Führungsteilsystemen und die Identifizierung von deren Abstimmungsbedarfen. So hat das SCC z. B. für die strategische Positionierung der Supply Chain zu analysieren, welche Informationen den Akteuren bereits vorliegen und ob sie diese auch bereitstellen. Weitere systembildende Koordinationsaufgaben stellen u. a. die Abstimmung der Planung mit geeigneten Kontrollaktivitäten und die Verbindung dieser Kontrollaktivitäten mit einem gemeinsamen Führungsverständnis dar.

Systemkoppelnde Aufgaben zielen hingegen auf die laufende Abstimmung der relevanten Führungsteilsysteme der Supply Chain. Hier hat das SCC Mechanismen zur Erfolgs- und Risikoteilung zwischen den Akteuren bereitzustellen.

Rationalitätssicherungsfunktion

Betriebswirtschaftliche Entscheidungen, vor allem hinsichtlich der Planung und Kontrolle, müssen einem Rationalitätsanspruch genügen. Dies bedeutet, sie müssen nach dem Prinzip der Zweckrationalität über eine bestimmte, hier vor allem unternehmensübergreifende Wissensbasis begründbar sein. Dem SCC obliegt die Aufgabe, diese Rationalität sicherzustellen und so intuitivem Handeln entgegenzuwirken. Ebenso muss opportunistisches Verhalten der Akteure, das auch durch das dauerhaft angelegte Beziehungsgefüge nicht komplett auszuschließen ist, vermieden werden. So hat das SCC Mechanismen zum Vertrauensaufbau bereitzustellen.

Reflexionsfunktion

Da Führungsentscheidungen in komplexen Situationen eine Selektion der relevanten Komponenten erfordern und die Selektion immer mit der Gefahr von Fehlentscheidungen verbunden ist, hat das SCC diese Entscheidungen im Rahmen seiner Reflexionsfunktion kritisch zu hinterfragen. Hierbei gilt es, sowohl die Entscheidungen bezüglich der Supply Chain als auch die Führungshandlungen auf der Ebene der Akteure zu reflektieren. Mit dieser Aufgabe nimmt das Controlling eine eigenständige Führungsfunktion wahr.

8.2.2.3 Aufgaben des SCC nach WEBER

Wie bereits dargelegt wurde, definiert WEBER (2002) das SCC als letzte und aktuellste Stufe des Logistik-Controlling. Im Gegensatz zu STÖLZLE (2002), der die Grundvoraussetzung einer funktionierenden Supply Chain in einer unternehmensübergreifenden Steuerung sieht, setzt die Auffassung von WEBER (2002) auf einer ursprünglicheren Stufe an. Er definiert den gemeinsamen Willen der einzelnen Akteure zur Realisierung der Supply Chain als deren Basis. Daraus ergibt sich auch die Forderung nach der Etablierung einer „gemeinsamen Sprache" der Akteure. So müssen z. B. das Prozessverständnis und die Definition der verwendeten Daten und Kennzahlen vereinheitlicht werden.

WEBER (2002) bezeichnet den Aufgabenbereich des SCC als sehr weitreichend und deutlich über die reine Kennzahlenbereitstellung hinausgehend. Die Informationsversorgungsaufgabe bildet zwar eine unverzichtbare Basis, muss jedoch durch weitere Funktionen, wie Transparenzfunktion, Kooperationsqualitätsmessung, Managementberatungs- und -unterstützungsfunktion ergänzt werden.

Informationsversorgungsfunktion

WEBER (2002) betont bezüglich der Informationsversorgungsaufgabe die Notwendigkeit einer engen Zusammenarbeit der Akteure. Um unternehmensübergreifende Ziele festlegen und Optimierungspotenziale identifizieren zu können, muss das SCC vorab ein gemeinsames Prozessverständnis zwischen den Akteuren vermitteln und die kritischen Engpässe der Supply Chain identifizieren. Zu verwendende Kennzahlen, wie z. B. Kosten-, Erlös- und Leistungskennzahlen, müssen nicht nur unternehmensübergreifenden Charakter haben, sondern auch von den Akteuren gemeinschaftlich und einheitlich definiert werden.

Transparenzfunktion

Eine spezifische Erweiterung der Informationsversorgungsaufgabe stellt die Transparenzfunktion des SCC dar. Um ein Optimum in der Supply Chain erreichen zu können, müssen die Kosten-, Leistungs- und Erlösdaten der innerbetrieblichen Logistik aller Akteure zur Verfügung stehen. Die Ergänzung fehlender Daten und die Synchronisation nicht vergleichbarer Informationen über die einzelnen Teilprozesse in der Wertschöpfungskette durch ein SCC hält WEBER (2002) für essentiell. Dies wiederum bedingt eine Abstimmung der Informationssysteme zur Optimierung der Schnittstellen.

Messung der Kooperationsqualität

Wie bereits oben dargestellt, ist ein intensiver Austausch von teilweise auch vertraulichen Daten zur Ermittlung der notwendigen Kennzahlen unvermeidbar. Dieser offene Umgang mit Informationen kann im Falle eines Missbrauchs jedoch zu unternehmensgefährdenden Konsequenzen führen. Daraus leitet WEBER (2002) eine weitere wichtige Aufgabe des SCC ab: Dieses muss die Ernsthaftigkeit, Enge, Qualität und Intensität der Kooperation bestimmen. Eine Messung dieser Faktoren kann beispielsweise über den Grad der Abstimmung der Informationssysteme und anhand der Anzahl gemeinsamer Projekte oder Abstimmungssitzungen geschehen. Das SCC hat diesbezüglich regelmäßig Bericht zu erstatten, Entwicklungen zu analysieren und im Falle von negativen Entwicklungen Lösungsvorschläge zu unterbreiten.

Managementberatungs- und -unterstützungsfunktion

Das SCC hat das Management mit adäquaten Instrumenten zu unterstützen, so dass eine fortlaufende Steuerung der Prozesse auf die Ziele der Supply Chain auch bei komplexen und interdependenten Problemstellungen möglich ist. Wenn aufgrund des dynamischen Umfelds eine Anpassung der Prozesse und Organisationen nötig wird, sollte das SCC das Management sowohl bei strukturellen als auch bei organisatorischen Fragestellungen beraten und eventuell erforderlich werdende Modifikationen der Anreizsysteme vorschlagen.

8.3 Aufgabenträger des SCC

8.3.1 Lokale Sicht

Im Rahmen der lokalen Sicht ist zu untersuchen, welche Position innerhalb der einzelnen Firma für die Aufgaben des SCC zuständig ist. Dabei sollte nach Aussagen von WEBER (2002) der Controller in Zusammenarbeit mit dem Management mit der wichtigen Aufgabe des SCC betraut werden. Mit seinen Aufgabenfeldern in den Bereichen Planung, Kontrolle und Informationsversorgung deckt er innerhalb des Unternehmens das gesamte Aufgabenspektrum ab, das für das SCC wichtig ist. Allerdings besteht für Controller, die das komplexe Arbeitsfeld des SCC erfolgreich beherrschen wollen, ein enormer Handlungsbedarf, um den vielfältigen Aufgaben des SCC gewachsen zu sein. Grundsätzlich muss der Controller hierbei zunächst ein prozessorientiertes Bild vom Unternehmen erarbeiten. WEBER (2002) beschreibt hierfür folgende sechs Schritte:

1. Zerlegung des Unternehmens in Kernprozesse bzw. Kernprozessketten,
2. Definition der zentralen, kundenbezogenen Anforderungen für die Kernprozesse,
3. Umsetzung der wichtigsten Anforderungen der Kunden in messbare Größen,
4. Optimierung des Verhältnisses von Kundenanforderungen und Kosten ihrer Erfüllung auf Basis der konkretisierten Messgrößen,
5. Festlegung der Messgrößen, über die permanent berichtet wird, und
6. Aufbau fester Planungs- und Kontroll-Regelkreise für diese Größen.

8.3.2 Globale Sicht

Die globale Sicht beschreibt, welches Unternehmen innerhalb der Supply Chain die Aufgabe des Controlling übernehmen soll. Zu beachten ist hierbei, dass durch die enge Zusammenarbeit zwischen den einzelnen Unternehmen die Gefahr opportunistischen Verhaltens durch die „mächtigsten" SC-Mitglieder besteht, was durch die Neutralität und Objektivität eines SCC beschränkt werden kann. Die institutionelle Verankerung des SCC ist also sehr bedeutsam für dessen Erfolg.

BACHER (2004) schlägt als möglichen Ansatz die Unterteilung der Möglichkeiten der institutionellen Verankerung in eine interne und eine externe Sichtweise vor. In Anlehnung an SCHÄFFER (2001), der für das Controlling im internen Unternehmenskontext die vier Arten Selbstkontrolle, Fremdkontrolle, Co-Kontrolle und Marktkontrolle entwickelt, spricht BACHER (2004) von Single-Controlling, Co-Controlling und Fremd-Controlling.

Beim Single-Controlling als Form des internen Controlling führt ein Unternehmen der Supply Chain das Controlling alleine durch und teilt den SC-Partnern die Ergebnisse mit. Vorteilhaft an diesem Verfahren sind in erster Linie die geringen Kosten aufgrund der Ressourcenbereitstellung durch nur ein Unternehmen, aber auch der geringe Abstimmungsaufwand. Nachteilig ist die Gefahr von Opportunismus, die dazu führen könnte, dass das Unternehmen, welches für das Controlling zuständig ist, die Kennzahlen so auslegt, dass es einen eigenen Vorteil erzielt.

Das Fremd-Controlling wird als externes Controlling verstanden, bei dem das Controlling von einem Dritten durchgeführt wird. Der Vorteil ist hierbei, dass die Gefahr opportunistischen Verhaltens ausgeschlossen wird, da die Kennzahlen kritisch von einem Dritten hinterfragt werden. Allerdings verursacht das Fremd-Controlling auch wesentliche höhere Kosten als ein internes Controlling. Das Fremd-Controlling wird dabei meist von 4 PL-Providern durchgeführt, die als unabhängiger Logistikdienstleister die Planung, den Informationsfluss und die Kontrolle der Supply Chain übernehmen. Auch besteht die Möglichkeit eines kettenexternen „Informationstreuhänders", der von allen Unternehmen einer Kette die erforderlichen Informationen abfordert, sie entsprechend aufbereitet und zur Steuerung der Kette verwendet.

Bei einem Co-Controlling führen die Partner gemeinsam, d. h. entweder als Team oder jeder in einem speziellen Bereich, das Controlling durch. Im Rahmen einer Aufgabenteilung nehmen die Partner unterschiedliche Controlling-Aufgaben wahr. Dabei werden die Vorteile des Single-Controlling mit denen des Fremd-Controlling verbunden, da hier einerseits der Vorteil des kritischen Hinterfragens der Controlling-Aktivitäten besteht, andererseits aber niedrigere Kosten anfallen als bei einem Fremd-Controlling. Allerdings ist der Abstimmungsaufwand zwischen den SC-Partnern hier höher als bei den anderen Alternativen.

Die Vor- und Nachteile der einzelnen Controlling-Arten werden in der folgenden Abb. 8.4 dargestellt.

Die gewählte Art der institutionellen Verankerung eines Controlling ist von den individuellen Voraussetzungen, aber auch von der Struktur der Supply Chain abhängig. Als entsprechende Ausprägungen sind hierbei zum einen das fokale (hierarchische) Netzwerk und zum anderen das gleichberechtigte (heterarchische) Netzwerk zu nennen.

Beim fokalen Netzwerk, in dem ein mächtiges Unternehmen am Ende der Kette steht und die Aktivitäten bestimmt, ist davon auszugehen, dass dieses Unternehmen

	Aufgabenträger	Beschreibung	Vorteile	Nachteile
interne Sichtweise	Single-Controlling	1 Unternehmen in der Supply Chain führt das gesamte Controlling durch und teilt den übrigen Partnern die Ergebnisse mit	einfache Prozesse (Abstimmungsaufwand minimal); geringe Kosten (nur ein Unternehmen muss Ressourcen für das Controlling bereitstellen)	Probleme auf Grund von Wollens- und Könnens-Defiziten (das Unternehmen erhält nicht alle relevanten Kennzahlen bzw. legt die Kennzahlen entsprechend dem Eigeninteresse aus)
	Co-Controlling	Supply Chain Partner nehmen gegenseitig und gemeinsam das Controlling vor	Vorteile des Single- Controllings werden mit dem Vorteil des "Zweitblicks" verbunden (beispielsweise können die berechneten Kennzahlen von einem anderen Unternehmen gegengerechnet werden)	Abstimmungsprozesse komplizierter, höhere Kosten
externe Sichtweise	Fremd-Controlling	Rationalitätssicherung durch einen externen Dritten	Richtige Kennzahlen können durch eine externe Partei erhoben und kritisch hinterfragt werden	signifikante Kosten und Einarbeitungszeit; gegebenfalls Widerstände bei den Supply Chain Partnern

Abb. 8.4 Vor- und Nachteile der Controlling-Arten

das Controlling nicht aus den Händen geben wird und dementsprechend ein Single-Controlling durchführt. Im gleichberechtigten Netzwerk sind grundsätzlich alle Möglichkeiten des Controlling denkbar.

KAUFMANN/GERMER (2001) vertreten im Unterschied zu einer Vielzahl anderer Autoren die Auffassung, dass das SCM (und damit auch das SCC) in der Regel nur aus der Sicht des einzelnen Unternehmens erfolgt. Dies entspricht ihrer Meinung nach mehr einer praxisorientierten Betrachtung. Dementsprechend ist das SCC als eine Tätigkeit anzusehen, die primär in einem Unternehmen der Supply Chain angesiedelt ist. Allerdings wäre es nach Meinung der beiden Autoren auch möglich, das SCC kettenextern durch einen neutralen „Informationstreuhänder", der die notwendigen Informationen einfordert, vornehmen zu lassen. Dabei wäre jedoch zu bedenken, ob nicht gewisse Normierungs- und Standardisierungsüberlegungen bezüglich der Informationen vorgenommen werden sollten.

GÖPFERT/NEHER (2002) beschreiben vier mögliche Organisationsformen des SCC mit einem starken Fokus auf zentraler und dezentraler Aufgabenverteilung. Als erste Grundform wird die „einfache zentrale Organisationslösung", bei der das SCC auf der Netzwerkebene von einem oder mehreren fokalen Unternehmen wahrgenommen wird, erwähnt. Als zweite Grundform bietet sich die „teambasierte zentrale Lösung" an, bei der alle Netzwerkpartner gemeinsam Konzepte und Lösungen zum SCC entwickeln. Als dritte Grundform wird die „dezentrale Organisationslösung" genannt, bei der die Aufgaben des SCC auf die einzelnen Netzwerkpartner verteilt sind und dezentral durchgeführt werden. Als weitere dezentrale Lösung ist schließlich die „auf Fremdvergabe basierte Organisationslösung" anzusehen, bei der die Aufgaben des SCC outgesourct und an Spezialisten übertragen werden.

Wie sich aus den obigen Ausführungen ergibt, ist der Grundtenor in den Literaturquellen gleich. Es wird unterschieden zwischen zentralen und dezentralen Lösungen für die Wahl des Aufgabenträgers. Eine allgemeingültige Empfehlung für die richtige Entscheidung im Hinblick auf den Aufgabenträger kann nicht gegeben werden. Die Auswahl der optimalen institutionellen Verankerung ist abhängig von der Netzwerkstruktur und der Wertschöpfungsstufe, auf der sich das Unternehmen befindet. Auf der internen Ebene muss vor allem berücksichtigt werden, dass das Berufsbild des Logistik-Controllers ein Umdenken der „normalen" Controller in Richtung einer prozessorientierten Sichtweise erfordert.

8.3.3 Überblick über ausgewählte Instrumente des SCC

Damit das SCC die dargelegten Aufgaben wahrnehmen kann, müssen spezifische Instrumente bereitgestellt werden. Einen Überblick über ausgewählte Instrumente des SCC, die in den beiden folgenden Kapiteln noch näher erläutert werden, gibt Abb. 8.5. Dabei wird zwischen Planungsinstrumenten des Kostenmanagements und Kennzahlen bzw. Kennzahlensystemen unterschieden.

Planungsinstrumente des Kostenmanagements	Kennzahlen und Kennzahlensysteme
• Target Costing • Prozesskostenrechnung • Lebenszykluskostenanalyse	• Konzept der selektiven Kennzahlen • Kennzahlen im SCOR-Modell • Balanced Scorecard • Benchmarking

Abb. 8.5 Instrumente des SCC

Planungsinstrumente des Kostenmanagements

Mit Hilfe des Target Costing können die Herstellkosten bereits in der Phase der Produktentwicklung gestaltet werden. Hierzu werden „target costs" (Zielkosten) bestimmt und vorgegeben, die der Entwicklung, Konstruktion und Fertigung als Leitlinien dienen. Eine hohe Marktorientierung wird durch die Ableitung der „target costs" aus dem am Markt voraussichtlich zu erzielenden Preis abzüglich der Gewinnspanne erreicht. Im Vordergrund stehen beim Target Costing insbesondere Maßnahmen zur möglichst frühzeitigen Beeinflussung der Kosten bereits in der Produktentwicklungs- und Konstruktionsphase. Dies ermöglicht auch eine unternehmensübergreifende Identifizierung der kostentreibenden Prozesse und Teilprozesse in der Supply Chain.

Die Prozesskostenrechnung bezeichnet ein Vollkostenrechnungssystem, das neue Ansätze für die Behandlung der Gemeinkosten der indirekten Bereiche vorschlägt, also die Zielsetzung einer Verbesserung der Planung und Kontrolle der Gemeinkosten verfolgt. Dazu werden die anfallenden Gemeinkosten auf der Grundlage direkter Bezugsgrößen geplant und kalkulatorisch auf kostenstelleninterne oder kostenstellenübergreifende Geschäftsprozesse weiterverrechnet. Hierdurch sollen die Kostenzuordnung transparenter und aufgrund der vorzunehmenden Tätigkeitsanalyse unwirtschaftliche Abläufe sichtbar werden. Letztendlich werden durch die genaue Analyse der Gemeinkosten in den indirekten Bereichen eine detaillierte Gemeinkostenplanung und -budgetierung möglich. Unternehmensübergreifend eingesetzt können Partnerunternehmen mit Hilfe der Prozesskostenrechnung in die Lage versetzt werden, Ineffizienzen in der Supply Chain zu identifizieren und die Auswirkungen ihrer Entscheidungen auf die Kostenstruktur der gesamten Supply Chain zu beurteilen.

Die Lebenszykluskostenanalyse ist eine Methode des Kostenmanagements, die die Entwicklung eines Produktes von der Produktidee bis zur Rücknahme vom Markt, also über den gesamten Produktlebenszyklus, wiedergibt. Es werden folglich nicht nur die Anschaffungskosten, sondern auch die Kosten der Nutzung (z. B. Betriebspersonalkosten), Instandhaltungskosten, Reparaturkosten und die Entsorgungskosten eines Produktes in die Betrachtung mit einbezogen. In der Supply Chain kann der Produktlebenszyklus über die vier Phasen Netzwerkbildung, Produktentwicklung, Produktion und Logistik sowie Schnittstellenoptimierung abgebildet werden, in denen jeweils bestimmte Kosten anfallen, die im Rahmen einer Lebenszykluskostenanalyse erfasst werden können.

Kennzahlen und Kennzahlensysteme

Mit Hilfe von Kennzahlen und Kennzahlensystemen erhält das Management die Möglichkeit, kausale Zusammenhänge sowie die Ursachen und Wirkungen positiver und negativer Einflussfaktoren zu erkennen. Kennzahlen sind somit auch die Basis für eine unternehmensübergreifende Informationsversorgung. Die wichtigste Informationsquelle für Kennzahlen ist das Rechnungswesen, insbesondere die Kosten- und Leistungsrechnung. Zur Betrachtung betriebswirtschaftlicher Interdependenzen von Einzelaussagen können Kennzahlensysteme, also Zusammenstellungen verschiedener Kennzahlen, gebildet werden, um die Qualität der Einzelaussagen zu erhöhen.

Im Rahmen des SCC finden z. B. das Konzept der selektiven Kennzahlen und das Konzept der Kennzahlen im SCOR-Modell Anwendung. Während ersteres den Fokus auf die strategischen und operativen Engpässe in der Supply Chain legt, messen die Kennzahlen im SCOR-Modell einerseits die vom Kunden empfundene Leistung eines Unternehmens sowie andererseits die dabei verursachten internen Kosten.

Die Balanced Scorecard ist eine Weiterentwicklung traditioneller Kennzahlen und Kennzahlensysteme, die die Leistungsmessung nicht nur auf finanzwirtschaftliche Ziele beschränkt, sondern auch auf weitere, für die Leistungsbeurteilung relevante Dimensionen ausdehnt. Dabei werden neben einer Finanzperspektive auch eine Kunden-, eine Prozess- sowie eine Lern- und Entwicklungsperspektive in die Balanced Scorecard integriert. Beim unternehmensübergreifenden Einsatz wird darüber hinaus die Darstellung von beziehungsrelevanten Faktoren angestrebt. Wichtig ist, dass die in der Balanced Scorecard der Supply Chain verwendeten Kennzahlen mit den Partnern gemeinsam auszuwählen und zu definieren sind.

Das Benchmarking als Instrument der Wettbewerbsanalyse hat zum Ziel, die Marktposition eines Unternehmens zu bestimmen, kontrollieren und verbessern. Ausschlaggebend für den Erfolg eines Benchmarking-Projektes ist, dass für jeden angestrebten Vergleich möglichst derjenige Konkurrent herangezogen wird, der sich durch die Best-Practice auszeichnet, also führend auf diesem Gebiet ist. Als Messwerte eignen sich hierbei erneut Kennzahlen, wobei im unternehmensübergreifenden Kontext der Fokus häufig auf die Kosten gelegt wird.

8.4 Übungsaufgaben zu Kapitel 8

Übungsaufgaben zu Abschnitt 8.1

1. Skizzieren Sie kurz, auf welchem Controlling-Verständnis die beschriebenen Controlling-Konzeptionen basieren.
2. Erklären Sie, warum das SCM als Entwicklungsstufe der Logistik gesehen werden kann.
3. Lässt sich aus einem Logistik-Controlling ein Controlling für die Supply Chain herleiten?

Übungsaufgaben zu Abschnitt 8.2

1. Zeigen Sie kurz die Aufgaben, die ein SCC nach den Ansätzen der genannten Autoren erfüllen sollte.
2. Welche dieser Aufgaben halten Sie für besonders erfolgskritisch vor dem Hintergrund der SC-Thematik?

Übungsaufgaben zu Abschnitt 8.3

1. Welche Aufgabenträger kann ein SCC besitzen?
2. Diskutieren Sie die Vor- und Nachteile der Verteilung der Controlling-Aufgaben in einer Supply Chain bzw. einem Unternehmensnetzwerk.

Literaturempfehlungen

ARNOLD, U.; MAYER, R.; URBAN, G.: Supply Chain Management: Unternehmensübergreifende Prozesse, Kollaboration, IT-Standards, Bonn 2001.

BACHER, A.: Instrumente des Supply Chain Controlling: Theoretische Herleitung und Überprüfung der Anwendbarkeit in der Unternehmenspraxis, Wiesbaden 2004.

GERICKE, J.; KACZMAREK, M.; SCHWEIER, H.; SONNEK, A.; STÜLLENBERG, F.; WIESEHAHN, A.: Anforderungen an das Controlling von Supply Chains, in: Logistik Spektrum, 1999, 2, S. 13–16.

GÖPFERT, I.; NEHER, A.: Supply Chain Controlling. Wissenschaftliche Konzeptionen und praktische Umsetzungen, in: Logistik Management, 2002, 3, S. 34–44.

HORVÁTH, P.: Controlling, 10. Aufl., München 2006.

KAUFMANN, L.; GERMER, T.: Controlling internationaler Supply Chains: Positionierung – Instrumente – Perspektiven, in: ARNOLD, U.; MAYER, R.; URBAN, G. (Hrsg.): Supply Chain Management: Unternehmensübergreifende Prozesse, Kollaboration, IT-Standards, Bonn 2001, S. 177–192.

KÜPPER, H.-U.: Controlling: Konzeption, Aufgaben, Instrumente, 4. Aufl., Stuttgart 2005.

MÖLLER, K.: Wertorientiertes Supply Chain Controlling – Gestaltung von Wertbeiträgen, Wertaufteilung und immateriellen Werten, in: WEBER, J.; HIRSCH, B. (Hrsg.): Controlling als akademische Disziplin: Eine Bestandsaufnahme, Wiesbaden 2002, S. 311–327.

OTTO, A.; STÖLZLE, W.: Thesen zum Stand des Supply Chain Controlling, in: STÖLZLE, W.; OTTO, A. (Hrsg.): Supply Chain Controlling in Theorie und Praxis: Aktuelle Konzepte und Unternehmensbeispiele, Wiesbaden 2003, S. 1–23.

REICHMANN, T.: Controlling mit Kennzahlen und Management-Tools: Die systemgestützte Controlling-Konzeption, 7. Aufl., München 2006.

SCHÄFFER, U.: Kontrolle als Lernprozess, Wiesbaden 2001.

STÖLZLE, W.: Supply Chain Controlling und Performance Management – Konzeptionelle Herausforderungen für das Supply Chain Management, in: Logistik Management, 2002, 3, S.10–21.

STÖLZLE, W.; OTTO, A.: Supply Chain Controlling in Theorie und Praxis: Aktuelle Konzepte und Unternehmensbeispiele, Wiesbaden 2003.

WEBER, J.: Logistik- und Supply Chain Controlling, 5. Aufl., Stuttgart 2002.

WEBER, J.; HIRSCH, B.: Controlling als akademische Disziplin: Eine Bestandsaufnahme, Wiesbaden 2002.

WEBER, J.; SCHÄFFER, U.: Sicherstellung der Rationalität von Führung als Aufgabe des Controlling?, in: Die Betriebswirtschaft, 1999, 6, S. 731–747.

WEBER, J.; SCHÄFFER, U.: Einführung in das Controlling, 11. Aufl., Stuttgart 2006.

ZÄPFEL, G.; PIEKARZ, B.: Supply Chain Controlling: Interaktive und dynamische Regelung der Material- und Warenflüsse, Wien 1996.

Kapitel 9
Instrumente des Kostenmanagements

9.1 Notwendigkeit eines strategischen Kostenmanagements in der Supply Chain

In den meisten Unternehmen orientiert sich das Kostenmanagement an der klassischen Kostenrechnung, deren Aufgabe allein die Quantifizierung bereits angefallener Kosten ist. Dabei werden Managemententscheidungen mit vergangenheitsbezogenen Daten unterstützt, wobei die Kostenrechnung wichtigen kostenbeeinflussenden Prozessen, wie z. B. Konstruktion und Produktionsplanung, in der Regel nachgeschaltet ist. Die zunehmende Kritik an der traditionellen Kostenrechnung bezieht sich insbesondere auf deren kurzfristige Orientierung, die die Beantwortung strategischer Fragestellungen erschwert.

Viele Entscheidungen, die auf der Basis von Informationen aus der Kostenrechnung getroffen werden, haben allerdings strategischen Charakter, da sie die grundsätzliche Ausrichtung des Unternehmens betreffen und langfristige Auswirkungen haben. Hierunter fallen beispielsweise die Festlegung des Produktionsprogramms und der Preisstrategie sowie Entscheidungen bezüglich der vertikalen Integration. Die Kostenrechnung sollte somit im Rahmen ihrer unternehmerischen Planungs- und Entscheidungsaufgabe auch Informationen bereitstellen, die der Ausgestaltung der Unternehmensstrategie dienen.

Die strategischen Rahmenbedingungen der Unternehmen befinden sich jedoch in einer Phase grundlegenden Strukturwandels, der vor allem die Wettbewerbssituation und die technologische Entwicklung betrifft. So ist der Wettbewerb in vielen Branchen durch Globalisierung und Sättigung der Märkte gekennzeichnet. Daher müssen sich die Unternehmen durch neue Produktentwicklungen bzw. -modifikationen zügig an Änderungen der Nachfrage anpassen. Der Wettbewerb ist dementsprechend von kürzer werdenden Produktlebenszyklen und einem verstärkten Preiskampf geprägt. Auch neue Technologien, wie z. B. Biotechnologie oder Mikroelektronik, tragen zu der dynamischen Entwicklung bei. Einerseits können zwar neue Märkte erschlossen werden, andererseits besteht aber aufgrund der äußerst schnellen Entwicklung das Risiko eines raschen Preisverfalls. Vor diesem Hintergrund wird eine strategische Kostenplanung notwendig, nach der nicht die Kosten den Preis bestimmen dürfen, sondern der erzielbare Preis die Kosten.

Eine Forderung bezüglich der Kostenmanagementpraktiken ist folglich die Steigerung des Marktbezugs. Die wichtigste Umweltvariable für ein Unternehmen ist der Abnehmermarkt. Seine Berücksichtigung in allen Phasen des Produktlebenszyklus sollte für Unternehmen höchste Priorität haben. Empirische Studien zum Kostenmanagement zeigen allerdings, dass das Hauptaugenmerk der Analyse der Kostensituation in deutschen Unternehmen auf deren interne Abläufe gerichtet ist. Die Analyse von wichtigen Abnehmern hinsichtlich deren Kostensituation steht häufig an letzter Stelle. Ein Preis, der auf Basis einer entsprechend eingeengten Kostensicht kalkuliert wird, berücksichtigt Marktgegebenheiten nicht und kann deshalb für das Unternehmen im Regelfall kein Optimum darstellen.

Auch die technische Ausstattung eines Produktes sollte sich am Abnehmermarkt orientieren. Dennoch werden in der Industrie Produktlösungen teilweise mit wenig Rücksichtnahme auf das Verhältnis Komponentenkosten/Kundennutzen realisiert. Einige Autoren schreiben insbesondere deutschen Ingenieuren den Hang zum „Over-Engineering" zu. Produkte werden hier mit Merkmalen ausgestattet, die nicht nur Kosten verursachen, sondern von Kunden auch als überflüssig oder sogar störend bewertet werden. Eine intensive Berücksichtigung der Markterfordernisse kann Abhilfe schaffen.

Mit dieser Entwicklung der Rahmenbedingungen einhergehend ergeben sich folgende Veränderungen im Kostengefüge, die es bei einer unternehmensübergreifenden Kostenplanung im Rahmen des SCC zu berücksichtigen gilt:

- *Verschlechterung der Kostentransparenz:* Festzustellen ist ein tendenziell gestiegener Anteil der Gemeinkosten. Da es traditionell an der erforderlichen Kenntnis der sie verursachenden Kostentreiber mangelt, wird oftmals eine gezielte Kostenbeeinflussung erschwert.
- *Verminderung der Kostenelastizität:* Vielfach zu beobachtende wachsende Fixkostenanteile reduzieren die in einem dynamischen Umfeld wichtige Anpassungsfähigkeit an Nachfrageschwankungen.
- *Verschärfung der Kostenintensität:* Die aus der Vielfalt von Produkten und Teilen resultierende Komplexität verursacht progressive Kostenverläufe, die die Unternehmensergebnisse belasten. In diesem Zusammenhang wird vereinfachend auch von einem umgekehrten Erfahrungskurvengesetz gesprochen.
- *Verlagerung der Kostenentstehung:* Bedingt durch kürzere Vermarktungszyklen und strengere Umweltvorschriften ist die Bedeutung der Vor- und Nachlaufkosten (z. B. Entwicklungs- und Entsorgungskosten) im Vergleich zu den Herstellkosten in vielen Branchen stark gestiegen.

Die dargestellten Veränderungen im Kostengefüge erfordern die Ergänzung der traditionellen Kostenrechnung um Instrumente des strategischen Kostenmanagements. In diesem Kapitel sollen die Instrumente im Rahmen der unternehmensübergreifenden Kostenplanung betrachtet werden, die gezielt einer frühzeitigen, antizipativen Gestaltung und Beeinflussung von Kostenhöhe, Kostenstruktur und Kostenverlauf dienen (Target Costing, Prozesskostenrechnung und Lebenszykluskostenanalyse).

Diese Kostenmanagementmethoden lassen sich folgendermaßen systematisieren:
- Management der Kostenhöhe → Target Costing,
- Management der Kostenstruktur → Prozesskostenrechnung und
- Management des Kostenverlaufs → Lebenszykluskostenanalyse.

Ein Abgleich dieser Kostenmanagementinstrumente mit den Anforderungen des SCM erlaubt folgende Aussagen:
- Die geforderte Kundenorientierung lässt sich durch die Anwendung des Target Costing erreichen, das darauf abzielt, die Anforderungen der Kunden bereits in der frühen Phase der Produktentwicklung zu berücksichtigen.
- Die geforderte Prozessorientierung lässt sich durch Anwendung der Prozesskostenrechnung realisieren.
- Die Lebenszykluskostenanalyse dient der Lebenszyklusbetrachtung der Produkt- und Kooperationsdimension.

Die Managementinstrumente werden nachfolgend einzeln näher beschrieben.

9.2 Target Costing

9.2.1 Entwicklung des Target Costing

Beim Target Costing (oder auch Zielkostenmanagement) handelt es sich um ein strategisches Kostenmanagementinstrument, das auch als marktorientiertes Zielkostenmanagement bezeichnet wird. Es orientiert sich anders als die traditionelle Kostenrechnung nicht am fertigen, in seinen technischen Eigenschaften und dem gegebenen Herstellungsverfahren festgelegten Produkt, sondern an dem vom Markt geforderten Produkt, insbesondere an den gewünschten Produkteigenschaften und an dem Produktpreis, den die potenziellen Käufer bereit sind, für das Produkt zu zahlen. Das Target Costing geht von der Überlegung aus, dass Kosteneinsparungen weniger bei der Herstellung eines entwickelten Produktes als bei der Produktentwicklung entstehen können. Hier ergibt sich auch ein Bezug zur sogenannten 20/80-Regel, die bedeutet, dass in den ersten 20% der Produktentwicklung ca. 80% der späteren Kosten festgelegt werden. Das Zielkostenmanagement hat nach HARDT (2002) die folgenden grundlegenden Merkmale, die sich auch im Target Costing in der Supply Chain wiederfinden (in Klammern jeweils die englischen Begriffe in Anlehnung an KAJÜTER (2002)):
- Konsequente Marktorientierung (market-oriented): Es werden zunächst die vom Kunden/Markt gewünschten Produkteigenschaften ermittelt und die Kosten bestimmt, die der Kunde/Markt maximal bereit ist, für das Produkt und für bestimmte Produkteigenschaften zu vergüten. Hierbei geht es um die Fragestellung, was ein zu entwickelndes Produkt bei bestimmten Produkteigenschaften kosten darf.

- Kostenmanagement über den gesamten Produktlebenszyklus, insbesondere während der ersten Phasen (holistic and anticipatory): Es wird angestrebt, eine Reduktion der Kosten herbeizuführen, die ein Produkt während des gesamten Produktlebenszyklus (Entwicklungs-, Markt- und Nachsorgezyklus) verursacht. Wesentlich ist, dass das Target Costing – im Gegensatz zur traditionellen Kostenrechnung – nicht erst mit dem Produktionsbeginn einsetzt, sondern in den frühen Produktlebensphasen als Kostenmanagementinstrument zum Einsatz gelangt.
- Ganzheitliche Steuerung aller Unternehmensbereiche und aller Prozesse entlang der Wertschöpfungskette (holistic and cross-functional): Angestrebt wird eine integrierte Steuerung der Bereiche Marketing, Entwicklung, Beschaffung, Produktion, Absatz usw. Implizit bedeutet dies auch die unternehmensübergreifende Einbeziehung der Lieferkettenpartner, da heutzutage kein Unternehmen mehr die gesamte Wertschöpfungskette vom Rohmaterial bis zum Endprodukt eigenständig bearbeitet.
- Streben nach permanenter Verbesserung der Kostensituation (continuous): Es ist auf eine permanente Verbesserung der Kostensituation abzuzielen. Das einmalige Erreichen vorgegebener Kostenziele ist nicht ausreichend. Auch ist eine leichte Übererfüllung anzustreben, da sich Ziele im Zeitablauf verändern können.
- Kostenorientierte Verhaltensbeeinflussung der Mitarbeiter (participatory): Dies ist kein getrennter Punkt, sondern letztlich Teil eines holistischen, d. h. ganzheitlichen Konzeptes. Er wird dennoch separat aufgeführt, um die Bedeutung der menschlichen Verhaltenskomponente bei der Kostenbeeinflussung herauszustellen.

Neben dem selbstverständlichen Bezug auf Kosten wird durch das Target Costing die Perspektive explizit auf die Marktorientierung und auf die frühen Phasen des Produktlebenszyklus (d. h. die Konzept- und Entwicklungsphasen) erweitert.

9.2.2 Systematik des Target Costing

Das Target Costing ist hinsichtlich seiner Systematik zunächst unabhängig davon, ob es nur unternehmensintern oder auch unternehmensübergreifend eingesetzt wird, zu beschreiben. Es ist in seinen Ablaufphasen im Wesentlichen identisch in der Supply Chain anwendbar. Für das Zielkostenmanagement werden drei Phasen unterschieden, die im Folgenden erläutert werden:

- Zielkostenfindung für das Produkt,
- Zielkostenspaltung: Zielkostenbestimmung für die Produktfunktionen, -komponenten und -teile sowie
- Zielkostenerreichung und -verbesserung.

Zielkostenfindung

Es stehen nach SEIDENSCHWARZ (1993) grundsätzlich fünf verschiedene Möglichkeiten bzw. Konzepte für die Zielkostenbestimmung zur Auswahl. Von Relevanz für die Diskussion ist hier ausschließlich das Market into Company-Konzept: Ausgangspunkt des Market into Company-Konzeptes ist der am Markt erzielbare Preis des Produktes. Hierzu sind entsprechende Marktforschungsaktivitäten erforderlich. Die Zielkosten werden als Differenz zwischen dem am Markt erzielbaren Preis und dem geplanten Produktgewinn ermittelt. Das Ergebnis sind zunächst die vom Markt erlaubten Kosten auf Vollkostenbasis, die als Allowable Costs bezeichnet werden. Die mit den aktuellen Verfahrensweisen erreichbaren Kosten werden Drifting Costs genannt. Die Zielkostenvorgabe (Target Costs) wird abhängig von der jeweiligen Wettbewerbssituation und der verfolgten Strategie im Bereich zwischen Allowable Costs und Drifting Costs – aber eher nahe an den ersteren – festgelegt. Das Market into Company-Konzept ist somit als Reinform des Target Costing zu sehen.

Den Konzepten des „Out of Company", „Into and out of Company", „Out of Competitor" und „Out of Standard Costs" fehlt die konsequente Marktorientierung; sie sind für die Diskussion nicht relevant und werden nicht weiter betrachtet.

Kritisch ist anzumerken, dass die Zielkosten Vollkosten (Produktpreise abzüglich Gewinnmarge) sind, so dass sich hier das Problem der Einbeziehung bzw. Behandlung der (häufig beschäftigungsfixen) Gemeinkosten ergibt. Darüber hinaus ist die Festlegung der Zielkosten nicht frei von Willkür, da nicht nur Marktforschungsergebnisse, sondern auch strategische Überlegungen einfließen. So können beispielsweise Automobilhersteller ein bestimmtes Produkt intern „quersubventionieren", indem z. B. Volkswagen Entwicklung und Produktion des Oberklasse-Kfz VW PHAETON zum Teil aus den Gewinnen des VW GOLF finanziert.

Zielkostenspaltung (Dekomposition)

Zielkosten sind zunächst Globalkosten, die maximal bei Entwicklung, Herstellung und Vertrieb des Produktes entstehen dürfen. Diese Globalkosten müssen in Produktmerkmale und -funktionen bzw. Produktteile und -komponenten zerlegt werden. Durch Umfragen oder ähnliches ist zu ermitteln, für welche Produktmerkmale (also Teilkundennutzen) der Markt wie viel bereit ist zu vergüten. Die Teilfunktionen sind also entsprechend den Kundenwünschen zu gewichten. Im nächsten Schritt erfolgen eine Gewichtung der Produktkomponenten hinsichtlich der Erfüllung dieser Produktfunktionen sowie eine Schätzung von deren Ressourceneinsatz bzw. Kosten. Letztendlich wird für jede Produktkomponente dessen Bedeutung hinsichtlich der Funktionserfüllung mit dessen Kostenanteil verglichen Der Quotient ergibt den Zielkostenindex. Idealerweise sind der relative Kostenanteil und die relative Bedeutung der Komponente gleich groß, also Ressourceneinsatz gleich Kundennutzen (wertbasierter Ansatz). Für Komponenten, deren Ressourceneinsatz (wesentlich) oberhalb des Kundennutzens liegt, sind kostengestalterische Maßnahmen zur Kostenreduktion einzuleiten. Im umgekehrten Fall (d. h. relativer Kundennutzen größer als der relative Ressourceneinsatz) ergibt sich ein Potenzial zur Produktwertsteigerung.

Zielkostenerreichung und -verbesserung

Zur Zielkosterreichung und -verbesserung werden die verschiedensten Kostenmanagementinstrumente (z. B. Wertanalyse bzw. Wertgestaltung, Prozesskostenrechnung, Outsourcing/Insourcing, Zuliefererbindung, Produktlebenszyklusrechnungen, Fixkostenmanagement, Kostentableau, Kostenkontrolldiagramm, Kaizen sowie das Erfahrungskurvenkonzept) unterstützend in den Target Costing-Prozess eingebunden. Aus diesem Grunde wird dem Target Costing auch eine Lokomotivfunktion im strategischen Kostenmanagement zugesprochen.

9.2.3 Integration von SCM und Target Costing

9.2.3.1 Grundlegendes Konzept des Target Costing in der Supply Chain

Target Costing in der Supply Chain als unternehmensübergreifendes Zielkostenmanagement dehnt die Kostenmethodiken des Target Costing auf die gesamte Supply Chain aus.

Das Schema des Target Costing in der Supply Chain veranschaulicht Abb. 9.1.

Es wird ein bestimmtes Endprodukt (oder marktgängiges Zwischenprodukt wie z. B. Speicherchips) betrachtet, das vom Markt nachgefragt wird. Das Unternehmen (Firma 1), das in der Wertschöpfungskette dem Markt am nächsten steht, setzt den Zielkostenprozess in Gang, wobei die sich aus der Marktnachfrage ergebenden Preis- und Leistungsvorgaben für die Zielkostenfindung zu Grunde gelegt werden. Eine Möglichkeit ist, dass alle beteiligten Firmen relativ unabhängig voneinander nur mit ihrer jeweils nächsten stromaufwärts liegenden Zuliefererstufe den Target Costing-Prozess durchführen. Die Zielkostenvorgabe aus der vorausgehenden, marktnäheren Stufe wird somit zur Marktvorgabe für die nächste Stufe. Auf diese Weise wird sozusagen der Druck des Marktes auf alle Stufen der Kette fortgepflanzt. Es entstehen so verkoppelte Target Costing-Vorgänge, was nach COOPER/SLAGMULDER (1999) auch als Chained Target Costing bezeichnet wird.

Eine andere Möglichkeit ergibt sich aus einem stärkeren Durchgriff des das Endprodukt herstellenden Unternehmens auf die Zulieferer der weiteren Ebenen als der direkt nächsten. Der Target Costing-Prozess wird dann vom marktnächsten Unternehmen geführt und bei den meisten Zulieferern mehr oder weniger gesteuert. Ein Hersteller koordiniert auf diese Weise wesentliche Teile der Zuliefererkette bis zur Komponenten- und Rohmaterialebene. Das kann soweit gehen, dass eine Art erweiterte Firma entsteht (so könnte z. B. ein Flugzeughersteller zentral für alle seine Zulieferer hochwertige Materialien wie Aluminium und Titan sowie Bauteile wie Nieten beschaffen).

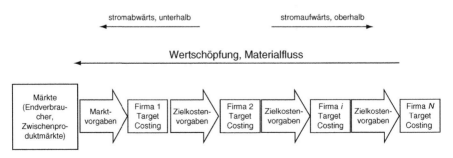

Abb. 9.1 Schema des Target Costing in der Supply Chain

Letztlich müssen die vom Markt erlaubten Kosten den einzelnen Produktbestandteilen auf allen Ebenen so zugewiesen werden, dass sie jeweils in richtigem Verhältnis zum erzeugten Kundennutzen stehen (wertbasierter/-analytischer Ansatz). Ziel des Target Costing in der Supply Chain ist damit, dass auf jeder Stufe der Wertschöpfungskette diese Marktvorgaben eingehalten werden, aber auch, dass auf jeder Stufe sichergestellt wird, dass jedes Mitglied der Kette seinen Anteil am Gewinn erhält.

Kennzeichnend für das Target Costing in der Supply Chain ist, dass die Zulieferer frühzeitig in den Produktentstehungsprozess eingebunden werden und zwar umso früher und intensiver, je größer ihr Anteil an der Wertschöpfung und je komplexer ihre Zulieferung ist. Die frühe Einbindung und die mehr oder weniger gemeinsame Produktentwicklung erfordern spezielle methodische Ansätze; die wichtigsten sind:

- die (differenzierte) Einbeziehung aller Kosten, also neben den direkten auch die indirekten und die Transaktionskosten der Zuliefererkette selbst,
- Methoden zum unternehmensübergreifenden Kostenmanagement während des Produktdesigns, die vor allem die Zielkostenerreichung unterstützen können,
- die verschiedenen Grade der Zuliefererintegration (Tiefe der Zuliefererintegration) in Anhängigkeit von der Beschaffungssituation und
- weitere Instrumente, besonders das Zulieferer-Cost-Engineering als spezielle Methode des unternehmensübergreifenden Kostenmanagements, das speziell bei der Zielkostenspaltung und der Zielkostenerreichung eingesetzt werden kann.

9.2.3.2 Ansätze zum Target Costing in der Supply Chain

9.2.3.2.1 Einbeziehung indirekter Kosten in das Target Costing

SEURING (2001) schlägt vor, neben den produktbezogenen direkten Kosten auch die unternehmensinternen indirekten und die unternehmensübergreifenden Kosten im Zielkostenprozess zu berücksichtigen und mit Hilfe eines (vereinfachten) Zielkostenmechanismus einzubeziehen. SEURING (2001) sieht so zunächst für die Betrachtung der Kosten in Supply Chains folgende drei Gruppen bzw. Ebenen vor:

1. Einzelkosten
   Die Einzelkosten bezeichnen die direkt auf die Produkte zurechenbaren Kosten. Hier handelt es in erster Linie um Materialkosten und Fertigungsstücklöhne.
2. Prozesskosten
   Prozesskosten werden durch solche Aktivitäten verursacht, die nicht direkt einem Produkt zurechenbar sind. Bei diesen Gemeinkostenbereichen handelt es sich häufig um administrative Tätigkeiten. In Abgrenzung zu den Transaktionskosten können sie von dem einzelnen Unternehmen beeinflusst werden.
3. Transaktionskosten
   Transaktionskosten sind Informations- und Koordinationskosten, die durch Interaktion mit anderen Partnern in der Supply Chain entstehen.

Damit sind wie üblich die direkten produktbezogenen Kosten (1) und die Gemeinkosten (2) erfasst. Die SC-typischen Kosten werden durch die Transaktionskosten (3) berücksichtigt. Die drei Kostenebenen stellen die gängigen Kostendimensionen des SCM dar.

SEURING (2001) schlägt dann vor, die drei Kostenebenen in den Target Costing-Prozess einzubringen, den er in Anlehnung an COOPER/SLAGMULDER (1999) in drei Phasen darstellt:

1. Market-level Target Costing
Das Market-level Target Costing garantiert durch den Einsatz von Marktforschungsaktivitäten, dass das Target Costing die Kundenanforderungen in der Entwicklung und Gestaltung des Produktes berücksichtigt.

2. Product-level Target Costing
Im Rahmen des Product-level Target Costing werden die vom Markt erlaubten den tatsächlich anfallenden Kosten gegenüber gestellt, die über Schätzungen ermittelt werden. Die vom Markt erlaubten Kosten liegen in der Regel unter den tatsächlich anfallenden Kosten, so dass Kostenreduktionsmaßnahmen notwendig werden.

3. Component-level Target Costing
Im Component-level Target Costing wird für jede Komponente des Produkts ein Vergleich zwischen seiner Bedeutung für den Kunden und seinen anfallenden Kosten vorgenommen. Diese Komponentenkosten bilden die Basis für die Verhandlungen mit Lieferanten. So wird der Kostendruck auf die in der Supply Chain vorgelagerten Stufen übertragen.

Er führt damit eine etwas andere Terminologie ein als die oben ausgeführten drei Phasen von Zielkostenfindung, Zielkostenspaltung und Zielkostenerreichung. Das Market-level Target Costing entspricht ziemlich genau der Zielkostenfindung. Die Schritte Product-level Target Costing und Component-level Target Costing bilden die Zielkostenspaltung. Das Component-level Target Costing geht auch ansatzweise auf die Zielkostenerreichung ein, indem die Component-level Target Costs eine Basis für die Verhandlungen mit den Lieferanten bilden. Weitergehende Methoden zur Zielkostenerreichung werden nicht angegeben. Auch wird nur ein Herunterbrechen auf Komponenten gesehen. Eine Differenzierung der Zulieferung in Bezug auf die Integrationstiefe wird nicht in Betracht gezogen. Somit ist diese Prozessdarstellung stark vereinfacht.

Mit dem oben erläuterten vereinfachten Prozess wird in einem dritten Schritt der Trade-off zwischen Zielkosten und aktuell erreichbaren Kosten einfach auf die drei Kostenarten erweitert. Eine operativ einsetzbare Methode wird nicht beschrieben.

9.2.3.2.2 Interorganisationelles Kostenmanagement während des Produktdesigns

SLAGMULDER (2002) betont die Wichtigkeit des interorganisationellen (d. h. unternehmensübergreifenden) Kostenmanagements während der Produktdesignphase.

9.2 Target Costing

Unternehmen, die mehr als 70% der Wertschöpfung outsourcen, erkennen, dass es nicht adäquat ist, Kostenmanagement nur firmenindividuell durchzuführen. Vielmehr müssen Produktentwicklungsprogramme in einem Target Costing-Prozess über Abnehmer-Zulieferer-Schnittstellen hinweg koordiniert werden, um ermittelte Kostenreduktionsziele zu erreichen. COOPER/SLAGMULDER (1999) beschreiben verschiedene Instrumente, die angewendet werden können, sollten die definierten Zielkosten überschritten werden. Diese können in Ergänzung zur oben diskutierten Methodik von SEURING (2001) Einsatz finden. Es werden drei Instrumente zum unternehmensübergreifenden Kostenmanagement vorgestellt:

1. Functionality-Price-Quality Trade-offs (FPQ Trade-offs)
   Functionality-Price-Quality Trade-offs werden durchgeführt, um durch relativ kleine Änderungen an der zu liefernden Komponente eine große Kostenreduktion zu erreichen, ohne dabei durch die technischen Änderungen die Spezifikation des Endproduktes (wesentlich) zu verändern. Sie erfordern eine bilaterale Zusammenarbeit zwischen den Designteams der Abnehmer und der Zulieferer. Die Anwendung der FPQ Trade-offs setzt beim Abnehmer die Bereitschaft voraus, Veränderungen bezüglich Funktionalität und Qualität zuzulassen. Entscheidend ist jedoch dabei, dass die Spezifikationen des Endproduktes auf der Ebene der Kundenanforderungen erhalten bleiben. Beim Zulieferer ist vorauszusetzen, dass er in der Lage ist, die Funktionalität des Endproduktes zu verstehen und entsprechende Vorschläge zu machen. Das Verfahren ist noch relativ einfach, da es – technisch gesehen – letztlich nur die Spielräume in den Schnittstellenspezifikationen ausnutzt, um Kosten zu reduzieren. Man muss dennoch beachten, dass auch hier schon nicht unerhebliche Designaufwendungen auf beiden Seiten (Zulieferer und Abnehmer) anfallen können.

2. Interorganizational Cost Investigations
   Es kann Situationen geben, in denen zwei Unternehmen in einer Zulieferer-Abnehmer-Beziehung „low-cost"-Lösungen nicht alleine in einem bilateralen Abstimmungs- und Designprozess erarbeiten können. Vielmehr kann es die Komplexität der Wertschöpfung erfordern, dass mehr als zwei Firmen und damit mehr als zwei Designteams zusammenarbeiten müssen, um ein Produkt zu realisieren. Diese Art der Zusammenarbeit wird als Interorganizational Cost Investigations (in deutsch etwa: interorganisationelle Kostenuntersuchungen) bezeichnet. Ein entscheidender Punkt ist, dass die Abnehmerspezifikation so geändert wird, dass die Komponenten zu deutlich niedrigeren Kosten hergestellt werden können. Es wird hier also wesentlich weiter gehende Modifikationen der Komponentenspezifikation geben als beim Functionality-Price-Quality Trade-off. Die Spezifikation des Endproduktes kann sich hierbei ebenfalls ändern. Man kann also von einem (Re-)Designprozess sprechen, in dem das Produkt und die darin enthaltenen Komponenten in ihrem Design (bzw. in ihren Spezifikationen) so verändert werden, dass die Zielkosten eingehalten werden können. Ebenso kann auch die Wertschöpfungskette selbst Gegenstand der Untersuchungen sein: Produktionsaktivitäten können über Unternehmensgrenzen hinweg verschoben werden. Damit können sich auch die Zielkosten für jede beteiligte Firma in die eine oder andere Richtung ändern. Die

Bedingung, dass die Gesamtsumme der Zielkosten dabei sinken soll, ist selbstverständlich einzuhalten. Typischerweise wird der Zielkostenprozess jeweils von der Firma angestoßen, die sich am marktnächsten in der Lieferkette befindet.

3. Concurrent Cost Management
Das Concurrent Cost Management (in deutsch etwa: gleichzeitige Kostenlenkung) ist als die am stärksten interaktive Methode der interorganisationellen Kostenmanagementmethoden anzusehen. Hier werden in intensiven Interaktionen während der Produktdesignphase von beiden Seiten Vorschläge zur Kostenreduktion erarbeitet, die mögliche Spezifikations- und Designänderungen sowohl des Produktes als auch seiner Komponenten einbeziehen. Der Zulieferer muss dazu die nötige Expertise haben oder entwickeln, um die erforderliche Designverantwortung zu übernehmen. Der Abnehmer gibt lediglich übergeordnete Spezifikationen, wie z. B. Schnittstellen und Funktionalität, vor. Dadurch ergeben sich Freiräume für das Design, die der Zulieferer dann in enger Abstimmung mit dem Abnehmer nutzen kann. In der Regel läuft der Designprozess daher simultan bei Zulieferer und Abnehmer. Ziel aller Änderungen auf Produkt- und Komponentenebene ist natürlich wieder die Gesamtkostenreduktion am Endprodukt.

9.2.3.2.3 Tiefe der Zuliefererintegration

Ähnlich wie COOPER/SLAGMULDER (1999) unterscheiden SEIDENSCHWARZ/NIEMAND (1994) verschiedene Grade der gegenseitigen Interaktion zwischen Abnehmer und Zulieferer. Sie gehen dabei nicht so sehr auf verschiedene Zusammenarbeitsmethoden ein, sondern heben den Charakter der zugelieferten Komponente und die adäquate Integration des Zulieferers in den Target Costing- bzw. Produktentstehungsprozess sowie die entsprechenden Kostenbeeinflussungsmöglichkeiten hervor. Sie sehen drei unterschiedliche Arten von Zulieferern und Integrationstiefen:

1. Katalogzulieferer
   Sie produzieren Standardteile, die oftmals auch von Abnehmern aus anderen Branchen nachgefragt werden, so dass man hier von Katalogteilen sprechen kann. Über die Gestaltung der Einkaufsbedingungen hinaus gibt es nur wenig Kostenbeeinflussungsmöglichkeiten durch Veränderung des Zulieferteils selbst. Es können aber durchaus preiswertere Komponenten desselben oder eines anderen Zulieferers (z. B. niedriger spezifizierte Schrauben) eingesetzt werden. Die Einbeziehung des Zulieferers sollte im Wesentlichen in der Detailkonstruktionsphase erfolgen. Die beschriebene Integrationstiefe des Zulieferers entspricht der des Functionality-Price-Quality Trade-offs im vorangegangenen Abschnitt.

2. Detailvorgabezulieferer
   Sie produzieren Module oder Teile nach vorgegebenen Bauunterlagen. Die Einbindung eines Detailvorgabezulieferers sollte in der Entwurfsphase einer Produktentwicklung erfolgen. Hier gibt es noch eine hohe Kostenbeeinflussungsmöglichkeit, indem z. B. die speziellen Fertigungsbedingungen sowohl des

Zulieferers als auch des Abnehmers berücksichtigt werden. Zudem sind Spezifikations- und Designänderungen auf Komponentenebene (beim Zulieferer) oder auf übergeordneter Produktebene (beim Abnehmer) noch möglich. Von der Art der Kostenbeeinflussung und der Design- und Spezifikationsänderungstiefe entspricht diese Integrationstiefe in etwa der der Interorganizational Cost Investigations im vorangegangenen Abschnitt.

3. Black-Box-Zulieferer
   Am weitesten in den Produktentstehungsprozess eingebunden ist der Black-Box-Zulieferer. Im Rahmen der produktfunktionalen Vorgaben kann dieser Zulieferer sowohl Fertigungs- als auch Entwicklungsaufgaben übernehmen. Hier liegt auch das größte Kostenbeeinflussungspotenzial, da ein großer Gestaltungsspielraum besteht. Ein Zulieferer dieser Art ist in der Regel ein Systemlieferant. Die Integrationstiefe entspricht in etwa der des Concurrent Cost Managements im vorangegangenen Abschnitt.

9.2.3.2.4 Weitere instrumentelle Absicherung der Zuliefererintegration

Aus den bisherigen Ausführungen ist klar geworden, dass das Target Costing in der Supply Chain in der Regel über die partnerschaftliche und vertrauensvolle Zusammenarbeit hinausgeht und eine steuernde Komponente aufweist. Es ist daher sehr zu empfehlen, die Steuerungsinstrumente noch detaillierter zu beleuchten. SEIDENSCHWARZ/NIEMAND (1994) sehen drei Instrumente, die einen wesentlichen Beitrag bei der Zuliefererintegration leisten können:

- das systematische Zulieferer-Cost-Engineering,
- das Gedankengut der kontinuierlichen Verbesserung, gestützt durch systematisches Benchmarking und
- das Arbeiten mit tabellarischen Kostenzusammenstellungen.

Zulieferer-Cost-Engineering

Das Zulieferer-Cost-Engineering wird entweder durch eine Einzelperson oder ein Team aus den Bereichen Entwicklung/Konstruktion, Einkauf und Controlling durchgeführt. Es hat im Wesentlichen drei Aufgaben:

1. Unterstützung der Zielkostenspaltung beim Abnehmer
   Diese Aufgabe erfordert ein detailliertes Wissen des Zulieferers über Kostenstrukturen und die entsprechenden Kostensenkungspotenziale, welches es dem Cost-Engineering-Team erlaubt, in frühen Phasen des Produktentstehungsprozesses realistische Vorschläge zur Zielkostenspaltung zu machen.
2. Schnittstellenkoordination
   Das Cost-Engineering-Team übernimmt auch die Aufgabe der rein technischen Schnittstellenkoordination zwischen allen beteiligten Firmen sowie die laufende Kommunikation der aktuellen Marktanforderungen und die zeitliche Koordination.

3. Kostenreduktionsberatung
Diese Aufgabe erfüllt mehrere Funktionen, dient aber hauptsächlich einer Versachlichung der Zielkostendiskussion. Von entscheidender Bedeutung für das Gelingen ist das Offenlegen der Kostenstrukturen beim Zulieferer. Als Gegenleistung erhält der Zulieferer Unterstützung beim Erreichen von Best-Practice-/Best-Class-Standards und eine (relative) Sicherheit auf stabile Liefervertragsbeziehungen.

Kontinuierliche Verbesserungen mit Hilfe des Benchmarking

Neben der bereits beschriebenen Entwicklungsdynamik und der damit verbundenen, technisch und ingenieurmäßig geprägten „innovativen" Zielkostenverbesserung ist zu beachten, dass sich die Zielvorgaben des Marktes mit der Zeit verändern. Es kann sich dabei um notwendige Kostenreduktionen aufgrund des laufenden Preisverfalls, aber auch um erforderliche Leistungsverbesserungen, die sich an den Best-Class-/Best-Practice-Standards (so genannte Benchmarks) orientieren, handeln. Hier ergibt sich ein Bezug zu den Methodiken des Kaizen bzw. Kontinuierlichen Verbesserungsprozesses (KVP) sowie des Benchmarking. Gegenstand des KVP sind allgemein das Zuliefererprodukt selbst hinsichtlich inkrementeller Verbesserungen bezüglich seiner Leistungsparameter, aber im besonderen auch unternehmensinterne Prozesse und Standardabläufe nicht nur der Fertigung, deren Beherrschung ständig verbessert werden kann. Durch Benchmarking, das eine erweiterte Konkurrenzanalyse darstellt, können Produkt-, Prozess- und Qualitätsmerkmale wie z. B. bestimmte Funktionalitäten, Produktvarianten oder Serviceattribute vorgegeben werden, die bereits von Mitbewerbern erreicht werden (vgl. zum Benchmarking auch Abschn. 10.5). Entscheidend an Kaizen/KVP und Benchmarking ist, dass dadurch transparente und nachprüfbare Kriterien für die Kostendiskussionen zwischen Cost-Engineering-Team und Zulieferer aufgestellt werden können.

Tabellarische Kostendarstellungen zur Unterstützung des Zielkostenprozesses

SEIDENSCHWARZ/NIEMAND (1994) beschreiben zwei tabellarische Kontrollinstrumente, die die Zielkostenspaltung und -erreichung in den Cost-Engineering-Diskussionen unterstützen. Das ist zum einen das Kostentableau, zum anderen das Zuliefererhaus.

Das Kostentableau kann für jedes Modul die Kostenwirkungen alternativer Vorgehensweisen bezüglich der eingesetzten Materialien und Fertigungsverfahren aufzeigen und mit Benchmarks sowie Kosteninformationen gefüllt werden. Es sollte mit dem Zweck, Informationen für das Cost-Engineering zur Verfügung zu stellen über einen längeren Zeitraum als Datensammlung (Datenbank) geführt werden.

Das Zuliefererhaus vergleicht die Kundenanforderungen und den jeweiligen Beitrag eines jeden Moduls zur Erreichung der Kundenanforderungen in einer Art Kreuzreferenztabelle. Zusätzlich werden Managementinformationen wie Erfüllungsgrad, Zeitzielgefährdung und Status der kritischen Schnittstellen aufgeführt. Damit lässt sich der aktuelle Stand der Zielkostenerreichung mit den nötigen Spezifikations- und Marktinformationen übersichtlich darstellen.

9.2 Target Costing

9.2.3.2.5 Beziehung zu anderen Instrumenten des Kostenmanagements

Wie bereits geschildert, hat das Target Costing eine Lokomotivfunktion im strategischen Kostenmanagement. Verschiedene geeignete Instrumente (z. B. Wertanalyse bzw. -gestaltung, Benchmarking, Kaizen usw.) werden unterstützend in den Target Costing-Prozess eingebunden. Die Berücksichtigung aller Produktlebenszykluskosten, also aller Vor- und Nachlaufkosten, erfolgt allerdings in vielen Methoden nur unzureichend (vgl. hierzu den Ansatz zur Lebenszykluskostenanalyse in Abschn. 9.4). So kann man z. B. ein Produkt zwar hinsichtlich einer preiswerteren Produktion weiterentwickeln, muss aber die dafür erforderlichen, oft nicht unerheblichen Entwicklungsinvestitionen in die Betrachtung einbeziehen. Auch die Kosten des eigentlichen Target Costing-Prozesses selbst, der sich als ein außerordentlich aufwändiges und zeitbeanspruchendes Verfahren darstellt, müssen berücksichtigt werden. Da die beiden genannten Kostenkomponenten während des Target Costing-Prozesses nicht konstant bleiben, können sie den Zielkostenprozess selbst konterkarieren. Von besonderer Bedeutung ist das bei Produkten mit kleinen Stückzahlen und hohen Entwicklungskosten, wie sie für die High-Tech-Branche typisch sind. In der Supply Chain besteht die Tendenz, vor allem die genannten Entwicklungskosten (und -risiken) in nicht tragbarer Weise auf die Zulieferer zu verschieben.

9.2.4 Kritische Würdigung

Das Target Costing ist trotz seiner grundsätzlich vollkostenbezogenen Ausrichtung zur Erfüllung einer Lenkungsfunktion geeignet. Wegen der Planungs- und Entwicklungsorientierung bildet das Target Costing aber eher die Grundlage für langfristige unternehmerische Entscheidungen.

In die Zielkostenbestimmung gehen strategische Überlegungen ein: Wie z. B. will ein Automobilhersteller ein neues Modell positionieren? Was ist der Prestigewert eines Airbus A380 in der gesamten Lieferflotte? Hier besteht die Gefahr der „Vernebelung" der tatsächlichen Kostenstrukturen durch Quersubventionierung, Flottenpolitik oder ähnliches. Darüber hinaus lassen sich die Zielkosten durch intensives Marketing beeinflussen.

Wegen des Bezuges zur Produktentwicklung ist das Target Costing vor allem für High-Tech-Produkte geeignet. Aufgrund der hohen Kosten sollte es allerdings nur für solche High-Tech-Produkte eingesetzt werden, von denen große Stückzahlen abgesetzt werden können, wie z. B. im Automobilbereich.

Wie schon mehrfach angeklungen, ist das Problem der Einbeziehung nicht nur der Gemeinkosten, sondern vor allem der Entwicklungskosten, der Marketingkosten und der Kosten für den Target Costing-Prozess selbst methodisch nicht gelöst. Handelt es sich bei der Berücksichtigung der Gemeinkosten mehr oder weniger noch um ein Transparenz- und Akzeptanzproblem, so ist bei den Entwicklungs- und Marketingkosten die Frage der Risikoteilung zu beantworten: Schwierigkeiten können in der Supply Chain vor allem dadurch entstehen, dass jede Seite – Abnehmer und Zulieferer – mit hohen Erfolgsrisiken behaftete Aktivitäten und die damit verbundenen Kosten der jeweils anderen übertragen möchte. Im Zusammenhang mit der Frage der Risikoteilung tritt auch wieder die Schwierigkeit auf, wie die eventuellen Gewinne aus Verbesserungsmaßnahmen zu verteilen sind. Hier ergibt sich ein hohes Konfliktpotenzial aus der intensivierten Zusammenarbeit in der Supply Chain, aber auch die Chance für ein Target Costing, durch faire Kosten- und Gewinnverteilung die Konfliktlösung zu unterstützen.

Generell ist zu darauf zu achten, dass die Margen für die Zulieferer nicht zu klein werden, damit diese nicht nur überleben können, sondern auch Mittel für Innovationen in das Produkt oder spätere Produktentwicklungen zur Verfügung haben.

Grundsätzlich basiert das Target Costing in der Supply Chain auf unternehmensübergreifenden Interaktionen, die nur gelingen, wenn ein partnerschaftliches Zusammenarbeitsverhältnis gebildet und erhalten wird. Es wird z. B. von den Zulieferern eine Offenlegung ihrer Kostenstrukturen verlangt, die einiges an Vertrauen voraussetzt. Die Gegenleistung einer längerfristigen Zusammenarbeitsperspektive erfolgt also nur unter der Bedingung des „Wohlverhaltens" des Zulieferers. Neben den oben erwähnten Fragen der Gewinn- und Risikoteilung erkennt man das generelle Konfliktpotenzial in einer Partnerschaft von Unternehmen unterschiedlicher Größe und Marktmacht. Wichtig für eine gedeihliche Zusammenarbeit ist in jedem Fall die Herstellung einer Win-Win-Situation für alle beteiligten Partner.

9.3 Prozesskostenrechnung

9.3.1 *Entwicklung der Prozesskostenrechnung*

Die Entstehung der Prozesskostenrechnung ist auf Defizite der klassischen Kostenrechnung zurückzuführen. In der traditionellen Kostenrechnung erfolgt die Kalkulation der Produkte, indem die Gemeinkosten z. B. der Produktion durch prozentuale Zuschlagssätze den einzelnen Produkten zugerechnet werden. Dieses Verfahren ist jedoch nicht mehr zeitgemäß, da die Gemeinkosten seit Mitte des 19. Jahrhunderts mit zunehmender Technisierung ständig steigen und mittlerweile die Einzelkosten um ein Vielfaches überschreiten.

Den Anstoß zur Erarbeitung der Prozesskostenrechnung lieferten MILLER/ VOLLMANN (1986) mit ihrem Artikel „Die verborgene Fabrik", wonach nicht die in den Vollkostenkalkulationen verwendeten wertmäßigen Größen die eigentlichen kostentreibenden Faktoren sind, sondern die Aktivitäten der Gemeinkostenbereiche. Dies war der Anknüpfungspunkt für die Entstehung des in den USA in den späten achtziger Jahren von COOPER/KAPLAN (1988) entwickelten Activity-based Costing. Die Prozesskostenrechnung, dessen Grundlage durch HORVÁTH/MAYER (1989) gelegt wurde, stellt die deutsche Variante des Activity-based Costing dar.

Die Prozesskostenrechnung ist kein neues Kostenrechnungssystem, sondern eine Weiterentwicklung der fertigungsorientierten Verfahren der klassischen Vollkostenrechnung. Im Mittelpunkt ihrer Konzeption stehen die ganzheitliche Planung, Steuerung und verursachungsgerechte Verrechnung der Gemeinkosten in den indirekten Bereichen (z. B. Beschaffung, Logistik, Entwicklung) auf die jeweiligen Kostenträger (z. B. Kunden, Produkte). So wird eine Bewertung von Leistungseinheiten, z. B. durch die Ermittlung der Kosten pro Auftrag, möglich. Zudem ist die Prozesskostenrechnung auch ein Instrument zur permanenten Überwachung und Verbesserung von Organisationsabläufen (Prozessen) über die Schnittstellen von Kostenstellen und Unternehmensgrenzen hinweg.

Ein wichtiges Ziel der Prozesskostenrechnung ist das Aufzeigen der kausalen Beziehungen zwischen den verschiedenen Leistungsbereichen, um unnötige oder zu teure Leistungen und entsprechende Einsparungspotenziale aufzudecken. Weitere zentrale Ziele sind:

- Erhöhung der Kostentransparenz in den indirekten Leistungsbereichen,
- Sicherstellung eines effizienten Ressourcenverbrauchs durch eine verbesserte Gemeinkostenplanung und -kontrolle,
- Verursachungsgerechte Verrechnung interner Dienstleistungen im Rahmen der Produktkalkulation zur Vermeidung strategischer Fehlentscheidungen und
- Aufzeigen der Kapazitätsauslastung.

9.3.2 Systematik der Prozesskostenrechnung

Der Einsatzbereich der Prozesskostenrechnung umfasst vor allem repetitive Tätigkeiten, die zusätzlich einen geringen Entscheidungsspielraum aufweisen. Die Schwerpunkte liegen auf der Analyse und Bewertung abteilungsübergreifender Prozesse sowie der Verrechnung von Gemeinkosten der indirekten Leistungsbereiche.

Die Vorgehensweise der Prozesskostenrechnung lässt sich in fünf Einzelschritte aufgliedern:

1. Tätigkeitsanalyse zur Identifizierung von Prozessen
   In den betroffenen Unternehmensbereichen werden alle durchgeführten Tätigkeiten analysiert und strukturiert. Dabei wird zwischen Haupt- und Teilprozessen unterschieden. Ein Hauptprozess bezeichnet eine kostenstellenübergreifende Abfolge von Tätigkeiten, für die mindestens ein gemeinsamer Kostentreiber existiert und die zu einem abschließenden Arbeitsergebnis führt, während ein Teilprozess ein Bündel von aufeinander bezogenen Tätigkeiten in nur einer bestimmten Kostenstelle umfasst.

2. Wahl geeigneter Maßgrößen
   Nach Identifizierung aller Prozesse bzw. Teilprozesse einer Kostenstelle werden diese hinsichtlich ihrer Abhängigkeit von dem in der Kostenstelle zu erbringenden Leistungsvolumen untersucht und in leistungsmengeninduzierte und leistungsmengenneutrale Prozesse unterteilt. Dabei werden unter leistungsmengeninduzierten Prozessen die Prozesse verstanden, deren Prozesskosten von der Anzahl der Prozessdurchführungen abhängig sind, während die Prozesskosten der leistungsmengenneutralen Prozesse sich mit der Anzahl der Prozessdurchführungen nicht verändern. Für die leistungsmengeninduzierten Prozesse sind

dann geeignete Kostentreiber festzulegen, mit deren Hilfe sich die Prozesse mengenmäßig quantifizieren lassen.

In der Prozesskostenrechnung existieren – im Gegensatz zur klassischen Kostenrechnung, die nur die Anzahl der Prozessdurchführungen als Kostentreiber betrachtet – verschiedene Arten von Kostentreibern:

- Transaktionstreiber, die messen, wie oft eine Aktivität durchgeführt wird (z. B. Zahl der Rüstvorgänge, Zahl der Empfangsquittungen),
- Zeittreiber, die messen, wie lange die Durchführung einer Aktivität dauert (z. B. Rüststunden, Inspektionsstunden) und
- Intensitätstreiber, die messen, wie hoch der Ressourceneinsatz für den jeweiligen Prozess ist (z. B. Kosten der tatsächlich eingesetzten Ressourcen bei Notwendigkeit besonderer Qualitätsexperten).

3. Festlegung der Planprozessmengen
   Für alle leistungsmengeninduzierten Prozesse sind Planprozessmengen zu bestimmen, d. h. es muss festgelegt werden, wie oft der jeweilige Prozess durchgeführt werden soll. Die notwendige Menge an Teilprozessen und die dazu erforderliche Kapazität an Ressourcen werden durch die Hauptprozessmengen bestimmt, die abverlangt werden. Die Planung der Hauptprozessmengen muss folglich der Planung der Teilprozessmengen in den Kostenstellen vorausgehen. Die Planprozessmengen werden häufig aus den Leistungsanforderungen der Engpassbereiche bestimmt, d. h. die maximale Kapazitätsauslastung der Engpassbereiche determiniert die maximale Planprozessmenge.

4. Planung der Prozesskosten
   Mit Hilfe technischer und kostenwirtschaftlicher Analysen, auf die hier nicht genauer eingegangen werden soll, werden in diesem Schritt auf Basis der Planprozessmengen alle Kostenarten geplant.

5. Ermittlung von Prozesskostensätzen
   Die einzelnen Prozesskostensätze ergeben sich aus der Division der jeweiligen Prozesskosten durch die zugehörigen Planprozessmengen. Die Kosten der leistungsmengenneutralen Prozesse werden in der Regel durch eine Umlage, die proportional zu den Prozesskosten der leistungsmengeninduzierten Prozesse ist, auf diese verrechnet. Aus dem Umlagesatz und dem Prozesskostensatz lässt sich dann ein Gesamtprozesskostensatz bestimmen.

9.3.3 Integration von SCM und Prozesskostenrechnung

9.3.3.1 Unternehmensübergreifende Prozesskostenrechnung nach LaLonde und Pohlen

LaLonde/Pohlen (1996) haben eine sechsstufige Methode zur systematischen Ermittlung der Prozesskosten in Wertschöpfungsketten entwickelt, die sich eng an die zuvor beschriebene Vorgehensweise in der Prozesskostenrechnung anlehnt. Sie berücksichtigt dabei besonders den Bereich der Logistik zwischen den Unternehmen, der auch innerhalb des SCM eine zentrale Rolle spielt.

Folgende Vorgehensweise wird von den beiden Autoren vorgeschlagen:

1. Analyse der Prozesse in der Wertschöpfungskette
   Dieser Schritt ist beendet, wenn alle an der Supply Chain beteiligten Unternehmen und ihre wichtigsten Funktionen festgelegt und in einem Prozessdiagramm dargestellt sind.

2. Zerlegung der Prozesse in Aktivitäten
   Als Ergebnis dieser Stufe wird ein Flussdiagramm erstellt, das den gesamten Ablauf der hintereinander auszuführenden Einzelaktivitäten darstellt, wenn ein Produkt die Wertschöpfungskette bis zum Endverbraucher durchläuft. Das Flussdiagramm sollte hierbei auch Aktivitäten enthalten, die durch den Informationsaustausch, den Transport und die Lagerung innerhalb der Wertschöpfungskette anfallen.

3. Identifizierung der notwendigen Ressourcen
   Als nächstes gilt es, die für die Durchführung der Aktivitäten erforderlichen Ressourcen zu identifizieren und dem entsprechenden Partner in der Wertschöpfungskette zuzuordnen.

4. Bestimmung der Gesamtkosten der einzelnen Aktivitäten
   Die auf dieser Stufe zu ermittelnden „Activity Costs" geben die Kosten an, die durch die Ausführung einer Aktivität verursacht werden. Sie vermitteln ein vollständiges Bild darüber, welche Kostenwirkung der Ressourcenverbrauch eines Unternehmens in der Wertschöpfungskette besitzt und welche Kosten durch die Bereitstellung einer speziell auf die Supply Chain zugeschnittenen Logistik entstehen.

5. Verknüpfung der Aktivitätskosten mit den Outputs der Supply Chain
   In diesem Schritt werden die einzelnen Aktivitätskosten dazu verwendet, die Gesamtkosten für die Versorgung bestimmter Kunden und Vertriebskanäle mit den Produkten zu bestimmen.

6. Analyse und Simulation
   Auf dieser Stufe werden die Kostentreiber ausgewählter Aktivitäten dahingehend untersucht, wie sich Änderungen in der Kundennachfrage auf die Kosten innerhalb der Supply Chain auswirken. Diese Analysen können dann Unternehmen außerhalb der betrachteten Wertschöpfungskette nutzen, um aufzuzeigen, wie ihre Dienstleistungen eine zusätzliche Wertschöpfung innerhalb der Kette generieren bzw. die über die Supply Chain betrachteten Kosten senken.

Der wesentliche Unterschied zur traditionellen Prozesskostenrechnung ergibt sich aus der Zuordnung der Gemeinkosten über die Unternehmensgrenzen hinweg, wobei explizit auch die Kosten der Transaktionen zwischen den Unternehmen der Supply Chain Berücksichtigung finden.

9.3.3.2 Prozessorientiertes Supply Chain Costing nach SEURING

SEURING (2001) weist darauf hin, dass sich der Ansatz von LALONDE/POHLEN (1996) auf bereits bestehende Produkte und Produktionsverfahren beziehe und lediglich versuche, die Kosten innerhalb der gesamten Wertschöpfungskette messbar zu machen. Die Gestaltung und Steuerung der Kosten, die auch zum Aufgabenbereich des Kostenmanagements in der Supply Chain gehören, werden aber von diesem Ansatz nicht geleistet, so dass SEURING (2001) mit dem „prozessorientierten Supply Chain Costing" ein Instrument entwickelte, das den Anspruch hat, dieses Defizit zu beheben.

Bisher konnten durch die Prozesskostenrechnung, wie sie von HORVÁTH/ MAYER (1989) vorgeschlagen wurde, und deren Erweiterungen nur die Produktdimension mit den beiden Phasen Produktdesign und Produktion innerhalb des Supply Chain Costing abgebildet werden. Die Kooperationsdimension des SCM und die damit einhergehenden Transaktionskosten blieben bis auf den Ansatz von LALONDE/POHLEN (1996) zunächst unberücksichtigt.

Wichtig im Rahmen des prozessorientierten Supply Chain Costing ist es daher, bei der Analyse der Prozesse und Aktivitäten sowie der anfallenden Kosten zwischen der Prozess- und der Transaktionskostenebene zu differenzieren. Die Unterscheidung zwischen den beiden Kostenebenen erfolgt danach, welche Kosten durch Entscheidungen im Unternehmen (Prozesskosten) und welche durch Entscheidungen in der Wertschöpfungskette (Transaktionskosten) verursacht werden. Als Beispiel verweist SEURING (2001) auf die Kosten für die Auftragsabwicklung, die zwar im Unternehmen anfallen, jedoch von den Bestellvorgängen der Kunden abhängen und damit einen Transaktionskostentreiber bilden. Erst durch die beschriebene Differenzierung kann die konkrete Kostenentstehung innerhalb der Supply Chain betrachtet werden, und es lässt sich dementsprechend analysieren, welches Unternehmen in der Kette die wesentlichen Entscheidungen trifft, die diese Kosten determinieren.

Beim prozessorientierten Supply Chain Costing werden daher zunächst kostenstellenbezogen die Aktivitäten (Punkte 1.1 bis 3.3 in Abb. 9.2) ermittelt und anschließend zu Prozessen (m und n) der Supply Chain verdichtet. Eine Verfeinerung wird vorgenommen, indem eine Zuordnung der ermittelten Kostentreiber auf die Ebenen der Prozess- und Transaktionskosten erfolgt. Diese Zuordnung zu den

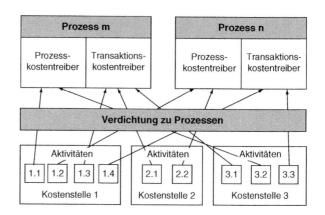

Abb. 9.2 Zuordnung der Aktivitäten zu den Prozess- und Transaktionskosten (SEURING 2001)

beiden Kostenebenen nimmt zunächst jedes Unternehmen einzeln vor. Anschließend findet ein Abgleich zwischen den an der Supply Chain beteiligten Unternehmen statt, so dass eine höhere Transparenz bezüglich der Kostenentstehung zwischen den Unternehmen geschaffen wird.

Nach der Analyse der Kostenentstehung erfolgt die Analyse der Kostenbeeinflussung durch das prozessorientierte Supply Chain Costing. An dieser Stelle weist SEURING (2001) besonders auf die Bedeutung von Trade-offs zwischen den einzelnen Kostenebenen hin. So kann beispielsweise ein Unternehmen durch spezifische Maßnahmen seine individuellen Einzelkosten reduzieren; dies kann aber erhöhte Einzelkosten aufgrund verlängerter Fertigungsprozesse bei Partnern der Kette zur Folge haben. Aber auch die wertschöpfungskettenweiten Prozesskosten können dadurch negativ beeinflusst werden, indem zusätzliche Arbeitsschritte für eine getrennte Auftragsbearbeitung notwendig werden. Das aufgezeigte Problem ist nur durch eine kooperative Lösung innerhalb der Wertschöpfungskette zu bewältigen. Entsprechend sind dann aber zusätzliche Verhandlungen zwischen den Unternehmen notwendig, die zu einer Erhöhung der Transaktionskosten führen können.

9.3.3.3 Unternehmensübergreifende Prozesskostenrechnung nach WEBER/BACHER/GROLL

Der Einsatz der unternehmensübergreifenden Prozesskostenrechnung nach WEBER/BACHER/GROLL (2002) ist hauptsächlich für operative Fragestellungen vorgesehen. Sie dient dabei jedoch nicht nur der Bereitstellung konkreter Kosten- und Leistungsdaten, sondern ihr kommt auch die Aufgabe zu, als „Sprachgrundlage" zwischen den SC-Partnern zu fungieren. Von herausragender Bedeutung ist es daher, die Kosten- und Leistungsdaten einheitlich zu definieren, um ihren problemlosen Austausch im Netzwerk zu gewährleisten. Aufgrund des sowohl in den USA als auch in Deutschland niedrigen Implementierungsstands der Prozesskostenrechnung kann laut WEBER/BACHER/GROLL (2002) jedoch nicht davon ausgegangen werden, dass alle SC-Partner über eine voll ausgebaute Prozesskostenrechnung verfügen. Zudem ist nicht damit zu rechnen, dass die Unternehmen von vornherein bereit sind, alle notwendigen Kosten- und Leistungsinformationen auszutauschen. Gründe hierfür sind – wie bereits erläutert – mangelndes gegenseitiges Vertrauen und Angst vor opportunistischem Verhalten.

Daher schlagen WEBER/BACHER/GROLL (2002) ein Stufenmodell vor, welches die Unternehmen schrittweise, entsprechend ihrer Möglichkeiten, in die Lage versetzen soll, eine unternehmensübergreifende Transparenzsteigerung, Kostenreduzierung und Leistungsverbesserung erreichen zu können. Dieses Vorgehen bewirkt, dass selbst Unternehmen, die intern noch nicht über eine Prozesskostenrechnung verfügen, an der unternehmensübergreifenden Optimierung der Supply Chain partizipieren können. Das Modell umfasst die folgenden Stufen:

1. Optimierung über wesentliche Kosten- und Leistungstreiber,
2. Fallweise unternehmensübergreifende Prozesskostenrechnung und
3. Voll ausgebaute unternehmensübergreifende Prozesskostenrechnung.

Im ersten Schritt, der Optimierung über wesentliche Kosten- und Leistungstreiber, geht es zunächst darum, bei den beteiligten Unternehmen das notwendige gemeinsame Verständnis für den Gesamtprozess zu schaffen. Ausgangspunkte hierfür sind eine Prozessanalyse und ein Prozessmapping, welche für alle Unternehmen der Kette durchgeführt werden. Die Abbildung der unternehmensübergreifenden Prozesse soll dabei z. B. mit Hilfe des SCOR-Modells erfolgen. Durch einen unternehmensübergreifenden Vergleich von unternehmensintern identifizierten Hauptkosten- und Hauptleistungstreibern können dann die wichtigsten Kosten- und Leistungstreiber für die gesamte Supply Chain erkannt werden. Auf dieser Basis lassen sich schließlich Szenarioanalysen durchführen. Sie sollen Erkenntnisse darüber liefern, wie sich Maßnahmenveränderungen auf den Gesamtprozess und die Treiber auswirken. Diese Vorgehensweise zielt darauf ab, Kostensenkungspotenziale über eine Veränderung der wesentlichen Kostentreiber aufzudecken, ohne dass dabei vertrauliche Informationen offengelegt werden müssen.

Hat sich zwischen den SC-Partnern im Laufe der Zeit ein Maß an gegenseitigem Vertrauen gebildet, welches es ihnen ermöglicht, Kosten- und Leistungsdaten über Unternehmensgrenzen hinweg auszutauschen, kann die zweite Stufe des Entwicklungspfades, die fallweise unternehmensübergreifende Prozesskostenrechnung, angestrebt werden. Als Ergänzung zum Vorgehen der ersten Stufe soll nun zusätzlich eine fallweise und nicht zwingend exakte Zuordnung der Kosten zu den einzelnen Prozessschritten erfolgen. Anhand dieser kostenmäßigen Bewertung kann dann zum einen der Fokus auf besonders kostenintensive Aktivitäten gelenkt werden, zum anderen soll sie die Berechnung der Kosten pro Leistungseinheit (z. B. Lagerkosten pro Kubikmeter oder Versandkosten pro Palette) ermöglichen. Auf Basis dieser Kostensätze können detailliertere Kostenanalysen als in Stufe 1 durchgeführt werden. So zeigen etwa DEKKER/VAN GOOR (2000) im Rahmen einer Fallstudie, dass ein Vergleich der ermittelten Kosten mit denen des Partners beispielsweise darüber Aufschluss geben kann, welcher der Partner im Hinblick auf eine Optimierung der gesamten Supply Chain bestimmte Leistungen erbringen sollte. In einem ihrer Beispiele analysieren ein Produzent und ein Großhändler, welche Auswirkungen mit einer Verlagerung zweier Aktivitäten zwischen den Unternehmen einhergehen würden (vgl. Abb. 9.3).

Bislang wurde so vorgegangen, dass der Produzent dem Großhändler Güter im Umfang von 20.000 Paletten frei Haus lieferte, wo sie bis zum Verkauf an die Einzelhändler zwischengelagert wurden. Ein Vergleich der Kostensätze für die Lagerhaltung, -kontrolle und den Versand legte jedoch die Vermutung nahe, dass es für die gesamte Kette kostengünstiger sein könnte, wenn der Großhändler die Waren nicht bei sich zwischenlagert, sondern sie statt dessen erst dann vom Produzenten abnimmt, wenn sie auch tatsächlich benötigt werden. Folglich müsste also der Produzent die Lagerhaltung übernehmen. Zudem wird deutlich, dass die Transportaufgabe im Gegenzug vom Großhändler erledigt werden sollte. Anders als bisher hätte er dann nicht nur für die Belieferung der Einzelhändler, sondern auch für die Abholung der Ware vom Produzenten zu sorgen. Durch die Verlagerung der Lagerhaltung zum Produzenten werden dessen Lagerbestände zunehmen. Kurzfristig ist hierbei sogar von einem starken Anstieg auszugehen, da Unsicherheit über die Nachfrage des Großhändlers bestehen dürfte. Längerfristig kommt jedoch die verbesserte Koordi-

9.3 Prozesskostenrechnung

	Kostensätze	Mengenveränderungen	Kostenveränderungen
Produzent			
Lagerhaltung			
Lagerbestand	1,28/m³	10.000 m³	-12.800
Kommissionierung	2,52/m³	10.000 m³	-25.200
Lagerkontrolle	1,95/m³	10.000 m³	-19.500
Versand	3,05/Palette	20.000 Paletten	61.000
			3.500
Großhändler			
Lagerhaltung	1,62/m³	25.000 m³	40.500
Lagerkontrolle	2,45/m³	25.000 m³	61.250
Versand	2,69/Palette	20.000 Paletten	-53.800
			47.950
Erwartete jährliche Einsparungen			**51.450**

Abb. 9.3 Analyse der Auswirkungen einer Bestandsverlagerung nach DEKKER/VAN GOOR (2000)

nation zwischen Produzent und Großhändler zum Tragen. Durch einen regelmäßigen Austausch von rechtzeitigen und zuverlässigen Informationen wird der Produzent in die Lage versetzt, die zukünftige Nachfrage des Großhändlers besser einzuschätzen und dementsprechend seine Produktionskapazitäten an die Nachfrage anzupassen. Dies führt im Ergebnis zu einem Abbau von Sicherheitsbeständen.

Nach Schätzung der Mengenveränderungen, die sich durch die Verlagerungen ergeben, können die Kostenveränderungen berechnet werden. Hierzu multipliziert man die einzelnen Kostensätze mit den zugehörigen erwarteten Mengenveränderungen. Die Kostenveränderungen für den Produzenten und den Großhändler zusammen zeigen schließlich auf, welche Kosteneinsparung für die gesamte Supply Chain aufgrund der strukturellen Veränderung jährlich zu erwarten ist.

Wie bereits erwähnt wurde, erfolgt im Rahmen der fallweisen unternehmensübergreifenden Prozesskostenrechnung die Zuordnung der Kosten zu den Prozessen auf Basis von Zuschlagssätzen und ist daher noch recht ungenau. Jedoch ist dieses Vorgehen notwendig, solange nicht alle Unternehmen über eine detaillierte Prozesskostenrechnung verfügen. Trotz der damit verbundenen Ungenauigkeiten vermag die fallweise Betrachtung bereits einen Überblick über die Kostenverteilung in der Supply Chain zu geben. Daraus lassen sich, wie gezeigt wurde, Handlungsempfehlungen ableiten, wie die Kosten des gesamten Netzwerks reduziert werden können. Zudem bleibt der Aufwand überschaubar, was im Hinblick darauf, dass die Kostendaten meist noch manuell zusammengestellt werden müssen, nicht zu unterschätzen ist. Da Kosteneinsparungen auf dieser Stufe monetär ausgedrückt werden, müssen sich die beteiligten Unternehmen nun auch darüber einigen, wie diese Einsparungen untereinander aufgeteilt werden sollen.

Die voll ausgebaute unternehmensübergreifende Prozesskostenrechnung in allen beteiligten Unternehmen markiert die letzte Stufe des Entwicklungspfades, auf der die Anwendung der internen Prozesskostenrechnung vollständig auf den unternehmensübergreifenden Kontext ausgedehnt wird. Durch die automatisierte Generierung aller relevanten Kosten- und Leistungsdaten stehen diese bei Bedarf jederzeit, ohne großen zusätzlichen Erhebungsaufwand, zur Verfügung. Daher können die in den einzelnen Unternehmen erhobenen Daten ohne weitere Bearbeitung unternehmensübergreifend verglichen oder verknüpft werden. Damit ein derart weitreichender Datenaustausch stattfinden kann, muss zwischen den SC-Partnern jedoch zunächst eine starke Vertrauensbasis bestehen. Dann ermöglicht der im Vergleich zu den vorhergehenden Stufen deutlich höhere Präzisionsaufwand eine Differenzierung der Kalkulationen für Produkte, Kunden und Vertriebswege. Zur Erreichung einer solchen Standardisierung bedarf es insbesondere einer einheitlichen Definition und Abgrenzung aller verwendeten Kosten- und Leistungsdaten. Hierbei spielt häufig das SCOR-Modell eine wichtige Rolle.

Um eine schnelle Verfügbarkeit der Kosten- und Leistungsdaten zu ermöglichen und die Gefahr von Fehlern durch manuelle Eingriffe zu reduzieren, sollten die IT-Systeme der Partner miteinander kompatibel sein. Daher wird neben der rein definitorischen Standardisierung auch eine Standardisierung des Datenaustauschs zwischen den IT-Systemen gefordert.

Für die Darstellung einer voll ausgebauten Prozesskostenrechnung im unternehmensübergreifenden Kontext kann beispielsweise auf den Ansatz von SEURING (2001) verwiesen werden, der oben vorgestellt wurde.

9.3.4 Kritische Würdigung

Als Erfolgsfaktoren im SCC werden die Kompatibilität der Informations- und Kommunikationssysteme, die Datentransparenz und -sicherheit sowie gegenseitiges Vertrauen und eine offene Kommunikation genannt. Zusätzlich sind aber das Vorhandensein eines einheitlichen Controlling-Verständnisses sowie die Standardisierung von Prozessen innerhalb der Supply Chain von Bedeutung. Diese Punkte kann die Prozesskostenrechnung abdecken, da insbesondere der Kostentransparenz und der Prozessorientierung bei diesem Controlling-Instrument eine hohe Bedeutung zukommen. Die Prozesskostenrechnung beantwortet nicht nur die Frage nach der absoluten Kostenhöhe der Prozesse, sondern durch die Kenntnis der Kostentreiber auch die Frage nach ihren Ursachen.

Die Notwendigkeit der Prozessorientierung wird häufig betont. So hält beispielsweise die Automobilzuliefererindustrie den Wettbewerbsfaktor Prozessorientierung für notwendig, um zukünftig erfolgreich am Markt zu agieren. Hierbei steht nicht nur die Beherrschung des eigenen Produktionsprozesses, sondern der geschlossenen Kette vom Unterlieferanten bis zum Kunden im Mittelpunkt. Damit ist davon auszugehen, dass die Prozesskostenrechnung in Zukunft weiter Einzug in die Unternehmen halten wird.

Ein wesentlicher Vorteil bei der Einführung der Prozesskostenrechnung ist die Möglichkeit, gängige Software zu nutzen und so auf die Anschaffung spezieller Informationsverarbeitungstools zu verzichten. Inzwischen ist aufgezeigt worden, dass die Prozesskostenrechnung in SAP ERP implementierbar ist. Da SAP ERP sich bei den Unternehmen als Software durchgesetzt hat und eine entsprechende Verfügbarkeit bei relativ vielen Unternehmen vorausgesetzt werden kann, ist sicher denkbar, dass auch die Akzeptanz und die Verwendung der Prozesskostenrechnung größer werden wird.

Allerdings wird in der Prozessanalyse in vielen Fällen ein erheblicher Aufwand gesehen. Die Grundidee besteht darin, dass eine Beurteilungsbasis geschaffen wird und die jeweiligen Organisationen ihre Prozessinformationen bereitstellen und gegebenenfalls Optimierungen einleiten. Als Weg, dem Aufwand der Prozessanalyse entgegenzuwirken, schlagen HOMBURG/EICHIN (1998) vor, stattdessen eine aggregierte Prozessanalyse zu nutzen. Dabei kann eine Normierung der wesentlichen Kosten und Leistungen über eine ABC-Analyse erfolgen, da nur etwa 20% der Kostentreiber rund 80% des Kostenvolumens verursachen. Diese Vorgehensweise erleichtert auch die jeweilige Aktualisierung sowie die Nachvollziehbarkeit beim Partner in der Supply Chain.

Als Beispiel hierfür ist die Vorgehensweise bei der Einführung der Prozesskostenrechnung bei Siemens Medical Solutions nennen. Hier wurde zunächst die Organisationsstruktur prozessorientiert gestaltet, abteilungsübergreifende Aktivitäten zu Geschäftsprozessen zusammengefasst und Prozessverantwortliche benannt. Zusätzlich wurde im Zuge der Umgestaltung die Kostenstellenstruktur vereinfacht, unter der Prämisse „Prozess vor Kostenstelle".

Ein bedeutender Punkt zum Gelingen des SCC ist, dass ein Verantwortlicher den gesamten Prozess überwacht, steuert und koordiniert. Anwender berichten allerdings, dass weniger als die Hälfte der Unternehmen, die die Prozesskostenrechnung einsetzt, bisher klare Verantwortlichkeiten festgelegt hat. In diesem Zusammenhang erscheint zusätzlich die Fragestellung hinsichtlich der Machtverteilung zwischen den einzelnen Unternehmen in einer Supply Chain. Sofern die Koordination von Wertschöpfungsketten lediglich über die Preise erfolgt, können sich machtorientierte Strukturen herausbilden, die ein opportunistisches Verhalten fördern und eine optimierte Gestaltung der gesamten Wertschöpfungskette verhindern. Dies könnte insbesondere dann für die Nutzung der Prozesskostenrechnung im SCC zu einem großen Problem werden, wenn die Machtverhältnisse bzw. Verantwortlichkeiten nicht geklärt bzw. ungünstig verteilt sind.

Die Prozesskostenrechnung als Vollkostenrechnungssystem garantiert eine hohe Transparenz der Kosten. Es muss allerdings berücksichtigt werden, dass – sofern der Schwerpunkt auf den Gemeinkostenbereichen liegt – diese Kosten sowohl aus fixen als auch aus variablen Anteilen bestehen und daher kapazitätsproportional sind. Sollen Rekonfigurationsentscheidungen, d. h. Entscheidungen zur Verschiebung des Aufgabenspektrums der beteiligten Unternehmen, auf Basis der Prozesskostenrechnung getroffen werden, muss berücksichtigt werden, dass eine Verlagerung von Kapazitäten nicht zwingend zu einem au der fixen Kosten und damit der Prozesskostensätze führt.

9.4 Lebenszykluskostenanalyse

9.4.1 Entwicklung der Lebenszykluskostenanalyse

Die Lebenszykluskostenanalyse (oder auch Lebenszykluskostenrechnung) verfolgt - wie Abb. 9.4 zeigt - eine produktbezogene Sicht der Kostenzuordnung und löst sich von der in traditionellen Kostenrechnungsverfahren periodenbezogenen Sicht. Diese Hauptausprägung der Lebenszykluskostenanalyse wird auch als Produktlebenszykluskostenanalyse bzw. -rechnung bezeichnet. Sie ist dem Target Costing ähnlich, wobei aber eher eine langfristige Produkterfolgsrechnung angestrebt wird.

Die Lebenszykluskostenanalyse umfasst dabei nicht nur den reinen Produktions- und/oder Nutzungszeitraum, sondern auch die Entwicklungs- und Nachsorge- bis hin zu den Entsorgungskosten. Durch die umfassende Einbeziehung der mit dem Produkt und seiner Nutzung verbundenen Kosten wird erkennbar, wann und ob überhaupt der Break-even-Punkt erreicht wird und ob möglicherweise günstigere Anschaffungskosten durch spätere höhere Nutzungskosten (über-)kompensiert werden.

Die Lebenszykluskostenanalyse wurde entwickelt, um den veränderten betrieblichen und damit auch kostenrechnerischen Rahmenbedingungen gerecht zu werden, die durch klassische Kostenrechnungsverfahren nicht mehr ausreichend abgedeckt werden. Dabei wird zwischen unternehmensexternen und -internen Veränderungen unterschieden.

Zu den unternehmensexternen Veränderungen zählt z. B. der zunehmende Wettbewerbsdruck, der die Unternehmen zwingt, in immer kürzer werdenden Intervallen neue Produkte auf den Markt zu bringen, um ihre Marktanteile zu halten. Dieser Zeitdruck führt dazu, dass die Phase vor der Markteinführung eines Produktes zunehmend kürzer wird und damit unternehmensinterne Veränderungen nach sich zieht. Eine Beschleunigung der Vorlaufprozesse lässt sich unter anderem durch eine verstärkte Flexibilisierung und Automatisierung der Fertigung erreichen, wodurch aber

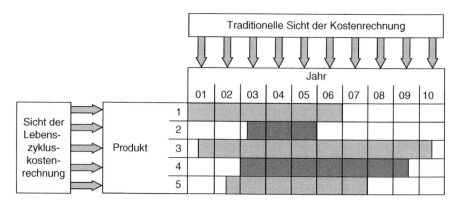

Abb. 9.4 Unterschiedliche Sicht der Kostenrechnung und der Lebenszykluskostenanalyse in Anlehnung an JOOS-SACHSE (2006)

9.4 Lebenszykluskostenanalyse

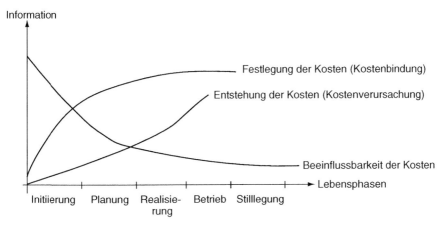

Abb. 9.5 Festlegung, Beeinflussbarkeit und Entstehung der Kosten

auch die Kostenstrukturen der Unternehmen verändert werden. Daher nehmen in den letzten Jahren die Vor- und Nachleistungskosten einen immer größeren Anteil an den Gesamtkosten ein: Kosten für Forschung und Entwicklung, Markteinführung, Personalschulung usw. erhöhen die Vorleistungskosten. Nicht zuletzt aus Wettbewerbsgründen gewinnen Wartungs- und Garantieleistungen zunehmend an Bedeutung und verursachen zusätzliche Kosten. Zu den Nachleistungskosten gehören zudem etwaige Entsorgungskosten, die aufgrund stetig strenger werdender rechtlicher Rahmenbedingungen von den Unternehmen ebenfalls einkalkuliert werden müssen.

Die Lebenszykluskostenrechnung baut auf der Annahme der frühen Kostenfestlegung und des späten Kostenanfalls auf. So werden ca. 80% der Kosten eines Produkts oder Systems bereits in der Phase der Produktentwicklung festgelegt. Die in der ersten Phase tatsächlich anfallenden Kosten sind hingegen relativ gering; die Entstehung der Kosten erfolgt überwiegend in der Produktionsphase und den nachfolgenden Lebenszyklusphasen. Zu diesem Zeitpunkt ist aber die Festlegung der Kosten bereits größtenteils abgeschlossen und damit die Beeinflussbarkeit entsprechend gering. Abbildung 9.5 nach WÜBBENHORST (1992) veranschaulicht diesen Zusammenhang.

9.4.2 Systematik der Lebenszykluskostenanalyse

Der Begriff Zyklus deutet bereits an, dass dem Konzept der Lebenszykluskostenanalyse der Gedanke zugrunde liegt, dass auch künstliche Systeme ähnlich den natürlichen Systemen bestimmte Entwicklungsstadien durchlaufen. Basierend auf diesem Grundkonzept sind in der Literatur jedoch unterschiedliche Interpretationen des Begriffs Lebenszyklus zu finden und zu unterscheiden.

Zum einen existiert eine eher marketingorientierte Sichtweise, bei der der eigentliche Marktzyklus (auch Marktphase), bestehend aus Einführung, Wachstum, Reife,

Sättigung und Degeneration/Relaunch eines Produktes, betrachtet wird. Es handelt sich hierbei nicht um ein konkretes gefertigtes Stück (z. B. einen Audi A4), sondern vielmehr um die gesamte Produktion (z. B. alle gefertigten Audi A4) einschließlich aller im Zeitverlauf erfolgten Modifikationen (z. B. der im Rahmen der Modellpflege entwickelten und produzierten „neuen Modelle"). Insofern kann in diesem Zusammenhang von einer Lebenszyklusanalyse gesprochen werden.

Zum anderen ist diese Sichtweise im Rahmen der Lebenszykluskostensanalyse im hier verstandenen Sinne explizit um vor- und nachgelagerte Phasen erweitert worden, in denen ebenfalls Kosten (und Erlöse) anfallen. Dabei wird der idealtypische Lebenszyklus eines Systems in der Literatur wiederum unterschiedlich definiert. Joos-Sachse (2006) z. B. unterteilt den Lebenszyklus eines Produktes in die Entstehungsphase, Marktphase und Nachsorgephase (vgl. Abb. 9.6). Unter der Entstehungsphase versteht er die Produktkonzeption, Forschung und Entwicklung, Marktforschung, Produktionsvorbereitung, Markteinführung usw. Die Nachsorgephase beginnt nach seiner Definition nach dem Verkauf und umfasst Aktivitäten wie z. B. Gewährleistungen und Kulanzen, Entsorgung von Altprodukten und Verpackungen sowie Wartung usw.

Die Entstehungs- und Marktphase stellen nach Joos-Sachse (2006) zusammen den Produktionszyklus eines Erzeugnisses dar, Markt- und Nachsorgephasen den Konsumentenzyklus. Wübbenhorst (1992) zerlegt den idealtypischen Lebenszyklus hingegen in Initiierung, Planung, Realisierung, Betrieb und Stilllegung. Damit zielt die Definition nach Wübbenhorst (1992) offensichtlich mehr auf die Realisation von komplexen Systemen (Großprojekten) ab. Bei diesen Definitionen ist zu beachten, dass die Lebenszykluskostenanalyse nicht nur aus dem Blickwinkel des Produzenten, sondern auch aus dem des Konsumenten eingesetzt werden kann.

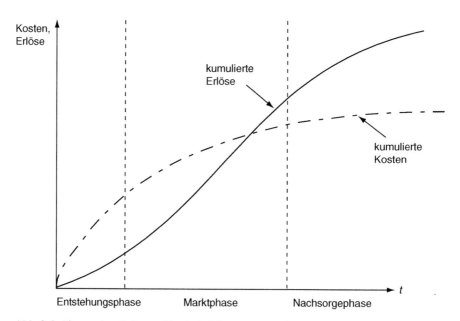

Abb. 9.6 Phasen eines Lebenszyklus in Anlehnung an Joos-Sachse (2006)

9.4.2.1 Lebenszykluskostenanalysen aus Sicht des Produzenten

Die beschriebenen Definitionen betrachten die Lebenszykluskostenanalyse in erster Linie aus dem Blickwinkel der Produzenten. Dabei wird die Lebenszykluskostenanalyse sowohl bei der Kostengestaltung von Großprojekten oder Investitionsgütern als auch im Konsumgüterbereich eingesetzt. In beiden Fällen werden mittels der Lebenszykluskostenanalyse die Kosten der Planung, der Erstellung, des Vertriebs usw. den (prognostizierten) Erlösen gegenübergestellt. Längere Marktphasen führen dabei hinsichtlich der zu erwartenden Kosten und Erlöse zu größeren Prognoseunsicherheiten. Bei (einmaligen) Großprojekten (etwa dem Bau eines Hochhauses) lassen sich vertragliche Rahmenbedingungen finden, um Kostenschwankungen beherrschbar zu machen. Der Konsumgüterbereich unterliegt hingegen aufgrund von Konkurrenz- oder Substitutionsprodukten während der Marktphase kaum abzufedernden Marktpreisschwankungen, so dass hier eine kontinuierliche Überprüfung der Lebenszykluskosten eines Produktes notwendig ist.

Die Lebenszykluskostenanalyse kann darüber hinaus vom Produzenten auch im Rahmen seines Produktmarketings eingesetzt werden: So kann der Produzent sich möglicherweise dadurch einen Wettbewerbsvorteil verschaffen, dass er die Kosten aus Sicht des Konsumenten (siehe unten) in einer Lebenszykluskostenrechnung mit berücksichtigt, also eine die wirklichen Gesamtkosten umfassende Wirtschaftlichkeitsberechnung des konkreten Produktes durchführt und mit den gleichermaßen ermittelten Gesamtkosten der Konkurrenzprodukte vergleicht.

9.4.2.2 Lebenszykluskostenanalysen aus Sicht des Konsumenten

Lebenszykluskostenanalysen werden also ebenso von den Konsumenten eingesetzt. Auch hier lässt sich die Definition von JOOS-SACHSE (2006) anwenden: Die Entstehungsphase umfasst dabei die kundenseitig notwendigen Vorbereitungen zum Erwerb und Einsatz eines Produktes. Beispielsweise sind vor dem ersten Betrieb eines neuen Hochspannungs-Leistungsschalters in aller Regel umfangreiche Analysen hinsichtlich der notwendigen technischen Eigenschaften (Kurzschlussfestigkeit, Isolationswerkstoff, notwendige Kompatibilität, zulässige Abmessungen) durchzuführen. Daneben müssen alle weiteren (einmaligen) Erstellungskosten, wie z. B. Kosten der Baumaßnahmen, mit berücksichtigt werden. Weiterhin sind Zeitpunkt und Höhe der anfallenden Kosten zu berücksichtigen. Dies betrifft in der Entstehungsphase die Zahlungsmodalitäten der Beschaffung (Skonto bei sofortiger Zahlung, günstige Finanzierungsangebote durch den Produzenten) oder (phasenübergreifend) Leasingfinanzierungen.

Der eigentliche Betrieb und die damit zusammenhängenden Kosten fallen aus Konsumentensicht in die Marktphase. Hierzu gehören z. B. die Kosten für Wartungs- und Instandsetzungsmaßnahmen oder die Folgekosten aufgrund von Störungen oder Ausfällen. Zudem ist die Vorhaltung von Ersatzteilen zu berücksichtigen. Ein entscheidender Kostenfaktor ist die Dauer der Marktphase selbst, also der (durchschnittlichen) Lebenserwartung des Produktes.

In der Nachsorgephase entstehen in erster Linie Kosten für die Entsorgung. Hier unterscheiden sich wieder die Kosten für Investitions- und Konsumgüter. Während bei letzteren die Entsorgung meist keine nennenswerten Kosten verursacht, wenigstens aber ein Rücknahmemarkt organisiert ist, können die Entsorgungskosten im Investitionsgüterbereich ganz erheblichen Einfluss auf die Lebenszykluskosten haben (z. B. Verschrottung von Containerschiffen oder der Rückbau von Kernkraftwerken).

Die Entscheidung des Konsumenten für ein spezielles Produkt kann noch von weiteren, nicht kostenorientierten und damit im Rahmen der Lebenszykluskostenanalyse nicht abbildbaren Faktoren abhängen. So spielen möglicherweise Umweltaspekte, wie z. B. die Einhaltung besonderer Umwelt- und Beschäftigungsstandards des Produzenten, oder über den Grundnutzen hinausgehende relevante Erbauungs- oder Geltungsnutzen bei der Entscheidungsfindung eine wichtige Rolle. Da sich derartige Einflussfaktoren nur schwer in einen kostenorientierten Kontext bringen lassen, werden sie – analog der Praxis in anderen Kostenrechnungsmodellen – in der Lebenszykluskostenanalyse nicht berücksichtigt.

9.4.3 Praktische Anwendung der Lebenszykluskostenanalyse

Im Folgenden soll die praktische Anwendung der Lebenszykluskostenanalyse aus Sicht des Produzenten beschrieben werden. Dabei wird der Einsatz der Lebenszykluskostenanalyse am Beispiel von Ortsnetzstationen in der Energiewirtschaft dargelegt.

Hintergrund ist die Erkenntnis, dass Anlagen zur Energieerzeugung und -gewinnung sowie Netze zur Energieverteilung einen großen Investitionsbedarf bezüglich Ersatz bzw. Erweiterung haben. Um den erforderlichen Veränderungsprozess zu steuern, reichen die bisherigen Instrumente häufig nicht aus. SPECHT/WOERNER (2003) haben dazu die Methodik der Lebenszykluskostenanalyse zur Entscheidungsunterstützung und Verfolgung der Kosten und Erlöse auf die in hohem Maße kapitalbindenden Produkte der Energiewirtschaft übertragen und an einer beispielhaften Untersuchung für Ortsnetzstationen (inklusive Mittelspannungstransformatoren, Schaltanlagen, Netzschutz und Baukörper) erläutert. Ziel ist die Darstellung eines kostenrechnerischen Lösungsansatzes, bei dem Rentabilitätsgesichtspunkte in den Vordergrund gestellt werden. Den wesentlichen Kern stellt dabei eine Gewinnschwellenrechnung dar, in der derjenige Zeitpunkt ermittelt wird, zu dem die Summe der kumulierten Gesamtkosten gleich der Summe der kumulierten Gesamterlöse ist (Break-even-Punkt).

Die Autoren konstatieren zunächst, dass die für eine Lebenszykluskostenanalyse benötigten objektbezogenen Zahlungsströme nur unter zusätzlichem Aufwand und unter einem gewissen Grad an Unsicherheit ermittelt werden können. So lassen sich die Erlösbeiträge einzelner Anlagen(-gruppen) in elektrischen Netzen aus dem Gesamterlös nur mittels Hilfsgrößen ableiten. Demgegenüber sind objektbezogene Kosteninformationen aus bereits vorhandenen Rechensystemen verfügbar.

Um eine lebenszyklusorientierte Betrachtungsweise zu ermöglichen, muss die Erfolgsrechnung so modifiziert werden, dass sie den Anforderungen für den Ein-

9.4 Lebenszykluskostenanalyse

satz einer Lebenszykluskostenanalyse gerecht werden kann. Diese Modifikation vollzieht sich zum einen in einer Umgestaltung der Kosten- und Erlösstruktur und zum anderen in der Periodenbetrachtung. Dies wird als vertikale und horizontale Anpassung der Erfolgsrechnung bezeichnet.

Zwar ist die Kostenstruktur in der Erfolgsrechnung schon weitgehend als Grundlage für die Durchführung der Lebenszykluskostenanalyse nutzbar, allerdings müssen die einzelnen Kostenarten noch dem Lebenszyklus des Objektes als Kostenbestandteile zugeordnet werden (vgl. Abb. 9.7). Bei der ersten Modifikation geht es daher darum, die vorhandene Kostenstruktur der Erfolgsrechnung aufzubrechen und den einzelnen Phasen des Produktlebenszyklus neu zuzuordnen. Diese Umgestaltung wird von SPECHT/WOERNER (2003) als vertikale Anpassung bezeichnet.

Neben der Kostenstruktur muss bei der vertikalen Anpassung auch die Erlösstruktur der Erfolgsrechnung modifiziert werden. Hier schlagen SPECHT/WOERNER (2003) vor, einen spezifischen Erlös der unterschiedlichen Objektgruppen aus dem Produkt der durchgeleiteten Strommenge und einem internen Transferpreis (d. h. abgewandelter Netznutzungsentgelte) zu ermitteln.

Bei der horizontalen Anpassung der Erfolgsrechnung wird der Betrachtungszeitraum der Erfolgsrechnung erweitert. Die kurzfristige Ausrichtung der Erfolgsrechnung wird in ihrem auf bis drei Jahre beschränkten Betrachtungszeitraum deutlich. Eine Steuerung der Kostenarten und ihrer Einflussfaktoren im Hinblick auf die Strategieformulierung, -bewertung und -implementierung eines Objektes ist somit praktisch unmöglich. Bei der horizontalen Anpassung wird deshalb der gesamte Lebenszyklus des Produktes betrachtet.

Nach der horizontalen und vertikalen Anpassung werden in dem vorgestellten Vorgehen die ermittelten Kosten- und Erlösverläufe zur einfacheren Handhabung zu Kennzahlen verdichtet. Diese absoluten monetären Kennzahlen liefern Informationen über die Entwicklung des Bruttogesamtumsatzes (BGU), der Gesamtkosten

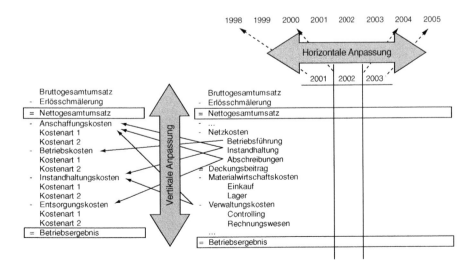

Abb. 9.7 Vertikale und horizontale Anpassung der Erfolgsrechnung

und des Betriebsergebnisses über den gesamten integrierten Produktlebenszyklus und bilden zudem die Basis für die Berechnung der Gesamtumsatzrentabilität. Eine mögliche Darstellung relevanter Kennzahlen über den zeitlichen Verlauf bei einer Totalbetrachtung einer Anlagengruppe von 20 Ortsnetzstationen zeigt Abb. 9.8. Zur übersichtlicheren Darstellung fassen SPECHT/WOERNER (2003) die kumulierten Kennzahlen in Fünfjahresintervallen zusammen.

Der Break-even-Zeitpunkt wird erreicht, wenn die kumulierten Bruttogesamtumsätze gleich der kumulierten Gesamtkosten sind (im Fallbeispiel im Jahr 1991). SPECHT/WOERNER (2003) verweisen darauf, dass nicht alle für die Lebenszykluskostenanalyse notwendigen Kenngrößen aus den Rechnungssystemen direkt oder indirekt entnommen werden können, sondern dass eine Reihe von Kosten- und Erlösverläufen sowie die Lebensdauer der Produkte nur durch Prognoseverfahren abgeschätzt werden können. Sie empfehlen, Erfahrungswerte auch anderer Marktteilnehmer über Benchmarking-Projekte in die Lebenszykluskostenanalyse einfließen zu lassen und so eine breitere und sicherere Datenbasis zu nutzen.

Die Autoren sehen in der Anwendung der Lebenszykluskostenanalyse ein wichtiges Instrument zur Optimierung des Ressourceneinsatzes bei langlebigen Investitionsgütern. So unterstützt die Lebenszykluskostenanalyse den Entscheidungsprozess im Investitionsmanagement durch die Berücksichtigung langfristiger Kosteneinflussfaktoren. Nach SPECHT/WOERNER (2003) weist die Lebenszykluskostenanalyse zusammenfassend folgende entscheidende Merkmale auf:

- Die Lebenszykluskostenanalyse ist langfristig ausgerichtet, so dass die Kosteneinflussfaktoren der Produkte im Hinblick auf die Sicherung strategischer Erfolgspotenziale gestaltet werden können.
- Durch die strategische Ausrichtung ist die Lebenszykluskostenanalyse geeignet, die Strategieformulierung, -bewertung und -implementierung (Instandhaltungsstrategie usw.) mit Kosteninformationen zu unterstützen.

	1985	1990	1995	2000	2005	2010	Total
BGU kumuliert	200	945	1.691	2.439	3.184	3.930	3.930
Anschaffungskosten	950	0	0	0	0	0	950
Material	807						870
Planung / Bau	80						80
Betriebs- / Instandhaltungskosten	11	87	222	462	839	1.478	1.478
Betriebsführung	5	5	6	6	7	7	
Unterhaltung / Instandsetzung	5	10	20	38	60	90	
Störfallbeseitigung	1	3	7	14	32	50	
Entsorgungskosten						50	50
Gesamtkosten kumuliert	961	1.037	1.172	1.412	1.789	2.478	2.478
Betriebsergebnis kumuliert	-761	-92	519	1.027	1.395	1.452	1.452
Break-even-Zeitpunkt							6
Reinvestition kumuliert	1 %	5 %	13 %	29 %	53 %	94 %	
Reinvestitionszeit							27

Abb. 9.8 Aufstellung der Lebenszykluskosten und -erlöse und Ermittlung des Break-even-Zeitpunktes

- Die Lebenszykluskostenanalyse betont die Informationsbedarfsorientierung und stellt die Informationsnachfrage verschiedener Bereiche des Unternehmens über sämtliche Phasen des Produktlebenszyklus in den Vordergrund.

9.4.4 Integration von SCM und Lebenszykluskostenanalyse

9.4.4.1 Analyse von vier Integrationsfeldern

SEURING (2001) unterscheidet beim Einsatz der Lebenszykluskostenanalyse in der Supply Chain vier Integrationsfelder, die den Lebenszyklus einer Supply Chain widerspiegeln und in denen jeweils bestimmte Einzel-, Prozess- und Transaktionskosten anfallen:

- Netzwerkbildung,
- Produktentwicklung,
- Produktion und Logistik und
- Prozess- und Schnittstellenoptimierung.

Ein Abgleich der vier Integrationsfelder mit der Vorlauf-, Durchführungs- und Nachlaufphase des Lebenszyklus ergibt Folgendes:

- Die Netzwerkbildung ist der Vorlaufphase zuzuordnen, da in diesem Zusammenhang die grundlegenden Merkmale der Marktleistungen determiniert werden.
- Die Produktentwicklung fällt ebenfalls in den Bereich der Vorlaufphase, da hier die Forschungs- und Entwicklungsaktivitäten durchgeführt werden.
- Die Entwicklung eines Produktionsnetzwerkes bildet den Übergang von der Vorlauf- zur Durchführungsphase, da nun konkrete Vorbereitungen für die Erstellung eines Produktes oder einer Dienstleistung getroffen werden.
- Die Prozess- und Schnittstellenoptimierung findet in der Durchführungsphase statt. Zudem werden in dieser Phase Anpassungen vorbereitet, die in der Nachlaufphase notwendig werden, wie z. B. die Veränderung der optimalen Lagermengen.

SEURING (2001) analysiert die vier Integrationsfelder dahingehend, wie eine Integration der an der Supply Chain beteiligten Unternehmen stattfinden kann und welche Einflüsse dies auf die Kosten der Supply Chain hat.

Netzwerkbildung

Die Netzwerkbildung umfasst die grundlegenden Entscheidungen in der Supply Chain. Diese werden von den SC-Partnern häufig jedoch nicht integriert, sondern getrennt getroffen, so dass z. B. im Rahmen von Einkaufsentscheidungen lediglich die Höhe des Preises und damit die anfallenden Einzelkosten berücksichtigt werden. Mit den Prozess- und Transaktionskosten können über den Preis hinausgehende Parameter in die Einkaufsentscheidung mit einbezogen werden. Hierdurch findet eine Verknüpfung der Basisentscheidungen mit den strategischen Überlegungen der

Unternehmensleitung statt, da abgewogen werden kann, in welche Kooperationsbeziehungen zusätzlich investiert wird. Durch solche Investitionen können zwar höhere einmalige Transaktionskosten entstehen, es besteht jedoch die Möglichkeit, die Prozesskosten für die laufende Zusammenarbeit und die Einzelkosten für die Marktleistung zu senken, da für jede Entwicklungs- und jede Fertigungsstufe die optimalen Partner ausgewählt werden.

Produktentwicklung

Innerhalb der Produktentwicklung steht die Optimierung der Zusammenarbeit mit den Partnern in der Supply Chain im Mittelpunkt der Betrachtung. In diesem Kontext wird ein intensiver Dialog mit Lieferanten und Kunden geführt. Dabei entstehen Transaktionskosten, die desto höher sind, je geringer die Kompetenz der Lieferanten ist, da hier eine intensivere, kontinuierliche Betreuung notwendig wird.

Zudem fallen für die nun durchgeführten Forschungs- und Entwicklungsarbeiten Prozesskosten an. Diese können durch die erhöhten Transaktionskosten niedriger ausfallen, da Forschungs- und Entwicklungsaktivitäten durch Know-how-Transfer kostengünstiger realisiert werden können.

Einzelkosten werden in der Phase der Produktentwicklung, z. B. durch Materialverbrauch in der Forschung, in geringerem Umfang ebenfalls verursacht.

Produktion und Logistik

Bei der Gestaltung des Produktionsnetzwerkes geht es darum, die Produktionskompetenzen der an der Supply Chain beteiligten Unternehmen optimal zu vernetzen. Dabei muss zwischen effizienten und responsiven Ketten unterschieden werden.

Von einer effizienten Kette spricht man im Zusammenhang mit meist preiswerten Produkten, die relativ gleichmäßig nachgefragt werden. Ziel einer derartigen Kette sollte es sein, die Transaktions- und Prozesskosten zu minimieren. Besonders durch den Einsatz von Informationstechnologien, wie z. B. Electronic Data Interchange (EDI), kann hier eine optimale Gestaltung von Produktion und Lagerhaltung in der Supply Chain sowie der Verkaufsstelle erreicht werden.

Responsive Ketten sind für Produkte, die der Mode unterliegen und damit einen verhältnismäßig kurzen Lebenszyklus aufweisen, notwendig. Diese Produkte verursachen in der Regel höhere Einzelkosten, und auch eine Optimierung der Transaktions- und Prozesskosten kann nur begrenzt erreicht werden. Durch die schnellen Produktwechsel wird eine regelmäßige Kommunikation entlang der Supply Chain notwendig. Zudem sind die organisatorischen Rahmenbedingungen zu schaffen, die eine Anpassung der Materialflüsse erlauben.

Insgesamt spielen in diesem Bereich die Einzelkosten eine etwas größere Rolle, da die Erfolge der Optimierung von der Art der Produkte abhängig sind. Schwerpunkt sind allerdings erneut die Transaktions- und Prozesskosten, da die Aktionen eines Unternehmens häufig direkte Wirkungen auf die anderen Unternehmen im Produktionsnetzwerk haben, wodurch Informationsaustausche und zusätzliche administrative Prozesse nötig werden.

9.4 Lebenszykluskostenanalyse

Prozess- und Schnittstellenoptimierung

Die Prozess- und Schnittstellenoptimierung zielt auf die operative Ausgestaltung der Supply Chain ab. Durch die Modellierung der operativen Prozesse kann festgestellt werden, welche Einzelschritte besonders ressourcen- bzw. kostenintensiv sind und wo Kostensenkungspotenziale genutzt werden können. Auch die Wirksamkeit bereits durchgeführter Maßnahmen zur Kostensenkung kann beispielsweise über die Erfassung der Lieferzeit und des Lagerbestandes in der Kette gemessen werden. In diesem Zusammenhang werden besonders Einzel- und Prozesskosten analysiert sowie optimiert, während der Schwerpunkt der Verursachung und Beeinflussung der Transaktionskosten in den vorangegangenen Feldern liegt.

9.4.4.2 Zusammenfassende Darstellung der Analyse in den vier Integrationsfeldern

Die zusammenfassende Darstellung der einzelnen Integrationsfelder nach SEURING (2001) zeigt, dass der Schwerpunkt der Kosten sich entlang der vier dargelegten Schritte tendenziell von den Transaktionskosten zu den Einzelkosten verlagert. Die Prozesskosten sind in allen vier Bereichen gleichermaßen relevant (siehe Abb. 9.9).

Grundsätzlich hängt die relative Höhe der Kosten stark von der Art des Produktes ab. Bei langlebigen Gütern mit langen Marktzyklen übersteigen die Einzel- und die Prozesskosten in der Regel die Transaktionskosten. Daher liegen die Optimierungspotenziale hauptsächlich im Integrationsfeld IV.

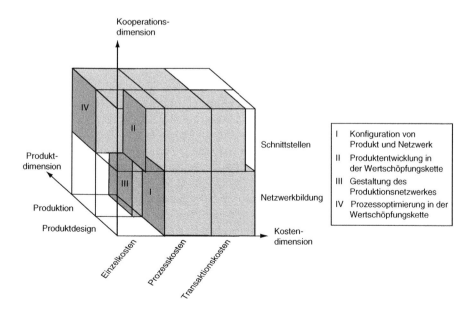

Abb. 9.9 Kostenschwerpunkte in den vier Integrationsfeldern

Bei kurzlebigen Produkten mit kurzen Marktzyklen steigen die Kosten hingegen in frühen Phasen erheblich an. Hier kommt speziell den Transaktions- und Prozesskosten eine besondere Bedeutung zu, da der Entstehungszyklus bei diesen Produkten häufig länger als der Vermarktungszyklus ausfällt. Daher besteht das Risiko, die in frühen Phasen getätigten Investitionen nicht wieder einzuspielen.

9.4.5 Kritische Würdigung

Durch die sich wandelnden Umweltbedingungen entstand eine Vielzahl an Anforderungen, die die Anwendung der Lebenszykluskostenanalyse als strategisches Kostenmanagementinstrument vorantreiben kann.

Bezogen auf die geforderte Marktorientierung liefert die Betrachtung aus Kundensicht Informationen über die beim Kunden anfallenden Lebenszykluskosten und ermöglicht es daraufhin, die eigene Leistungserstellung nach den Kundenwünschen zu optimieren.

Die Lebenszykluskostenanalyse setzt bereits frühzeitig in der Entstehungs- bzw. Entwicklungsphase ein und strebt die Minimierung der Gesamtproduktlebenszykluskosten an. Dabei ist sie periodenübergreifend ausgerichtet und fundiert dadurch strategische Planungen. Außerdem ermöglicht diese übergreifende Sichtweise zu jedem Zeitpunkt eine Aussage über die Produktrentabilität und bietet eine projektbegleitende Kontrolle, auf deren Basis jederzeit im Sinne eines KVP angesetzt werden kann.

Die methodische Ausarbeitung des Ansatzes ist nicht eindeutig, denn zur Unterstützung stehen diverse Rechenvarianten mit unterschiedlicher methodischer Fundierung zur Verfügung. Entwickelt wurden mehrere Ansätze, die sich in drei Gruppen unterteilen lassen, innerhalb derer wiederum verschiedene Ausgestaltungsvarianten existieren:

- auf Basis der relativen Einzelkosten- und Deckungsbeitragsrechnung,
- auf Basis der Grenzplankostenrechnung und
- auf Basis der dynamischen Investitionsrechnung.

Trotz oder gerade wegen der vielen verschiedenen Ansätze stellt die genaue Ermittlung aller relevanten Kosten- und Erlösinformationen eine Schwierigkeit des Ansatzes dar. Viele Daten können nur anhand von Prognosen ermittelt werden. Eine regelmäßig durchgeführte Lebenszykluskostenanalyse ermöglicht jedoch den Rückgriff auf bekannte Kosten- und Erlösverläufe ähnlicher Produkte und erleichtert somit die Prognose der Daten.

Die Ausgestaltung der Verknüpfung von Mitgliedern der Supply Chain über eine Lebenszykluskostenanalyse verstärkt die Problematik der Datengewinnung zusätzlich. Zwischen den Unternehmen ergeben sich Abstimmungsschwierigkeiten in Bezug auf die Lebenszyklusphasen, die Kostendaten sowie die Verfahren der Kostenrechnung und Prognose.

Das Hauptbetrachtungsobjekt der Lebenszykluskostenanalyse ist das jeweilige Produkt und der Betrachtungszeitraum ist der Lebenszyklus dieses Produktes. Hier sind automatisch auch Lieferanten und Kunden und die Beziehung zu ihnen kostenmäßig eingebunden, und die Lebenszykluskostenanalyse fördert demnach von sich aus eine Berücksichtigung der Supply Chain. Die Erkenntnis der lebenszyklusorientierten Sichtweise, dass im frühen Stadium die Kosten determiniert werden, richtet die Aufmerksamkeit auf diese Phasen und hier besonders auf die Einbindung der Lieferanten. Die konkrete Verbindung zum Lieferanten erfolgt dann beispielsweise über das Target Costing.

Zur Abbildung der entsprechenden Kosten bedarf es jedoch einer definitorischen Erweiterung im Sinne der Dreiteilung des Kostenbegriffs nach SEURING (2001) und einer methodischen Verknüpfung mit weiteren Instrumenten wie der Prozesskostenrechnung.

9.5 Übungsaufgaben zu Kapitel 9

Übungsaufgaben zu Abschnitt 9.1

1. Argumentieren Sie anhand der veränderten Marktbedingungen, warum ein Kostenmanagement gegenüber der klassischen Kostenrechnung Vorzüge hat.
2. Wie wirken sich diese veränderten Marktbedingungen auf das Kostengefüge aus?

Übungsaufgaben zu Abschnitt 9.2

1. Wie lässt sich das Target Costing auf die Supply Chain übertragen? Welche Bedeutung spielt dabei die Beziehung der Unternehmen entlang der Supply Chain?
2. Welche Instrumente lassen sich unterstützend einsetzen, um die Zielkosten zu erreichen?
3. Üben Sie Kritik am Ansatz des (unternehmensübergreifenden) Target Costing.

Übungsaufgaben zu Abschnitt 9.3

1. Beschreiben Sie, mit welchem Ziel sich die Prozesskostenrechnung entwickelt hat.
2. Welche Ansätze existieren zur Übertragung der Prozesskostenrechnung auf die Supply Chain? Welche Schwierigkeiten sind in der Praxis zu sehen?

Übungsaufgaben zu Abschnitt 9.4

1. Beschreiben Sie den Lebenszyklus eines Produktes. Gehen Sie dabei auf die Aspekte der Kostenfestlegung, Entstehung und Beeinflussbarkeit der Kosten sowie die Größen (kumulierte) Erlöse und Kosten ein.
2. Wie lässt sich die Lebenszykluskostenanalyse in der Supply Chain anwenden?

Literaturempfehlungen

COOPER, R.; KAPLAN, R. S.: Measure costs right: Make the right decisions, in: Harvard Business Review, 1988, 5, S. 96–103.
COOPER, R.; SLAGMULDER, R.: How to Undertake Effective Interorganizational Cost Management in Product Development, in: Controlling, 1999, 6, S. 245–252.

DEKKER, H. C.; VAN GOOR, A. R.: Supply Chain Management und Supply Chain Accounting: A case study of activity-based costing, in: International Journal of Logistics, 2000, 1, S. 41–52.

HARDT, R.: Kostenmanagement: Methoden und Instrumente, 2. Aufl., München-Wien 2002.

HOMBURG, C.; EICHIN, R.: Aggregierte Prozessanalysen als Instrument des Prozessmanagements, in: Die Betriebswirtschaft, 1998, 5, S. 635–643.

HORVÁTH, P.; MAYER, R.: Prozesskostenrechnung: Der neue Weg zu mehr Kostentransparenz und wirkungsvolleren Unternehmensstrategien, in: Controlling, 1989, 4, S. 214–219.

JOOS-SACHSE, T.: Controlling, Kostenrechnung und Kostenmanagement: Grundlagen – Instrumente – Neue Ansätze, 4. Aufl., Wiesbaden 2006.

KAJÜTER, P.: Proactive Cost Management in Supply Chains, in: SEURING, S.; GOLDBACH, M. (Hrsg.): Cost Management in Supply Chains, Heidelberg-New York 2002, S. 31–51.

LALONDE, B. J.; POHLEN, T. L.: Issues in Supply Chain Costing, in: The International Journal of Logistics Managements, 1996, 1, S. 1–12.

MILLER, J. G.; VOLLMANN, T. E.: Die verborgene Fabrik, in: HARVARDmanager, 1986, 1, S. 84–89.

SCHULTE, C.: Effektives Kostenmanagement: Methoden und Implementierung, Stuttgart 1992.

SEIDENSCHWARZ, W.: Target Costing, München 1993.

SEIDENSCHWARZ, W.; NIEMAND, S.: Zuliefererintegration im marktorientierten Zielkostenmanagement, in: Controlling, 1994, 5, S. 262–270.

SPECHT, O.; WOERNER, M.: Lebenszykluskostenrechnung in der Energiewirtschaft: In die Zukunft geschaut, in: BWK – Das Energie-Fachmagazin, 2003, 6, S. 1–7.

SEURING, S.: Supply Chain Costing: Kostenmanagement in der Wertschöpfungskette mit Target Costing und Prozesskostenrechnung, München 2001.

SEURING, S.; GOLDBACH, M.: Cost Management in Supply Chains, Heidelberg-New York 2002.

SLAGMULDER, R.: Managing Costs Across the Supply Chain, in: SEURING, S.; GOLDBACH, M. (Hrsg.): Cost Management in Supply Chains, Heidelberg-New York 2002, S. 75–88.

WEBER, J.; BACHER, A.; GROLL, M.: Der Einsatz der Prozesskostenrechnung als Controlling Instrument im Rahmen des Supply Chain Management – ein Stufenmodell, in: Logistik Management, 2002, 3, S. 52–62.

WÜBBENHORST, K. L.: Lebenszykluskosten, in: SCHULTE, C. (Hrsg.): Effektives Kostenmanagement: Methoden und Implementierung, Stuttgart 1992, S. 245–272.

Kapitel 10
Kennzahlen und Kennzahlensysteme

10.1 Grundlagen zum Einsatz von Kennzahlen in der Supply Chain

10.1.1 Grundlegende Begrifflichkeiten und Definitionen

Neben Kosten- und Leistungsdaten spielen Kennzahlen eine wesentliche Rolle bei der Führung von Unternehmen. Kennzahlen verknüpfen verschiedene Daten zu einer Zahl und machen die Unternehmensabläufe dadurch transparent. Die bewusste Verdichtung von zahlenmäßig erfassbaren Sachverhalten in einer Kennziffer ermöglicht die schnelle und einfache Information über einen komplexen Zusammenhang. Die Funktion von Kennzahlen besteht in der Informationsversorgung für die Unternehmensführung. Die gewonnenen Informationen, vorrangig Kosten- und Ergebnisinformationen, dienen zur Unterstützung der Steuerung des Unternehmens.

Dabei wird zwischen absoluten und relativen Kennzahlen unterschieden. Zu den absoluten Kennzahlen gehören Messzahlen, Summen, Differenzen und Mittelwerte. Relative Kennzahlen sind Verhältniskennzahlen, die zwei verschiedene Größen zueinander ins Verhältnis setzen.

In Abhängigkeit von ihrer zeitlichen Orientierung erfüllen Kennzahlen unterschiedliche Aufgaben. Als vergangenheitsorientierte Kennzahlen unterstützen sie die Rückschau, Analyse oder Erfolgskontrolle. Im Gegenwartskontext beschreiben sie die aktuelle Situation und sind Grundlage für Kontrollen, Analysen und Soll-Ist-Vergleiche. Plan- und Prognosecharakter haben zukunftsorientierte Kennzahlen, indem sie Tatbestände vorwegnehmen und angestrebte oder erwartete Werte festlegen, was der Abbildung von Zielen und Vorgaben dient.

In der Praxis hat eine einzelne Kennzahl zwangsläufig eine geringe Aussagekraft, weil die Verdichtung der komplexen wirtschaftlichen Realität zu einem Informationsverlust führt. Vielmehr gilt es, aus einer Vielzahl von Kennzahlen eine bestimmte Anzahl Kennzahlen mit der für das Unternehmen oder den Bereich höchsten Aussagekraft auszuwählen. Findet eine systematische Kennzahlenauswahl nicht statt oder werden die Kennzahlen schlicht aus den Datenverarbeitungssystemen gewählt, besteht die Gefahr, eine nicht bedarfsgerechte Anzahl von Kennzahlen zusammenzustellen, die im Ergebnis eine Entscheidungsfindung nicht unterstützen kann.

Die einzelnen Kennzahlen für sich bieten zwar eine transparente Sichtweise auf die ablaufenden Prozesse, verleiten bei der Optimierung jedoch dazu, einzelne Bereiche auf Kosten anderer zu optimieren. Durch die Verwendung von Kennzahlensystemen und deren komplexer Vernetzung der einzelnen Kennzahlen wird verdeutlicht, welche Auswirkungen eine Einzelentscheidung auf das Gesamtsystem hat. Kennzahlensysteme zeichnen sich, im Gegensatz zu Kennzahlen, durch die Abbildung von Ursache-Wirkungs-Zusammenhängen aus. Mit Hilfe des Einsatzes von Kennzahlensystemen wird also der Nachteil einzelner Kennzahlen ausgeglichen.

Bei der interaktiven Nutzung von Kennzahlensystemen stehen durch die kontinuierliche Engpassanalyse, d. h. durch regelmäßige Soll-Ist-Auswertungen, der jeweils aktuelle Zustand und die zeitliche Entwicklung des betrachteten Systems im Zentrum der Aufmerksamkeit des Managements. Sind die Ursache-Wirkungs-Zusammenhänge innerhalb des Kennzahlensystems auf den verschiedenen Ebenen hinreichend bekannt, können durch gezielte Analysen schnell und effizient die Ursachen des Engpasses ermittelt und geeignete Gegenmaßnahmen eingeleitet werden. Treten neue Engpässe in den Vordergrund, muss das System eine gewisse Flexibilität besitzen, die eine unkomplizierte Anpassung der Kennzahlen für den veränderten Fokus ermöglicht. Das in Abschn. 10.2 dargestellte Konzept selektiver Kennzahlen von WEBER ET AL. (1995, 1997 und 2002) kann als interaktives Kennzahlensystem genutzt werden.

Bei der diagnostischen Nutzung von Kennzahlensystemen wird davon ausgegangen, dass diese der Unternehmung Sicherheit geben, ohne dass die ständige Aufmerksamkeit des Managements erforderlich ist. Die Mechanismen periodischer, stochastischer und ausnahmengetriebener Fremdkontrollen stellen sicher, dass die Kapazität des Managements nur dann in Anspruch genommen wird, wenn unzulässig hohe Abweichungen zwischen Soll- und Ist-Zuständen vorliegen. Das in Abschn. 10.4 dargelegte Konzept der Balanced Scorecard kann als diagnostisches Kennzahlensystem eingesetzt werden.

10.1.2 Voraussetzungen zum Einsatz von Kennzahlen in der Supply Chain

Im Rahmen der operativen Führung der Wertschöpfungskette werden Kennzahlen als Vergleichsgrößen für die Bewertung von Handlungsalternativen bzw. zur Messung des Erfolgs der SC-Aktivitäten verwendet. In Verbindung mit einem transparenten, unternehmensübergreifend eingesetzten Informationssystem bewirkt der Zugang aller Kooperationspartner zu den Kosten-, Leistungs- und Erlöskennzahlen ein hohes Niveau der Prozesstransparenz und bestimmt damit entscheidend die Qualität der Beziehung zwischen den beteiligten Akteuren. Dem unternehmensübergreifenden Einsatz von Kennzahlen im SCC liegen dabei besondere Voraussetzungen zugrunde.

10.1 Grundlagen zum Einsatz von Kennzahlen in der Supply Chain

SCC mit Kennzahlen bedient sich zunächst der Kosten-, Leistungs- und Erlösdaten einer innerbetrieblichen Logistik. Nur wenn jedes einzelne Unternehmen die intern relevanten Daten identifiziert hat, können alle Partner gemeinsame SC-Kennzahlen definieren. In Abhängigkeit von der jeweiligen Entwicklung kommen dabei unterschiedliche Arten von Kennzahlen zum Einsatz. In der industriellen Praxis findet man als globale Logistikkennzahlen z. B. die Kennzahlen

- durchschnittliche Bestandshöhe,
- Durchlaufzeit der Aufträge,
- Lieferservicegrad und
- Logistikkosten anteilig an den Gesamtkosten.

Aufgrund der ihnen durch viele Unternehmen zugeordneten hohen Bedeutung haben diese Kennzahlen den Charakter von Spitzenkennzahlen und sind grundlegender Bestandteil des Kennzahleneinsatzes im Rahmen des SCC.

Aus verschiedenen Gründen besteht die Notwendigkeit einer inhaltlichen Anpassung und strukturellen Erweiterung der bekannten Kennzahlen. Zum einen gibt es nur wenige Kennzahlen, die sich für die Messung der Leistungsfähigkeit der gesamten Lieferkette eignen. Zum anderen ist der Erfolg des Netzwerkes hoch korreliert mit der Qualität der Beziehung zwischen den kooperierenden Unternehmen, was eine besondere Herausforderung an geeignete Messgrößen darstellt. Sowohl die Praxis als auch die wissenschaftliche Literatur sehen fehlendes Vertrauen, opportunistisches Verhalten einzelner Unternehmen und eine über die Lieferkette als ungerecht empfundene Verteilung der Lasten und Gewinne als die größten Erfolgshindernisse für Unternehmensnetzwerke. Das SCC muss somit Beziehungs- und Verhaltensaspekte in Form eines Beziehungs-Controlling berücksichtigen, d. h. durch Definition geeigneter Kennzahlen messbar machen. Ziel eines solchen Beziehungs-Controlling muss es nach BACHER (2004) sein, die Haupttreiber von Vertrauen, wie z. B. fehlende Opportunismusgefahr, Reputation und Wertvorstellungen zwischen Abnehmer und Lieferant so weit zu operationalisieren, dass eine vergleichsweise objektive Aussage hinsichtlich ihrer Ausprägung möglich wird und die Vertrauenswürdigkeit eines Partners innerhalb der Beziehung kontrolliert werden kann (vgl. zu den Treibern des Vertrauens Abschn. 3.3.4).

Die Bestimmung der Ausprägung der fehlenden Opportunismusgefahr kann erfolgen über Messgrößen wie

- eingesetzte Investitionen oder Kompetenzen,
- Marktalternativen für zukünftige Kooperationen

und deren Bewertung, z. B. in Form von Fragebögen.

Für die Reputation können Kennzahlen wie

- Anzahl gemeinsamer Projekte,
- Zufriedenheit mit der Kooperation und
- Reputationsindizes

vom Markt oder von Experten bewertet werden.

Zur Kategorie Werte zählen

- Erreichbarkeit,
- Offenheit der Kommunikation,
- Kundenorientierung und
- Einsatzbereitschaft

als mögliche Messgrößen.

In ihrer klassischen Funktion als Informationsträger helfen Kennzahlen und Kennzahlensysteme in den komplexen, flussorientierten Kooperationsaktivitäten einer Supply Chain, die wesentlichen von den unwesentlichen Informationen zu trennen. Voraussetzung hierfür ist die Verwendung einer geeigneten Systematik und einer modernen Informationstechnologie zur Filterung, Kanalisierung und Verdichtung von Daten. Aufgrund ihrer Klarheit, Kürze und damit verbundenen geringen Störanfälligkeit sind Kennzahlen geeignet, den Informationsfluss als Grundlage eines funktionierenden Kommunikationssystems zu bewältigen. Eine enge Abstimmung der Informationssysteme aller Kooperationspartner ist dafür erforderlich.

Der Sachverhalt, dass Kennzahlen oftmals nach Verfügbarkeit in installierten Informationssystemen ausgewählt werden, birgt die Gefahr von „Zahlenfriedhöfen": Dem Management werden große Mengen an Kennzahlen präsentiert, die einen geringen Informationsnutzen und inhaltlich wenig Verbindung zur Geschäftsstrategie haben. Die konzeptionelle und symbolische Nutzung vorhandener Daten kann so überwiegen, ohne auf Führungsengpässe zu fokussieren. Dies hat zur Folge, dass die Energie und die Aufmerksamkeit des SCM fehlgeleitet werden.

Folglich müssen die relevanten Kennzahlen für die gesamte Supply Chain definiert werden; anschließend erfolgt die plausible Verknüpfung mit den Kennzahlen der einzelnen Unternehmen. Diese Verknüpfungen sind je nach Kennzahlentyp, Ebene oder Perspektive unterschiedlich zu gestalten. Bei solchen Kennzahlen, die eine Aussage über die Zufriedenheit innerhalb der Kooperation ermöglichen, ist es beispielsweise notwendig, Ausreißer nicht durch eine Durchschnittsbildung zu glätten und somit aus dem Blickfeld zu verlieren. Vielmehr sollten für Kennzahlen, bei denen diese Probleme auftreten, neben den Durchschnittswerten auch Varianzen angegeben werden. Bei manchen Kennzahlen, wie z. B. Durchlaufzeiten, kann eine additive Verdichtung sinnvoll sein, da die Summe der Durchlaufzeiten über die gesamte Supply Chain eine wichtige Messgröße darstellt. Für eine detaillierte Analyse sind neben der Summe hier auch die Einzelwerte anzugeben, um die Maximal- und Minimalwerte identifizieren zu können.

Generell sollten Kennzahlen immer im Kontext der beleuchteten Geschäftsprozesse und in Kenntnis der jeweiligen Besonderheiten analysiert und bewertet werden. Viele Kennzahlensysteme vernachlässigen nicht-monetäre Größen oder verfolgen Daten, die eine zu starke Vergangenheitsorientierung und Kurzfristigkeit haben. Die Datenqualität des Ausgangsmaterials und die Berechnungsalgorithmen sind weitere Punkte, die bei der Kennzahlenbildung einer kritischen Überprüfung unterzogen werden müssen.

Inhaltlich kann ein System für ein kennzahlenbasiertes SCC nach BEAMON (1999) beispielsweise durch die Bildung von mindestens einer Spitzenkennzahl jeweils aus den Bereichen Ressourcen, Output und Flexibilität entwickelt werden, wobei alle gewählten Messgrößen in Einklang mit der Kooperationsstrategie stehen müssen.

Mögliche Ressourcenkennzahlen betreffen

- Bestandshöhen,
- Personalintensität,
- Energieverbrauch und
- Kosten.

Für den Bereich Output können

- Anzahl der termingerechten Lieferungen,
- Kundenzufriedenheit,
- Durchlaufzeiten und
- Lieferqualität

als geeignete Beispiele genannt werden.

Bei der Flexibilität unterscheidet BEAMON (1999) zwischen

- Produktionsmengenflexibilität,
- Lieferflexibilität,
- Produktprogrammflexibilität und
- Produktinnovationsflexibilität.

In den folgenden Abschnitten sollen mehrere Kennzahlensysteme vorgestellt werden, die im deutsch- und englischsprachigen Raum als Instrumente des SCC konzipiert wurden.

10.2 Konzept der selektiven Kennzahlen

Das Konzept der selektiven Kennzahlen ist ein einfaches und fokussiertes Kennzahlensystem, das von WEBER ET AL. (1995 und 1997) für den Einsatz in der Logistik entwickelt wurde. Es zeichnet sich durch eine Verdichtung der Kennzahlen aus und umgeht damit die Defizite klassischer Kennzahlensysteme, die durch die Abbildung einer großen Anzahl von Kennzahlen eine hohe Komplexität aufweisen.

Bei den selektiven Kennzahlen wird der Fokus auf jeweils drei bis vier Kennzahlen aus dem operativen und dem strategischen Bereich gelegt, um so im Sinne einer interaktiven Nutzung die Engpassfaktoren, die für das Unternehmen oder den Betrachter von höchster Bedeutung sind und daher im „Scheinwerfer" stehen müssen, zu selektieren. Abbildung 10.1 nach BACHER (2004) stellt den Ansatz modellhaft dar.

- In der Top-down-Richtung werden Kennzahlen gebildet, die die Erreichung von strategischen Leistungsanforderungen an die Wertströme sowie daraus abgeleitete Ziele und Planungsprämissen messen. Entsprechend dem Planungshorizont logistischer Strategien sind strategische Kennzahlen, wie z. B. Marktanteile, Lieferzeiten oder Servicegrade, als potenzielle Messgrößen für die Wettbewerbsfähigkeit eines Unternehmens längerfristig gültig.
- In entgegen gesetzter Richtung werden bei der Bottom-up-Perspektive operative Kennzahlen entwickelt, die engpassbezogen sind und damit häufigen

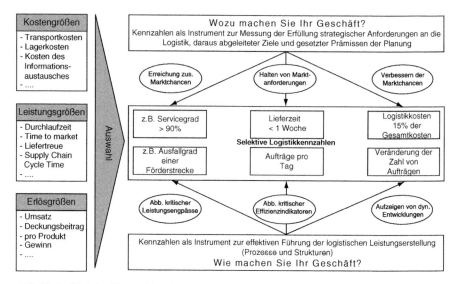

Abb. 10.1 Selektive Kennzahlen des Logistik-Controlling

Veränderungen unterliegen. Die Aufmerksamkeit des Managements wird hierbei auf kritische Engpässe, Indikatoren der Prozesseffizienz und dynamische Entwicklungen gerichtet. In diesem Zusammenhang werden Kennzahlen, wie z. B. Ausfallgrade von Lager- und Transporteinrichtungen, Aufträge pro Tag oder die Veränderung der Zahl der Aufträge, betrachtet.

Die Informationsbedürfnisse unterschiedlicher Hierarchiestufen werden durch die Kombination der Top-down- und der Bottom-up-Perspektive erfüllt. Neben der Abbildung erfolgsrelevanter Größen sind gleichzeitig die Identifizierung von Widersprüchen zwischen der operativen und der strategischen Perspektive sowie die Ermittlung eines daraus abzuleitenden Handlungsbedarfes möglich.

Bei der Übertragung des Konzeptes selektiver Kennzahlen auf die Anforderungen von Supply Chains nach WEBER (2002) behalten die oben gemachten Aussagen ihre Relevanz. Zusätzlich muss die höhere Komplexität der unternehmensübergreifenden Lieferkette Berücksichtigung finden, indem man den vorgestellten Ansatz erweitert und so anpasst, dass ein einfacher und verständlicher Überblick über alle relevanten, engpassbezogenen Leistungs- und Kostenaspekte der Supply Chain gegeben wird. Dies erfolgt durch die Unterscheidung von drei Kennzahlenebenen unter Beibehaltung der zwei Perspektiven des Strategiebezugs und des operativen Engpassbezugs.

Abbildung 10.2 nach BACHER (2004) zeigt das modifizierte Modell für das Controlling der gesamten Supply Chain.

1. SC-Ebene
   Auf der Ebene der Wertschöpfungskette werden Kennzahlen, die die Gesamtheit der Supply Chain widerspiegeln, abgebildet. Beispiele hierfür sind der Cash-to-Cash Cycle, also die Dauer, bis das investierte Geld zur Produktion einer Ware

10.2 Konzept der selektiven Kennzahlen

	Strategische Kennzahlen	Operative Kennzahlen
1. Supply Chain-Ebene	- Gesamtdurchlaufzeit der Supply Chain - Gesamtkosten der Supply Chain - Anteil auftragsbezogener Fertigung (Built-to-Order) der Supply Chain	- Cash-to-Cash Cycle Time - Anzahl der Schnittstellen zwischen allen Unternehmen - Lieferflexibilität der gesamten Supply Chain
2. Relationale Ebene	- Durchschnittliche Lagerbestände - Durchschnittliche Lieferfähigkeit - Qualitätsindex für Lieferant	- Durchschnittliche Lieferzeit - Servicegrad - Durchschnittliche Kosten pro Bestellung
3. Unternehmens-Ebene	- Gesamtdurchlaufzeit in einzelnen Unternehmen - Durchschnittliche Logistikkosten pro Einheit - Kapitalbindungskosten	- Verfügbarkeit des automatischen Hochregallagers - Fehlerrate pro Kommissionierung - Aufträge pro Tag

Abb. 10.2 Beispiele für strategische und operative Kennzahlen auf den drei Ebenen des SCC

wieder zum Hersteller der Ware zurückfließt, oder die Gesamtdurchlaufzeit eines Auftrags.

2. Relationale Ebene
   Auf der relationalen Ebene wird ein Ausschnitt der Wertschöpfungskette, also die Verbindung zwischen zwei Unternehmen, wie z. B. Produzent und Rohstofflieferant, abgebildet. Dabei werden Kennzahlen wie die durchschnittliche Lieferzeit vom Rohstofflieferanten zum Produzenten fokussiert.

3. Einzelnes Unternehmen
   Auf der Ebene der einzelnen Unternehmen werden die strategischen und die operativen Kennzahlen jedes einzelnen Unternehmens abgebildet. Strategische Kennzahlen bilden dabei die Erfüllung der gesetzten Ziele des Unternehmens ab, während operative Kennzahlen die Engpassbereiche im Unternehmen aufdecken. Die Gesamtdurchlaufzeit des Produktes im Unternehmen als strategische Kennzahl sowie die Anzahl der Aufträge pro Tag als operative Kennzahl sind Beispiele dafür.

Im Optimalfall stehen die Kennzahlen der drei Ebenen in einem Ursache-Wirkungs-Zusammenhang, wodurch ein Kennzahlensystem generiert wird, welches die Verfolgung von Problemen von der SC-Ebene bis in die Ebene des einzelnen Unternehmens hinein ermöglicht. Das Modell operationalisiert sehr effektiv die Strategie in Richtung Wertschöpfungskette und erlaubt über die Ebenenanordnung konkrete Zielvorgaben an alle Partner des Netzwerks. Die operative Perspektive macht kritische Engpässe transparent und initiiert einen effizienten Verbesserungsprozess. Die stringente Begrenzung auf eine geringe Zahl von Kennzahlen schafft einen hohen Informationsnutzen, da die notwendige Diskussion zur Selektion der wichtigsten Messgrößen eine vertiefte inhaltliche und strukturelle Auseinandersetzung aller Kooperationspartner erfordert. Die interaktive, d. h. fokussierte Analyse des Konzeptes, ermöglicht eine entscheidungsnahe und damit instrumentelle Nutzung für das SCC.

Das Beziehungs-Controlling findet in diesem Ansatz keine formalisierte Betrachtung. Insofern bleibt eine wichtige Komponente für den Gesamterfolg der Supply Chain offen. Weiterhin sind die Abbildung und Bewertung von Alternativstrategien nicht vorgesehen. Damit fehlen dem Instrument zwei relevante Aspekte, die für die Erfüllung der Aufgaben des SCC von Bedeutung sind.

10.3 Kennzahlen im SCOR-Modell

Das SCOR-Modell wurde vom Supply- Chain Council als industrieübergreifendes Standardanalysewerkzeug zur Erstellung von einheitlichen, vergleichbaren und bewertbaren Prozessmodellen durch das SCC entwickelt. Die Darstellung einer Supply Chain im SCOR-Modell umfasst die gesamte Wertschöpfungskette, d. h. alle Material-, Waren- und Informationsströme vom Lieferanten des Lieferanten über die Fertigung bis hin zum Kunden des Kunden. Die Elemente des Modells sind hierarchisch in vier Ebenen organisiert; es stehen fünf Kernprozesse und eine Reihe von branchenspezifischen Referenzprozessen für die Abbildung der realen Abläufe im Unternehmen zur Verfügung. Die Philosophie einer Referenzklasse, aus der durch Auswahl die entsprechenden Teilprozesse konfiguriert werden, ermöglicht in überbetrieblichen Kooperationen ein gemeinsames Verständnis und damit die Gewährleistung der gegenseitigen Synchronisation von Logistikprozessen von den Beschaffungs- und Distributionskanälen bis zu den Produktionsabläufen (vgl. zum SCOR-Modell auch Abschn. 2.2.3.1).

Um nach der Gestaltung der Prozesse auch deren Wirksamkeit und Effizienz bewerten zu können, wird vom SUPPLY-CHAIN COUNCIL (2008) auf jeder Ebene ein Satz an Kennzahlen als unternehmensübergreifendes Controlling-Instrument angeboten. Diese Kennzahlen messen einerseits in den Bereichen „Zuverlässigkeit", „Geschwindigkeit" und „Flexibilität" die vom Kunden empfundene Leistung sowie in den Bereichen „Kosten" und „gebundenes Kapital" die dabei verursachten internen Kosten, wie Abb. 10.3 beispielhaft zeigt.

Der Vergleich der gemessenen Werte mit den in der SC-Strategie definierten Zielen identifiziert die Engpässe, für die eine Verbesserung der gegenwärtigen Abläufe notwendig ist. Um zu zeigen, in welcher Größenordnung sich die Abläufe verbessern lassen, enthält das Modell auf den tieferen Detailebenen für alle Referenzprozesse zusätzliche Kennzahlen für vorbildliche Praktiken, im Englischen „best practices". Weiterhin stehen den Mitgliedern des Supply-Chain Council Kennzahlen der Konkurrenzunternehmen zur Verfügung, um sich mit der Leistung der Wettbewerber zu vergleichen und ihre Positionierung in der Branche zu überprüfen. Aufgrund der hierarchischen Konzeption des SCOR-Modells sind die Ursache-Wirkungs-Beziehungen zwischen den auf den unterschiedlichen Ebenen eingesetzten

10.3 Kennzahlen im SCOR-Modell

		Supply Chain SCORcard		Werte der Konkurrenz			
	Kategorie	Kenngröße	IST	mittel	gut	bester	Verbesserungspotential [EUR]
Leistung (extern)	Zuverlässigkeit	Anteil an Aufträgen mit zugesagtem Termin	50%	85%	90%	95%	
		Anteil vom Lager gelieferter Aufträge	63%	94%	96%	98%	
		Anteil perfekt ausgeführter Aufträge	0%	80%	85%	90%	30 Mio. (zusätzl. Umsatz)
	Geschwindigkeit	Auftragsdurchlaufzeit	35 Tage	7 Tage	5 Tage	3 Tage	30 Mio. (zusätzl. Umsatz)
	Flexibilität	Antwortzeit der Lieferkette	97 Tage	82 Tage	55 Tage	13 Tage	
		Kapazitätsflexibilität	45 Tage	45 Tage	30 Tage	20 Tage	
Kosten (intern)	Kosten	Kosten für das Mgmt. der Lieferanten	19%	13%	8%	3%	30 Mio. (Gemeinkosten)
		Garantiekosten	NA	NA	NA	NA	NA
		Wertschöpfung je Mitarbeiter	NA	156K	0306K	460K	NA
	Gebundenes Kapital	Mittlere Reichweite des Ausgangslagers	119 Tage	55 Tage	38 Tage	22 Tage	NA
		Cash-to-Cash-Zyklusdauer	196 Tage	80 Tage	46 Tage	28 Tage	7 Mio. (freies Kapital)
		Umschlag des Umlaufvermögens	2,2	8	12	19	NA

Abb. 10.3 Kennzahlen in der SC-SCORcard

Kennzahlen festgelegt. Mit der Erstellung eines vollständigen SCOR-Modells für ein spezifisches Unternehmensnetzwerk wird daher de facto ein Kennzahlensystem generiert.

Das Modell beinhaltet eine gewisse Ausgewogenheit, da es neben Kosten- auch Leistungsgrößen quantifiziert, d. h. Kennzahlen verschiedener Perspektiven nebeneinander stellt. Die Bedeutung dieser Kennzahlen kann an wesentlichen Punkten festgemacht werden. Zum einen wird die Produktions- und Logistikstrategie anhand von kennzahlengestützten Zielen für das Netzwerk festgehalten. Zum anderen dienen Kennzahlen im Prozess-Referenz-Modell zur Festlegung der Kernprozesse, indem der Ist-Zustand gemessen und der Soll-Zustand abgeleitet wird. Zusätzlich ermöglichen die Kennzahlen die Bewertung der Lieferkette über die einzelnen Prozesse hinaus. Die stringente Standardisierung des SCOR-Modells erlaubt es, Alternativen zur realen Supply Chain mit Hilfe der Referenzprozesse zu entwerfen und anschließend mittels Kennzahlen zu bewerten.

Gleichzeitig erschwert dieser Sachverhalt jedoch die Lern- und Entwicklungsfähigkeit des Systems als wichtige Aufgabe des SCC, wenn der Soll-Ist-Vergleich der Kennzahlen durch Störungen beeinflusst wird oder die vorgegebenen Kennzahlen der Referenzprozesse im Spezialfall keine ausreichende Lösung anbieten. Hier besteht die Gefahr, dass die eingesetzten Kennzahlen die Realität nicht hinreichend genau abbilden.

Konzeptionelle Änderungen erfolgen generell nur über das Supply-Chain-Council. Individuelle Anpassungen hinsichtlich Inhalt oder Struktur der Kennzahlen durch das jeweilige SCC einer Lieferkette gefährden unmittelbar die Vorteile der Transparenz innerhalb der Supply Chain bzw. die Vergleichbarkeit mit anderen Lieferketten. Keine Beachtung findet zudem das Beziehungs-Controlling, weder durch den Einsatz von Kennzahlen noch in anderer Form.

Im Folgenden wird das Konzept der Balanced Scorecard beschrieben, das auch ein solches Beziehungs-Controlling berücksichtigt.

10.4 Balanced Scorecard

10.4.1 Grundidee der Balanced Scorecard

Die Entwicklung des ursprünglichen Balanced Scorecard-Konzeptes erfolgte im Rahmen einer Studie, die Anfang der neunziger Jahre in den USA unter Leitung von KAPLAN und NORTON mit 12 amerikanischen Unternehmen durchgeführt wurde (KAPLAN/NORTON 1992). Ausschlaggebend für diese Studie war die lauter werdende Kritik an der Eindimensionalität bestehender Kennzahlensysteme, die vor allem auf vergangenheitsorientierten Finanzkennzahlen basierten. Originäres Ziel war es, ein innovatives Performance Measurement-Modell zu entwickeln, welches den gestiegenen Anforderungen der Unternehmen gerecht werden konnte. Dieses Ziel wurde schließlich mit der Balanced Scorecard erreicht. Die Ausgewogenheit, auf die der Begriff „balance" bereits hindeutet, soll in dieser „scorecard" (Berichtsbogen) durch die Berücksichtigung folgender Kriterien realisiert werden:

- Aufnahme monetärer und nicht-monetärer Daten in den Berichtsbogen,
- Aufnahme von Größen, welche die Leistung einer Organisationseinheit aus externer (Shareholder, Kunden) und interner (Prozesse, Innovation, Lernen) Perspektive messen,
- Aufnahme von Größen, welche die Leistung einer Organisationseinheit aus strategischer und operativer Sicht messen und
- Aufnahme von nachlaufenden (Ex-post-) Ergebnissen (lag indicators) und vorlaufenden (Ex-ante-) Zielgrößen (lead indicators).

Um die genannten Anspruchslücken zu schließen, erfahren die traditionellen finanziellen Kennzahlen im Rahmen des Balanced Scorecard-Konzeptes eine Ergänzung durch eine Kundenperspektive, eine interne Prozessperspektive sowie eine Lern- und Entwicklungsperspektive. Diese Bereiche sollen zum einen als Frühindikatoren Entwicklungstendenzen aufzeigen und zum anderen den Erfolg der Vergangenheit wiedergeben. Wie WEBER/SCHÄFFER (2000) konstatieren, ist die Balanced Scorecard aufgrund ihrer Ausgewogenheit für eine diagnostische Nutzung prädestiniert. Ausgehend von der Vision und Strategie erfolgt die Herleitung der Ziele und Kennzahlen, Vorgaben und Maßnahmen dieses Berichtsbogens für jede der vier Perspektiven der Leistungsmessung in einem Top-down-Prozess. Zudem muss das Management aber auch bereit sein, ein Bottom-up-Feedback bezüglich der ausgewählten Kennzahlen anzunehmen.

10.4 Balanced Scorecard

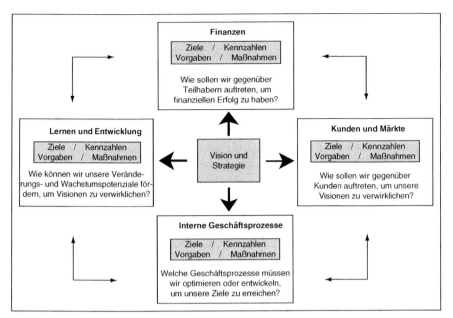

Abb. 10.4 Perspektiven der Balanced Scorecard

Abbildung 10.4 zeigt die vier Perspektiven der Balanced Scorecard und ihre Zusammenhänge in Anlehnung an KAPLAN/NORTON (1992).

Die finanzielle Perspektive soll darüber Aufschluss geben, ob die Umsetzung der Unternehmensstrategie zur Ergebnisverbesserung beiträgt. Dabei nehmen die Kennzahlen der finanziellen Perspektive eine Doppelrolle ein. Einerseits dienen sie zur Feststellung der finanziellen Leistung, die durch die Strategie realisiert werden soll, andererseits fungieren sie als Endziele für die übrigen drei Perspektiven der Balanced Scorecard. Zu den typischen Kennzahlen dieser Perspektive zählen Rentabilität, Umsatz, Betriebsergebnis, Return on Investment usw.

Die Kundenperspektive reflektiert die strategischen Ziele des Unternehmens in Bezug auf die Kunden- und Marktsegmente, in denen es konkurrieren möchte. Damit dient diese Perspektive der Beurteilung der Kundenbeziehungen und der Marktverhältnisse, wobei die Kundensicht die Quelle des finanziellen Erfolges eines Unternehmens darstellt. Als Messgrößen der Kundenperspektive werden beispielsweise die Kundenzufriedenheit, der Kundennutzen, die Kundengewinnung, die Kundenbindung und der Marktanteil genannt. Zudem sollten jedoch auch spezifische Daten zu den Kundenanforderungen und Produktwertvorstellungen der Kunden einbezogen werden. Hierbei handelt es sich um Faktoren, die von den Geschäftseinheiten zu realisieren sind, um Kunden zu halten bzw. neue Kunden zu gewinnen.

Die Aufgabe der Perspektive der internen Geschäftsprozesse besteht darin, die Prozesse zu identifizieren, die von herausragender Wichtigkeit sind, um die Kundenanforderungen der Zielmarktsegmente und die Erwartungen der Kapitalgeber zu erfüllen. Dabei ist nicht auszuschließen, dass für die Realisierung der Ziele der Finanz- und der Kundenperspektive ganz neue Prozesse erkannt und entwickelt werden müssen. Eine entscheidende Rolle nimmt in dieser Perspektive der Innovationsprozess ein, der ein wesentlicher Treiber für den zukünftigen Erfolg des Unternehmens ist bzw. den langfristigen Aspekt der Wertschöpfung darstellt. Von daher beinhaltet die interne Prozessperspektive nicht nur Ziele und Maßnahmen für den kurzfristigen Produktionszyklus, sondern auch für den langfristigen Innovationszyklus. Kennzahlen dieser Perspektive betreffen etwa Zykluszeit, Qualität, Produktivität und Fehlerquote.

Die Kennzahlen der Lern- und Entwicklungsperspektive beschreiben die Infrastruktur, die notwendig ist, um die Ziele der ersten drei Perspektiven zu erreichen und somit langfristiges Wachstum zu sichern. Als Hauptkategorien, die von den zu definierenden Messgrößen dabei abzudecken sind, werden die Mitarbeiterpotenziale (z. B. Mitarbeiterproduktivität, Mitarbeiterzufriedenheit, Personaltreue usw.), die Potenziale der genutzten Informationssysteme (z. B. die strategische Informationsdeckungskennziffer als das Verhältnis von verfügbaren zu angenommenen Informationen) sowie Motivation, Empowerment und Zielausrichtung (z. B. Anzahl der umgesetzten Verbesserungsvorschläge, Anzahl der in kritischen Prozessen tatsächlich sichtbar werdenden Verbesserungen) genannt.

In diesem Zusammenhang weisen KAPLAN/NORTON (1992) besonders auf die Notwendigkeit hin, dass Unternehmen durch einen kontinuierlichen Ausbau ihrer Potenziale in die Zukunft investieren. Sollten sich in den ersten drei Perspektiven gravierende Ziellücken zwischen existierenden und für die Aufrechterhaltung der Konkurrenzfähigkeit notwendigen Fähigkeiten der Mitarbeiter, der Systeme und Informationstechnologie sowie der organisatorischen Abläufe offenbaren, so ist es die Aufgabe der Lern- und Entwicklungsperspektive, diese Diskrepanzen sichtbar zu machen.

10.4.2 Ansätze zur Konzeption einer Balanced Scorecard für den Einsatz im SCC

Aufgrund der spezifischen Anforderungen, die an das SCC gestellt werden, ist es nicht möglich, die traditionelle Balanced Scorecard auf den unternehmensübergreifenden Kontext zu übertragen. Vielmehr bedarf dieses in seiner Bedeutung unumstrittene Instrument einer Modifikation, mit der sich verschiedene Autoren beschäftigt haben. Die Beiträge lassen sich grob danach unterscheiden, ob sie lediglich eine inhaltliche Anpassung vorsehen oder ob die Anpassung sowohl inhaltlich als auch strukturell erfolgen soll.

10.4.2.1 Der Ansatz nach BREWER und SPEH

Zu der Kategorie von Beiträgen, die ausschließlich eine inhaltliche Anpassung vornehmen, gehört beispielsweise der Beitrag von BREWER/SPEH (2000). Diese Autoren übernehmen in ihrem Ansatz die Grundstruktur der traditionellen Balanced

Scorecard. Den Ausgangspunkt ihres Vorgehens bildet ein SCM-Performance Framework, das aus den Bereichen Financial Benefits, End Customer Benefits, SCM Goals und SCM Improvement besteht. Für jeden dieser Bereiche werden dabei jeweils vier Ziele definiert. Die inhaltliche Anpassung der Balanced Scorecard erfolgt schließlich durch die Verbindung der Bereiche mit den vier genannten Balanced Scorecard-Perspektiven. Für jedes einzelne Ziel wird dann beispielhaft eine Messgröße genannt, wodurch im Ergebnis 16 unternehmensübergreifende Kosten- und Leistungskennzahlen in die Balanced Scorecard integriert werden. Die Abb. 10.5 zeigt diese Zuordnung.

STÜLLENBERG/SCHULZE IM HOVE (2003) bezeichnen die vorgenommenen inhaltlichen Veränderungen als minimal. Zudem kritisieren sie, dass durch eine ausschließlich inhaltliche Anpassung unternehmensübergreifende Aspekte in Perspektiven integriert werden müssten, die diesen nicht unbedingt gerecht würden. So bemängeln sie an der Integration des SCM-Ziels Partnership Management in die Lern- und Entwicklungsperspektive, dass dadurch der übergeordnete Charakter dieses Ziels vernachlässigt würde. Daraus ziehen sie den Schluss, dass es neben der inhaltlichen auch einer strukturellen Anpassung der Balanced Scorecard bedürfe, um die SC-spezifischen Anforderungen zu erfüllen.

10.4.2.2 Der Ansatz nach STÖLZLE, HEUSLER und KARRER

Die Notwendigkeit einer strukturellen Anpassung der Balanced Scorecard sehen auch STÖLZLE/HEUSLER/KARRER (2001). Sie konstatieren einen erhöhten Steuerungs- und Koordinationsbedarf im Rahmen des SCM, der sich aus einer veränderten Dynamik des Umfelds sowie durch eine zunehmende Komplexität und Intransparenz von Handlungssituationen ergibt. Diesem Bedarf kann aus ihrer Sicht nur mit der Balanced Scorecard begegnet werden, wenn diese sowohl inhaltlich als auch strukturell angepasst wird. Die Abb. 10.6 zeigt die modifizierte Balanced Scorecard der Autoren.

Die inhaltliche Modifikation der Balanced Scorecard erfolgt letztlich wieder durch die Integration unternehmensübergreifender Kosten- und Leistungskennzahlen, welche den erwähnten Problemfeldern Rechnung zu tragen haben. Eine nicht unwesentliche Anzahl an Messgrößen wird dabei von BREWER/SPEH (2000) übernommen, wie etwa der Cash-to-Cash Cycle (Zeit zwischen Abfließen und Zufließen liquider Mittel über die gesamte Supply Chain), die Supply Chain Cycle Efficiency (Vergleich von Wertschöpfungszeit und Durchlaufzeit) und der Product Finalization Point (Zeitraum zwischen Produktfertigstellung und Auslieferung). Strukturell wird die Balanced Scorecard modifiziert, indem die klassischen vier Perspektiven um eine Lieferantenperspektive ergänzt werden. Bezüglich der Implementierung der Balanced Scorecard schlagen die Autoren im Hinblick auf ihre Anwendbarkeit im SCM vor, neben der Ableitung von SC-Zielen und -Kennzahlen aus der Unternehmensstrategie auch die SC-Prozesse in den Implementierungsvorgang mit einzubeziehen. Somit kann von einem Top-down-/Bottom-up-Vorgehen gesprochen werden.

Finanzielle Perspektive (Financial Benefit)	
Ziele	**Messgrößen**
Profit margins	Profit margin by supply chain partner
Cash flow	Cash-to-cash cycle
Reverse growth	Customer sales growth and profitability
Return on assets	Return on supply chain assets
Kundenperspektive (Customer Benefit)	
Ziele	**Messgrößen**
Customer view of product/services	Number of customer contract points
Customer view of timeliness	Relative customer order response time
Customer view of flexibility	Customer perception of flexible response
Customer value	Customer value ratio
Perspektive der internen Geschäftsprozesse (SCM Goals)	
Ziele	**Messgrößen**
Waste reduction	Supply chain cost of ownership
Time compression	Supply chain cycle efficiency
Flexible response	Number of choices offered relative to response time
Unit cost reduction	Percentage of supply chain target costs achieved
Lern- und Entwicklungsprozesse (SCM Improvement)	
Ziele	**Messgrößen**
Product/process innovation	Product finalization point
Partnership management	Product category commitment ratio
Information flows	Number of shared data sets relative to total data sets
Threats and substitution	Performance trajectories of competing technologies

Abb. 10.5 Ziele und Kennzahlen der unternehmensübergreifenden Balanced Scorecard nach BREWER/SPEH (2000)

Die Einrichtung einer Lieferantenperspektive leiten STÖLZLE/HEUSLER/KARRER (2001) aus dem Ziel des SCM ab, alle Aktivitäten am Kunden auszurichten. Von daher hat das einzelne SC-Unternehmen nicht nur seine internen Prozesse auf den Kunden abzustimmen, sondern muss auch die Vorleistungen seiner Lieferanten

10.4 Balanced Scorecard

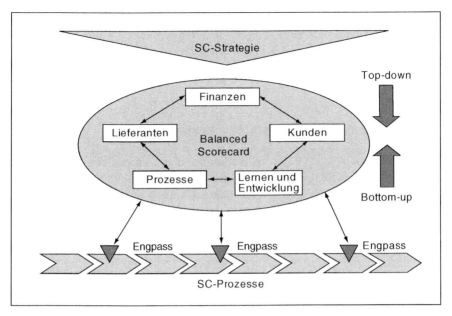

Abb. 10.6 Die unternehmensübergreifende Balanced Scorecard nach STÖLZLE/HEUSLER/KARRER (2001)

berücksichtigen. Ein zweiter Grund ergibt sich aus der Verknüpfung des Stakeholder-Managements mit der Balanced Scorecard, was eine Konzentration auf jene Stakeholder zur Folge hat, die für die Generierung von strategischen Wettbewerbsvorteilen von entscheidender Bedeutung sind. Im SCM beschränkt sich die Gruppe dieser sogenannten Key-Stakeholder jedoch nicht auf die direkten Kunden und/ oder Lieferanten, vielmehr werden explizit auch die Interessen von Endkunden, Vorlieferanten und Dienstleistern berücksichtigt. Daher erscheint es den Autoren aus Gründen der Komplexitätsreduktion angebracht, die Vielzahl verschiedener Interessen getrennt zu erfassen. Zudem sind sie der Auffassung, dass durch eine separate Lieferantenperspektive im Ergebnis sowohl dynamische Umweltveränderungen in der Supply Chain schneller „stromaufwärts" weitergeleitet als auch eine Verringerung von Komplexität und Intransparenz erreicht werden können. Als letzten Grund führen die Autoren schließlich die in den meisten Unternehmen vorherrschende organisatorische Trennung von Einkauf und Vertrieb an. Im Hinblick auf die notwendige Koordination der Führungsteilsysteme im SCM stellen sie fest, dass durch den separaten Ausweis von Kunden- und Lieferantenzielen einerseits eine den unterschiedlichen Anforderungen genügende Leistungsbeurteilung ermöglicht und andererseits die Verknüpfung der Kennzahlen mit den entsprechenden Anreizsystemen erleichtert wird.

Allerdings sollte berücksichtigt werden, dass Unternehmensnetzwerke neben dem besonderen Fokus auf die Lieferantenbeziehungen auch die Optimierung der Beziehungen zu den Endkunden bis hin zum Recyclingsegment anstreben. Von daher erscheint eine Lieferantenperspektive nicht ausreichend, um die kooperativen Beziehungen innerhalb eines Netzwerkes abzubilden. Zudem sollte die Balanced

Scorecard verdichtete Informationen für strategische Entscheidungen bereitstellen, so dass eine Überinformation im Sinne der Führungsunterstützung nicht zielführend ist. Daraus kann man den Schluss ziehen, dass nicht für jeden Stakeholder eine eigene Perspektive eingerichtet werden sollte, sondern dass diese vielmehr sinnvoll zusammenzufassen sind.

10.4.2.3 Der Ansatz nach WEBER, BACHER und GROLL

WEBER/BACHER/GROLL (2002) kritisieren an den oben vorgestellten Ansätzen, dass diese die Komplexität der Steuerung einer Supply Chain nicht in vollem Umfang abbildeten und daher für die Anwendung im SCC nur bedingt geeignet seien. Ausdrücklich wird von den Autoren betont, dass in ihrem Ansatz ausschließlich SC-bezogene Kennzahlen verwendet würden. Neben der inhaltlichen Veränderung der Balanced Scorecard wird diese von ihnen allerdings auch strukturell erheblich modifiziert.

So werden sowohl die Kunden- als auch die Lern- und Entwicklungsperspektive aus der Balanced Scorecard herausgenommen und dafür die Perspektiven Kooperationsintensität sowie -qualität integriert. Diese messen im Rahmen eines Beziehungs-Controlling den Stand der SC-Partnerschaft. Ausgangspunkt der Balanced Scorecard von WEBER/BACHER/GROLL (2002) ist die auf partnerschaftlicher Basis definierte Strategie für die gesamte Supply Chain, die dann mit Hilfe der Balanced Scorecard in einem Top-down-Vorgehen operationalisiert und umsetzungsfähig gemacht wird (siehe Abb. 10.7).

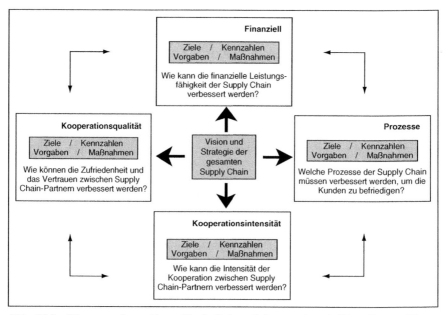

Abb. 10.7 Die unternehmensübergreifende Balanced Scorecard nach WEBER/BACHER/GROLL (2002)

10.4 Balanced Scorecard

Die finanzielle Perspektive soll Aufschluss darüber geben, ob eine Ergebnisverbesserung mit der Implementierung der SC-Strategie einhergeht. Als Kennzahl hierfür eignet sich laut WEBER/BACHER/GROLL (2002) die erzielte Gesamtkapitalrendite, der Economic Value Added (EVA), bezogen auf die gesamte Supply Chain. Darüber hinaus sind ihrer Auffassung nach auch Kostengrößen, wie z. B. Gesamtlogistikkosten, zu integrieren. Als Kennzahl, die eine Messung der finanziellen Leistungsfähigkeit der Supply Chain ermöglicht, wird von BACHER (2004) beispielsweise auch die von BREWER/SPEH (2000) vorgeschlagene Kennzahl „Profit margin by supply chain partner" erwähnt. Mit ihr soll ermittelt werden, ob sich die aus dem SCM resultierenden Profite gleichmäßig auf die beteiligten Unternehmen verteilen und somit eine Win-Win-Situation für alle Partner realisiert werden kann. Auch im SC-Kontext nehmen die finanziellen Kennzahlen die bereits oben dargestellte Doppelrolle ein.

Die Aufgabe der Prozessperspektive ist es, diejenigen Prozesse abzubilden, die eine besondere Bedeutung im Hinblick auf die Erreichung der finanziellen Ziele haben. Dem unternehmensübergreifenden Kontext Rechnung tragend wird der Fokus hierbei auf die gesamte Supply Chain erweitert. Dabei zeigt die Prozessperspektive auch auf, in welchen Bereichen Potenziale liegen könnten, um finanzielle Verbesserungen zu realisieren. Damit gibt sie zugleich vorlaufende Informationen zur Finanzperspektive. Zu überprüfen ist, ob die unternehmensübergreifende Flussorientierung erreicht wird und welche Hindernisse bei der Realisierung auftreten. Als Messgröße hierfür eignet sich aus Sicht der Autoren etwa die Gesamtdurchlaufzeit bezogen auf die Supply Chain. Darüber hinaus nennt BACHER (2004) vier weitere Ziele des SCM, deren Realisierung in dieser Perspektive überwacht werden soll. Dabei handelt es sich um diejenigen, die BREWER/SPEH (2000) in ihrem Ansatz für die Perspektive der internen Geschäftsprozesse vorschlagen. Weiterhin sollen im Rahmen der Prozessperspektive auch die Anforderungen der (End-)Kunden abgebildet werden. BACHER (2004) nennt hierfür beispielhaft die Kennzahl Servicegrad.

Mit der Perspektive Kooperationsintensität soll verfolgt werden, wie es um die Art und Weise sowie die Entwicklung der Zusammenarbeit zwischen den SC-Partnern bestellt ist. Für die Messung dieser so genannten „harten Faktoren der Kooperation" schlagen WEBER/BACHER/GROLL (2002) beispielsweise die Quantität und Qualität ausgetauschter Datensätze vor. Diese Messgröße wurde zuvor auch von BREWER/SPEH (2000) sowie STÖLZLE/HEUSLER/KARRER (2001) genannt, jedoch berücksichtigen diese Autoren ausschließlich den quantitativen Aspekt.

Der besonderen Bedeutung „weicher Faktoren" für eine erfolgreiche Zusammenarbeit wird in der modifizierten Balanced Scorecard durch die Perspektive Kooperationsqualität Rechnung getragen. Hier geht es darum, die Kooperationsgüte quantitativ abzubilden, wozu die Autoren eine Messung der Zufriedenheit mit der Kooperation, des gegenseitigen Vertrauens oder der Anzahl der unkooperativ gelösten Konflikte vorschlagen.

Wie Ursache-Wirkungs-Zusammenhänge in dieser SC-Balanced Scorecard aussehen können, soll exemplarisch mit der folgenden Abb. 10.8 nach WEBER/BACHER/GROLL (2002) gezeigt werden.

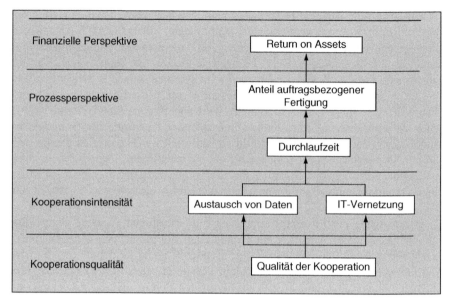

Abb. 10.8 Ursache-Wirkungs-Zusammenhänge einer unternehmensübergreifenden Balanced Scorecard

WEBER/BACHER/GROLL (2002) empfehlen analog zu den Ausführungen beim Konzept der selektiven Kennzahlen die Verwendung von drei Ebenen. So sollten ihrer Meinung nach Balanced Scorecards nicht nur für die SC-Ebene existieren, sondern darüber hinaus auch für die relationalen Beziehungen zwischen einzelnen Unternehmen sowie für die einzelnen Unternehmen selbst. Laut den Autoren kann die Balanced Scorecard für die relationalen Beziehungen die gleiche Struktur aufweisen wie die SC-Balanced Scorecard.

Die Nichtberücksichtigung der Kundenperspektive im Sinne der Endkundenperspektive wird damit begründet, dass in der Regel nur der Endproduzent eine Schnittstelle zum Endkunden hat und die Kundenbeziehung kontrolliert. Daher wird vorgeschlagen, die Kundenperspektive lediglich beim Endproduzenten in der Balanced Scorecard auf Unternehmensebene zu verwenden. Auf Endkunden bezogene Strategien werden dagegen im Rahmen der SC-Strategie definiert. Die sich daraus ergebenden kundenbezogenen Anforderungen, wie etwa Lieferzeiten, müssen demzufolge in der unternehmensübergreifenden Balanced Scorecard Berücksichtigung finden. Ihre Erfassung erfolgt in der Prozessperspektive. Entsprechend argumentieren WEBER/BACHER/GROLL (2002) im Hinblick auf die von STÖLZLE/HEUSLER/KARRER (2001) vorgeschlagene Lieferantenperspektive, dass neben den Kundenbeziehungen auch die Lieferantenbeziehungen innerhalb der Supply Chain in der modifizierten Prozessperspektive unternehmensübergreifend abgebildet werden.

Der Wegfall der Lern- und Entwicklungsperspektive wird damit begründet, dass die Verantwortung, Defizite zu beheben, die innerhalb der Supply Chain auftreten und auf das eigene Unternehmen zurückzuführen sind, auf Ebene der einzelnen Unternehmen liegt. Hier müssen die Mitarbeiter lernen, in unternehmensübergreifenden Zusammenhängen zu denken. Ziele zur Verbesserung in den Bereichen Qualifizierung von Mitarbeitern, Leistungsfähigkeit des Informationssystems sowie Motivation und Zielerreichung von Mitarbeitern können laut WEBER/BACHER/GROLL (2002) unternehmensübergreifend in den Perspektiven Prozess, Kooperationsintensität und Kooperationsqualität definiert werden. Diese sind dann in den unternehmensinternen Balanced Scorecards im Rahmen der Lern- und Entwicklungsperspektive zu berücksichtigen und somit in den einzelnen Unternehmen umzusetzen.

Wie bereits aus den Ausführungen hervorgeht, hat die Balanced Scorecard als Instrument des SCC für WEBER/BACHER/GROLL (2002) einen primär strategischen Charakter. BACHER (2004) weist zudem darauf hin, dass die Balanced Scorecard in den Führungsteilbereichen Planung, Informationsversorgung und Kontrolle angewendet werden kann, weshalb sie zugleich sowohl ein Planungs- als auch ein Informationsversorgungs- und Kontrollinstrument ist.

10.5 Benchmarking

10.5.1 Grundidee und Formen des Benchmarking

Das Benchmarking ist eine Weiterentwicklung verschiedener Instrumente und Techniken, die ihren Ausgangspunkt in der Konkurrenzanalyse haben. Die traditionelle Konkurrenzanalyse beschränkt sich auf strukturelle Geschäftsvorgänge und den Vergleich von Produkten unter Berücksichtigung reiner Momentaufnahmen der direkten Konkurrenten. Es wird primär nach dem „Was?" gefragt: Was will der Kunde? Was kann abgesetzt werden? Was produziert der Mitbewerber? Was kostet das Produkt des Mitbewerbers?

Das Benchmarking geht weit über diese traditionelle Konkurrenzanalyse hinaus; es zielt vielmehr auf eine Verbesserung der grundlegenden betrieblichen Tätigkeiten, indem es sich vorrangig auf Funktions- und Prozessbereiche bezieht. Es soll dabei neben der Identifizierung von Leistungsabweichungen zu anderen Unternehmen die Aufdeckung von Maßnahmen zur Leistungsverbesserung ermöglichen. Neben dem „Was?" wird auch nach dem „Wie?" gefragt: Wie produziert der Mitbewerber zu diesen Kosten? Wie laufen die Geschäftsprozesse im Einzelnen ab? Im Mittelpunkt steht dazu ein systematischer und methodischer Leistungsvergleich von Prozessen innerhalb des eigenen Unternehmens oder mit einem Best-Practice-Unternehmen, um an das notwendige Wissen zur Leistungsverbesserung zu gelangen.

Aus den Verfahren, die das Best-Practice-Unternehmen anwendet, soll gelernt werden, um diese anschließend zu kopieren oder in modifizierter, für das eigene Unternehmen geeigneter Form zu übertragen. Die im Rahmen der Analyse ermittelten Bestwerte werden als „Benchmarks" bezeichnet, die Lücke zwischen der eigenen Ausgangssituation und dem Benchmark als „Gap". Nach der Analyse und dem Prozessvergleich mit einem oder mehreren „besten Partnern" gilt es, durch geeignete Maßnahmen diese Lücke zu schließen.

Das Benchmarking kann nach den ausgewählten Vergleichspartnern unterschieden werden in internes, wettbewerbsorientiertes und funktionales Benchmarking.

Das interne Benchmarking vergleicht einzelne Sparten, Produktionsstätten oder Abteilungen innerhalb eines Unternehmens. Als Vorteil erweist sich die leichte Durchführbarkeit durch die problemlose Datenerfassung. Aufgrund des beschränkten Blickwinkels ist die Innovationskraft der internen Vergleiche jedoch begrenzt, insbesondere bei ähnlich arbeitenden Abteilungen.

Beim wettbewerbsorientierten Benchmarking wird das eigene Unternehmen mit einem Best-Practice-Unternehmen der gleichen Branche verglichen. Hierdurch erhofft man sich innovative Ansätze, insbesondere auch aufgrund der Vergleichbarkeit der Produkte und Prozesse. Selbst führende Unternehmen können durch die Teilnahme am Benchmarking eventuell Optimierungsmöglichkeiten für einzelne Prozesse entdecken. Allerdings ist die Datenerfassung relativ schwierig, und es besteht die Gefahr, herausragende Ansätze des Best-Practice-Unternehmens zu unkritisch zu kopieren. Auch ist zu bedenken, dass der Benchmarking-Partner eventuell zu seinem eigenen Nutzen handelt und bewusst Informationen verschweigt oder verfälscht, da es sich um einen potenziellen Konkurrenten handelt. Aus diesem Grund werden unter anderem neutrale Unternehmensberatungen eingeschaltet, welche anonym die Daten der am Benchmarking teilnehmenden Unternehmen weiterleiten. Allerdings werden oft nur Kennzahlendurchschnitte bzw. -spannen zwischen dem besten und dem schlechtesten Unternehmen mitgeteilt.

Das funktionale Benchmarking ermöglicht den Vergleich einzelner Prozesse mit Unternehmen anderer Branchen. Im Gegensatz zum wettbewerbsorientierten Benchmarking werden Informationsaustausch und Zusammenarbeit erleichtert, da das branchenfremde Unternehmen keine Konkurrenz darstellt. Der Prozessvergleich kann mit einer potenziell größeren Anzahl von Unternehmen durchgeführt werden, wodurch die Chance steigt, das Unternehmen zu finden, welches einen Prozess am besten durchführt. Als nachteilig kann sich allerdings die schwierige Vergleichbarkeit von Kennzahlen durch das andere betriebliche Umfeld erweisen.

10.5.2 Ablauf des Benchmarking

Die Vorgehensweise des Benchmarking lässt sich nach COENENBERG/FISCHER/ SCHMITZ (1997) in Anlehnung an CAMP (1994) in die drei Phasen Vorbereitung, Analyse, Umsetzung und Kontrolle einteilen, deren einzelne Teilphasen nachfolgend kurz dargestellt werden.

Vorbereitungsphase

1. Auswahl des Objektes für das Benchmarking
   Bei der Objektauswahl orientiert man sich daran, wo im eigenen Unternehmen die Schwächen liegen bzw. ein Rückstand zur Konkurrenz vermutet wird und durch gewonnene Informationen eine Verbesserung möglich scheint. In diesem Zusammenhang ist es wichtig, die eigenen Prozesse bzw. die gesamte Supply Chain unter eventueller Zuhilfenahme des SCOR-Modells zu beschreiben.

2. Festlegung der Leistungsbeurteilungsgrößen
   In diesem Schritt werden finanzielle und nicht-finanzielle Messgrößen für die Leistungsmessung ausgewählt. Hierbei können z. B. die Prozesskosten, die Bearbeitungszeiten und die Prozessqualität in die Betrachtung mit einbezogen werden.

3. Bestimmung der Benchmarking-Partner
   Hier sind die Unternehmen oder Wertschöpfungsketten als Benchmarking-Partner auszuwählen, die eine entsprechende Leistungsfähigkeit aufweisen und zu einem Datenaustausch bereit sind. Wie bereits zuvor dargelegt wurde, kommen theoretisch sowohl die direkten Konkurrenten als auch Unternehmen, die unabhängig von der Branche bei der Durchführung bestimmter Prozesse führend sind, in Betracht.

Analysephase

1. Identifikation von Leistungslücken
   Zu Beginn der Analysephase sollten Definitionen und Berechnungsvorschriften von Kennzahlen mit dem Benchmarking-Partner gemeinsam entwickelt werden, um ein Misstrauen gegenüber den Zahlen des Vergleichspartners zu vermeiden. Anhand dieser Messgrößen zur Leistungsbeurteilung wird untersucht, in welchen Bereichen das eigene Unternehmen besser, gleich gut oder schlechter als das Vergleichsunternehmen ist. Die Abläufe und Prozesse des Vergleichsunternehmens müssen dazu analysiert und mit den eigenen verglichen werden.

2. Ermittlung der Ursachen für die identifizierten Leistungslücken
   Den beobachteten Differenzen sollte je nach Wichtigkeit eine Priorität eingeräumt werden. Hierbei können beispielsweise eine Kostenreduktion oder eine Kundenserviceverbesserung im Vordergrund stehen. Dann sind die Ursachen für die aufgetretenen Differenzen zu identifizieren.

Umsetzungs- und Kontrollphase

Im Rahmen der Umsetzungsphase werden die resultierenden Verbesserungspotenziale in neue Leistungsstandards umgesetzt. Hierfür sind Aktionspläne notwendig, welche die Übernahme und Einführung neuer Praktiken darlegen. Außerdem sind die Verantwortlichen für die durchzuführende Implementierung zu bestimmen.

Mit der Umsetzung der Aktionspläne ist der Benchmarking-Prozess aber noch nicht abgeschlossen. Die Verfahrensfortschritte sind vielmehr fortlaufend zu kontrollieren, die erreichten Leistungsstandards regelmäßig zu evaluieren sowie periodische Benchmarking-Projekte zu institutionalisieren. Damit wird der kontinuierliche Charakter des Benchmarking hervorgehoben.

10.5.3 Anwendung des Benchmarking im SCC

Eine Vorstufe eines unternehmensübergreifenden, prozessorientierten Benchmarking, bei welchem die Leistungsabwicklung innerhalb eines Unternehmensverbundes optimiert werden soll, kann in einem Benchmarking-Prozess bestehen, bei dem jeweils ein einzelnes Unternehmen der Supply Chain seinen Lieferanten mit einbezieht. Dieses Lieferanten-Benchmarking ist aufgrund des oft hohen Anteils der Kosten für zugelieferte Teile oder Leistungen an den Gesamtkosten des eigenen Unternehmens gut dazu geeignet, einen Beitrag zur Kostenreduktion zu leisten. Bei der Leistungsbewertung des Zulieferers mit Hilfe des Lieferanten-Benchmarking können Überlegungen bezüglich dessen Beitrag zu einem kontinuierlichen Verbesserungsprozess, dessen Bereitschaft zur partnerschaftlichen Zusammenarbeit oder dessen Einsatz von Methoden zur Qualitätssicherung ausschlaggebend sein. Außerdem sind neben Kostengesichtspunkten Aspekte wie Liefersicherheit, Lieferschnelligkeit und das Schnittstellenmanagement zum eigenen Unternehmen wichtige Kriterien beim Lieferanten-Benchmarking.

Bei solch einer Vorstufe zu einem SC-Benchmarking, welches alle Partner umfasst, ist es für das Unternehmen auch möglich, eine zwischen das eigene Unternehmen und den Endkunden geschaltete Handelsstufe in den Benchmarking-Prozess einzubeziehen. Die Leistung solch eines Händlers kann das Unternehmen mit Hilfe des Benchmarking gegenüber anderen Händlern vergleichen. Vorrangig ist dabei die Berücksichtigung der Kosten, die der Händler verursacht, da diese den Marktpreis des Produkts erheblich beeinflussen. Aber auch dessen Beitrag zur Steigerung des Endkundenservices sowie zur partnerschaftlichen Zusammenarbeit sollten im Rahmen eines Benchmarking in die Betrachtung mit einbezogen werden.

Beim unternehmensübergreifenden SC-Benchmarking wird der Blickwinkel des einzelnen Unternehmens verlassen und die Leistungsabwicklung innerhalb eines Unternehmensverbundes optimiert. Hier werden, wie aus Abb. 10.9 ersichtlich, unternehmensübergreifende Kennzahlen und Prozesse der ganzen Wertschöpfungskette mit denen geeigneter Benchmarking-Partner verglichen.

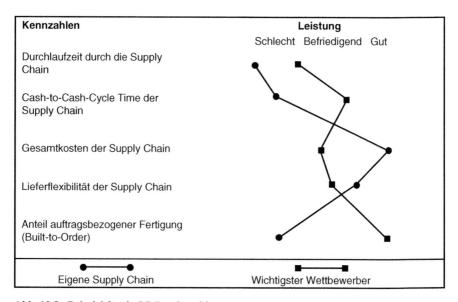

Abb. 10.9 Beispiel für ein SC-Benchmarking

10.5 Benchmarking

Ein Benchmarking zwischen den Unternehmen einer einzelnen Wertschöpfungskette gibt hingegen darüber Aufschluss, wer welche Aufgaben am besten erfüllen kann. Insbesondere beim Aufbau einer Supply Chain bietet das Benchmarking so eine kostengünstige Möglichkeit zur Verbesserung der Wettbewerbsfähigkeit. Zudem fördert das SC-Benchmarking das Verständnis bezüglich der Prozesse der eigenen Supply Chain, da kritische Prozesse identifiziert werden, welche beim Vergleich unternehmensübergreifender Prozesse mit anderen Wettbewerbern im Mittelpunkt des Interesses stehen.

Der Ablauf eines Benchmarking im Rahmen des SCC soll im Folgenden am Beispiel des Cost Benchmarking dargelegt werden. Während der allgemeine Benchmarking-Begriff Zielgrößen wie Qualität, Kundenzufriedenheit, Kosten und Zeit gleichermaßen berücksichtigt, legt das Cost Benchmarking den Fokus auf die Kostenreduktion. Dafür wird eine Vorgehensweise vorgeschlagen, die sich eng an dem zuvor beschriebenen Ablauf des Benchmarking zwischen einzelnen Unternehmen orientiert.

Vorbereitungsphase

In dieser Phase werden die Benchmarking-Objekte und die Benchmarking-Partner festgelegt. Als Benchmarking-Objekte sollten dabei die Prozesse ausgewählt werden, für die eine Kostenreduktion erfolgen soll. Im Gegensatz zum Cost Benchmarking zwischen Unternehmen erstrecken sich diese Prozesse beim wertschöpfungskettenbezogenen Cost Benchmarking auch über die Unternehmensgrenzen hinweg. Damit verschiebt und erweitert sich der Fokus der Betrachtungsobjekte von den internen Geschäftsprozessen auf die SC-Prozesse. Dies erhöht durch die gestiegene Anzahl der am Benchmarking-Prozess beteiligten Unternehmen deutlich die Komplexität der Aufgabenstellung.

Zusätzlich ist darauf zu achten, dass ein hoher Grad der Vergleichbarkeit der Prozesse zwischen den Benchmarking-Partnern gewährleistet wird, was im Fall von SC-Prozessen zunächst branchenfremde Lieferketten als Vergleichsobjekte ausscheiden lässt, da diese über die gesamte Wertschöpfungskette hinweg gesehen nur eine geringe Vergleichbarkeit aufweisen. Sollten dennoch branchenfremde Lieferketten mit in das Benchmarking einbezogen werden, ergibt sich daraus eine beträchtliche Komplexitäts- und Aufwandssteigerung, z. B. bei der Vereinheitlichung der Kostenberechnungsverfahren der beteiligten Unternehmen und Branchen, so dass sich die Frage nach der Wirtschaftlichkeit des Projekts stellt.

Daher wird in der Regel die Branche des Unternehmens gewählt werden, das am Ende der Wertschöpfungskette steht. Durch seine unmittelbare Marktnähe profitiert dieses am meisten von einer Wertschöpfungskettenoptimierung, da es die Vorteile über alle Stufen der Supply Chain hinweg kumulieren kann, während das den anderen Unternehmen der Wertschöpfungskette nur zum Teil möglich ist. Zudem ist das Unternehmen am Ende der Wertschöpfungskette am ehesten geeignet, eine entsprechende Leistungs- bzw. Produktauswahl für das Benchmarking zu treffen. Deswegen ist dieses Unternehmen meist der Initiator des Cost Benchmarking, der auch maßgeblich für die Auswahl des Benchmarking-Partners verantwortlich ist.

Analysephase

Ziel der Analysephase ist es, die strategische Position der eigenen Supply Chain im Vergleich zu den anderen im Rahmen des Benchmarking betrachteten Ketten qualitativ und quantitativ zu beurteilen. Ebenso ist das Ausmaß der erforderlichen Verbesserungen als konkrete Kostengröße zu bestimmen. Hierfür wird ein Vorgehen in drei Stufen vorgeschlagen.

1. Ermittlung der Wertschöpfungskette
   In diesem Schritt wird für eine ausgewählte Leistung zunächst die gesamte Wertschöpfungskette bestimmt, d. h. es werden alle Teilnehmer der Supply Chain in der Betrachtung berücksichtigt. Das Ergebnis der Untersuchung könnte dann in einem Prozessdiagramm abgebildet werden. Damit wird es möglich, die Kosten für die Ausführung der Aktivitäten zu bestimmen und eine verursachungsgerechte Zuordnung zum jeweiligen Partner entlang der Supply Chain vorzunehmen. Für den Vergleich ist es notwendig, dass auch bei den Benchmarking-Partnern die gesamte Wertschöpfungskette analysiert wird, damit nicht nur ein Vergleich von Unternehmen in der Supply Chain vorgenommen wird, sondern die Wertschöpfungsketten insgesamt betrachtet werden können.

2. Ermittlung der Kostenstrukturen in den Vergleichsketten
   Der Bestimmung der Wertschöpfungsketten folgen eine Systematisierung und Interpretation der gesammelten Kostendaten der verglichenen Supply Chains. Hierbei wird auf die Daten der einzelnen Unternehmen zurückgegriffen, wodurch sich das Problem einer einheitlichen Gestaltung der Kosteninformationen aus einer nicht unerheblichen Anzahl beteiligter Unternehmen stellt. Dies kann unter Umständen zu beträchtlichem Aufbereitungsaufwand der Kostengrößen führen.

   Dem Ansatz von SEURING (2001) folgend sollten – wie bereits zuvor dargelegt wurde – die Kosten in die drei Kostenebenen der Einzel-, Prozess- und Transaktionskosten eingeteilt werden, da sich so die Kostenstrukturen innerhalb von Wertschöpfungsketten aussagekräftig abbilden lassen. Besondere Berücksichtigung sollte den Trade-off-Beziehungen zwischen den Kostenebenen gewidmet werden, da sie wesentliche Auswirkungen auf die Gesamtkosten haben. Darüber hinaus sind aber auch Kostentreiber für die Aktivitäten in der Wertschöpfungskette und für die Supply Chain insgesamt zu bestimmen. Die Transaktionskosten hängen z. B. von der Anzahl der an einer Wertschöpfungskette beteiligten Unternehmen ab, da mit einer steigenden Unternehmenszahl in der Supply Chain die Anzahl überbetrieblicher Schnittstellen und damit die Höhe der Transaktionskosten steigen dürfte. Die Kostennachteile der eigenen Supply Chain können so im Vergleich mit der Partnerwertschöpfungskette analysiert und Kosteneinsparungspotenziale identifiziert werden.

3. Untersuchung der Ursachen von Kostenunterschieden in der Supply Chain
   In diesem Schritt ist die Leistungslücke, also die Differenz zwischen eigener Leistung und der Leistung der besten Vergleichskette, zu quantifizieren. Anschließend ist die Frage zu beantworten, welche Gründe für das Auftreten der Leistungsunterschiede existieren. Daneben treten die Fragen auf, wo bzw. in

welchem Leistungsbereich Lücken auftreten und in welchem Unternehmen der Supply Chain welche Leistungsdefizite angesiedelt sind. Diese Lokalisierung der Kostennachteile kann auf Grundlage der zuvor gesammelten Daten über die Kostenstruktur erfolgen.

Neben der Beachtung verschiedener Betriebsinhalte, der Unterschiede im Leistungsumfang und in den Kostensituationen sowie der länderspezifischen Besonderheiten greift die reine Lokalisierung der Kostenunterschiede aber zu kurz. Vielmehr sollten bei der Ursachensuche auch die zahlreichen Trade-offs und Interdependenzen innerhalb der beteiligten Unternehmen und zwischen den Unternehmen einer Supply Chain berücksichtigt werden. So können z. B. besonders hohe Transaktionskosten im Beschaffungsbereich eines SC-Unternehmens aus einer besonders intensiven Zusammenarbeit mit einem Hauptlieferanten resultieren, wodurch die Prozess- und Einzelkosten deutlich gesenkt werden konnten und es dem Lieferanten erst möglich wurde, für seinen Abnehmer in der Supply Chain als Just in Time-Lieferant aufzutreten. Daher kann die pauschale Aussage, dass im betrachteten Beispiel im Beschaffungsbereich des Unternehmens zu hohe Transaktionskosten im Vergleich zur kostengünstigsten Vergleichskette angefallen sind, zu falschen Schlussfolgerungen führen. Gegebenfalls könnte die Einleitung von Maßnahmen zur Senkung der Transaktionskosten nämlich in der Aufgabe der JIT-Lieferbeziehung und damit in wesentlich höheren Gesamtkosten resultieren.

Umsetzungs- und Kontrollphase

Die erschlossenen Verbesserungspotenziale für die Supply Chain, die aufgrund des ganzheitlichen Ansatzes wesentlich größer ausfallen können als bei einer synchronen Durchführung von unternehmensweiten Cost Benchmarking-Analysen, sind in dieser Phase in konkrete Lösungen umzusetzen. Ein entsprechender Lösungsansatz könnte beispielsweise in einer Verkürzung der Lieferkette bestehen, indem ein Unternehmen, z. B. durch Insourcing-Bemühungen seines Abnehmers, aus der Wertschöpfungskette herausgenommen wird. Für derartige Maßnahmen sind in diesem Schritt konkrete Umsetzungspläne zu erstellen. Die anschließende Durchführung ist kontinuierlich zu überwachen, so dass die erzielten Resultate einer fortlaufenden Überprüfung unterzogen werden.

Zusammenfassend kann festgestellt werden, dass das Benchmarking grundsätzlich gut als Controlling-Instrument in der Supply Chain eingesetzt werden kann. Allerdings bestehen auch hier die zuvor bereits erwähnten Schwierigkeiten der Vergleichbarkeit verschiedener Supply Chains und des Verschweigens bzw. der Verfälschung von Informationen zwischen konkurrierenden Wertschöpfungsketten.

10.6 Übungsaufgaben zu Kapitel 10

Übungsaufgabe zu Abschnitt 10.1

Nennen Sie Kennzahlen, die für ein SCC eingesetzt werden können.

Übungsaufgaben zu Abschnitt 10.2

1. Wodurch zeichnet sich das Konzept der selektiven Kennzahlen aus?
2. Wie lässt es sich auf die Supply Chain übertragen?

Übungsaufgabe zu Abschnitt 10.3

Wie kann das SCOR-Modell ein SCC unterstützen?

Übungsaufgaben zu Abschnitt 10.4

1. Wodurch zeichnet sich das Modell der Balanced Scorecard aus?
2. Wie kann eine Anwendung der Balanced Scorecard auf die Supply Chain erfolgen?

Übungsaufgaben zu Abschnitt 10.5

1. Welche Formen des Benchmarking gibt es?
2. Wie kann ein Benchmarking das SCC unterstützen?

Literaturempfehlungen

BACHER, A.: Instrumente des Supply Chain Controlling: Theoretische Herleitung und Überprüfung der Anwendbarkeit in der Unternehmenspraxis, Wiesbaden 2004.

BEAMON, B. M.: Measuring Supply Chain Performance, in: International Journal of Operations & Production Management, 1999, 3, S. 275–292.

BREWER, P. C.; SPEH, T. W.: Using the Balanced Scorecard to measure Supply Chain Performance, in: Journal of Business Logistics, 2000, 1, S. 75–93.

CAMP, R. C.: Benchmarking: The Search for Industry Best Practices that Lead to Superior Performance, München-Wien 1994.

COENENBERG, A. G.; FISCHER, T.; SCHMITZ, J.: Target Costing und Product Life Cycle Costing als Instrumente des Kostenmanagements, in: FREIDANK, C. C.; GÖTZE, U.; HUCH, B.; WEBER, J. (Hrsg.): Kostenmanagement: Aktuelle Konzepte und Anwendungen, Berlin et al. 1997, S. 195–232.

FREIDANK, C. C.; GÖTZE, U.; HUCH, B.; WEBER, J.: Kostenmanagement: Aktuelle Konzepte und Anwendungen, Berlin et al. 1997.

KAPLAN, R. S.; NORTON, D. P.: The Balanced Scorecard – Measures That Drive Performance, in: Harvard Business Review, 1992, 1, S. 71–79.

SEURING, S.: Supply Chain Costing: Kostenmanagement in der Wertschöpfungskette mit Target Costing und Prozesskostenrechnung, München 2001.

STÖLZLE, W.; HEUSLER, K.; KARRER, M.: Die Integration der Balanced Scorecard in das Supply Chain Management-Konzept (BSCM), in: Logistik Management, 2001, 2/3, S. 73–85.

STÜLLENBERG, F.; SCHULZE IM HOVE, A.: Die Netzwerk-Balanced Scorecard als Instrument des Netzwerk-Controlling, Technical Report Nr. 03002, Sonderforschungsbereich 559 „Modellierung großer Netze in der Logistik", Technische Universität Dortmund 2003, https://eldorado.uni-dortmund.de/bitstream/2003/5489/1/03002.pdf (heruntergeladen am 04.09.2008).

SUPPLY-CHAIN COUNCIL: Homepage des Supply-Chain Council: http://www.supply-chain.org/galleries/public-gallery/SCOR%209.0%20Overview%20Booklet.pdf (heruntergeladen am 08.08.2008).

WEBER, J.: Logistik- und Supply Chain Controlling, 5. Aufl., Stuttgart 2002.

WEBER, J.; BACHER, A.; GROLL, M.: Konzeption einer Balanced Scorecard für das Controlling von unternehmensübergreifenden Supply Chains, in: Kostenrechnungspraxis, 2002, 3, S. 133–141.

WEBER, J.; GROßKLAUS, A.; KUMMER, S.; NIPPEL, H.; WARNKE, D.: Methodik zur Generierung von Logistik-Kennzahlen, in: WEBER, J. (Hrsg.): Kennzahlen für die Logistik, Stuttgart 1995, S. 9–45.

WEBER, J.; KUMMER, S.; GROßKLAUS, A.; NIPPEL, H.; WARNKE, D.: Methodik zur Generierung von Logistik-Kennzahlen, in: Betriebswirtschaftliche Forschung und Praxis, 1997, 4, S. 438–454.

WEBER, J.; SCHÄFFER, U.: Balanced Scorecard & Controlling: Implementierung – Nutzen für Manager und Controller – Erfahrungen in deutschen Unternehmen, 3. Aufl., Wiesbaden 2000.

Lösungen zu den Übungsaufgaben

Lösungen zu Kapitel 1

Abschnitt 1.1

Aufgabe 1

Die Definitionen des Begriffes SCM lassen sich zu zwei großen Gruppen zusammenfassen.

Die erste Gruppe stellt in erster Linie den Bezug der Inhalte des SCM zur Logistik her. Manche Autoren, wie Simchi-Levi, betrachten das SCM und die Logistik sogar als komplett identisch. Andere Autoren, wie beispielsweise Göpfert, bezeichnen das SCM als eine höhere Entwicklungsstufe der Logistik. Allgemein wird das SCM von den Autoren dieser Gruppe als ein Konzept zur Integration von Lieferanten und Kunden in den Wertschöpfungsprozess betrachtet, das sicherstellt, dass die in der Supply Chain erstellten Güter und Dienstleistungen am richtigen Ort, zur richtigen Zeit und zum richtigen Preis produziert und an die Kunden geliefert werden.

Die zweite Gruppe von Autoren sieht dagegen keinen direkten Zusammenhang zwischen SCM und Logistik. Sie bezeichnen das SCM allgemein als unternehmensübergreifendes Management von Geschäftsprozessen bzw. als Kooperationsmanagement oder Beziehungsmanagement. So sehen COOPER/LAMBERT/PAGH allgemein die Integration aller bedeutenden Wertschöpfungsprozesse entlang der Supply Chain als die Aufgabe des SCM.

Aufgabe 2

Auf der ersten Entwicklungsstufe der Logistik wurden ausschließlich solche Vorgänge betrachtet, welche zu einer bedarfsgerechten Verfügbarkeit von Material und Waren führten. Dabei standen im Mittelpunkt des Interesses Fragen des Transports, der Umschlagshäufigkeit und der Lagerhaltung (TUL-Logistik).

In der zweiten Phase der Logistikentwicklung wurde der gesamte Material- und Warenfluss des Unternehmens von der Beschaffung über die Produktion bis hin zum Absatz auf Koordinationsprobleme untersucht. Es wurde also die Koordination verschiedener Bereiche des Unternehmens durch die Logistik angestrebt, womit eine Ausweitung der dispositiven Tätigkeiten einherging.

Auf der dritten Entwicklungsstufe wurde durch die Logistik die gesamte unternehmensinterne Struktur der Wertschöpfungskette in Frage gestellt. In diesem Kontext stand die Prozessorientierung, also die unternehmensinterne flussorientierte Gestaltung der Abläufe, im Vordergrund. Durch diese Orientierung an Prozessen und Prozessketten sollten Rationalisierungseffekte erzielt werden, um die Wettbewerbsfähigkeit zu steigern.

In der vierten und vorerst letzten Phase der Logistikentwicklung verursacht der durch veränderte Rahmenbedingungen auf die Unternehmen einwirkende Kostendruck eine zunehmende Konzentration auf die Kernkompetenzen. Es werden also verstärkt Produkte und Dienstleistungen von Lieferanten zugekauft. Vor diesem Hintergrund gilt es, die Waren-, Informations- und Finanzflüsse an den Schnittstellen der verschiedenen Unternehmen zu optimieren. Gerade diese unternehmensübergreifende Optimierung der Waren-, Informations- und Finanzflüsse ist Aufgabe des SCM, so dass dieses häufig als vierte und vorerst letzte Stufe der Logistikentwicklung angesehen wird.

Abschnitt 1.2

Aufgabe 1

Kosteneinsparungen lassen sich durch ein SCM in verschiedenen Bereichen realisieren.

So kann durch eine durchgängige Koordination von Angebot und Nachfrage über den Zugang zu Informationen über die Lagerbestände der gesamten Supply Chain die Reduzierung von Sicherheitsbeständen erreicht und damit das in den Lagern gebundene Kapital verringert werden. Zudem kann eine Übersicht über die Bestände dazu beitragen, optimierte Bestellmengen und -häufigkeiten zu ermitteln und in der Beschaffung economies of scale zu erzielen.

Die strategische Optimierung des gesamten Netzwerks kann zur Reduzierung von Prozesskosten beitragen. Darunter fallen beispielsweise die Transportkosten, die durch eine Volumen- und Routenoptimierung der Transportmittel verringert werden können. Außerdem können in der Produktion beispielsweise Kapazitäten exakter geplant und damit unnötige Investitionskosten eingespart werden.

Darüber hinaus können Kosten bei der Gewinnung, Aufbereitung und Verteilung von Informationen gesenkt werden. Durch die Fortschritte in den Informations- und Kommunikationstechnologien können Daten gewonnen und verarbeitet werden, die früher überhaupt nicht bzw. nur sehr ungenau und mit großem finanziellen Aufwand prognostiziert werden konnten.

Auch in den vor- und nachgelagerten Phasen des Produktlebenszyklus können Kosten eingespart werden. So kann die Produktentwicklung durch die Entwicklung standardisierter und vereinfachter Produkte zur Rationalisierung der Produktionsprozesse beitragen. Die Verwendung von wiederverwendbaren oder recyclingfähigen Materialien bzw. eine einfache Demontierbarkeit der Produkte führt zu Kosteneinsparungen in der Entsorgung.

Lösungen zu Kapitel 1

Aufgabe 2

Bei der hierarchischen Koordination ist ein zentrales Unternehmen der Supply Chain dafür verantwortlich, die Beziehungen zu den anderen Unternehmen in der Supply Chain zu koordinieren. Die Koordination der Unternehmen kann dabei direkt oder indirekt erfolgen.

Im Rahmen der direkten bzw. zentralen Koordination erfolgt eine gezielte Vorgabe von individuellen Verhaltensnormen und Unternehmenszielen durch das dominierende Unternehmen. Hierbei kommen als Koordinationsinstrumente Vorgaben in Form von Weisungen, Programmen oder Plänen zum Einsatz. Über Weisungen werden für bestimmte Aufgabenstellungen konkrete Verfahrensanleitungen vorgegeben. Diese führen aber durch einen hohen Koordinationsbedarf häufig zu Engpässen beim dominierenden Unternehmen und werden daher eher selten eingesetzt. Programme sind permanente, bindende Vorschriften über zu ergreifende Maßnahmen beim Auftreten von bestimmten Ereignissen. Der Nachteil von Programmen ist die eingeschränkte Reaktionsfähigkeit der Kooperationspartner, die vor allem in einer dynamischen Umwelt ein Problem darstellt. Durch Pläne werden hingegen lediglich verbindliche Zielvorgaben gemacht, wobei allerdings keine expliziten Prozessvorgaben zum Erreichen der Ziele vorgeschrieben werden. Zudem ist der Geltungszeitraum der Pläne im Gegensatz zu dem der Programme beschränkt. Programme und Pläne zeichnen sich grundsätzlich durch einen geringeren Koordinationsaufwand als Weisungen aus.

Eine indirekte bzw. dezentrale Koordination im Rahmen der hierarchischen Koordination erfolgt dagegen darüber, dass sich die SC-Partner eigenständig in ihrem Handeln an den Zielen des dominierenden Unternehmens ausrichten.

Abschnitt 1.3

Aufgabe 1

Das SCM umfasst die folgenden Prozesse:

- Produktentstehungs- und -entwicklungsprozess,
- Beschaffungsprozess,
- Produktionsprozess,
- Distributionsprozess,
- Vertriebs- und Verkaufsprozess und
- Entsorgungsprozess.

- Im Produktentstehungs- und -entwicklungsprozess können sowohl den Entwicklungsprojekten als auch den Entwicklungszentren personelle oder technische Ressourcen sowie entsprechende Kosten zugerechnet werden.
- Im Beschaffungsprozess entstehen u. a. Kosten bei der Entwicklung der Beschaffungsstrategie und beim Aufbau der Lieferantenbeziehungen, aber auch bei der regelmäßigen Bestellung der extern bezogenen Materialien bzw. Güter.

- Im Produktionsprozess sind sowohl Kosten für die Herstellung der Produkte als auch für den Betrieb der Fertigungsstätten zu erfassen.
- Im Distributionsprozess können sowohl der Distribution der Produkte als auch dem Betrieb der Distributionszentren Kosten zugerechnet werden.
- Im Verkaufs- und Vertriebsprozess können sowohl Kosten für den Vertrieb der Produkte als auch für den Betrieb der Vertriebszentren betrachtet werden.
- Die Entsorgung kann als spezielle Dienstleistung an die Kunden verkauft werden, wobei im Entsorgungsprozess entsprechende Kosten für den Betrieb der Anlagen und für die eigentliche Bearbeitung und Entsorgung der Produkte entstehen.

Lösungen zu Kapitel 2

Aufgabe 1

Nach BECKMANN wird zwischen vier Planungsebenen des SCM unterschieden:
- Normative SC-Planung,
- Strategieplanung,
- Strukturplanung und
- Systemplanung.

Die normative SC-Planung legt die generellen Ziele der Supply Chain bzw. des Unternehmens, also dessen Prinzipien, Normen und Spielregeln, fest. Sie bezieht sich folglich auf die langfristig zu entwickelnden Erfolgsvoraussetzungen soziokultureller und normativer Art. Entscheidend ist, dass die normative Planung sowohl auf der Ebene der Supply Chain zur Festlegung kollektiver Rahmenbedingungen als auch auf der Ebene der Einzelunternehmen erfolgt. Grundsätzlich kann man sie unterteilen in die vier Elemente SC- bzw. Unternehmensvision, SC- bzw. Unternehmenspolitik, SC- bzw. Unternehmensverfassung und SC- bzw. Unternehmenskultur.

In der Strategieplanung werden die Strategien der Supply Chain entwickelt, die die Vorgaben aus der normativen SC-Planung konkretisieren. Diese Strategien sind auf die Beantwortung der Frage ausgerichtet, was die Supply Chain aus welchen Gründen in Zukunft erreichen will. Sie stellen den Rahmen bereit, innerhalb dessen konkretere Entscheidungen über die Ausrichtung der Supply Chain getroffen werden.

Die Strukturplanung ist für die Konfiguration der Supply Chain und des ihr zugrunde liegenden Netzwerkes entsprechend der normativen und strategischen Vorgaben aus den vorgelagerten Planungsebenen verantwortlich. Die Konfiguration der Supply Chain umfasst Überlegungen hinsichtlich der Standortstruktur und der Ausgestaltung der Wertschöpfungskette. Hierunter fallen beispielsweise die Standortwahl, die Produktions- und Lagerkapazitätsaufteilung und die Entwicklung von Distributionsstrategien.

Aufgabe der Systemplanung ist die technische, informatorische und organisatorische Ausgestaltung der in der Strukturplanung vorstrukturierten Segmente der Supply Chain. Dies betrifft vor allem die technischen, informatorischen und orga-

Lösungen zu Kapitel 2

nisatorischen Voraussetzungen zur Verbindung der Kooperationspartner. So werden beispielsweise die Auswahl von durchgängigen Informationssystemen vorgenommen sowie organisatorische Maßnahmen durchgeführt.

Aufgabe 2

Die Auswahl der Normstrategie richtet sich nach der Phase, in der sich die Produkte bzw. Dienstleistungen der Supply Chain befinden.

In der Einführungsphase eines Produktes werden Unternehmen bzw. Supply Chains dazu tendieren, die Wachstumsstrategie einzusetzen. Dabei werden hohe Investitionen in den Auf- und Ausbau der Produktions- und Vertriebsorganisation getätigt. Damit einher geht die Erschließung neuer Wachstumsmärkte und Abnehmergruppen für bestehende Produkte und Dienstleistungen, aber auch die Entwicklung neuer Produkte und Dienstleistungen für die bestehenden Märkte.

In der Reife- und Sättigungsphase eines Produktlebenszyklus wird die Konsolidierungsstrategie eingesetzt. Die Höhe der im Produktions- und Vertriebsbereich getätigten Investitionen nimmt dabei stark ab. Die Supply Chain bzw. das Unternehmen versucht nun vor allem über die Nutzung von Kostenvorteilen seine Marktposition gegenüber schwächeren Konkurrenten zu festigen.

Bei Produkten in der Degenerationsphase bietet sich die Abschöpfungs- oder Desinvestitionsstrategie an. Da sich entsprechende Investitionen aufgrund eines massiven Umsatzrückganges in dieser Phase nicht amortisieren lassen, wird nun nicht mehr in Maßnahmen zur Positionsverbesserung auf dem Markt investiert. Es findet lediglich ein Abschöpfen der noch zu erzielenden Umsätze statt, wobei langfristig angestrebt wird, die entsprechenden Geschäftsfelder komplett zu verlassen.

Aufgabe 3

Die Definition der Gesamtstrategie erfolgt durch die Positionierung der Supply Chain innerhalb der Spannungsfelder der einzelnen Bereiche, in denen Strategien entwickelt werden. Bevor eine solche Positionierung durchgeführt werden kann, sollte jedoch zunächst die Analyse der strategischen Ausgangsposition der Supply Chain sowie die Prognose von deren zukünftiger Stellung in der Umwelt erfolgen.

Ein Instrument hierzu stellt die SWOT (Strengths, Weaknesses, Opportunities, Threats)-Analyse dar. Diese untersucht sowohl externe Chancen und Risiken in der Unternehmens- bzw. SC-Umwelt als auch interne Stärken und Schwächen des entsprechenden Unternehmens bzw. der entsprechenden Supply Chain. Sie setzt sich daher aus zwei Teilen zusammen, der Umwelt- und der Unternehmens- bzw. SC-Analyse.

Im Rahmen der Umweltanalyse wird das Umfeld der Supply Chain dahingehend geprüft, ob sich Anzeichen für eine Bedrohung des gegenwärtigen Geschäfts und/oder für neue Chancen und Möglichkeiten zeigen. Dabei sollte einerseits das nähere Umfeld der Supply Chain, also z. B. die direkten Wettbewerber, untersucht, andererseits aber auch allgemeine Entwicklungen und Trends, z. B. technologischer und gesellschaftlicher Art, berücksichtigt werden.

Die Unternehmens- bzw. SC-Analyse durchleuchtet hingegen die interne Ressourcensituation. Ziel ist es, spezifische Stärken und Schwächen der Supply Chain im Vergleich zu ihren wichtigsten Wettbewerbern aufzudecken. Zudem sollten diese Stärken und Schwächen auch daraufhin bewertet werden, ob sie eine solide Basis für das zukünftige Geschäft darstellen.

Aufbauend auf der SWOT-Analyse lässt sich dann die Positionierung innerhalb der Spannungsfelder vornehmen. So wird die Supply Chain beispielsweise im Rahmen der Produkt- und Dienstleistungsprogrammstrategie zwischen engem und breitem Leistungsangebot positioniert. Aus diesen Positionierungen kann die Ableitung der Gesamtstrategie erfolgen. Dabei wird so vorgegangen, dass die eigenen Stärken auf die Schwächen des oder der Wettbewerber ausgerichtet werden, um eine maximale Differenz zwischen den Leistungen der konkurrierenden Supply Chains zu erzielen.

Lösungen zu Kapitel 3

Abschnitt 3.2

Aufgabe 1

Die Systematisierung von Sourcing-Konzepten wird üblicherweise entweder nach der Lieferantenanzahl, der Komplexität von Beschaffungsobjekten, den Beschaffungssubjekten oder dem Beschaffungsareal vorgenommen.

Unter Single Sourcing, Sole Sourcing, Dual Sourcing und Multiple Sourcing werden an der Lieferantenanzahl orientierte Beschaffungsstrategien verstanden. Das Single Sourcing bezeichnet in diesem Zusammenhang die Beschaffung über nur einen Lieferanten, wobei das Sole Sourcing eine aufgrund eines Monopols zustande gekommene Form des Single Sourcing ist. Beim Dual Sourcing erfolgt die Beschaffung von zwei verschiedenen Lieferanten, während beim Multiple Sourcing das jeweilige Gut von mehr als zwei Lieferanten an das Unternehmen geliefert wird.

In Bezug auf die Komplexität von Beschaffungsobjekten unterscheidet man zwischen Unit Sourcing, Modular Sourcing und System Sourcing. Beim Unit Sourcing werden alle Teile einzeln von den Lieferanten bezogen. Die Strategien des Modular und System Sourcing bezeichnen hingegen den Bezug fertiger, komplexer Module. Dabei wird beim System Sourcing – im Gegensatz zum Modular Sourcing – neben der Produktion auch die gesamte Forschungs- und Entwicklungsarbeit auf den Lieferanten übertragen.

Bei den Beschaffungssubjektkonzepten differenziert man zwischen Individual Sourcing und Collective Sourcing. Das Konzept des Individual Sourcing beinhaltet, dass das Unternehmen seine Beschaffung individuell durchführt, während beim Collective Sourcing Beschaffungskooperationen mit anderen Unternehmen eingegangen werden.

Die Beschaffungsarealkonzepte differenzieren entsprechende Ansätze anhand des geographischen Raumes, in dem die Beschaffungsaktivitäten durchgeführt werden. In diesem Kontext wird zwischen dem Local Sourcing, bei dem sich Zulieferer und Abnehmer in räumlicher Nähe zueinander befinden, und dem Global Sourcing, der weltweiten Beschaffung, unterschieden.

Aufgabe 2

Es werden häufig drei wesentliche Vorteile des Global Sourcing genannt:
- Die Kosteneinsparung stellt für viele Unternehmen den bedeutendsten Vorteil der weltweiten Beschaffung dar. Diese basiert meist auf niedrigeren Faktorkosten des Zulieferers im Ausland im Vergleich zum einheimischen Lieferanten (z. B. durch günstigere Arbeitskräfte).
- Ein weiterer Vorteil kann darin bestehen, dass der Zulieferer im Ausland spezielles Know-how besitzt, was bei nationalen Lieferanten nicht vorhanden ist. In diesem Zusammenhang kommt es häufig auch zu Unternehmenskooperationen mit Zulieferern, die außerhalb des Heimatlandes des Abnehmers ansässig sind.
- Auch die Ausweitung der Kapazitäten kann einen Vorteil des Global Sourcing darstellen. So können Engpasssituationen bei den einheimischen Zulieferern dazu führen, dass Liefertermine nicht eingehalten werden. Mittels einer globalen Beschaffung kann in diesem Fall eine Lieferung innerhalb kürzerer Fristen erreicht werden.

Den genannten Vorteilen stehen allerdings auch Nachteile gegenüber:
- Der Abnehmer verfügt im Fall der globalen Beschaffung häufig nicht über ausreichende Marktkenntnisse über den Heimatmarkt des Zulieferers. Aufgrund kultureller und sprachlicher Hindernisse können auftretende Probleme daher meist nicht so schnell gelöst werden wie mit nationalen Zulieferern. Zudem ist bei der Auswahl von Zulieferern nur wenig über die Qualität von Arbeitskräften, die Produkte, die Produktionstechnik und die Logistik bekannt.
- Probleme können darüber hinaus bei der pünktlichen Lieferung der Güter entstehen. So kommt es beim Global Sourcing zu Abhängigkeiten von internationalen Zulieferern, die eine Versorgung über große Entfernungen sicherstellen müssen. Dies führt zu erhöhten Transportkosten und macht die Anwendung von Konzepten wie Just in Time schwieriger als bei der Beschaffung über lokale Zulieferer.

Abschnitt 3.3

Aufgabe 1

Prinzipal-Agent-Beziehungen zeichnen sich dadurch aus, dass ein Auftragnehmer (Agent) für einen Auftraggeber (Prinzipal) bestimmte Tätigkeiten zu erfüllen hat.

Dabei erwartet der Prinzipal vom Agenten, dass dieser nicht seine eigenen Ziele, sondern die Ziele des Prinzipals verfolgt. Dem steht jedoch entgegen, dass der Agent bestrebt ist, seinen persönlichen Nutzen zu maximieren. Dieses Verhalten des Agenten geht zu Lasten des Prinzipals. Eine derartige Situation kann nur entstehen, weil eine Informationsasymmetrie vorliegt, der Prinzipal also nicht vollständig über das Handeln des Agenten informiert ist. Diese Informationsasymmetrie nutzt der Agent unter der Zielsetzung seiner eigenen Nutzenmaximierung aus.

Im Zusammenhang mit Zulieferer-Abnehmer-Beziehungen könnte eine solche Informationsasymmetrie zu folgenden Problemen führen:

- Es könnte die so genannte Hold-up-Problematik auftreten, die zu langen und kostspieligen Nachverhandlungen führt. Dies ist etwa der Fall, wenn der Zulieferer (Agent) eine spezifische Investition auf eigene Rechnung tätigt, um einen Auftrag des Abnehmers (Prinzipal) erfüllen zu können. Dann wird der Zulieferer versuchen, die wahren Produktionskosten nicht offen zu legen, um den Preis für die Leistung im Rahmen von Neuverhandlungen möglichst hoch ansetzen zu können. Auch der Abnehmer wird die Situation des Zulieferers möglicherweise ausnutzen, wenn dieser aufgrund der Spezifität des Inputs keine alternativen Verwendungsmöglichkeiten hat. So kann er den Input als qualitativ zu minderwertig für den vereinbarten Verkaufspreis darstellen und diesen aufgrund dessen herunterhandeln.

  Die Hold-up-Problematik tritt desto ausgeprägter auf, je spezifischer der jeweilige Input ist, da weder Käufer noch Verkäufer entsprechende Alternativen haben, denen sie sich zuwenden können.

- Ein weiteres Problem könnte die so genannte Moral-Hazard-Problematik darstellen, die nur durch teure Kontrollmechanismen und Anreizsysteme begrenzt werden kann. Diese tritt insbesondere dann auf, wenn ein Unternehmen den Input innerhalb des eigenen Unternehmens produziert. Da der Arbeitgeber (Prinzipal) die Leistung des einzelnen Arbeitnehmers (Agent) nur schwer bewerten kann, hat dieser viele Möglichkeiten, mangelnde Arbeitsleistungen zu verbergen. In diesem Fall müsste der Arbeitgeber durch Kontrollmechanismen und Anreizsysteme sicherstellen, dass die Arbeitnehmer ausreichend zur Produktion des Gutes motiviert werden.

Aufgabe 2

Die VISCO (Virtuelle Supply Chain Organisation) stellt nach WINKLER ein Netzwerk dar, welches einen Teilbereich der Supply Chain abdeckt. Der Autor bezieht sich bei der VISCO auf SCHOLZ und dessen Begriff der virtuellen Organisation. Eine virtuelle Organisation bezeichnet eine Kooperationsform rechtlich unabhängiger Hersteller zur Entwicklung und/oder Herstellung von Produkten. Es erfolgt dabei lediglich eine problembezogene, dynamische Verknüpfung von Ressourcen zur Erledigung einzelner Aufgaben. Es handelt sich daher um ein dynamisches Netzwerk mit starker oder häufig sogar ausschließlich informationstechnischer Kopplung; eine statisch vordefinierte Struktur existiert nicht. Durch den Einsatz neuer Kommunikationstechnologien können also physische Attribute, wie die Aufbau- und Ablauforganisation, entfallen.

In der VISCO treffen Kooperation und Wettbewerb aufeinander, da alle Unternehmen neben ihren Aktivitäten im Netzwerk weiterhin selbstständig am Markt auftreten. Die VISCO kann folglich als hybride Mischform zwischen den Polen Markt und Hierarchie angesehen werden, wobei der besondere Vorteil in der erhöhten Flexibilität bei der Reaktion auf Markterfordernisse liegt.

Die VISCO hat laut WINKLER eine langfristige, umfassende Zusammenarbeit bei allen Unternehmensfunktionen zum Ziel. Dementsprechend ist die VISCO für WINKLER mit einem strategischen Unternehmensnetzwerk gleichzusetzen. Im Gegensatz zu SCHOLZ trennt er daher nicht zwischen der VISCO und dem strategischen Unternehmensnetzwerk, sondern verwendet die beiden Begriffe wechselweise. Der zeitliche Horizont bei WINKLER unterscheidet sich also von der Abgrenzung bei SCHOLZ. Während letzterer den kurzfristigen Horizont der virtuellen Organisation betont, zielt WINKLER in der VISCO auf den Aufbau langfristiger Geschäftsbeziehungen ab.

Zusammenfassend lässt sich die VISCO als eine Unterform des strategischen Unternehmensnetzwerkes betrachten, die in vielen Punkten eher die strategischen Aspekte eines Unternehmensnetzwerkes als das Virtuelle herausstellt.

Abschnitt 3.4

Die Entscheidung, ob ein Gut eher auf Basis einer Ausschreibung mit Festpreisen oder unter Einsatz eines Anreizsystems beschafft wird, hängt von der Komplexität der Geschäftsbeziehung, der Periodizität des Bedarfs und der vorliegenden Informationssituation ab.

Die Beschaffung komplexerer Produkte, welche eher selten benötigt werden, und weniger komplexer Produkte erfolgt optimalerweise über eine Ausschreibung auf Basis eines Festpreises. Dabei holt der Abnehmer Angebote von mehreren Zulieferern ein und wählt dann anhand zuvor festgelegter Kriterien, wie z. B. Preis und Qualität, einen Zulieferer aus. Da der Abnehmer die Preisuntergrenze des Zulieferers vor Vertragsabschluss nicht kennt, handelt es sich hierbei aus informationsökonomischer Sicht um den Fall einer „Hidden-Characteristics"-Situation. Der Abnehmer versucht, dieses Informationsdefizit zu verringern, indem er mehrere Angebote einholt und diese vergleicht.

Bei komplexen Produkten, für die ein regelmäßiger Bedarf besteht, sind Festpreisverträge jedoch nicht der beste Ansatz. Aufgrund der langen Laufzeit der Verträge strengt der Zulieferer sich bei Vorliegen eines Festpreises häufig nur in dem Maße an, wie ihm dies unbedingt notwendig erscheint; aus informationsökonomischer Sicht handelt es sich um eine Moral-Hazard-Situation. Da der Abnehmer allerdings daran interessiert ist, die Anstrengung des Zulieferers zu maximieren, um eine hohe Qualität der zugekauften Produkte zu garantieren, eignet sich in diesem Fall besser der Einsatz von Anreiz- als der von Festpreisverträgen.

Lösungen zu Kapitel 4

Abschnitt 4.1

Es lassen sich einige Kosteneffekte aufzählen, die durch ein Outsourcing erwartet werden. So gibt es Gründe dafür, dass der Lieferant die Leistung günstiger anbieten kann. Zunächst können Wettbewerbseffekte auftreten, da der Lieferant sich im Gegensatz zur unternehmensinternen Abteilung dem Markt stellen muss. Lohnkosteneffekte können aufgrund der möglicherweise verschiedenen Branchenzugehörigkeit von Lieferant und Abnehmer auftreten. Große Unternehmungen entwickeln häufig im Laufe ihres Wachstums hohe Koordinations- und Kontrollkosten, die beim kleinen Lieferanten nicht so hoch sein müssen.

Weiterhin gibt es einige Effekte, die der Abnehmer beim Outsourcing nutzen möchte. So kann durch ein Outsourcing die Variabilisierung von Fixkosten angestrebt werden. Außerdem wird die Kostentransparenz gesteigert.

Durch die Aggregation der verschiedenen Aufträge für eine spezielle Leistung gelingt es dem Lieferanten, kostensenkende Economies of Scale zu erzielen. Durch hohe Stückzahlen können Lernprozesse realisiert werden und ermöglichen eine Senkung der Produktionskosten pro Stück. Weiterhin treten für den Lieferanten Synergien auf, wodurch die Kosten beim Lieferanten niedriger sind, als wenn die Leistungen einzeln (bei den Kunden) erstellt und die Kosten aufsummiert würden. Durch hohe Leistungsmengen erfolgt schließlich eine Fixkostendegression, denn die (fixen) Gesamtkosten der Kapazitäten werden auf eine große Stückzahl verteilt, und so liegen die Stückkosten niedriger als bei einer kleineren Stückzahl. Eine gleichbleibend optimale (hohe) Auslastung führt somit zu gleichbleibend niedrigen Stückkosten. Diese ist aber für ein Unternehmen, das nur den eigenen Bedarf deckt, schwer zu realisieren, und so werden tendenziell zu große Kapazitäten bereitgehalten.

Im Bereich der Kosten gibt es jedoch auch die Gefahr, dass die Kosten sich aus verschiedenen Gründen erhöhen und so eine Steigerung der Gesamtkosten im Vergleich zur vorherigen Situation unter Eigenerstellung entsteht. Durch den Marktbezug treten im zukaufenden Unternehmen Transaktionskosten auf, die sich vorher schwer einschätzen lassen. Ebenso ist es mit einmalig anfallenden Kosten der Umstrukturierung.

Außerdem gibt es beim Lieferanten Gründe für steigende Kosten. Übernimmt ein Lieferant Aufträge verschiedener Kunden, so sind irgendwann seine Kapazitäten erschöpft, und er kann nur durch geeignete Investitionen seine Leistungsfähigkeit ausweiten. Auch bei ihm können weiterhin interne Koordinationskosten entstehen, die sich mit steigendem Auftragsvolumen verstärken.

Weiterhin besteht die Gefahr der falschen Einschätzung der mit dem Outsourcing verbundenen Kosten, die durch eine mangelhafte kostenrechnerische Basis verstärkt werden können. Gerne werden die Kosten der Eigenerstellung der Leistung überschätzt. Außerdem können die erwünschten Einsparungspotenziale nur realisiert werden, wenn die entsprechenden Kapazitäten auch in dem Maße abgebaut werden (können) oder zumindest anderweitig eingesetzt und verrechnet werden, in dem sie durch das Outsourcing freigestellt werden. Schließlich besteht die Gefahr nachträglicher Preiserhöhungen seitens des Lieferanten.

Abschnitt 4.2

Aufgabe 1

Die operative Entscheidung zwischen Eigenerstellung und Fremdbezug wird in der Regel auf Basis von Kostenvergleichen durchgeführt. Hierfür muss davon ausgegangen werden, dass eine Vergleichbarkeit der Leistungen rein über die Kosten möglich ist, welche gegeben ist, wenn es unter den Bedingungen des Fremdbezugs möglich ist, ein qualitativ gleichwertiges Leistungsniveau zu erreichen wie bei Eigenfertigung. Daraus ergeben sich fixe Erlöse für alle Handlungsalternativen, wodurch der Weg über die Kosten genügt, um das Gesamtziel der Gewinnmaximierung der Alternative zu verfolgen. Auf dieser Basis ist es nun möglich, eine klare Vorteilhaftigkeit aufgrund der Kostenunterschiede für eine der beiden Varianten abzuleiten.

Dazu sind für die beiden Varianten alle entscheidungsrelevanten Kostengrößen zu ermitteln und mit möglichst exakten Werten zu füllen. Besonderes Augenmerk liegt hierbei auf der Beachtung der vorliegenden Entscheidungssituation bezogen auf den Planungshorizont und die Beschäftigungssituation des Unternehmens. Die Angabe der Kosten ist jedoch nicht immer einfach, da möglicherweise nicht alle Kosten in der richtigen Höhe bekannt sind und sich nicht alle Aspekte durch Kosten abbilden lassen.

Häufig besteht die operative Entscheidung daher nicht nur aus dem reinen Kostenvergleich, sondern es ist zusätzlich noch notwendig, über Instrumente wie Argumentenbilanzen, Stärken-Schwächen-Profile und Nutzwertanalysen die nicht quantifizierbaren Größen in den endgültigen Entscheidungsprozess einzubeziehen. Erfolgsfaktoren wie die Innovationsfähigkeit, die Kooperationsbereitschaft und das Know-how des Lieferanten können bei keiner eindeutigen kostenmäßigen Vorteilhaftigkeit bei der Wahl zwischen verschiedenen potentiellen Lieferanten zu Rate gezogen werden und sind beispielsweise im Rahmen eines Lieferanten-Scoring-Modells erfassbar.

Aufgabe 2

Für die Fundierung der Outsourcing-Entscheidung aus strategischer Sicht gibt es zwei Herangehensweisen: Die eine erfolgt aus dem Markt heraus (Outside-in) und orientiert sich an den Wettbewerbspotenzialen der Unternehmung. Ein Ansatz, die Market-based-View, sieht die externen Erfolgspotenziale aus der Wahl attraktiver Branchen und Märkte und einem geeigneten strategischen Verhalten bestimmt.

Nach PORTER – dem wesentlichen Begründer des Ansatzes – hängt der Stand der Wettbewerbsintensität und Rentabilität einer Branche von fünf grundlegenden Wettbewerbskräften ab, mit denen erfolgreich umgegangen werden muss. Die formulierten Strategien werden als die generischen Wettbewerbsstrategien der Harvard-Schule bezeichnet. Es existieren drei Strategietypen: umfassende Kostenführerschaft, Differenzierung und Konzentration auf Schwerpunkte, wobei nur jeweils eine der Strategien langfristig mit Erfolg umgesetzt werden kann.

Die Outsourcing-Entscheidungen werden nun aus der Perspektive der jeweiligen Strategie getroffen. Mithilfe einer strategiegerichteten, betrieblichen Wertkettenanalyse werden Chancen und Risiken abgeschätzt, um eine Entscheidung über mögliche Outsourcing-Maßnahmen zu fällen, die zur Erreichung der Wettbewerbsvorteile beitragen können. Die erfolgreiche Umsetzung der Outsourcing-Entscheidung wird durch vertikale und horizontale Verknüpfungen bestimmt. In jedem Falle ist ein gutes Verknüpfungsmanagement wichtig, um externe und interne Aktivitäten und deren Verbindungen in Wettbewerbsvorteile umzuwandeln und sie zu verteidigen.

Eine andere Sichtweise, nämlich die aus dem eigenen Unternehmen heraus (Inside-out) verfolgt der ressourcenorientierte Ansatz (Resource-based-View). Er erklärt den Erfolg einer Unternehmung über die Verfügung und Nutzung ihrer internen Ressourcen, die sie in ihrer Auswahl und Kombination auf eine bessere, originellere und schnellere Art und Weise als die Konkurrenz gestaltet. So ergibt sich durch die aufgebauten Ressourcenpotenziale für die Unternehmen eine Positionierung am Markt. Der Betrachtungsgegenstand der internen Ressourcen umfasst in einer weiten Sichtweise sämtliche materiellen und immateriellen Güter, Systeme und Prozesse einer Unternehmung, die das Potenzial für Kernkompetenzen haben.

Der Begriff der Kernkompetenz wird nach PRAHALAD/HAMEL als Bündel von Fähigkeiten und Technologien gesehen, das durch drei Kriterien beschrieben wird: Sie eröffnen den Zugang zu vielen Märkten, tragen wesentlich zu den von den Kunden am Endprodukt geschätzten Eigenschaften bei und sind durch die Einbindung im eigenen Unternehmen nur sehr schwer imitierbar.

Für die Bestimmung der Kernkompetenzen werden Kompetenzen abhängig von der Stärke der Ausprägung der Merkmale relative Kompetenzstärke und Kundenwert in vier Gruppen aufgeteilt. In der relativen Kompetenzstärke ist das geforderte Merkmal der schwierigen Imitierbarkeit enthalten, die weiteren Merkmale der Kernkompetenzen werden durch den Kundenwert abgedeckt. Anhand eines so entstehenden Portfolios können Kompetenzen als Kompetenz-Standards, Kompetenz-Gaps, Kompetenz-Potenziale und Kernkompetenzen unterschieden und entsprechend in der Outsourcing-Entscheidung behandelt werden.

Lösungen zu Kapitel 5

Abschnitt 5.1

Die Planung dient der Entscheidungsvorbereitung in der Supply Chain. Sie ist eine sehr komplexe Aufgabe, da im SCM viele Entscheidungen mit unterschiedlicher Tragweite zu treffen sind. Konkret wird durch die Planung eine Antizipation der zukünftigen Entwicklung vorgenommen. Der in diesem Zusammenhang aufgestellte Plan stellt eine Reaktion auf diese Entwicklung dar. Die Planung unterstützt dabei die Entscheidungsfindung, indem sie Handlungsalternativen aufzeigt und bewertet.

Der Ablauf eines Planungsprozesses in der Supply Chain kann grob folgendermaßen beschrieben werden: Der Planungsprozess beginnt mit der Definition und Analyse des Entscheidungsproblems. Im nächsten Schritt gilt es, die Ziele festzulegen, die durch den Prozess der Planung erreicht werden sollen. Darauf folgt die oben bereits erwähnte Vorhersage der zukünftigen Entwicklung, bevor mögliche Handlungsalternativen identifiziert und bewertet werden. In der letzten Stufe wird schließlich die beste der möglichen Lösungen ausgewählt, wobei dieser Schritt jedoch schon die eigentliche Entscheidung beinhaltet.

Abschnitt 5.2

Im Gegensatz zu ERP-Systemen gehen APS bei der Planung nicht sequenziell vor, sondern zielen auf eine simultane Planung ab. Die Umsetzung eines ganzheitlichen Planungsansatzes, also eines Totalmodells, das auf Simultanplanung basiert, ist in praxisrelevanten Größenordnungen jedoch nicht lösbar. Zur Reduktion der Planungskomplexität wird das Gesamtproblem daher in hierarchisch strukturierte Teilprobleme zerlegt. Die hierarchische Planung in APS stellt folglich einen Kompromiss dar, um die praktische Umsetzung des Planungsmodells zu gewährleisten.

Zur Realisierung der hierarchischen Planung wird das Entscheidungsproblem auf zwei oder mehrere Entscheidungsebenen aufgeteilt und dann den verschiedenen Modulen zugeordnet. Die strategischen Entscheidungen werden dabei der obersten Ebene zugeteilt. Je begrenzter der abgedeckte SC-Bereich, je kürzer der Planungshorizont und je detaillierter der Plan ist, desto niedriger wählt man die zugeordnete Ebene. Pläne der unterschiedlichen SC-Bereiche auf der gleichen Ebene werden wiederum durch einen umfassenderen übergeordneten Plan koordiniert.

Eine Verbindung der einzelnen Planungsmodule existiert in Form horizontaler und vertikaler Informationsflüsse. So setzen die hierarchisch höheren Planungsmodule den untergeordneten Modulen Restriktionen. Die untergeordneten Module liefern ihrerseits Planungsergebnisse an die übergeordneten Module zurück. Sowohl die zuvor beschriebene Zuweisung von Planungsaktivitäten zu Modulen als auch der Informationsfluss zwischen diesen müssen sorgfältig geplant werden, um den Erfolg des Einsatzes von APS sicherzustellen.

Abschnitt 5.3

Aufgabe 1

Das Master Planning umfasst die zentrale Synchronisation des Materialflusses über die gesamte Wertschöpfungskette, d. h. es ist für die Bestimmung der entsprechenden Mengen, die produziert, bewegt oder gelagert werden, verantwortlich. Es dient also der mittelfristigen Planung von Beschaffung, Produktion und Distribution. Auf der Grundlage von Nachfragedaten aus dem Demand Planning-Modul erstellt das Master Planning einen Produktions- und Vertriebsplan für alle Einheiten der Supply Chain, der als Vorgabe für die Produktionsplanung und -terminierung sowie die

Distributions- und Transportplanung dient. Ein solcher Plan für die gesamte Supply Chain soll den Fluss von Materialien dahingehend optimieren, dass die Puffer zwischen den einzelnen Einheiten soweit wie möglich reduziert werden.

Ziel des Master Planning ist es, die Summe aller in den verschiedenen SC-Einheiten anfallenden Kosten zu minimieren. Dabei werden insbesondere Lagerhaltungskosten, Kosten zur Erweiterung der Kapazität, variable Produktionskosten sowie Transportkosten in die Betrachtung mit einbezogen. Dieses Ziel kann über einen effizienten Einsatz der verfügbaren Kapazitäten in den Bereichen Beschaffung, Transport und Distribution erreicht werden. In diesem Zusammenhang muss besonders auf solche Kapazitäten geachtet werden, welche in der Vergangenheit bereits einen Engpass darstellten oder dieses in der Zukunft tun könnten, wie beispielsweise Maschinen, Lagerstätten, aber auch Transportmöglichkeiten.

Die Ergebnisse des Master Planning sind optimierte Werte der Entscheidungsvariablen, welche in andere Planungsmodule eingehen. Zu den wichtigsten Ergebnissen zählen die geplante Inanspruchnahme der Kapazitäten und die Menge des Vorrats zum Ende einer jeden Periode, wobei die Produktionskapazitäten in die Produktionsfeinplanung einfließen und die periodischen Lagerbestände die minimalen Lagerbestände in der detaillierten Planung bilden. Einige dieser Ergebnisse werden nie (direkt) ausgeführt, da sie in anderen Modulen genauer bestimmt werden (z. B. Produktionsmengen in der Produktionsfeinplanung).

Aufgabe 2

Das Modul ATP hat zum Ziel, schnelle und zuverlässige Auftragsbestätigungen zu erzeugen, um dem Kunden einen verbindlichen Liefertermin zusagen zu können und ihn damit an die Supply Chain zu binden. Die Auftragsbestätigungen stützen sich auf die Informationen über die in den Lagern verfügbaren Bestände aus dem Master Planning. Diese Informationen ermöglichen eine globale Verfügbarkeitsprüfung mittels ATP, bei der geprüft wird, ob der Lagerbestand noch zur Bedarfsdeckung ausreicht oder ob ein Produktionsauftrag ausgelöst werden muss. Kurz gesagt geht es also um die Fortschreibung des verfügbaren Lagerbestands unter Zugriff auf Informationen aus allen relevanten Lagerorten.

Im Gegensatz zu traditionellen Ansätzen der Auftragsbestätigung kann es bei Einsatz des Moduls ATP also nicht zu undurchführbaren Angeboten wegen mangelnder Berücksichtigung verfügbarer Kapazitäten und Materialvorräte kommen. Auf diese Weise soll eine pünktliche Lieferung bei einem verbindlichen Angebot garantiert werden. Damit kann die Anzahl an verpassten Geschäftsabschlüssen reduziert und die Rentabilität aufgrund der Möglichkeit der Erzielung höherer Verkaufspreise bei Steigerung der Lieferzuverlässigkeit verbessert werden.

Abschnitt 5.4

Beim Einsatz von APS in der Praxis können Probleme beispielsweise dadurch entstehen, dass APS in vielen Fällen von deterministischen Bedarfen oder Prozessabläufen ausgehen. So basieren APS-Module teilweise auf der Vorstellung, dass alle Planungsdaten mit Sicherheit bekannt sind. Ziel sollte es vor diesem Hintergrund sein, APS um weitere Simulationsmodelle zu ergänzen.

Ein weiteres Problemfeld von APS stellt die Qualität der Inputdaten der Planung dar, da diese einen entscheidenden Einfluss auf die Güte der Planungsergebnisse hat. Dabei ist zu berücksichtigen, dass APS ihre Inputdaten aus den ERP-Systemen beziehen, wobei aufgrund der Verwendung falscher Daten innerhalb von APS-Systemen Fehlentscheidungen getroffen werden können. Daher spielt die regelmäßige Aktualisierung, Überarbeitung und Überprüfung der Stammdaten in den ERP-Systemen auf Konsistenz eine bedeutende Rolle, um den Erfolg des Einsatzes von APS sicherzustellen.

Auch die fehlende Akzeptanz der Neuerungen und die Unsicherheit bei den Mitarbeitern sowie eine unzureichende Einbindung der Belegschaft durch das Management sind Hindernisse, die den Einsatz von APS erschweren können. In diesem Zusammenhang gilt es zu berücksichtigen, dass der Schwerpunkt der APS lediglich auf der Prognose und Vorauswahl bewerteter Planungsalternativen liegt, wobei die endgültige Entscheidung aber letztlich der Anwender trifft. Daher sollte dieser über umfassende Kenntnisse bezüglich der Inputgrößen, der eingesetzten Lösungsverfahren und der mit verschiedenen Ergebnissen verbundenen Auswirkungen verfügen. Daraus ergibt sich die Notwendigkeit der umfassenden Aus- und Weiterbildung der betroffenen Mitarbeiter.

Lösungen zu Kapitel 6

Abschnitt 6.2

Die Delphi-Methode ist ein strukturiertes, qualitatives Prognoseverfahren unter Einsatz von Expertenmeinungen. Bei diesem Verfahren werden in mehreren Runden Experten aufgefordert, die Nachfrage nach neuen oder bereits vorhandenen Produkten oder Dienstleistungen zu prognostizieren.

In einem ersten Schritt werden dazu von einem Moderator Fragebögen erstellt, die an die verschiedenen Experten ausgegeben werden. Diese Fragebögen sind von den Experten unabhängig voneinander auszufüllen und zur Auswertung an den Moderator zurückzugeben. In der nächsten Runde wird dann auf Grundlage der erhaltenen Informationen ein neuer Fragebogen entworfen und an die Experten gesandt. Zudem werden allen Teilnehmern die Meinungen der anderen Gruppenmitglieder zur Verfügung gestellt. Dies ermöglicht es ihnen, die eigene Einstellung im Gesamtkontext zu reflektieren. Wichtig bei der Delphi-Methode ist, dass die Teilnehmer während des gesamten Prozesses anonym bleiben. Wenn Teilnehmer stark von den anderen abweichende Meinungen vertreten, fordert man diese auf, ihre Position zu begründen und erläutern. Dieser Prozess setzt sich so lange fort, bis zwischen den Gruppenmitgliedern ein Konsens gefunden wird.

Abschnitt 6.3

a)

Monat	Nachfrage	Prognosewert	Prognosefehler	Mittlere absolute Abweichung
Januar	100			
Februar	120			
März	80			
April	110			
Mai	105			
Juni	90			
Juli	100	99,75	0,25	0,25
August	95	99,00	-4,00	2,13
September	115	97,50	17,50	7,25
Oktober	120	102,00	18,00	9,94
November	130	107,00	23,00	12,55
Dezember	110	114,25	-4,25	11,17

Die Berechnung des Prognosewerts erfolgt nach der folgenden Formel:

$$p_{t+1}^{GW} = \sum_{\tau=t-T+1}^{t} g_{\tau-t+T} \cdot x_\tau.$$

Die Berechnung des Prognosefehlers erfolgt nach der folgenden Formel:

$$e_t = x_t - p_t.$$

Die Berechnung des mittleren absoluten Fehlers erfolgt nach der folgenden Formel:

$$m_t = \frac{1}{T} \cdot \sum_{\tau=t-T+1}^{t} |e_\tau|.$$

b)

Monat	Nachfrage	Prognosewert	Prognosefehler	Mittlere absolute Abweichung
Januar	100			
Februar	120			
März	80			
April	110			
Mai	105			
Juni	90	95		
Juli	100	94	6	6
August	95	95,2	–0,2	3,1
September	115	95,16	19,84	8,68
Oktober	120	99,13	20,87	11,73
November	130	103,3	26,7	14,72
Dezember	110	108,64	1,36	12,49

Die Berechnung des Prognosewerts erfolgt nach der folgenden Formel:

$$p_{t+1}^X = p_t^X + \alpha \cdot (x_t - p_t^X).$$

Die Berechnung des Prognosefehlers erfolgt nach der folgenden Formel:

$$e_t = x_t - p_t.$$

Die Berechnung des mittleren absoluten Fehlers erfolgt nach der folgenden Formel:

$$m_t = \frac{1}{T} \cdot \sum_{\tau = t-T+1}^{t} |e_\tau|.$$

Abschnitt 6.4

Den Begriff CPFR kann man übersetzen mit „Kooperative Planung, Prognose und Bestandsmanagement". Er bezeichnet ein Geschäftsmodell zwischen Handel und Industrie zur optimalen Planung des Warenstroms über eine gemeinsame Prognose des Kaufverhaltens der Konsumenten in den Verkaufsfilialen. Die ausgetauschten Daten über das Kaufverhalten der Konsumenten werden dazu in Abstimmung miteinander analysiert und Folgen abgeleitet.

Dabei wird so vorgegangen, dass ausgehend von gemeinschaftlich erstellten Geschäftsplänen zunächst eine gemeinsame Nachfrageprognose entwickelt wird. Daraufhin werden Produktion und Lagerhaltung der zusammen ermittelten Nachfrage angepasst sowie der zugehörige Warenfluss über die einzelnen Teilnehmer der Versorgungskette gesteuert.

Lösungen zu Kapitel 7

Abschnitt 7.2

Das TSP hat folgenden Gegenstand: Ein Handlungsreisender muss eine bestimmte Anzahl von Kunden besuchen, wobei er seine Reise an dem gleichen Ort beginnt und beendet und jeden Kunden genau einmal besuchen muss. Die Reihenfolge der Kundenbesuche ist so zu wählen, dass die zurückgelegte Wegstrecke und somit die Kosten der Reise minimal sind.

Mittels der Graphentheorie lässt sich das TSP anschaulich darstellen, wobei die Knoten die anzufahrenden Kunden und das Depot (Start- und Endpunkt) darstellen und die Kanten die Verbindungen zwischen den Punkten. Als gerichteter und bewerteter Graph sind den Kanten die Fahrtrichtungen und die Kilometerzahlen bzw. Kosten zugeordnet.

Formal lässt sich das TSP als lineares ganzzahliges Programm darstellen, bei dem die Transportkosten in Form der Entfernung unter verschiedenen Nebenbedingungen, die die Grundannahmen des Problems modellieren, minimiert werden sollen.

Eine exakte Lösung der Handlungsreisendenproblematik wird über den Branch- and Bound-Algorithmus gefunden, allerdings wird dies immer komplexer und langwieriger, je mehr Kunden zu betrachten sind. Daher lassen sich Heuristiken einsetzen, die schnell akzeptable Lösungen finden können.

Abschnitt 7.3

a) Wenn man den ersten und den letzten Kunden einer Route als Endkunden bezeichnet, so werden zwei Routen durch Übergang von einem Endkunden der ersten zu einem Endkunden der zweiten Route miteinander verknüpft. Auf diese Weise können die nicht mehr benötigten Verbindungen zum Depot eliminiert werden. Hierdurch entsteht eine Ersparnis, die man als Saving bezeichnet. Berechnung der Ersparniswerte:

$$s_{2,3} = d_{1,2} + d_{1,3} - d_{2,3}$$
$$= 45 + 80 - 40 = 85$$

$$s_{4,6} = d_{1,4} + d_{1,6} - d_{4,6}$$
$$= 50 + 50 - 100 = 0$$

$$s_{5,8} = d_{1,5} + d_{1,8} - d_{5,8}$$
$$= 95 + 75 - 105 = 65$$

b) Vorgehensweise:
- Sortierung aller Savings nach absteigenden Werten,
- Bildung kombinierter Touren.

s_{ij}	$[i,j]$	Tour	Tourlänge	Kapazität
135	7,8	1-7-8-1	185	8 < 10
100	6,7	1-6-7-8-1	185	10 → voll!
100	5,7	Nicht relevant, da die Ersparniswerte bereits verplante Kunden enthalten!		
100	5,6			
100	3,4	1-3-4-1	160	5 < 10
90	4,5	1-3-4-5-1	260	7 < 10
90	3,5	Nicht relevant, da die Ersparniswerte bereits verplante Kunden enthalten!		
90	2,8			
85	2,3	1-2-3-4-5-1	265	10 → voll!

Lösungen zu Kapitel 8

Abschnitt 8.1

Aufgabe 1

Eine der Controlling-Konzeptionen sieht den Kern des Controlling in der Informationsversorgung. Dabei sollen den Führungsebenen die notwendigen Informationen geliefert werden, um so die Unternehmenssteuerung zu unterstützen, wobei wesentliche Anforderungen an die Art der bereitgestellten Informationen gestellt werden. So muss zunächst der Informationsbedarf identifiziert und die Informationen müssen beschafft, aufbereitet und präsentiert werden.

Als weiteren Ansatz kann man die Planungs- und Kontrollfunktion in den Mittelpunkt stellen. Hierbei übernimmt der Controller auch Planungs- und Kontrollaufgaben, die das Bild des Controllers als reiner Informationsdienstleister ergänzen. So werden beispielsweise durch Soll-Ist-Analysen Informationen generiert, die eine Überwachungsfunktion beinhalten.

Die Autoren, die die Koordinationsfunktion des Controlling hervorheben, stellen die Aufgaben der Führungsunterstützung heraus. So wird in der Koordination der unterschiedlichen (Teil-)Systeme der Unternehmensführung, nämlich Organisation, Planung, Kontrolle, Informationsversorgung und Personalführung, eine wesentliche Notwendigkeit im Rahmen der Aufgaben des Controlling gesehen.

Eine etwas neuere Sichtweise des Controlling-Verständnisses bietet der rationalitätsorientierte Ansatz. Ihm folgend soll das Controlling eine Rationalitätssicherung betreiben, indem das Management entlastet, ergänzt und dabei auch begrenzt wird. Somit können Defizite im rationalen Handeln der Führung aufgedeckt und vermieden werden.

Aufgabe 2

Meist wird das SCM als die vierte Entwicklungsstufe der Logistik gesehen. Dieser Ansicht kann man folgen, indem man sich die verschiedenen in der Literatur beschriebenen und aus der Praxis abgeleiteten Entwicklungsstufen anschaut.

Als erste Stufe wird die Transport- und Lagerlogistik gesehen. Hier standen die innerbetrieblichen Funktionen Transport, Umschlag und Lager im Mittelpunkt der Optimierungsbemühungen.

Im zweiten Schritt wird das Augenmerk innerhalb der Logistik auf die Koordination der Material- und Warenflüsse gelegt. Der Blick erfolgt also funktionsübergreifend, führt aber nicht zu Veränderungen der bestehenden Strukturen.

Die dritte Stufe der Logistik führt die Flussorientierung konsequent weiter, da innerhalb des Unternehmens Strukturen verändert und somit funktionsübergreifende Optimierungen durchführt werden, die sich beispielsweise am Kunden oder Lieferanten orientieren.

Beim SCM wird nun der Schritt über die Unternehmensgrenzen hinweg getan. Entlang der Lieferkette sollen optimale Strukturen geschaffen werden.

Aufgabe 3

Da das SCM als Weiterentwicklung der Logistik gesehen werden kann, liegt es nahe, auch die Entwicklung eines SCC auf dem Logistik-Controlling basieren zu lassen. Hierbei sind dann allerdings einige zusätzliche Anforderungen zu berücksichtigen, die in den Unterschieden zwischen Logistik(-Controlling) und Supply Chain (Controlling) begründet liegen. Dazu zählen die Angleichung der verschiedenen Strategien und Ziele der Unternehmen der Supply Chain, die Gestaltung der Beziehungen der Unternehmen, die Definition von unternehmensübergreifenden Prozessen, Wertmaßstäben und Messgrößen sowie der Austausch von vertraulichen Daten.

Abschnitt 8.2

Aufgabe 1

Bei den Aufgaben des SCC werden – ähnlich wie bei den Controlling-Konzeptionen – von verschiedenen Autoren unterschiedliche Aspekte betont.

So sehen manche Autoren den Schwerpunkt in der Koordination der Material- und Warenflüsse vom Lieferanten durch das eigene Unternehmen bis hin zum Kunden. Koordiniert werden müssen dabei auch die Führungsteilsysteme, so dass eine gesamtoptimale Lösung erreicht wird. Als Instrumente werden die entsprechenden

Mechanismen der Planung, Steuerung und Kontrolle und eine Bereitstellung entscheidungsebenenbezogener Informationen eingesetzt.

Ein weiterer Ansatz zum SCC betont eher dessen Neuartigkeit und somit die der damit verbundenen Aufgaben. Die Umsetzung der SC-Anforderungen erfolgt durch die Informationsversorgungsfunktion, Koordinationsfunktion, Rationalitätssicherungsfunktion und Reflexionsfunktion. Die ersten beiden spiegeln die bekannten Funktionen mit Ausrichtung auf den unternehmensübergreifenden Kontext wider, während die letzten beiden opportunistischen und einseitigen oder gar falschen Entscheidungen vorbeugen sollen.

Weitere Aufgabenschwerpunkte sieht der dritte vorgestellte Ansatz. Über alle Aufgaben hinweg betont er die Abstimmung zwischen den Parteien auf ein gemeinsames und einheitliches Verständnis. Genannt werden neben der Informationsversorgungsfunktion die Transparenzfunktion, die Messung der Kooperationsqualität und auch hier eine Managementberatungs- und -unterstützungsfunktion. Im Rahmen der Transparenzfunktion sollen allen Mitgliedern die relevanten Daten zur Verfügung gestellt werden. Die nötigen Bedingungen dafür aufzubauen und zu erhalten, übernimmt die dritte Aufgabe.

Aufgabe 2

Auch wenn einige der vorgeschlagenen Aufgaben des SCC stark an die allgemeinen Controlling-Konzeptionen und das Logistik-Controlling erinnern, so finden sich in den Ansätzen doch Aufgaben, die sehr speziell auf die Supply Chain ausgerichtet sind. Sehr wichtig ist sicherlich die Integration des gemeinsamen Verständnisses in alle Aufgaben. Der Koordinationsaufwand wächst sehr stark an, da die verschiedenen Teilsysteme kettenweit verteilt sind und die Planung und Steuerung daher auf das Gesamtoptimum ausgerichtet sind, aber auch allen Kettenmitgliedern verständlich gemacht und von diesen getragen werden müssen. Die Messung der Kooperationsqualität kann helfen, die Beziehungen besser einschätzen und gestalten zu können. Der Bedarf an Transparenz der Informationen ist wesentlich beim SCM. Allerdings ist der Informationsaustausch auch deutlich problematischer als unternehmensintern, da die Informationen missbraucht werden könnten. Hier ist also besonders die Auswahl der zu erfassenden Daten von Bedeutung.

Abschnitt 8.3

Aufgabe 1

Bei der Identifizierung der Aufgabenträger des SCC wird zwischen der lokalen und der globalen Sicht unterschieden.

Innerhalb des jeweiligen Unternehmens nimmt der Controller die Aufgaben des SCC wahr.

Bezogen auf die Supply Chain gibt es drei Varianten, nach denen sich die Aufgaben verteilen können. So kann es sein, dass ein bestimmtes – meist das fokale –

Unternehmen die Aufgaben übernimmt und die Ergebnisse an die Kettenmitglieder weitergibt (Single-Controlling). Liegt eine eher gleichberechtigte Situation vor, so können sich auch mehrere Unternehmen die Aufgaben des Controlling aufteilen (Co-Controlling). Alternativ dazu kann auch ein völlig fremdes Unternehmen als Dienstleister die Aufgaben des Controlling der Supply Chain übernehmen (Fremd-Controlling).

Aufgabe 2

Die drei genannten Controlling-Arten zeichnen sich jeweils durch Vor- und Nachteile aus. So hat das Single-Controlling den Vorteil, dass die Aufgaben und somit auch die Ressourcen in einer Hand sind und kein Abstimmungsbedarf herrscht. Das Problem bei dieser Controlling-Art ist, dass das betreffende Unternehmen keine Kontrolle erfährt und somit falsch oder eigennützig handeln kann. Wird ein weiteres Unternehmen der Kette einbezogen, so wird dieser Nachteil deutlich gemildert, allerdings erhöht sich der Aufwand. Der Vorteil einer externen Partei liegt in der Neutralität, da diese eine neue Sichtweise einbringt. Hier würden jedoch sicherlich – zumindest zu Beginn – Einarbeitungszeiten und -kosten anfallen und unter Umständen Akzeptanzprobleme der Kettenmitglieder auftreten.

Bei der Entscheidung für eine Variante spielt auch die Machtverteilung innerhalb der Kette bzw. des Netzwerkes eine Rolle. Je mächtiger ein fokales Unternehmen ist, desto weniger wird es die Aufgaben des Controlling aus der Hand geben.

Lösungen zu Kapitel 9

Abschnitt 9.1

Aufgabe 1

Die Umweltbedingungen der Unternehmen unterliegen einem starken Wandel. Die technische Entwicklung macht immer kürzere Sprünge, die Globalisierung schreitet voran und die Märkte sind gesättigt. Dementsprechend unterliegen die Unternehmen dem Druck, immer schneller neue Produkte auf den Markt zu bringen und dabei kostengünstig zu verfahren. Daraus lassen sich wesentliche Anforderungen für die unternehmensinterne Planung ableiten, die die klassische Kostenrechnung, die rein vergangenheits- und periodenbezogen ausgerichtet ist, nicht mehr ausreichend unterstützen kann. Ein modernes Kostenmanagement sollte hingegen periodenübergreifend und marktorientiert sein und zur Kostengestaltung beitragen können.

Aufgabe 2

Die veränderten Rahmenbedingungen der Unternehmen wirken sich nachteilig auf das Kostengefüge aus. So hat in der Vergangenheit der Anteil der nicht zuordenbaren Gemeinkosten zugenommen, was die Kostentransparenz verschlechtert. Weiterhin sind auch die Fixkostenanteile immer mehr angestiegen, wodurch sich die Kosten nicht mit der Variation der Beschäftigung bzw. Ausbringung verändern; man spricht auch von verminderter Kostenelastizität. Um die Kundenbedürfnisse zu erfüllen, sind die Produkte komplexer geworden, und es existieren mehr Produktvarianten, wodurch progressive Kostenverläufe entstehen; hier spricht man auch von einer Verschärfung der Kostenintensität. Zudem hat sich die Kostenentstehung zunehmend von der eigentlichen Leistungserstellung in vor- und nachgelagerte Phasen verschoben.

Abschnitt 9.2

Aufgabe 1

Das Target Costing lässt sich von der Anwendung an der Schnittstelle zwischen Endprodukthersteller und Konsumentenmarkt konzeptionell problemlos auf andere Stufen der Supply Chain übertragen. So ist der Abnehmer eines Lieferanten dessen Kunde, der über seine Preisvorstellungen für bestimmte Leistungen bzw. Komponenten die Zielkosten des Lieferanten determiniert. Wird dieses kettenabwärts immer weiter fortgesetzt, so erhält man das „Chained Target Costing". Auf der Unternehmensebene werden die vom Markt erlaubten Kosten weiter auf die Teilleistungen verteilt.

Je nach Machtverteilung in der Kette kann auch das große fokale Unternehmen am Ende der Kette die Zielkosten für mehrere Zulieferer(stufen) vorgeben. Ein rein machtbasiertes, unkooperatives Target Costing birgt jedoch die Gefahr, dass Kostenvorstellungen rückwärts durch die Kette weiter gegeben werden, die schwächere Unternehmen am Ende dieser Kette nicht erfüllen können. Dies widerspricht dem gemeinschaftlichen Gedanken des SCM.

Wird hingegen das Target Costing kooperativ betrieben, so können beide oder gar mehrere Unternehmen der Supply Chain gemeinsam Kosteneinsparmöglichkeiten erarbeiten, um die Zielkosten zu verwirklichen. Je intensiver die Zusammenarbeit ist, umso früher sind die Unternehmen im Produktentstehungsprozess verbunden und umso größer ist auch die Möglichkeit der Kostenbeeinflussung.

Aufgabe 2

Man spricht dem Target Costing auch eine Lokomotivfunktion des Kostenmanagements zu, da es – sofern die Zielkosten nicht erfüllt werden – weitere (Kostenmanagement-)Instrumente anstößt, die zur Zielkostenerreichung beitragen können. Vorstellbar sind in diesem Zusammenhang Instrumente, die sehr früh, also wie ein Out- bzw. Insourcing oder die verschiedenen Formen der Zuliefereinbindung, bereits während der Produktentwicklung bei der Kostenbeeinflussung ansetzen. Treten die Zielkostenverletzungen trotz guter Planung während der Produktionsphase auf, so können eine Wertanalyse oder ein Kaizen Costing helfen. Weiterhin sind Instrumente unterstützend einzusetzen, die helfen, den verursachungsgerechten Kostenanfall und Möglichkeiten der Kostengestaltung aufzuzeigen, wie das Kostentableau oder das Kostenkontrolldiagramm, das Fixkostenmanagement sowie die Lebenszyklus- und Prozesskostenrechnung.

Aufgabe 3

Trotz der innovativen, da marktorientierten Herangehensweise bietet das Target Costing auch einige Ansatzpunkte für Kritik. Dazu gehören sicherlich die Schwierigkeiten der exakten Bestimmung der wesentlichen Größen wie Allowable Costs und Drifting Costs. Marktprognosen für neue, innovative Produkte sind ebenso schwierig wie die genaue Ermittlung der über alle Phasen des Lebenszyklus anfallenden Kosten für diese Produkte. In diesem Zusammenhang besteht in der Kostenplanung möglicherweise auch das Risiko der – beabsichtigt oder unbeabsichtigt – falschen Kostenzurechnung zwischen verschiedenen Modellen. Weiterhin ist das Target Costing als Vollkostensystem ausgerichtet, so dass hier die Gefahr der Gemeinkostenproportionalisierung existiert. Das Zielkostenmanagement eignet sich besonders für Produkte mit einem hohen Entwicklungsanteil – also beispielsweise in der Automobilindustrie – da es auf diese besonders ausgerichtet ist. Diese Kritikpunkte lassen sich aus dem klassischen Target Costing beim Endprodukthersteller herleiten. Betrachtet man das verkettete Target Costing in der Supply Chain, so kommen naturgemäß weitere Schwierigkeiten hinzu. Ein effektives Target Costing sollte auf einer kooperativen Beziehung aufbauen, in der gemeinsam nach Einsparpotenzialen gesucht wird und die die Offenlegung von Kostenstrukturen nicht ausnutzt, sondern eine gerechte Risiko- und Gewinnteilung praktiziert. Dem Zulieferer sollte zudem durch nicht zu strikte Zielkostenvorgaben Potenzial für Investitionen in Innovationen gegeben werden.

Abschnitt 9.3

Aufgabe 1

Die Prozesskostenrechnung wurde entwickelt, um die immer größer werdenden Gemeinkostenblöcke verursachungsgerecht verrechnen zu können. Besonders in den indirekten Leistungsbereichen, also den Bereichen der Vorbereitung, Planung, Überwachung, Steuerung und Koordination der Tätigkeiten, fielen zunehmend hohe Kosten an. Diese wurden nach der klassischen Kostenrechnung nicht verursachungsgerecht auf die erstellten Leistungen, sondern nur über pauschale Verrechnungssätze verteilt. Weiterhin trägt die Prozesskostenrechnung der gestiegenen Konzentration auf die Prozesse Rechnung. Diese erfahren durch die Prozesskostenrechnung eine erhöhte Transparenz, insbesondere da ihrer Anwendung eine Erfassung der Prozesse vorausgehen muss. In diesem Zusammenhang können auch Redundanzen aufgedeckt werden. Erfasst und kritisch beleuchtet werden weiterhin die Flüsse der internen Dienstleistungen sowie die Kapazitätsauslastung.

Lösungen zu Kapitel 9

Aufgabe 2

Es hat bereits einige Artikel gegeben, in denen Autoren die Übertragung der Prozesskostenrechnung auf die Supply Chain darstellen. Diese sind jedoch meist theoretischer Natur, da eine Anwendung in der Praxis doch einige Schwierigkeiten birgt. Gerade das Offenlegen von Prozessen und Kostenstrukturen, was bei einer gemeinsamen Prozess- und Kostendefinition unerlässlich wäre, benötigt ein hohes Maß an Vertrauen und Kooperation zwischen den Unternehmen entlang der Supply Chain.

LaLonde/Pohlen haben eine sechsstufige Methode zur Prozesskostenbestimmung in der Supply Chain beschrieben, die sich sehr nah an die bekannte Vorgehensweise der Prozesskostenrechnung anlehnt und sie um unternehmensübergreifende Aspekte, wie die Logistik und die Transaktionen bzw. (Gemein)kosten zwischen den Unternehmen, erweitert.

Im Rahmen seines prozessorientierten Supply Chain Costing geht Seuring einen Schritt weiter. Er unterschiedet die Gemeinkosten in die Ebenen der unternehmensbezogenen Prozess- und unternehmensübergreifenden Transaktionskosten. Ergänzt wird die Analyse der Kostenentstehung um Möglichkeiten der Kostenbeeinflussung und damit zusammenhängende Wechselwirkungen über Trade-offs.

Eine Herangehensweise, die sich auch um die Schwierigkeiten der unternehmensübergreifenden Anwendung bewusst ist, wählt Weber. Er sieht den Schwerpunkt der Prozesskostenrechnung in der Supply Chain in der Bereitstellung von Daten, um eine Steuerung und Kontrolle der Supply Chain zu ermöglichen. Die Einführung der Prozesskostenrechnung für die Supply Chain erfolgt laut seinem Ansatz nach einem schrittweisen Stufenkonzept.

Abschnitt 9.4

Aufgabe 1

Den Lebenszyklus eines Unternehmens kann man in verschiedene Phasen einteilen, die in der Literatur unterschiedlich genannt werden. Eine mögliche Einteilung ist die in Entstehungsphase, Marktphase und Nachsorgephase.

Die Entstehungsphase enthält z. B. die Aktivitäten der Forschung, Entwicklung und des Design. Sie zeichnet sich durch eine starke Kostenfestlegung und -beeinflussbarkeit aus. Die entstehenden Kosten sind recht hoch, Erlöse werden kaum erzielt.

Die Marktphase ist die Phase, in der ein Produkt produziert und auf dem Markt zum Kauf angeboten wird. Hier entstehen ebenfalls recht hohe Kosten, während ihre Beeinflussbarkeit und Festlegung niedriger sind. Die Kurve der kumulierten Erlöse steigt in dieser Phase stark an. Auch die Kurve der kumulierten Kosten steigt, wobei die Steigung jedoch gegen Ende der Phase immer weiter abnimmt.

Die Nachsorgephase zeichnet sich durch die dem Verkauf nachgelagerten Aktivitäten, so also z. B. Gewährleistungen, Entsorgung, Wartung und Reparatur, aus. Hier sind immer noch Erlöse zu erzielen, und die kumulierten Kosten steigen langsamer. Die Kosten sind nicht mehr beeinflussbar, da sie bereits in den vorherigen Phasen festgelegt wurden.

Aufgabe 2

Die Notwendigkeit für eine Kostenanalyse und -rechnung, die den gesamten Lebenszyklus berücksichtigt, ist unter den heutigen Umwelt- und Wettbewerbsbedingungen unumstritten. Somit ist es auch naheliegend, die Lebenszykluskostenanalyse und das SCM zu integrieren. Viele Ansätze dazu finden sich allerdings noch nicht in der Literatur. SEURING integriert den Gedanken der Berücksichtigung der verschiedenen Phasen des Produktlebenszyklus in sein Supply Chain Costing, indem er bei seinem Kostenmodell die „Integrationsfelder" Netzwerkbildung, Produktentwicklung, Produktion und Logistik sowie Schnittstellenoptimierung nacheinander betrachtet. Dabei beschreibt er für jede Phase die Analyse und Zuordnung von typischen Kostengrößen. Sein Lebenszyklus eines Produktes zeichnet sich dementsprechend durch Phasen aus, die die Bildung der Supply Chain, die Zusammenarbeit der Partner sowie die operative Ausgestaltung der Prozesse beinhalten.

Lösungen zu Kapitel 10

Abschnitt 10.1

Aufgabe 1

Im Rahmen eines Controlling der Supply Chain können verschiedenartige Kennzahlen angewendet werden. Interessant sind natürlich besonders die Kennzahlen, die unternehmensübergreifende Sachverhalte abbilden. Kennzahlen wie die Durchlaufzeit der Aufträge, der Lieferservicegrad und die Lieferqualität treffen Aussagen über die Leistung der Kette bezogen auf ihren Output. Kennzahlen wie Bestände, Energieverbrauch oder Personalintensität sind eher ressourcenorientiert. Kostengrößen wie die Logistikkosten, Faktorkosten, Transaktionskosten oder die Gesamtkosten werden ebenfalls für die verschiedenen relevanten Bereiche ermittelt. Weiterhin sind Kennzahlen, die Aussagen über die Beziehungen zwischen einzelnen Unternehmen treffen, festzulegen, so beispielsweise Anzahl der gemeinsamen Projekte, Zufriedenheit mit der Kooperation oder Offenheit der Kommunikation. Variationen und Verhältniszahlen dieser Kennzahlen geben zusätzliche Informationen für ein SCC.

Abschnitt 10.2

Aufgabe 1

Das Konzept der selektiven Kennzahlen wurde ursprünglich entwickelt, um in der Logistik eingesetzt zu werden. Es sollte über eine einfachere und verdichtetere Dar-

Lösungen zu Kapitel 10

stellung die Defizite der klassischen Kennzahlensysteme beheben. Aus dem operativen und dem strategischen Bereich werden jeweils drei bis vier Kennzahlen ermittelt, die sich hierarchiebezogen auf die Abbildung kritischer Stellen im Unternehmen konzentrieren.

Aufgabe 2

Für die Anwendung auf die Supply Chain muss der Ansatz erweitert werden, um die Aspekte der unternehmensübergreifenden Lieferkette einzubeziehen. In diesem erweiterten Modell werden die zwei Kategorien strategische und operative Kennzahlen auf drei verschiedenen Ebenen, der SC-Ebene, der relationalen Ebene und der Unternehmensebene, gebildet. Angestrebt wird dabei, aus den Kennzahlen und ihren Ursache-Wirkungs-Zusammenhängen untereinander ein Kennzahlensystem zu generieren, das die möglichen Probleme bis auf die Unternehmensebene zurückverfolgen kann.

Abschnitt 10.3

Ziel des SCOR-Modells ist die Bereitstellung eines Standards zur Definition von Prozessen, wobei nach einer Hierarchie mit vier Ebenen vorgegangen wird. Zu diesen „Einheitsprozessen" wird dann jeweils pro Ebene ein Satz an Kennzahlen angeboten, der für ein SCC eingesetzt werden kann. Darüber hinaus existieren Wettbewerberkennzahlen, die eine Aussage über die eigene Leistung im Vergleich zu den Branchenbesten ermöglichen.

Abschnitt 10.4

Aufgabe 1

Das Konzept der Balanced Scorecard ist ein komplexes Kennzahlensystem, das zu den Performance Measurement-Modellen zu zählen ist. Die traditionellen Modelle berücksichtigen lediglich finanzielle Größen und bieten somit eine sehr einseitige Sicht der Situation. Die Balanced Scorecard zielt hingegen darauf ab, weitere Sichtweisen in einem ausgewogenen Kennzahlenmodell abzubilden. Deshalb wird die finanzielle Perspektive durch die Kundenperspektive, die interne Prozessperspektive und die Lern- und Entwicklungsperspektive ergänzt. So sollen sowohl vergangenheitsorientiert der Erfolg gemessen als auch zukünftige Entwicklungstendenzen erfasst werden.

Aufgabe 2

Eine Anwendung der unternehmensbezogenen Balanced Scorecard ist nicht ohne Weiteres möglich. Vielmehr muss diese angepasst werden. Dazu finden sich in der Literatur einige Ansätze.

Manche dieser Ansätze gehen so vor, dass sie die Struktur der Balanced Scorecard unverändert lassen und inhaltliche Anpassungen vornehmen. Diese Anpassungen versuchen innerhalb der bekannten Perspektiven den SC-Bezug herzustellen.

Die meisten Autoren sind sich jedoch einig, dass es auch einer strukturellen Anpassung bedarf, also einer Anpassung der Perspektiven an die unternehmensübergreifende Problemstellung. So schlagen STÖLZLE, HEUSLER und KARRER vor, eine fünfte Lieferantenperspektive einzuführen. Weiter geht der Ansatz von WEBER, BACHER und GROLL, der die Kunden- sowie die Lern- und Entwicklungsperspektive durch die Perspektiven der Kooperationsintensität und -qualität ersetzt.

Abschnitt 10.5

Aufgabe 1

Das Benchmarking ist ein Instrument zum Vergleich der eigenen Werte mit denen anderer, wobei hier im Idealfall die Bestwerte (Benchmarks) als Vergleichsobjekte eingesetzt werden. In Abhängigkeit von der Wahl der Vergleichspartner lassen sich drei Formen des Benchmarking unterscheiden.

Beim internen Benchmarking werden zwei Bereiche eines Unternehmens verglichen. Das ermöglicht einerseits den einfachen Zugang zu den benötigten Daten, beschränkt jedoch andererseits die Ergebnisse auf die konzerneigene Sichtweise.

Das wettbewerbsorientierte Benchmarking führt den Vergleich mit Konkurrenzunternehmen durch, wobei in der Regel die Best-Practice-Unternehmen als Vergleichsobjekte herangezogen werden. Dies eröffnet möglicherweise wichtige Erkenntnisse zur Verbesserung; allerdings sind gerade diese Daten besonders sensibel und daher schwer zu beschaffen.

Beim funktionalen Benchmarking wird der Konkurrenzfall umgangen, und es werden Prozesse von Unternehmen verschiedener Branchen miteinander verglichen.

Aufgabe 2

Das Controlling einer Supply Chain kann zu verschiedenen Zeitpunkten und an verschiedenen Stellen durch Benchmarking-Projekte wichtige Informationen erhalten. Die Anwendung des Benchmarking auf die Supply Chain kann nämlich auf verschiedene Art und Weise erfolgen.

Im Rahmen eines Lieferanten-Benchmarking können Potenziale für Kosteneinsparungen bei Lieferanten aufgedeckt werden. Ebenso kann ein Endprodukthersteller seine Handelsstufe einbeziehen, um dort Möglichkeiten zu finden, Kosten einzusparen oder Leistungen zu steigern. Durch ein solches Benchmarking von Unternehmen innerhalb einer Supply Chain wird der Blick kritisch auf die Prozesse in der Supply Chain gerichtet. Auch beim Aufbau einer Supply Chain können Vergleichswerte interessante Daten liefern. Möglich ist natürlich auch ein Benchmarking von ganzen Ketten untereinander. Hier ist dann ein Zusammenspiel zwischen Benchmarking-Prozess und SCC notwendig, um die richtigen Schlüsse zu ziehen und die gewonnenen Erkenntnisse bei den SC-Mitgliedern umzusetzen.

Sachverzeichnis

A
Abschöpfungsstrategie *siehe* Desinvestitionsstrategie, 40
Abweichungssignal, 157
Activity Costs, 245
Activity-based Costing, 242
Advanced Planning System, 18, 23, 53, 123, 126f, 142, 146
    Anbietermarkt, 142
    Aufbau, 126f
    Module, 127–142
    Problemfelder, 146
Aktivitätsstrategien, 42
Allowable Costs, 233
Anreize, 74–81
    Arten, 76–81
    extrinsisch, 74
    intrinsisch, 74
    Wirkungsweise, 74
Argumentenbilanzen, 96
Auktion, 81
Available-to-Promise, 19, 127, 137, 144

B
Balanced Scorecard, 227, 274–283
    Perspektiven, 275
    unternehmensübergreifender Einsatz, 276–283
Bedarfsplanung *siehe* Demand Planning, 149
Begrenzte Rationalität, 66
Benchmark, 283
Benchmarking, 227, 240, 258, 283–289
    Ablauf, 284
    Formen, 283
    unternehmensübergreifender Einsatz, 285–289
Beschaffung, 55
Beschaffungskontinuum, 65
Beschaffungskooperation *siehe* Collective Sourcing, 60
Beschaffungsprozess, 26
Beschaffungsstrategien *siehe* Sourcing-Strategien, 56
Bestellmengenplanung, 139
Best-Practice, 227, 272, 283
Betriebstiefe, 88
Beziehungs-Controlling, 267, 272, 274, 280
Black-Box-Zulieferer, 239
Bottom-up, 133, 269, 274, 277
Branch-and-Bound-Verfahren, 191
Break-even-Punkt, 40, 252, 256
Bullwhip-Effekt, 6, 19, 132, 183

C
Capacitated Vehicle Routing Problem, 192
Cash-to-Cash Cycle, 270, 277
Chained Target Costing, 234
Cluster-First-Route-Second-Verfahren, 195, 196
Co-Controlling, 224
Collaborative Planning, Forecasting and Replenishment, 145, 176–184
    Ablaufphasen, 177–180
    kritische Würdigung, 182
Collective Sourcing, 57, 60
Component-level Target Costing, 236
Concurrent Cost Management, 238
Controlling, 207, 216
    Definition, 207–210
    Ziele, 216
Cost Benchmarking, 286–289
CPFR *siehe* Collaborative Planning, Forecasting and Replenishment, 176

D
Delphi-Methode, 152
Demand Planning, 18, 127, 144, 149f, 179
Desinvestitionsstrategie, 40
Detailvorgabezulieferer, 238
Deterministische Planung, 146

Distributionsplanung, 127, 187
Distributionsprozess, 27
Diversifikationsstrategie, 61
Drifting Costs, 233
Drohungen des Abnehmers, 80
Dual Sourcing, 56, 62

E

Economies of Scale, 40f, 59, 79, 90
Economies of Scope, 41, 59, 79, 90
Economies of Speed, 41
Effiziente Kette, 260
Eigenfertigungskosten, 98
Einkauf, 55
Einzelkosten, 259–261, 288
Enterprise Resource Planning-System, 18, 122, 127
Entscheidungssituationen, 101
Entsorgungsprozess, 28
Ersparniswert, 197
Euro Sourcing, 61
Expertenmeinung, 152
Exponentielle Glättung erster Ordnung, 163–167
Exponentielle Glättung zweiter Ordnung, 170–176
External Sourcing, 63

F

Fertigungstiefe, 88
Föderation, 13
Fokales Unternehmen, 39, 69
Fourth Party Logistics Provider, 23, 50, 224
Fremdbezugskosten, 98
Fremd-Controlling, 224
Functionality-Price-Quality Trade-offs, 237
Funktionales Benchmarking, 284

G

Gap, 283
Gefangenendilemma, 76
Genetische Algorithmen, 199
Gesamtstrategie, 45
Gewinnschwellenrechnung *siehe* Break-even-Punkt, 256
Gewogener gleitender Durchschnitt *siehe* Gleitender Durchschnitt mit unterschiedlichen Gewichten, 161
Glättungsparameter, 164, 171
Gleitender Durchschnitt, 159–161
Gleitender Durchschnitt mit unterschiedlichen Gewichten, 161–163
Global Sourcing, 57, 61, 63
Globalisierungsstrategien, 44

H

Häufigkeit der Transaktionen, 114
Heterarchie, 224
Hidden Characteristics, 75
Hierarchie, 14, 64, 224
Hierarchische Planung, 124
Hold up, 67, 77
Horizontale Strukturierung, 47

I

Individual Sourcing, 57
Informations- und Kommunikationstechnologie, 17, 69, 71
Informationsasymmetrie, 66, 75
Informationsversorgung, 17
Informationsversorgungsfunktion, 207, 211, 219, 222
Inkrementelle Planung, 124
Inside-out-Perspektive, 110
Internal Sourcing, 62
Internes Benchmarking, 284
Interorganizational Cost Investigations, 237
Inter-Tour-Verfahren, 198
Intra-Tour-Verfahren, 198
Investitionsanreize, 76–78

J

Just in Sequence, 139, 142
Just in Time, 58f, 61f, 139, 289

K

Kaizen *siehe* Kontinuierliche Verbesserung, 240
Katalogzulieferer, 238
Kennzahlen, 227, 257, 265–269
　absolut, 265
　relativ, 265
Kennzahlensysteme, 227, 266, 269–272
　diagnostische Nutzung, 266
　interaktive Nutzung, 266
Kernkompetenzen, 91, 110–114
Kompetenz-Gap, 113
Kompetenz-Potenzial, 113
Kompetenz-Standard, 112
Konkurrenzanalyse, 283
Konsolidierungsstrategie, 40
Kontinuierliche Verbesserung, 240, 262
Kooperation, 61–74
　Formen, 68–72
　horizontal, 12
　vertikal, 12
Kooperationsintensität, 73, 281
Kooperationsqualität, 73, 222, 281

Sachverzeichnis

Koordinationsformen
  dezentral, 22
  zentral, 22
Koordinationsfunktion, 208, 212, 218, 220
Koordinationsinstrumente, 20, 22f
  heterarchisch, 23
  hierarchisch, 22
Kostenantriebskräfte, 108
Kostenelastizität, 230
Kostenführerschaft, 61
Kostenmanagement, 226, 229–263
  Instrumente, 231–263
  Notwendigkeit, 229–231
Kostenorientierte Rationalisierung, 42
Kostenreagibilität, 89
Kostentableau, 240
Kostentransparenz, 89
Kostentreiber, 244f, 248
Kostenvergleichsrechnung, 96–98, 101
Kritische Masse, 37
Kunden- bzw. Abnehmerbefragung, 151
Kundennutzenorientierte Optimierung, 42

L
Lebenszykluskostenanalyse, 226, 231, 252–263
  Entwicklung, 252f
  kritische Würdigung, 182
  praktische Anwendung, 256–259
  Sicht des Konsumenten, 255
  Sicht des Produzenten, 255
  Systematik, 253–256
  unternehmensübergreifender Einsatz, 259–262
Leistungstiefe, 88
Lieferanten-Benchmarking, 286
Lieferanten-Scoring-Modell, 97
Lineare Regression, 168–170
Local Sourcing, 57, 60
Logistik, 4, 213
  Entwicklung, 4–6
  TUL, 4, 213
Logistik-Controlling, 212, 214
  Abgrenzung zum Supply Chain Controlling, 214–216
  Entwicklung, 212–216
Losgrößenplanung, 138

M
Make or Buy, 87
Make or Buy-Kalkulation, 97
Manufacturing Resource Planning-System, 121, 125

Market into Company-Konzept, 232
Market-based-View, 105
Market-driven Costing, 236
Marktorientierter Ansatz, 105–109
Massenprogramm, 41
Master Planning, 18, 127, 134–137, 144
Material Requirement Planning-System, 121
Mengenanreize, 79
Mittlerer absoluter Fehler, 155
Mittlerer Prognosefehler, 154
Mittlerer quadratischer Fehler, 156
Modular Sourcing, 57–60, 62
Modularisierung, 140
Moral Hazard, 67, 76
MRP-I *siehe* Material Requirement Planning-System, 121
MRP-II *siehe* Manufacturing Resource Planning-System, 121
Multiple Sourcing, 56, 58, 63, 81

N
Nachfrageplanung *siehe* Demand Planning, 149
Nächster-Nachbar-Verfahren, 195
Netzwerkplanung *siehe* Strategic Network Planning, 128
Neuronale Netze, 199
Nischenprogramm, 41
Normative Planung, 33
Normstrategien, 40
Nutzwertanalysen, 96

O
Opportunismus, 66, 72, 77, 224
Outside-in-Perspektive, 105
Outsourcing, 85, 87f, 91, 94f, 97
  Begriffsabgrenzungen, 87f
  Definition, 85
  Entscheidung, 96–117
  Formen, 85–87
  Motive, 88–91
  Phasenmodell, 95
  Prozess, 94–96
  Risiken, 91–93

P
Performance Framework, 276
Performance Measurement, 274
Pläne, 22
Planungs- und Kontrollfunktion, 208, 211, 218
Planungshorizont, 135
Portfolio der Kompetenzen, 111

Postponement, 140
Prinzipal-Agent-Theorie, 66
Product-level Target Costing, 236
Produkt- bzw. Dienstleistungsprogrammstrategien, 40
Produktentstehungs- und -entwicklungsprozess, 24
Produktionsfeinplanung, 127, 138
Produktionsgrobplanung, 127, 138
Produktionsplanung, 127, 137–141, 144
Produktionsplanungs- und -steuerungssysteme, 121–126
Produktionsprogrammplanung, 138
Produktionsprozess, 26
Produktionsprozessplanung, 138
Prognosefehler, 154, 164
Prognoseverfahren *siehe* Qualitative Prognoseverfahren und Quantitative Prognoseverfahren, 150
Programme, 22
Prozess-, Forschungs- und Entwicklungsanreize, 79
Prozessanalyse, 47–49
Prozesskosten, 246, 259, 288
Prozesskostenrechnung, 226, 231, 242–251
  Entwicklung, 232
  kritische Würdigung, 250f
  Prozesskostensatz, 244
  Systematik, 243f
  unternehmensübergreifender Einsatz, 244–250
Prozessorientiertes Supply Chain Costing, 246f

Q
Qualitative Prognoseverfahren, 150–153
Qualitätsanreize, 78
Quantitative Prognoseverfahren, 153–158, 167
  konstanter Bedarfsverlauf, 158–167
  trendförmiger Bedarfsverlauf, 167–176

R
Rahmenvereinbarung, 177
Rationalitätssicherungsfunktion, 209, 212, 221
Reflexionsfunktion, 221
Reihenfolgeplanung, 138
Resource-based-View, 110
Responsive Kette, 260
Ressourcen, 110
Ressourcenorientierter Ansatz, 110–114
Ressourcenstrategien, 43
Risikoteilung als Anreiz, 80

Risikoverlagerung, 91
r-opt-Verfahren, 199
Route-First-Cluster-Second-Verfahren, 195

S
SAP, 122, 144, 146, 251
  ERP, 122
  mySAP APO, 144
  R/3, 122
  SCM, 146
Saving *siehe* Ersparniswert, 197
Savings-Verfahren, 197, 200
SCOR-Modell, 48, 227, 248, 250, 272, 284
  Kennzahlen, 227, 272–274
Selektive Kennzahlen, 227, 269–272
  in der Logistik, 269
  in der Supply Chain, 270–272
Sequenzielle Planung *siehe* Sukzessivplanung, 121
Serviceanreize, 80
Simulated-Annealing, 199
Simultanplanung, 123
Simultanverfahren, 197
Single Sourcing, 56f, 62
Single-Controlling, 223
Sole Sourcing, 56
Sourcing-Strategien, 26, 56–63
  Beschaffungsarealkonzepte, 60–62
  Beschaffungsobjektkonzepte, 58–60
  Beschaffungssubjektkonzepte, 60
  Gesamtkonzept, 62
  Lieferantenkonzepte, 57f
Spezifität der Inputs, 66f, 72, 114
  Institutionelle Regelungen, 67
Standardisierung, 140
Standortfaktoren, 51
Standortplanung, 50–52
Stärken-Schwächen-Profile, 96
Stock Sourcing, 63
Strategic Network Planning, 18, 127–132, 144
Strategieplanung, 36–47
  Prinzipien, 36
Strategisches Unternehmensnetzwerk, 68
Strukturierungsstrategien, 44
Strukturplanung *siehe* Supply Chain-Configuration, 47
Stufenmodell SC-Prozesskostenrechnung, 247–250
Sukzessivplanung, 121–123
Sukzessivverfahren, 195–197
Supply Chain, 11, 13, 20, 34f, 41, 44, 46f
  Analyse, 46
  Configuration, 41, 47–52
  Kultur, 35

Sachverzeichnis

Machtverhältnis, 13f
Politik, 35
Steuerung, 20–23
Struktur, 11
Verfassung, 35
Vision, 34
Supply Chain Controlling, 210, 216f, 223
　Aufgaben, 217–222
　Aufgabenträger, 223–225
　Definition, 210–212
　Ziele, 216f
Supply Chain Management, 3, 7–10, 15, 24
　Aufgaben, 9–23
　Definition, 3–6
　Elemente, 24–29
　Flüsse, 2
　Kooperationsaufgaben, 10–14
　Koordinationsaufgaben, 15–23
　Kostenvorteile, 8
　Planungssystem, 34
　Prozesse, 24–29
　Qualitätsvorteile, 9
　Zeitvorteile, 9
　Ziele, 7–9
Supply Chain-Planning-Matrix, 126
Sweep-Verfahren, 196, 199
SWOT-Analyse, 37, 45
Synchronisierte Beschaffung, 142
System Sourcing, 57–60, 62
Systemintegrator, 59
Systemplanung, 52f

T
Tabu-Search, 199
Target Costing, 226, 231–242
　Entwicklung, 232
　Kritische Würdigung, 241
　Systematik, 232
　unternehmensübergreifender Einsatz, 234–241
Termin- und Kapazitätsplanung, 138
Top-down, 133, 269, 277, 280
Tourenplanung, 188–204
Transaktionskosten, 65–68, 92, 235, 246, 259–261, 288
Transaktionskostentheorie, 65–68, 114–117
Transport- und Distributionsplanung, 18, 127, 141f, 144, 187–206
Transportplanung, 127, 187
Traveling Salesman Problem, 188–192

U
Umstellungskosten, 100
Umweltanalyse, 46

Unit Sourcing, 57, 63
Unsicherheit der Umwelt, 114
Unterbeschäftigung, 103

V
Vehicle Routing Problem, 192–204
　Heuristische Lösungsverfahren, 195–199
　Metaheuristische Lösungsverfahren, 199
　Varianten, 192
　Wahl des Lösungsverfahrens, 199
Vehicle Routing Problem with Backhauls, 193
Vehicle Routing Problem with Pickup and Delivery, 193
Vehicle Routing Problem with Time Windows, 193
Vendor Managed Inventory, 141, 145
Verbesserungsverfahren, 195–198
Verfahrenswahl, 103f
Verfügbarkeitsprüfung *siehe* Available-to-Promise, 137
Verrechnungspreis, 23
Vertikale Integration, 65, 88
Vertrauen, 13, 20, 70, 72–74, 78, 214
　Treiber, 72
Vertriebs- und Verkaufsprozess, 27
Vertriebsschätzung, 151
Virtuelles Unternehmen, 42, 70–72
VISCO (Virtuelle Supply Chain Organisation), 71
Vollbeschäftigung, 103

W
Wachstumsstrategie, 40
Weisungen, 22
Wertkettenanalyse, 107
Wertschöpfungsbreite, 12
Wertschöpfungstiefe, 12
Wettbewerbskräfte, 105
Wettbewerbsorientiertes Benchmarking, 284
Wettbewerbspotenziale, 105
Wettbewerbsstrategien, 42, 106
Win-Win-Situation, 242, 281

Z
Zielkostenindex, 233
Zielkostenmanagement *siehe* Target Costing, 231
Zulieferer-Cost-Engineering, 235, 239
Zuliefererhaus, 240
Zuliefererintegration, 235, 238
Zyklische Beschaffung, 142